高等院校经济与管理核心课经典系列教材

国际经济与贸易专业

国际税收

INTERNATIONAL TAXATION

（第四版）

主　编 ◎ 饶友玲　李月平　张志超
副主编 ◎ 张自力　阚泽霖

首都经济贸易大学出版社
Capital University of Economics and Business Press
·北京·

图书在版编目(CIP)数据

国际税收/饶友玲,李月平,张志超主编. --4版. --北京:首都经济贸易大学出版社,2018.5

(高等院校经济与管理核心课经典系列教材)

ISBN 978-7-5638-2791-6

Ⅰ.①国… Ⅱ.①饶… ②李… ③张… Ⅲ.①国际税收 Ⅳ.①F810.42

中国版本图书馆 CIP 数据核字(2018)第 060008 号

国际税收(第四版)

饶友玲　李月平　张志超　主编

张自力　阚泽霖　副主编

Guoji Shuishou

责任编辑	田玉春
封面设计	砚祥志远·激光照排 TEL:010-65976003
出版发行	首都经济贸易大学出版社
地　　址	北京市朝阳区红庙(邮编100026)
电　　话	(010)65976483　65065761　65071505(传真)
网　　址	http://www.sjmcb.com
E-mail	publish@cueb.edu.cn
经　　销	全国新华书店
照　　排	北京砚祥志远激光照排技术有限公司
印　　刷	北京建宏印刷有限公司
开　　本	710毫米×1000毫米　1/16
字　　数	431千字
印　　张	24.5
版　　次	2005年2月第1版　**2018年5月第4版** 2020年8月总第9次印刷
书　　号	ISBN 978-7-5638-2791-6/F·1535
定　　价	47.00元

图书印装若有质量问题,本社负责调换

版权所有　侵权必究

第四版前言

国际税收是国际经济领域的重要方面,是一国对外经济交往活动的重要组成部分,涵盖内容极其广泛和复杂,涉及财政、税收、法律、国际投资、国际贸易等相关学科领域。单从税收法律角度看,它既涉及一国国内税收法规的相关规定,更涉及国与国之间的税收协调。各国经济交往的日益频繁,国际竞争的加剧,以及电子商务、区域经济一体化等的发展,使得国际重复课税、国际避税与反避税及国际税收协调的重要性及复杂性日益提升。本教材正是在密切跟踪我国税收制度的变化,国际税收面临的新形势、新情况的背景下而编写并不断加以修订的。

本教材修订第四版主要包括的内容及重点体现在如下几方面:一是关于税收管辖权确立的原则,其重点在于阐述居民身份的认定以及非居民所得来源地的确认;二是国际重复征税及其减除,其重点在于阐释国际重复征税产生的基础以及解决重复征税的国际规范、原则与方法;三是国际避税与反避税问题,核心是对当今各纳税人采取的主要避税手段以及各国、国际组织的日益加强的反避税措施进行分析介绍;四是联合国与经合组织在国际税收方面所发挥的作用,以及各国、各区域性组织的税收协调手段;五是数字经济及 BEPS 行动计划对国际税收征管带来的影响。

作者在本次修订中力求突出以下特点:一是在保持原版教材系统性、完整性和全面性的基础上使得内容更精炼、重点更突出、体系更科学完善;二是内容新颖,教材内容紧跟对外经济交往发展的步伐,顺应社会发展对人才的需求;三是进一步突出内容的实用性和适用性,在内容上坚持国际惯例标准的同时,也兼顾中国的实际情况,并通过案例分析增强实用性。

中国对外经济贸易大学博士生张自力、中共中央网络安全和信息化领导小组办公室阚泽霖对本次修订做了大量工作。本书除可作为高等院校相关课程的教材、教辅外,还可供相关领域研究人员、从业人员参考。

作者衷心地感谢为本书的出版做出贡献的同仁们,感谢首都经济贸易大学出版社、本教材编辑一直以来的信任和支持。

饶友玲
2018年2月于南开园

目 录

第一章 国际税收导论 ... 1
- 第一节 国际税收的产生和发展 ... 2
- 第二节 国际税收的概念 ... 9
- 第三节 主要税种概述 ... 16
- 第四节 国际税收的研究对象和范围 ... 25
- 案例应用 ... 30
- 思考与练习 ... 31

第二章 国际税收管辖权 ... 32
- 第一节 税收管辖权的概念与原则 ... 33
- 第二节 地域税收管辖权 ... 36
- 第三节 居民税收管辖权 ... 49
- 第四节 公民税收管辖权 ... 61
- 第五节 各国税收管辖权的实施情况 ... 64
- 案例应用 ... 67
- 思考与练习 ... 68

第三章 国际重复征税 ... 69
- 第一节 国际重复征税概述 ... 70
- 第二节 国际重复征税产生的原因 ... 73
- 第三节 国际重复征税的影响 ... 76
- 案例应用 ... 77
- 思考与练习 ... 78

第四章　国际重复征税的减除　79

第一节　减除国际重复征税的方式、思路及原则 …… 80
第二节　国际重复征税的减除办法 …… 85
第三节　直接抵免与间接抵免 …… 92
第四节　税收饶让 …… 107
案例应用 …… 114
思考与练习 …… 115

第五章　国际避税　116

第一节　国际避税概述 …… 117
第二节　国际避税的主要方式 …… 126
案例应用 …… 143
思考与练习 …… 146

第六章　转让定价与国际避税　147

第一节　跨国关联企业 …… 148
第二节　转让定价的基本概念与成因 …… 153
第三节　转让定价的表现形式及影响因素 …… 161
第四节　跨国公司制定转让定价的策略 …… 166
案例应用 …… 173
思考与练习 …… 176

第七章　国际避税地　177

第一节　国际避税地概述 …… 178
第二节　国际避税地的产生及判定条件 …… 180
第三节　国际避税地的作用与评价 …… 186
第四节　利用国际避税地避税的主要模式 …… 192
案例应用 …… 200
思考与练习 …… 201

第八章　国际反避税　203

第一节　反避税的一般方法 …………………………………… 204
第二节　防止滥用国际税收协定 ……………………………… 215
第三节　针对避税地的措施 …………………………………… 220
第四节　资本弱化法规 ………………………………………… 225
案例应用 ………………………………………………………… 229
思考与练习 ……………………………………………………… 231

第九章　针对转让定价的调整措施　232

第一节　调整转让定价的立法与基本内容 …………………… 233
第二节　调整转让定价的基本原则 …………………………… 237
第三节　调整转让定价的方法 ………………………………… 251
第四节　转让定价的检验、调整与附属调整 ………………… 261
第五节　无形资产转让定价 …………………………………… 267
第六节　预约定价协议 ………………………………………… 269
案例应用 ………………………………………………………… 277
思考与练习 ……………………………………………………… 287

第十章　国际税收协定　288

第一节　国际税收协定概述 …………………………………… 289
第二节　国际税收协定的法律地位与作用 …………………… 296
第三节　国际税收协定的基本内容 …………………………… 300
第四节　国际税收协定范本 …………………………………… 314
第五节　中国对外税收协定 …………………………………… 320
案例应用 ………………………………………………………… 327
思考与练习 ……………………………………………………… 327

第十一章　国际税收协调　329

第一节　国际税收协调概述 …………………………………… 330
第二节　国际税收征管协作 …………………………………… 333
第三节　国际商品税的协调 …………………………………… 335
第四节　数字经济及 BEPS 背景下的国际税收问题与协调 … 342

案例应用 …………………………………………………… 349
思考与练习 ………………………………………………… 351

附录一 MODEL CONVENTION WITH RESPECT TO TAXES ON INCOME AND ON CAPITAL(Condensed Version) …………… 352

附录二 国际税收相关词汇中英文对照表 ……………………… 375

参考文献 …………………………………………………………… 379

第一章 国际税收导论

Introduction of International Taxation

学习要点

国际税收是国际经济领域的重要方面,它是经济国际化的产物,是国际经济关系发展到一定阶段后出现的一个新的税收范畴。要研究国际税收问题,我们首先必须理解国际税收的产生和发展、国际税收的概念、国际税收的范畴以及国际税收的研究对象和研究内容。学习本章应重点掌握:国际税收的产生和发展阶段、国际税收概念、三种主要税种及其与国际税收的关系、国际税收的研究对象和研究内容,为学习以后章节打好基础。

International taxation is the important aspect in the international economics area. It's the result of economic internationalization and it's a new tax category when the international economics has developed very fast. To study the international taxation, we must learn about the emergence and development of international taxation, the concept of international taxation, the object of study, scope and contents of international taxation. To study this chapter well you should master: the emergence and development of international taxation, the concept of international taxation, the object of study, scope and contents of international taxation.

第一节 国际税收的产生和发展

国际税收既是一个经济范畴,又是一个历史范畴。它不是自国家税收产生以来就有的,而是伴随着国家间经济贸易活动的发展和扩大而产生和发展的。和税收的历史相比,国际税收的历史要短得多,它是国际经济交往发展到一定历史阶段的产物。税收从产生至今,大体经历了从古老的直接税到间接税再到现代直接税收三个阶段。国际税收产生之后,也经历了两个发展阶段,即非规范化阶段和规范化阶段。下面我们沿着这一发展轨迹,从社会经济和税收发展的角度,探讨国际税收的起源和发展。

一、国际税收的史前期

国际税收的史前期是指奴隶社会和封建社会时期,这一时期的主要税种是古老的直接税。在这一时期,自然经济的自给自足性和古老直接税计税基础的不流动性,使得国际税收不存在产生的前提条件。

自给自足的自然经济,使得农业成为这一时期的主要生产部门,农产品的生产不是为了交换,而是为了满足生产者本身的需要。这种客观的经济基础,使以农业生产者的收获物为直接课征对象的直接税普遍成为贯穿奴隶社会和封建社会的一个最基本的税种。我国的贡、助、彻和田赋,亚洲其他国家的土地税,欧洲的什一税,都属于对农业收获物的直接税。这种直接税不仅就其起源而言是最古老的,而且连其征税形式也都是最原始、最古老的。这种直接税不是按农业生产者的真实收入来计量课征,而是按照农业收获物的某些外部标志,如土地的亩数、农业劳动力的人口数或农业家庭的户数来计算课征。在这些计税的外部标志中,土地亩数总是固定在某一个国家领土的疆域以内,而劳动力和农户是附属在土地田亩之上的,不能与土地分离,从而也相对固定在某个国家领土的疆域之内。古老的直接税的这一基本特征,使它不可能形成跨国的纳税人和跨国的征税对象,从而也就不可能产生国际税收关系。

由于自给自足的自然经济的生产是为了满足自身的需要,因此交换和贸易很少产生,即使产生也是很偶然的,这样就把古老的直接税严格地限制在了一国的范围内,因此国际税收关系也不会产生。古老的直接税阶段缺少国际税收产生的前提条件,在此阶段国际税收不可能产生,因此这一阶段常被称为国际税收的史前期。

二、国际税收的萌芽期

国际税收的萌芽期是指资本主义发展初期到第二次世界大战结束这段时

期。在这段时期内,由于资本主义的发展,商品交换日益扩大,社会财富表现为庞大的商品堆积。于是以商品流转额为征税对象的间接税,代替了以农业生产者的收获物为征税对象的古老的直接税,成为新兴资本主义国家的主要税类。

由于商品经济的发展,这一时期国家之间的商品交换或经济交往开始增多。对于国家之间的商品交换来说,虽然同一种商品在出口前和出口后会被两个国家政府征收关税和其他交易税,但是由于受交易行为所在地的限制,任何一国政府都只能对发生在本国境内的交易行为征税,不存在征税权利的交叉,不会引起国家之间的税收分配关系。

随着资本主义的进一步发展,资本主义发展的不平衡规律决定了资本主义商品经济在各国发展的不平衡性。这一时期国际的经济交往主要以商品贸易为主。与此相适应的是,各国都建立了包括关税在内的以流转税为课税对象的商品课税制度。对本国境内的商品流转额的课税,一般不涉及国际税收关系,但如果从深一层来分析,也会影响到国际利益的分配。在国际市场竞争十分激烈的情况下,关税成为许多国家进行"商战"的重要武器。许多国家为了保护本国经济和争夺世界市场,相互展开了关税战,纷纷建立"关税壁垒"和"非关税壁垒",缔结"关税同盟"。所谓"关税壁垒",是指一国政府对进口商品征收较高的关税。所谓"非关税壁垒",是对除关税以外的各种限制进口的法律和政策措施的总称,如进口限额制,进口配额制,许可证制,外汇管制,复杂烦琐的海关手续,过严的卫生、安全、质量检查标准,等等。不论是"关税壁垒"还是"非关税壁垒",其目的都是为了阻止或限制外国商品输入本国境内,保护本国的经济利益。工业发展先进的国家提出"贸易自由化"和"门户开放"的政策,而工业发展相对落后的国家则主张保护本国的经济,并相应地实行保护贸易政策,采取"关税壁垒"和"非关税壁垒"等措施。

这种在国际贸易中的贸易自由主义和贸易保护主义之间的争夺产生了贸易战和关税战,这种贸易战和关税战引起了国际贸易中的许多矛盾和冲突。各国之间进行的关税战,影响了国际贸易的发展,为了解决国际贸易中的这一尖锐矛盾,各国政府纷纷订立双边或多边关税贸易协定,缔结"关税同盟",对结盟国家实行关税优惠,逐步削减直至完全取消关税,推行自由贸易。国家之间的这类以协调关税和贸易为内容的双边或多边协定,涉及国家之间课税权益的分配,因而已包含有国际税收关系的因素。为了求得暂时的妥协,以改善国家间的商品流通与资本流通,从17世纪前后开始,一些国家就通过协商,订立了双边或多边贸易协定,借以减少这种人为的阻力。19世纪以来,这种国家之间的贸易协定发展得更加普遍。例如,英国在1813年就与各主要国家签订了互惠关税协定。到了20世纪,具有排他性的关税同盟也应运而生,如1948年的"荷、比、卢关税同盟"。又如1948年由23个国家共同发起签署,到后来已有

103个国家和地区(另有31个国家也履行此协定)参加的"关税和贸易总协定"(简称"关贸总协定",GATT)。此外,另一个国际性组织——欧洲经济共同体于1958年1月1日正式宣告成立(1967年7月发展成为欧洲共同体,1991年12月发展成为欧洲联盟),其成员国之间在关税及贸易、农业政策及流转税、财产税等方面进行协调,先后达成了一系列协议。毋庸置疑,国际上的这些贸易协定反映了国家之间贸易方面的关系。而协定本身又包含关税等这些间接税的内容,因此,它同时也就涉及了国家之间的税收联系。

但是,这些贸易协定并不包含国家之间的税收分配关系。因为,在间接税阶段是以协调各自国家的关税等税收制度为主要内容的国际税务联系,并不涉及国家之间的税收分配。但是间接税阶段由于国家之间出于自身经济利益所实行的高低不同的税收负担政策必然会涉及国与国之间的利益关系,因此,仍然要通过国际的税务联系进行相互协调。这种国际的税务联系和相互协调终于打破了古老的直接税阶段的长期闭守状态,它使得各国的国家税收事务和国家税收制度从原来的彼此互不相关发展到彼此经常联系,为下一阶段国际税收的形成作了充分的准备。因此,我们称这一阶段为国际税收的萌芽期。

三、国际税收的形成期

第二次世界大战之后,由于国际贸易发展的需要,各国之间开始征收近代直接税——所得税,并且随着经济的发展和税制的变革,所得税取代了间接税而成为各主要资本主义国家的主要税种。

18世纪末,英国首创了所得税。起初,所得税在英国税制中只处于辅助税种的地位,到1922年,所得税收入已占英国税收收入总额的45%以上。美国在南北战争期间,于1862年首次对个人收入课征了综合所得税,后来,美国国会于1909年通过了对公司利润课征1%税收的法案。1913年,美国国会通过了对个人所得征税的法案。到1922年,所得税收入就已达到联邦税收收入总额的65%,成为美国国家财政收入的重要支柱。西欧各国在20世纪初也都相继引进了所得税。在亚洲,印度、缅甸、斯里兰卡、泰国、印度尼西亚、巴基斯坦等国从1886年以来就征收所得税,不过,由于生产力水平低下,在这些国家的税收收入构成中,所得税一直没有占有重要的地位。从发展的历史来看,20世纪初,所得税在大多数国家得到普遍推行,并且在一些主要资本主义国家中代替了间接税而成为主要税类。

所得税的征税对象是纳税人的所得,它同古老直接税和间接税的征收对象相比有明显不同。首先,古老直接税的征税对象为农业收获物,要受土地固定在一国疆域范围之内的限制。而所得税的征税对象为所得,完全不受一国疆域范围的限制,它可以同时在几个国家取得。其次,间接税的征税对象——商品流转额有着明显的交易行为起点和终点所在国的概念,因而不会发生有关国家政府对跨国商品流转额的重复交叉征税问题,但是对跨国所得的征税,却往往造成国家间的重复交叉征税。

第二次世界大战之后,国际经济交往的内容、范围等不断扩展,生产的国际化、企业的国际化和经济的国际化趋势日益明显。资本输出逐渐代替了商品输出,跨国公司的快速国际化发展,高速而发达的信息交通缩短了国家之间的地理距离,迅速发展的科学技术加强了各国间经济的相互依存。经济活动的国际化必然带来企业或者个人所得的国际化,而所得的国际化又为税收活动的国际化创造了条件和提供了可能。各国出于维护本国税收权益的目的,都要对参与国际经济活动的纳税人的所得和财产征税。这样,这些企业和个人就会被重复征税,由此就引发了国家之间必要的税收协调活动,如重复征税的避免、共同签订协定解决重复征税问题等。因此,在近代直接税阶段,所得税和一般财产税的征税对象所具备的这种跨国家的可能,以及由此而发生的有关国家重叠交叉征税的特点,必然带来国与国之间由于税收管辖权交叉所发生的财权利益矛盾,这才促使以处理这种矛盾而进行的国家之间的税收分配为内容的国际税收得以最终形成。而在古老的直接税和间接税阶段,是不具备这种特点的。

所得税的普遍推行带来了一系列涉及国家税收权益的分配问题。因为所得税是以所得为课税对象的税收,其纳税人一般就是税收负担人,在跨国经营的情况下,纳税人的全部所得和费用,往往既有国内的,同时也有国外的,因此,对跨国经营的纳税人课税,不仅会涉及本国国内,往往还会涉及有关国家的税收利益,也就必然要产生国家间的税收分配问题。

国家间的税收分配问题还由于各国实行不同的税收管辖权而更加复杂化。每个主权国家都有权实行最符合本国利益的税收管辖权,由此产生了国家之间税收管辖权的重叠与交叉,使同一跨国纳税人的同一笔所得要在居住国和来源国分别缴纳同样的税收,于是产生了国际重复征税问题。随着跨国经济活动的发展,重复征税问题愈发突出。各国为了妥善协调与此有关的税收问题,以维护各自的税收权益,签订了许多双边或多边条约或协定,这也是形成国际税收的重要原因。

国际税收产生有两个前提条件:一是收入国际化;二是所得税制度的普遍建立。收入国际化是经济前提,没有收入的国际化,收入就必然被局限于一国政府管辖范围内成为征税对象;所得税制度的普遍建立是国际税收形成的税制前提,没有它就不会引起国家之间对跨国所得重叠交叉征税矛盾的产生,不可能最终成为国际税收。因此,这一阶段被称为国际税收的形成期。

四、国际税收的发展

国际税收从产生到现在比较规范的发展,经历了非规范化发展阶段和规范化发展阶段。下面我们来详细介绍在这两个阶段中国际税收的发展过程。

(一) 非规范化阶段

在现代直接税阶段，特别是在国际经济活动中，由于跨国所得的大量形成以及各国广泛开征所得税，国家课税权范围的发展，导致了税收的国际化，使国际税收这一特定的经济范畴在第二次世界大战后开始出现。而国际税收形成后仍有许多问题需要解决，其中一个最直接、最基本也最突出的问题就是各国政府对跨国纳税人的跨国所得重复征税的问题。这个问题如果不能及时解决，国际经济贸易往来以及发展就必然会遇到严重的阻碍，特别是会给缺少资金和技术的发展中国家带来更多的麻烦。国家的课税权是国家政治权力的重要表现，它一是在国家政治权力所及的范围内行使的，世界上并没有一个具有超越国家政治权力的组织能够对国际的重复征税问题做出强制性规定，任何一个国家也无权强迫对方主权国家做出税收让步。因而，解决问题的方法开始时只能从一个国家的国内税法角度出发，单方面对国际的重复征税问题做出暂时的处理。例如，对跨国纳税人在国外取得的所得的申报，其在国外的已纳税额可通过适当地从应纳本国税额中进行税收抵免等方式处理。

随着国际经济活动交往的加强、纳税人收入的国际化和所得税的普遍采用，国家间的重复征税问题日趋严重和普遍，能否解决国与国之间的重复征税问题，关系到国家之间的经济贸易活动是否能顺利进行。这时，从单个国家国内税法的角度解决重复征税问题已不能适应经济发展的要求，所以，国家之间开始接触，探讨和研究解决国际重复征税问题的办法，通过谈判和协商，签订非规范性的税收协定或协议，以求得双方或各方的平衡。这种早期的国际税收协议是有关国家处理相互间税收关系问题而自发进行的，属于国际税收的非规范化阶段。例如，1948年由23个国家共同发起签署，截至1994年底，共有128个国家和地区参加的关税和贸易总协定，就为当时许多国家解决彼此之间的重复征税问题提供了有利的准则。

但是，这个时期的国际税收协定仍处于国家之间自发地处理税收的阶段。不同国家之间对税收的范围及管辖权的划分等问题的认识还不够充分，以至于各个协定的形式、内容互不相同，协定用语、条文等也不规范。因此，这个时期的国际税收处于非规范化发展阶段。

(二) 规范化阶段

随着国际经济往来的不断发展，以及纳税人所得的国际化和所得税的广泛运用，上述单方面的处理和非规范性的双边税收协定已经不能适应形势发展的需要，国际重复征税问题已经影响到国际经济交往能否顺利进行。为了促进国际经济活动的不断发展,迫切需要用一个比较完整的规范性的国际税收协调方法来指导各国处理相互间的税收分配关系。因此,20世纪60年代以后出现了普遍被各国接受的国际税收协定,即经济合作与发展组织(OECO,简称经合组织)提出的《关于对所得和财产避免重复征税的协定范本》(以下简称《OECD范本》)和联合国专家小组提出的《关于发达国家与发展中国家间避免重复征税的协定范本》(以下简称《联合国范本》)。这两个范本的出现,为世界上大多数国家提供了国际税收活动的共同规范和准则,基本上起到了国际税收公约的作用,各有关国家在处理相互之间的税收问题时有了可参考的标准和依据。

自两个范本发表以来,更多的国家开始签订国际税收协定。这样,国家之间在处理重复征税等国际税收方面的问题时就有了可以参考的标准和准则。据统计,1997年全世界187个国家和地区签订的双边税收协定已经有3 500多项,其中近50%是发展中国家与发达国家之间签订的。在发达国家中,美国、英国、日本和德国等国家对外签订的协定最多。

国际税收进入到规范化阶段,使得人们对国际税收的认识无论在深度还是广度方面都有了历史性的飞跃。规范化的国际税收,使得国家之间的经济贸易进行得更加顺利,重复征税的问题也在人们的努力下变得不再那么尖锐。可以说,国际税收进入规范化阶段,对国际的经济往来和高速发展起到了非常大的促进作用。同时,世界经济的国际化也给国际税收发展带来了影响,主要表现在以下几个方面:

1. 跨国公司空前发展,成为世界经济活动的主体。第二次世界大战以后,特别是20世纪50年代末和60年代初,跨国公司有了迅速发展。据联合国统计,1968～1969年,全世界共有跨国公司7 276家,所属国外子公司27 000多家。而目前全世界跨国公司已达20 000家,其分支机构和子公司约110 000家,业务伸展到一切工业生产领域和银行、保险、交通运输、房地产、经营管理和信息咨询等部门。世界著名的跨国公司在海外的分支机构或子公司少则几十家,多则几百家。由于跨国公司经营活动的迅猛发展,其收入来源的范围越来越广,收入的渠道也越来越多。有关国家的税收关系由于跨国公司的全球经营而出现错综复杂的局面。各国政府为了维护本国的主权和经济利益,非常重视国际交往活动中国家经济权益的划分和收入的分配问题。对于跨国投资者来说,国际税收所涉及的征纳活动,关系到其自身利益,因此,资本输出国、输入国等许多国家的跨国投资者对国家间的税收问题也十分重视。此外,由于跨国公司的下属机构分布极广,它们常会利用各国税制的差异进行逃税、避税,对于这种现象,已不能仅仅依靠各国的国内税法,而需要通过各国之间的协商才能解决。

2. 区域经济、税收一体化给国际税收增添了新的内容。20世纪90年代,世界经济发展的一个最显著特征是各种类型的经济区域化、集团化浪潮席卷全球，无论是欧洲、美洲、亚洲，还是大洋洲，都被分割为一个个的经济区域集团。随着国际经济的发展和跨国公司的兴起，一方面，各国经济相互依赖的程度大大加强，另一方面，国际资本争夺世界市场的竞争也日益加剧。一些发达国家为了避免在国际竞争中孤军作战而使自己处于不利地位，往往联合起来，借助集体力量，与实力更加雄厚的超级大国相抗衡，从而增强自己的竞争地位，保持和扩大国内外市场。一些发展中国家为了维护自身利益，防范经济实力雄厚的发达国家的扩张，也相继建立起一些区域性的经济联盟。这些区域性经济联盟都要求不同程度地打破国家间原有的经济壁垒，使商品、资本和人员可以在区域内自由流动。要达到这一目的，国家间必须协调税收政策，建立包括关税、流转税以及所得税在内的共同税收制度，并逐步实现区域税收一体化。区域性税收制度的协调与建立，扩大了国际税收发展的视野，给国际税收研究增添了新的内容。

3. 国际全面性双边税收协定网络不断拓宽。国家间协调税收关系的双边税收协定在20多年前只有约1 200个，其中发达国家之间缔结的约占一半左右，发达国家与发展中国家缔结的约占1/4，还有另外的1/4是发展中国家之间缔结的。近20年来，由于国际经济交往的迅速发展，签订双边税收协定的国家日益增多。国际税收协定的广泛签订与执行，为从事国际经济活动的企业和个人创造了良好的投资环境，对促进国际经济交流与合作具有积极意义。

（三）国际税收的未来

进入21世纪以来，国际税收领域面临四大问题。

1. 区域税收一体化与国际税收的联系。区域税收一体化为国际税收协调指出了方向，较好地解决了区域内部一个国家与成员国之间的税收关系。但是，区域税收一体化还必须处理好与区域集团外部国家或区域的税收关系，这样才能促进世界经济繁荣，否则很可能出现更大范围的税收摩擦和贸易壁垒，形成新的区域分割。

2. 国际组织为世界各国服务，应该具有稳定的经费来源，它既可通过成员国按比例分摊，又可通过税收协调筹措。后者作为一种新的形式，需要深入研究如何收费、收费根据、收费标准等一系列问题，逐步设立规范性的联合税收。

3. 制定国际税收准则，建立一个标准国际税收制度，使世界各国的税制趋向一致。标准国际税收制度的建立，应以有利于世界各国共同繁荣、促进国际经济交流和发展为宗旨，既要满足各国不同的要求，又要使各国税制标准化。这是一项十分艰巨的任务，在短期内难以实现。但只要坚持不懈地努力，在全球范围进行广泛的国际税收合作，建立标准的国际税收制度最终是会实现的。

4. 传统经济向数字经济转型过程中,新技术的引入会带来税收政策的变化,而税收政策的不确定性势必影响全球贸易和投资。未来构建全球税收新秩序,需要各国密切税收政策的协调沟通,合理运用税收政策工具,提高税收程序的透明度,增强政策的可预测性,着力营造一个公平稳定的税制环境,推动全球经济增长重塑新动力。

第二节 国际税收的概念

第一节关于国际税收起源和发展的探讨告诉我们,国际税收是与国家税收并列的,属于税收的一个分支,并且是在一定的历史条件下产生的。要了解什么是国际税收,就要严格区分国际税收与国家税收的关系、国际税收和国外税收的关系,需比较国际税收和涉外税收的异同点,进而更深刻地理解国际税收的概念。

一、国际税收的概念

(一) 国际税收的定义

国际税收的理论研究是一个不断深化的过程,当前已成为一个较为完整的体系,从单纯地对税收管辖及国际重复征税问题的研究发展到对一系列有关国家间税收分配矛盾的探讨,从对一国涉外税收制度的研究发展到对跨国纳税人征税行为的统一协调,从而建立起了一门独立于国家税收的新兴税收学科。

国际税收是各国课征税收的国际影响和各国间的税收协调。各国课征税收的国际影响包括各国税收对个人、企业、国家及其各级政府,乃至全球的影响;各国间的税收协调是指各国就各国课征税收的国际影响进行的协调。国际税收的性质是国与国之间的税收协调关系,归根到底是国与国之间的税收分配关系。国际税收随着国际经济交往的经常化而产生,随着国际经济和政治的发展而发展。

国际税收主要要解决以下的问题:国际税收的纳税人、征税对象分别是什么;国际税收涉及的国家与国家的税收分配关系和协调关系有哪些。国际上对国际税收的概念主要有以下几种代表性的观点:

1. 国际税收是指在国际经济活动中协调国家与国家之间的税收分配关系,即调节跨国所得。

2. 国际税收是指涉及两个或者两个以上的国家财权利益的税收活动,它反映着各自国家政府在对从事国际活动的纳税人行使征税权力而形成的税收征纳关系中所发生的国家之间的税收分配关系。

3. 国际税收是指两个或两个以上的国家政府凭借其政治权力,对跨国纳税人的跨国所得或财产进行重叠交叉课税,以及由此所形成的国家之间的税收分配关系。

使用比较多的概念为:两个或两个以上国家政府,各自基于其课税主权,在对同一跨国纳税人的同一课税对象进行分别课税而形成的征纳关系中,所发生的国家之间的税收分配关系。

从以上这些给出的概念中我们可以看出,国际税收应该具有以下特点:

第一,国际税收同税收一样,必须凭借政治权力来进行分配。如果没有各国政府同它们各自管辖范围内的纳税人形成的征纳关系,也就无从产生国家之间的税收分配关系。两个或两个以上国家的税收征纳关系是国际税收的基础。

第二,国际税收以国际的经济贸易交往为存在的前提。如果不存在跨国纳税人,国际税收关系也就无从谈起。因为一般意义上的纳税人只承担一个国家的纳税义务,而只有跨国的纳税人同时承担几个国家的纳税义务,才可能引起几个国家之间的税收分配问题。

第三,国际税收同税收是有区别的两个范畴。其根本区别在于国际税收只涉及国家之间的财权利益分配,而不涉及其他的经济分配关系或社会关系。

(二)广义与狭义的国际税收

国际税收的概念目前有狭义和广义两种。

狭义的国际税收是指两个或两个以上国家对跨国纳税人的跨国所得或跨国财产共同享有征税权所形成的国家之间的税收分配关系。在狭义的国际税收含义中,要注意两个概念:一是跨国公司,二是跨国所得或跨国财产。跨国纳税人,是指在两个或两个以上国家同时负有纳税义务的纳税人;跨国所得和跨国财产,则是指由某一国人所有但来源于或存在于另一国的所得或财产。由此可知,狭义的国际税收仅涉及所得税和财产税,更准确地反映了国际税收的特殊矛盾主体和本质特征:矛盾的主体是两个或两个以上的国家政府及跨国纳税人,本质特征是税收分配关系。

广义的国际税收是指两个或两个以上的主权国家或地区,由于对参与国际经济活动的纳税人行使税收管辖权而引起的一系列税收活动。它体现了主权国家或地区之间的税收分配关系。由于国际税收协调包括关税等商品税的国际协调,所以广义的国际税收概念不仅涉及所得税和财产税,也涉及商品税。本书所采用的是广义的国际税收的概念。

广义的国际税收概念包含以下四层含义。

1. 国际税收不能离开国家而独立存在。税收必须有征税者和缴纳者,而国际税收并没有也不可能有自己的独立于国家税收的特定的征收者和缴纳者,国家税收只能依附于国家税收的征收者和缴纳者。没有各个国家政府对它政权管辖下的缴纳者进行的课征,也就无从产生国家之间的税收分配关系。

2. 国际税收关系的发生不能离开跨国纳税人这一关键因素。作为属于一个主体的跨国纳税人通常只承担某一国的纳税义务,从而这个国家也就不可能发生与其他国家之间的税收关系。只有同一主体的跨国纳税人在同时承担几个国家的纳税义务的条件下,才有可能引起这几个国家之间的税收分配关系,即国际税收所依附的国家税收中的缴纳者必须是跨国纳税人。

3. 课税对象具有跨国性。国际税收涉及的课税对象是跨国纳税人取得的跨国所得和拥有的跨国财产,换言之,就是所得来源地或财产所在地与所得或财产所有者的居住国或国籍国不一致。这样,才导致了重复征税问题的产生,最终导致国际税收的形成。

4. 国际税收是关于国家之间的税收利益分配关系。只有当一个国家对其管辖范围内的跨国纳税人的课税对象进行课税并涉及另一相关国家的财权利益,从而需要协调国家间的税收利益分配关系时才属于国际税收。这种分配关系主要是由有关国家政府通过签订税收协定来处理的,因此国际税收不是一般的国家税收分配关系,而是有关国家之间的税收分配关系。

二、国际税收与相关税收范畴的关系

提起国际税收,人们会很自然地联想到国家税收、外国税收、涉外税收等,甚至会混淆它们之间的关系,造成对国际税收概念的误解。实际上,无论是在国内还是国外,都存在一些不同的观点,把国际税收这个范畴与外国税收或外国税制,甚至与涉外税收混为一谈,或者将其与各国税制的某些特定部分完全等同起来,从而忽视了国际税收分配管辖与国家税收分配关系以及国际税务关系间的严格区分。这在一定程度上模糊了国际税收的概念以及国际税收这一范畴在本质上的规定性。国际税收作为一个相对独立的税收领域,有着不同于其他税收范畴的特殊性。因此,分析国际税收与其他税收范畴的关系,有助于了解国际税收的基本特征和更加准确地理解国际税收的概念。

(一)国际税收与国家税收

国际税收和国家税收之间既有联系又有区别,区分两者之间的关系有利于我们更好地把握国际税收的概念。

1. 国际税收与国家税收的联系。国际税收和国家税收之间的联系是:

(1)国际税收是以国家税收为基础的,国际税收不可能脱离国家税收而独立存在。没有各国的税收制度,各国政府的税收管辖权以及税收利益就不会发生直接冲突,也就不会产生国际税收问题。

(2)由于经济国际化和各国所得税制度的发展,各国政府不可避免地要面对国际税收问题。为了更好地处理与其他国家之间的税收分配关系,要求各国政府在制定本国制度时遵循国际税收准则、规范或惯例。

2. 国际税收与国家税收的区别。国际税收和国家税收的区别主要有以下几个方面:

(1)二者反映的关系不同。国家税收反映的是一国与其纳税人之间的税收分配关系,而国际税收反映的则是不同国家之间的财权分配关系。

(2)二者的课税对象不同。国家税收的课税对象主要是国内所得商品流转额和财产收入,而国际税收的课税对象主要是跨国性收入和国际商品流转额。

(3)二者是否具有强制性不同。国家税收是以国家政治权力为依托,强制性征税,其强制性、固定性、无偿性更为鲜明,而国际税收是在国家税收基础上产生的种种税收问题和税收关系,并非凭借某种政治权力强制课征的形式。

(4)二者的利益协调方式不同。国家税收中各方的利益协调以国家强制性规定为协调、管理依据,而国际税收中国家间的税收征收分配或协调关系则往往通过双边协定方式加以解决,其原则是平等互惠。

(5)二者的课征形式不同。国家税收按照课征对象不同,依据本国法律进行课征,而国际税收并非一种具体的课征形式,没有自己单独的税种,涉及的是各国税收利益的分配。

(二)国际税收和外国税收

在谈到外国税收的时候,很多人会认为外国税收就是国际税收,实际上,外国税收是相对于本国税收(或者国内税收)而言的。如果从本国的角度看,凡是其他国家的税收都是外国税收;从外国的角度看,本国的税收相对于该国而言,就是该国的外国税收。外国税收所体现的税收关系是一国政府同其管辖范围内的纳税人之间的征纳关系,其中既包括国内纳税人,也包括跨国纳税人。而后一种纳税人,即跨国纳税人,则属于一国政府的涉外税收部分。涉外税收虽然是国际税收研究内容所涉及的一部分内容,但是它的内容不包括研究国家之间的税收分配关系。明确国内税收与国际税收的关系,会促使人们去注意研究各个国家的税收法律、法规及其发展的新变化和新动向,以利于在国际经济交往和国际税收协定的谈判中做到准备充分,处于主动地位。因此,国际税收固然有其自身的优点和内容,但并不能脱离国内税收而单独存在。所以,研究外国税收对于本国的税收法规、各国间税收协定的签订以及更好地促进国际税收的发展有很大的作用。

(三)国际税收和涉外税收

涉外税收和国际税收是税收领域的两个基本学科,但是在理论上,人们对涉外税收和国际税收之间关系的认识和理解却很容易将二者混淆,认为涉外税收就是国际税收,其实两者之间是有区别的。

涉外税收反映的是以国家为一方主体和以涉外纳税人为另一方主体所形成的税收征纳关系。这一定义说明涉外税收反映的是税收征纳关系,不反映相关国家之间的税收分配关系,而涉及的涉外纳税人则必须是在一国税收主权管辖范围内的纳税人。由于各国采用的税收管辖权标准不同,因此涉外纳税人既可能是在一国境内的外国人和外国居民,也可能是本国人和本国居民。由此分析可以看出,国际税收和涉外税收的联系主要体现在涉外税收是国际税收关系形成的基础,而国际税收既是各国涉外税收在国际关系上的反映,又是各国涉外税收的延伸和扩展。

但是,国际税收并不是涉外税收,简单地将涉外税收归属于国际税收也是不正确的。国际税收和涉外税收有着严格的区别。

1. 涉外税收属于国家税收的范畴,它并不属于国际税收的范畴。
2. 涉外税收的征税权凭借的是国家的政治权力,而对国际税收而言,则不存在一种超国家的政治权力,也不存在一部对世界各国都有约束力的国际税法。因此,国际税收在规范国家之间税收分配关系的过程中,依据的只能是那些对当事国具有约束力的双边或多边条约法以及一些国际惯例和判例。
3. 从载体的方面看,涉外税收体现为一国具体的涉外税收制度,而国际税收则体现为国际惯例和税收协定等法律规范。
4. 从职能方面来看,涉外税收的职能主要表现为聚财和调控职能,而国际税收的职能则主要表现为调整并规范国家之间的税收分配关系,即协调职能。

三、国际税收的两个基本要素

国际税收作为税收,同样应该具有纳税人和征税对象两个基本要素。纳税人和征税对象都是由一个国家的税法明确规定的。既然不存在超国家的权力机关,故只能称之为国际税收"涉及"的纳税人和征税对象。因为国际税收本身并没有自己独立于国家税收以外的纳税人和征税对象,所以从法律的角度看,国际税收的基本要素实际上仍是国家税收的基本要素,只是当有关国家依照本国法律对其跨国纳税人征税而引起这些国家之间财权利益的分配时,才使得这些国家税法中规定的纳税人和征税对象同时成为国际税收所涉及的纳税人和征税对象。

(一) 国际税收涉及的所得税纳税人

纳税人是税法规定的直接负有纳税义务的单位或个人,是缴纳税款的主体。概括说来,国际税收涉及的纳税人,是指在两个或两个以上国家同时负有双重交叉纳税义务的跨国自然人或法人。这一概念具有两方面的含义。

1. 作为国际税收涉及的纳税人，必须是跨国的自然人和法人。如果各国税法中所规定的自然人或法人纳税人只是在一个国家管辖范围内从事经营活动，并只与该国政府发生纳税关系，这种纳税人就仅仅是国家税收的纳税人，不是国际税收涉及的纳税人。成为国际税收涉及的纳税人，必须在两个或两个以上国家从事经济活动，从而有来源于两个或两个以上国家的收入，或有存在于两个或两个以上国家的财产，需要向两个或两个以上国家履行纳税义务。

2. 作为国际税收涉及的纳税人，必须在两个或两个以上国家负有双重交叉纳税义务。一个跨国自然人或法人纳税人，虽然同时有来源于两个或两个以上国家的收入，从而必须同时向这两个或两个以上国家履行纳税义务，但是，如果这个跨国纳税人只需就来源于甲国的收入向甲国纳税，就来源于乙国的收入向乙国纳税，他在这两个国家所承担的纳税义务并无任何交叉重叠，就不会在这两个国家之间引起税收的分配关系。这个跨国自然人或法人纳税人就不会成为国际税收涉及的纳税人。只有当这个跨国纳税人的同一笔跨国收入中有一部分或全部，同时对两个或两个以上国家负有双重交叉的纳税义务时，才会发生国家之间的税收分配关系，从而该跨国纳税人才会成为国际税收涉及的纳税人。

综上所述，国际税收涉及的纳税人的概念可以进一步表述为：凡有来源于两个或两个以上国家的收入，或有存在于两个或两个以上国家的财产，或者虽然只有来源于一个国家的收入，但是在两个或两个以上国家同时负有双重交叉纳税义务的跨国自然人或法人，都是国际税收涉及的纳税人。

(二) 国际税收涉及的直接税的征税对象

国际税收涉及的征税对象，从直接税的角度来看，仅仅同所得税和一般财产税等对人税的征税对象相联系，即指跨国纳税人的跨国所得和跨国一般财产价值。

1. 国际税收涉及的所得税的征税对象。国际税收涉及的所得税的征税对象是跨国所得。把对跨国所得征税适用的各种不同税种及其征税对象范围按其性质加以归并，可划分为以下四大类。

(1) 跨国一般经常性所得。它是指跨国纳税人在通常情况下可以经常获得的跨国所得。跨国一般所得按其来源的不同性质，又可以划分为如下几类：

第一，经营所得，即营业利润，是指跨国纳税人在某个固定场所（如工厂、商店、农场、公司等）从事农工业、商业、服务业等生产经营活动所取得的所得。

第二，劳务所得，一般是指个人劳务所得，又分为独立劳务所得和非独立劳务所得两种。独立劳务所得是指自由职业者从事专业性劳动取得的所得；

非独立劳务所得是指雇员或职员取得的工资、薪金、奖金、年终加薪、津贴等所得。

第三,投资所得,是指因购买股票取得的股息、提供贷款收取的利息、存款利息和各种债券利息,以及转让工业产权或者专有技术所收取的特许权使用费等所得。

第四,租赁所得,指出租房屋、机器设备、机动车船及其财产所取得的租金。

第五,其他所得,是指除了上述所得以外的其他所得,包括因意外事件取得的各项所得,如彩票中奖等收入。

(2)跨国超额所得。它是指跨国纳税人所取得的超过一般经常性所得标准的那部分跨国所得。这类所得大多是在特殊情况下取得的,例如,利用战争造成的特殊条件,或利用所经营行业的自然资源的优越条件,可以获得比一般行业更多的所得等。

(3)跨国资本利得。它是指跨国纳税人通过出售或交换房屋、机器设备、股票、债券、商誉、商标和专利权等一些资本项目所得到的毛收入,从中减去购入价格后的那一部分差额。对跨国资本利得征税,大致有两种不同的做法。一种是把跨国资本利得合并到跨国一般经常性所得中,按一般的公司所得税或个人所得税征税。我国就是采用这种方法。另一种做法是对资本利得单独征税,另立资本利得税或财产收益税,采用较低的比例税率征收。

(4)跨国其他所得。它是指除上述三类跨国所得以外的某些非经常性的跨国所得。如跨国负债豁免、跨国非独立劳动者的一次性补助所得等,它们均属于这一类非经常性的跨国其他所得。

2. 国际税收涉及的一般财产税的征税对象。国际税收涉及的一般财产税的征税对象是跨国一般财产价值。所谓跨国一般财产价值,是指跨国纳税人的全部财产在货币形式上的综合表现。跨国一般财产价值又可分为跨国一般静态财产价值和跨国一般动态财产价值两类。

(1)跨国一般静态财产价值,是指跨国纳税人在一定时期处于相对静止状态的各项跨国财产价值的总和。对跨国一般静态财产价值进行课税所适用的税种,依自然人和法人纳税人的不同而不同。对跨国自然人有财富税、一般财产税和富裕税;对跨国法人往往适用一般财产税和资本税。

(2)跨国一般动态财产价值,是指一般财产税类中的因无偿转移而发生所有权变化的那部分跨国一般财产价值。例如,被继承人死亡,由遗嘱执行人或遗产管理人将其所遗留的一般财产,按遗嘱分别转移归有关继承人所有,以及赠予人在生前将跨国一般财产馈赠给受赠人等。对跨国一般动态财产价值征税时所适用的税种有遗产税、继承税和赠予税等,对于具体的征税办法各国税法的规定并不相同。

第三节　主要税种概述

所得税、财产税和商品税是当今世界各国征收的三大主要税种,这三种税的征收都可能跨越国界,造成国际重复征税的问题,因而都涉及国际税收关系。因此,有必要对这三个主要税种作简单介绍。

一、所得税

所得税,就是以纳税人的所得为课税对象的税收。这一课税体系主要包括个人所得税、公司所得税和社会保障税。

在各类税中,所得税制属于比较复杂的类型,在税收中所占比重也比较大,各国对跨国纳税人的跨国收入或所得进行征税所使用的税种以及涉及的具体征税对象范围是有差异的,而且比较复杂。

(一) 所得税制度的类型

各国实行的个人所得税制度按其课征方法的不同可以分为三类:分类所得税制度、综合所得税制度和分类综合所得税制度。

1. 分类所得税制度。分类所得税制度,即对各类所得分别按不同的税率和方式进行课征,从而形成工薪所得税、利息所得税等个人所得税制的子税种。分类所得税制度一般采用源泉课征法,课征简便,节省征收费用。例如,我国的香港特别行政区按照所得的类型分别设置四种所得税,即利息税、利润税、薪金税和财产收益税,并分别按照不同的征收方法和不同的税率征税。

分类所得税制的理论依据在于,不同性质的所得项目应适用不同的税率,分别承担轻重不同的税负。劳务所得(如工资薪金)要付出辛勤的劳动,所以应该课征较轻的所得税;投资所得(如股息、利息、红利等)是凭借其所拥有的财产而获得的,付出的辛苦较少,因此应课征相对劳务所得较重的所得税。分类所得税始创于英国,但现在实行纯粹分类所得税的国家已经很少。

2. 综合所得税制度。综合所得税制度,即对纳税人的所得不加区分,将其所得汇总以后按统一的税率和方式进行征税。综合所得税制度课税的范围广,能体现按纳税能力课税的原则。但这种制度的课税手续比较烦琐,征收费用比较多,对征管的要求也比较高。综合所得税制度的理论依据在于,既然所得税是一种对人税,计税依据就应该是人的总体负担能力,因此必须综合纳税人全年的各种所得,减除各项法定的宽免和扣除额后,按统一的累进税率征税。目前,综合所得税制度已经被很多国家所接受,体现着当代所得税课征制度的一个重要发展方向。大多数实行综合所得税制度的国家,特别是经济发达国家,除一般所得税外,还征收社会保障税,或者称之为薪给税。这种税实质上是一种社会保障基金筹集形式,并非是真正意义上的税收。该税一般在政府预算之外建立特别预算,专收专支,其税额多由雇主和雇员按比例分摊,支出主要用于退休金、救济金、医疗保险、失业保险和职工培训等。

3. 分类综合所得税制度。分类综合所得税制度,即将纳税人的全部应税所得分成若干部分,每一部分可以包括一类或几类所得,各部分分别按不同的税率和方式征税,这实际上是一种分类和综合所得税制度的综合使用。这类所得税的征收办法,是对纳税人的各项所得,先以分类所得税制度的源泉法按一定的比例税率征收,然后在纳税年度结束时,汇总纳税人全年各类所得额,减去法定扣除项目后,得出其该年度的综合应税所得,再乘以应税所得所适用的累进税率,计算综合应纳税款。分类课征阶段已纳税款可以冲抵综合应纳税款,年度汇总后多退少补。分类综合所得税制度是当今世界上广泛实行的一种所得课税制度,它反映了综合所得税和分类所得税的趋同态势。这种税收制度的主要优点在于:一方面,这种税制坚持了按纳税能力课税的原则,对纳税人不同来源的收入实行综合计算征收;另一方面,该税制又对不同性质的收入实行区别对待,对所列举的特定收入项目按特定方法和税率征税。

(二) 所得税的课税对象

所得税的课税对象,即为纳税人所得。各国在税收理论和实践中对于所得含义的理解和所得范围的确定都有所不同。

1. 所得的概念。自18世纪末所得税制度产生以来,各国经济学家对所得的概念在理论上有过不同的解释,其中最主要的是"纯资产增加说"和"所得源泉说"。"纯资产增加说"认为所得是纳税人在一定期间资产增加额减去同一时期内的资产减少额的余额。按这种观点,纳税人在一定时期内任何原因造成的所持资产的净增额都应列入应税所得的范围,它不但包括经常性、连续性所得,也包括临时、偶然的一次性所得。"所得源泉说"则认为所得的发生应具备循环性和反复性的特点。依据这种观点,应税所得应是有连续来源的收入(如工资、薪金、经营利润、股息、利息、租金等)扣除相应费用后的纯收入,不应包括销售资产的所得、继承所得等一次性所得。

由此可以看出,采用"纯资产增加说"的国家对所得征税的范围要远大于采用"所得源泉说"的国家。

世界各国在确定所得税的征税对象时,根据本国的政治、经济和社会状况,按照本国的财政经济政策建立各自的所得税法理论。

2. 应税所得的基本分类。目前各国税法中规定的应税所得可以归纳为五类,即经营所得、劳务所得、投资所得、财产所得和其他所得。

(1)经营所得即是营业利润,是指个人或公司从事工业、农业、建筑业、服务业等一切生产性或非生产性经营活动所取得的纯收益。按照各国税法的规定,确定纳税人的某项所得是否为经营所得的依据在于纳税人取得该项所得的经济活动是否为其主要经济活动。例如,一家证券公司从事证券投资活动所获得的股息、利息等收益属于经营所得,而一家服务业公司因其所持股权、债权而获得的股息、利息等则不属于其经营所得。

(2)劳务所得是指个人从事劳务活动所取得的报酬。劳务所得通常分为独立劳务所得和非独立劳务所得。独立劳务所得是指自由职业者从事专业性劳务所取得的报酬,如独立从事的设计、咨询、法律、文教、艺术、体育等活动取得的劳务报酬。非独立劳务所得是指因雇佣关系所取得的工资、退休金、年金等。

(3)投资所得是指个人或公司通过直接投资或间接投资所取得的股息、红利、利息、特许权使用费等项收益。股息、红利是由于股权而取得的所得;利息是由各种债权取得的所得,包括存款利息、贷款利息、各种债券利息,以及因垫付款、延期付款所取得的利息;特许权使用费是由于专利权、商标权、著作权等提供给别人使用而收取的作为报酬的各种款项。

(4)财产所得是指纳税人凭借拥有的财产或通过销售财产所获取的收益。财产所得又分为两类:一类是不动产(如土地、房屋等)和有形动产(如机器设备、船舶、飞机等)的出租收益;另一类是指在各种动产和不动产的转让过程中所产生的溢价收益,这类所得就是通常所说的资本利得。

(5)其他所得是指除以上主要应税所得之外的保险赔偿金、奖学金、博彩收入等所得。一些国家将遗产继承所得、财产赠予所得列为应税所得。本书在以后章节中将重点讲述对遗产继承所得、财产赠予所得的征税情况。

(三)所得税的纳税人

所得税的纳税人主要有两类:一类是个人,即自然人;另一类是公司和其他团体。公司是指任何法人或在税收上被视同法人的实体。法人是指根据国家有关法律组建的能够独立承担法律责任的组织或者实体,其中最重要的法人形式是股份有限公司。非法人实体是指对外不能独立承担法律责任的组织或者实体,如社团、协会、股份无限公司、合伙组织、信托组织等。

各国所得税税法关于纳税人的规定,在将法人和个人作为独立的纳税实体方面是一致的,但在非法人团体是否作为独立纳税实体方面则有所不同。

1. 分类所得税制度下关于纳税人的规定。实行分类所得税制的国家或地区,因其所得税税种是按照不同类型的所得设置的,其着眼点是所得发生的事实,一切经济实体以及个人只要发生了某类所得,就应该按相应税种的规定进行纳税。所以,这些国家或地区在税法上对经济实体一般不作区分,即无论是否具有法人地位的经济实体都应是相应税种的纳税人。

2. 综合所得税制度下关于纳税人的规定。实行综合所得税制的国家,一般根据纳税人的性质对公司和个人分别设置公司所得税和个人所得税。这些国家在有关税法中关于公司纳税人的规定一般分为两种类型。

第一种类型是将公司纳税人限定在具有法人地位的经济实体范围内,如股份有限公司等,而社团、合伙组织、信托等其他团体不能被作为独立的纳税实体看待。这类非法人团体的所得必须分别归属于所有人、合伙人或信托受益人名下,分别按照个人所得税或公司所得税的有关规定纳税。目前,世界上大多数国家都采用这一办法。

第二种类型是不区分各种经济组织的法律地位,在税收上都把它们作为独立的纳税实体看待。这些国家所得税法规定的纳税人不仅包括具有法人地位的经济实体,也包括不具有法人地位的经济组织或实体(注意,这时税法上所指的法人与民法上所指的法人是不一致的)。

(四)所得税与国际税收

所得税是一种对人税,课税对象与其所有者直接相联系。当一国纳税人在境外取得所得时,这种跨国所得也要被纳入该国所得税的征税范围。这样,该国的所得税征收权就超出了国境,国家之间的征税权发生交叉重叠的现象,从而导致国与国之间所得税重复征税以及所得税收入国际分配问题的产生,这一问题的产生是由所得课税的性质决定的。所得课税国际税收问题的产生不仅与所得课税的性质有关,而且与跨国所得的出现也是分不开的。跨国投资带来所得的国际化是所得课税国际税收问题产生的现实经济条件,没有所得的国际化,各国只对来源于本国境内的所得课税,国家之间也就不会发生所得税的国际税收问题。由于跨国投资尤其是跨国直接投资发展非常迅速,跨国投资所得日益增多,对跨国公司的国际重复征税问题就变得越来越突出,为了消除跨国投资的税收障碍,一些国家开始在本国的税法中加进单方面减除所得重复征税的措施条款。例如:瑞士率先在国内税法中规定对本国居民的境外机构和不动产所得免税;美国和英国从1918年开始使用抵免法单方面消除对本国居民国外所得的重复征税。另外,一些国家也开始寻求通过签订避免重复征税协定的办法来解决所得的国际重复征税问题,最有代表性的协定活动是1922年联合国的前身——国际联盟组织了一个专家工作组专门研究如何避免和消除所得和财产的国际重复征税问题,这项活动充分体现了国际社会对所得重复征税问题的高度重视,并且首开国际组织致力于解决重复征税问题的先河。

跨国公司的发展不仅加剧了对所得的国际重复征税问题,而且也带来了国际避税的问题。跨国公司在海外许多国家设有关联的分支机构和附属公司,它们可以利用转移定价等手段把利润转移到低税国去实现,以避免高税国的征税。这种情况严重影响了高税国的税收利益,并导致一些国家通过立法的形式限制跨国公司的避税行为。关于这一点,我们在以后的章节中会详细介绍。

二、财产税

财产税是以一定的财产额为对象,向拥有或转让财产的纳税人课征的税收。在各国的税收体系中,财产税一般是地方政府财政收入的主要来源。世界上许多国家征收财产税,以作为所得税和商品税的补充。财产课税的计税依据为纳税人拥有的财产价值或纳税人转移的财产价值。

(一)财产的分类

一般来说,财产可以分为不动产和动产,动产又可以分为有形动产和无形动产。不动产通常是指土地、房屋等。有形动产一般包括有形收益财产和有形消费财产,前者如营业设备、商品存货等,后者如汽车等耐用消费品。有形动产还包括一些具有收藏价值的财产,如古玩、珍宝、金银等。无形动产主要是指具有价值并可据此取得收益的各种无形资产,如专有技术、专利权、股票、债券、银行存款、应收账款等。

(二)财产税的类型

财产税可以按以下方法进行分类:

1. 以课税范围为标准,可将财产税分为一般财产税和特别财产税。一般财产税是就纳税人所有的一切财产综合课税。特别财产税则是就纳税人所有的某一类或某几类财产(如土地、房屋等)单独或分别征税。

2. 以课税对象为标准,可将财产税分为静态财产税和动态财产税。静态财产税是就一定时点的财产占有额,依其数量和价值进行课税,既包括一般财产税,也包括特别财产税。动态财产税是就财产所有权的转移进行课税,主要指遗产税和赠予税。由于遗产税和赠予税经常是针对纳税人转移的全部财产价值征税,因此应该被归入广义的一般财产税的范围。

具体而言,对纳税人转移的财产课征的税收可以分为两大类:一是赠予税,这是对纳税人生前转移的财产进行的课税;二是死亡税,这是对纳税人死后转移的财产即遗产进行的课税。根据课税方式的不同,死亡税又可以分为遗产税和继承税。遗产税是在立遗嘱人死后遗产分配前对其遗产课征的税收;继承税则是在立遗嘱人死后对其遗产继承人分得的遗产部分课征的税收。另外,有的国家将赠予税和死亡税合并征收,称为财产转移税。无论纳税人生前还是死后转移财产,只要超过一定的免征额,都要按一个统一的税率对其转移的财产进行征税。

（三）财产税与国际税收

一般而言，国际税收涉及的财产税的征税对象是跨国财产价值。所谓跨国财产价值，是指跨国纳税人的全部财产在货币形式上的综合表现。跨国财产价值又可分为跨国静态财产价值和跨国动态财产价值。

所谓跨国静态财产价值，是指跨国纳税人在一定时期处于相对静止状态的各项跨国财产价值的总和。对跨国静态财产价值进行课税所使用的税种，依照自然人和法人的不同而有所不同：对跨国自然人有财富税、一般财产税和富裕税；对跨国法人一般适用一般财产税和资本税。

所谓跨国动态财产价值，是指一般财产税类中的因无偿转移而发生所有权变化的那部分跨国财产价值。例如，被继承人死亡，由遗嘱执行人或遗产管理人将被继承人所遗留的一般财产按照遗嘱分别转移归有关继承人所有，以及赠予人在生前将跨国一般财产馈赠给受赠人等。跨国动态财产价值征税时所适用的税种有遗产税、继承税和赠予税等，具体的征税方法和有关税法规定，各国并不相同。

财产税是对人税，纳税人一般要就其在境内和境外拥有的财产一并向本国（居住国）政府纳税，而一国政府对在本国境内的一切财产（包括外国人拥有的财产）拥有征税权，因此财产的所在地和纳税人的居住地并不一定在同一国家。这样，财产与所得一样也存在着国际重复征税问题。财产税在西方国家是一个古老的税种，在经济发展初期，国家能够据以课税的对象主要是房屋、土地等私人财产，所以当时这些国家的主体税种一直是财产税。不过，由于早期西方国家的国际投资十分有限，财产的跨国拥有问题并不普遍，因而财产的国际重复征税问题并没有引起国际社会的重视。但从19世纪中后期开始，资本主义国家之间的国际投资日益增多，财产国际化引发的财产国际重复征税问题也开始受到重视。1872年，英国和瑞士签订了世界上第一个关于避免两国对遗产重复征收继承税的税收协定。此后，财产课税的国际协调与所得课税的国际协调一同成为国际社会避免重复征税的重要任务。

三、商品税

商品课税起源很早，早在古希腊、古印度等国就有盐税的课征。当代的商品课税在税制结构中占有重要地位，发展中国家基本上采用以商品税为主体税种的税制模型。所谓商品税，就是指以商品和劳务的流转额为课税对象的税收。它的计税依据为商品或劳务的流转额（销售收入或劳务收入），因此有时也称为流转税。商品课税的税款一般都要通过提高价格转嫁给消费者和使用者，因而它属于间接税。

(一) 商品税的税基

商品税的税基可以分为以下两种类型。

1. 按照商品流转过程中的新增价值课征税收,即增值税。以增值额为课税对象相对于以收入总额为课税对象而言,税基缩小,计税和征管难度比较大,但在多环节征税情况下可减少或消除重复征税,有利于平衡企业间的税收负担,稳定税收收入。

2. 按照商品的销售收入总额课征税收。各国实行的营业税、消费税、关税等,基本上都属于这种类型。这种类型的税基较大,由于不涉及扣除额的核算,计税和征管难度比增值税较小,但在多环节征税情况下,会引起重复征税,不利于企业间的税负平衡。

(二) 商品税的计税依据

从计税依据的角度,商品课税可以分为从量税和从价税两种类型。

1. 从量税。它是以商品或劳务数量为计税标准,按一定的单位来计算应纳税额,如重量、容积和体积。从量税课征比较简单,但是由于税款与商品价格脱钩,当物价上涨时税收不能相应增加,财政收入缺乏保证,因此从量税这种计税办法不能被广泛地推行。

2. 从价税。当今各国所实行的商品税一般都是以从价税为计税依据。从价税是以商品或劳务的交易额为计税标准来计算应纳税额,交易额由计税价格乘上计税数量得到。由于以商品或劳务价格为依据,商品价格的变化会影响到税额的变化,因此各国广泛使用从价税来对商品进行征税。

(三) 商品税的课税范围

商品税的课税范围可以分为以下三类。

1. 就全部商品和劳务课税,即除了全部消费品外,也将资本品以及交通运输等一些劳务纳入商品课税的范围。实行普遍征税有利于扩大商品税的税基,平衡消费品和资本品的税负,但不利于鼓励投资。

2. 就全部消费品课税,资本品则被排斥在课税范围之外。这种税收政策有利于促进资本品的生产,有利于刺激投资。

3. 选择部分消费品课税,如只对烟、酒、小汽车等一些特定的消费品课税。这种做法主要是为了发挥税收的调节作用,体现政府的某些特殊政策意图,选择的课税对象一般是奢侈品、产生外部效应的商品、某些有损社会公益的商品等。

（四）商品税的类型

根据商品税税基、课税范围等基本要素的不同组合，大致可以将商品税划分为周转税、销售税、增值税和消费税四种主要类型。

1. 周转税，即在商品的生产、批发、零售或劳务提供的每一个周转环节对商品销售收入总额或提供劳务的营业收入总额进行征税。周转税作为传统的商品税，曾经是最重要的商品税形式，但在实践中由于其具有无法克服的局限性，逐渐被销售税和增值税所代替。

2. 销售税是选择商品生产、批发、零售的某一环节，对商品销售收入全额进行征税。销售税与周转税比较，最明显的特点是把多环节征税改为单环节征税，可以在很大程度上减轻重复征税的问题。但这种做法将商品税的税收负担集中在一个流通环节，不利于企业间的税负平衡。

3. 增值税是在商品生产、批发、零售和劳务提供的每一个环节，对销售商品或提供劳务所产生的增值额进行征税。

4. 消费税是选择少数商品在生产或零售环节，对商品销售收入总额进行课税。

（五）商品税制模式

目前，世界上绝大多数国家都征收两种或两种以上的商品税。由于各国在商品税组合的选择上有所不同，所以就形成了不同的商品税制模式，其中主要有周转税制模式、销售税和消费税结合模式、增值税和消费税结合模式。

实行周转税制模式的国家，商品税一般仅选择周转税一种类型，以达到取得财政收入和调节经济的目的。目前，由于周转税所带来的重复征税等问题非常严重，发达国家都已经废弃了这种模式。但周转税具有征管方便、征税普遍的优点，仍有少数经济相对落后、税收管理基础较差的国家实行周转税制。我国曾经实行的工商统一税制就是典型的周转税制。

实行销售税和消费税结合的国家，商品税一般选择销售税和消费税两种类型。销售税作为一般商品税在生产、批发或零售环节对各种商品就其销售总额普遍征税，以单一税率为主。消费税作为选择性商品税，在生产或零售环节选择少数商品进行征税，一般实行差别比例税率，主要发挥商品税的调节功能。美国是典型的实行销售税和消费税结合模式的国家。

实行增值税和消费税结合的国家，商品税一般选择增值税和消费税两种类型。增值税作为一般商品税在生产、批发、零售各个环节对各种商品就其增值额普遍进行征税，税率差别一般不大，以体现税收中性。消费税作为选择性商品税，在生产或零售环节选择少数商品进行征税。欧盟成员国基本上采用的是增值税和消费税结合的商品税制模式。

另外,对于劳务收入的课税,有的国家是采取对劳务收入与销售商品收入适用同一税种的做法,有的国家则针对劳务收入另外设立营业税等税种。在行使周转税和增值税时,商品和劳务适用同一税种的情况更为普遍。例如,欧盟成员国的增值税就是对商品和劳务普遍征收的,但我国主要是以营业税这一税种对劳务收入进行课税。

(六) 商品税与国际税收

对于跨国商品课税是否会产生国际重复征税问题,而且商品课税的国际协调是否直接或间接影响到国家之间的税收利益分配,目前国内学术界存在很大分歧。一种比较有影响的观点是:商品税的课税对象是商品流转额,并与商品交易行为密切相关。每次商品交易以买者为起点,卖者为终点,交易活动只能发生在一国国内,因此商品税的课税对象具有明显的地域性。即使发生出口这样的跨国商品交易,由于一国政府只能对本国境内的商品流转额征税,对超出本国境的商品流转额是无权征税的,因此不可能发生对同一纳税人的同一笔商品流转额的国际重复征税情况,也就不会涉及国家之间的税收利益的分配关系。本书所采用的是另外一种观点,即跨国商品课税是会产生国际重复征税问题的。因为对跨国商品交易而言,不同国家政府对不同纳税人的同一课税对象(商品进出口额)的课税会产生重复征税问题。各国政府对商品课税可以采用产地征税原则,也可以采用消费地征税原则。假定A国实行产地征税原则,而B国实行消费地征税原则,若A国向B国出口一批商品,则两国都将对此笔交易额征税,因此就产生了商品课税的国际重复征税问题。

对跨国商品课税不仅会产生国际重复征税问题,而且商品课税的国际协调也会直接或间接影响到国家之间的税收利益分配。在经济高度全球化的今天,各国相互竞争、相互依赖。广大发展中国家急需大量资金、先进的技术和设备,依靠出口大量初级产品与他国交换自己所需的东西,而发达国家要出口过剩的产品,以换取原材料和矿藏等稀缺原料。但是由于各国实行不同的流转课税制度,各国商品税负有轻有重,并不相同,阻碍了国际商品、资本、技术等经济要素的自由流动。这样各国都会从各自的经济利益出发,提出减让关税和协调流转税制度等要求。这种对国际流转课税制度的协调,不仅影响到国家与从事国际经济活动的纳税人之间的税收征纳关系,而且会进一步影响到国家与国家之间税收利益的分配关系。第二次世界大战以后,随着国际贸易环境的巨大变化,生产要素和商品的国际流动得到极大发展,各国国内商品税的不协调对国际经济活动影响的问题日益暴露出来,并逐渐成为国际性问题。商品税的国际协调从双边协调阶段发展到区域性多边协调阶段,又经过多年的努力发展到世界性多边协调阶段。由此可以看出,商品课税也是国际税收的重要内容之一。

第四节 国际税收的研究对象和范围

一、国际税收的研究对象

随着经济全球化的发展,国际税收在经济发展中起到了非常大的作用。从国际税收政策在全球经济中所起的作用看,国际税收的功能主要包括三个方面:一是收入功能,即保障主权国家的税收收入;二是效率功能,国际税收不应成为开放型市场经济行为的障碍,也就是说,国际税制应该具有财政中性,并使时期扭曲性最小化;三是协调功能,包括协调国家之间的税收分配关系和国际税务的管理。由于国际税收是国家之间的一种税收分配关系,我们可以认为国际税收的研究对象是:各国为处理同其他国家之间的税收分配关系所采取的单边、双边和多边措施,以及由此形成的各国政府处理同其他国家政府之间税收分配关系的国际准则和规范。国际税收的研究对象包括三个层次:一是国家之间的税收分配关系及其税收协调;二是各国政府之间处理税收分配关系过程中形成的国际准则和规范;三是各国在其管辖权范围内对跨国人员的所得、财产和商品的征税关系。本书主要从这一角度对国际税收的研究对象作详细介绍。

(一) 国家之间的税收分配关系及其税收协调

国际税收自产生以来,在研究内容上就围绕着国家间的税收分配关系这个本质在不断地发展和延伸。在经济交往中,国家之间会发生税收利益的矛盾,而这种矛盾或分配关系主要由国家之间的税收协调来处理。例如:为了避免对跨国投资所得的国际重复征税,投资者的居住国放弃对本国居民国外投资所得的征税权,而由所得来源国单独对其征税;另外,在现代国际经济活动中,跨国公司的子公司和分支机构分布在众多国家,它们可以利用转移定价方法在国与国之间转移利润,以达到避税或其他经济管理的目的,而这在客观上也会造成国与国之间发生税收利益的分配关系。由于国与国之间的税收分配关系涉及相关国家的切身利益,而且它在现代国际经济生活中普遍存在,所以国家之间的税收分配关系及其税收协调就构成了现代国际税收的研究对象之一。

建立一个统一的多边国际税收协调体系,实现世界性税收协调和区域税收一体化是未来国际税收发展协调的趋势。随着共同市场的发展,税收一体化越来越广泛,成为可供选择的最佳方案。

税收一体化一般包括三个方面。

1. 关税协调。对于成员国之间的产品和劳务进出口,可以有选择地免除关税或降低税率,对于非成员国交易采取一致的关税政策,消除关税引起的贸易障碍。

2. 间接税协调。实行增值税和消费税的统一税基、统一税率、平衡税负水平,以利于国际经济交流。

3. 直接税协调。主要以税收协定方式体现,协定不仅涉及避免所得税和财产税的重复课税,而且将涉及社会保障税、赠予税和遗产税。

由于世界各国政治、经济发展的差异,在全球范围建立广泛税制协调的时机还不成熟。但是,区域共同市场无论在数量上还是规模上都在迅速发展,因此,以区域共同市场为主的税收一体化将成为世界税制协调的重要趋势。

(二)各国政府之间在处理税收分配关系过程中形成的国际准则和规范

第二次世界大战以前,国际上在协调各国对跨国所得和跨国财产征税方面还没有一个被大多数国家所接受的准则和规范。不同的国际税收协定解决重复征税问题的办法并不完全一样,有些协定的内容甚至相互抵触,从而造成国家间的税收分配关系很不规范。1963年和1979年,经济合作与发展组织以及联合国分别公布了避免重复征税协定的范本,这两个范本为世界上许多国家解决重复征税问题提供了依据、准则和规范。

(三)各国在其管辖权范围内对跨国人员所得、财产和商品的征税关系

国际税收利益分配关系不仅仅体现在国与国之间的税收关系协调活动中,同时也体现在各国在其管辖权范围内对跨国人员所得、财产和商品的征税关系中。由于各国的税收管辖权界定的不同,对于跨国人员的所得、财产和商品的征税就产生了重复征税的问题,由此也产生了各国间的税收协调活动,最终形成了国际税收。各国政府在对跨国纳税人的征税过程中形成的税收法律制度既是国际税收惯例、准则和国际性规范产生的基础,也是这些惯例、准则、规范等得以实施的保证。例如,国与国之间签订的税收协定是对缔约国税收管辖权的规范,同时也必然会影响到缔约国同有关跨国纳税人之间的征纳关系,缔约国必须相应调整本国税法以保证国际税收协定的实施。因此,国际税收还要客观、全面地研究各国在其管辖权范围内对跨国人员的所得、财产和商品的征税制度和准则。各国间税收制度和准则的矛盾冲突,其协调解决的根本也在于各国间的税收分配关系。因此,根据本国国情确定的税收管辖权方面的制度和准则,也是国际税收的研究对象之一。

二、国际税收的研究内容

国际税收的研究内容包括国际税收问题及其影响,处理国际税收问题的原则及其制度、准则和规范两大方面。

(一) 国际税收问题及其影响

国际税收问题及其影响包括以下几方面的内容。

1. 税收管辖权。税收管辖权是一国政府在税收领域的主权,即一国政府在行使主权课税方面所拥有的管理权。它是国际税收关系中一个根本性的问题,由此而引发出国际税收关系中一系列的其他问题。

税收管辖权包括居民管辖权、公民管辖权和地域(来源地)管辖权三种基本形式。一个国家行使税收管辖权的原则,在不违背国际法和国际条约规定的前提下,国际上并没有规定统一的标准,各国政府都可以自由选择税收管辖权。因此,要理顺国际税收中的各种关系,最终的出路在于协调各国的税收管辖权。理想的模式是在世界范围内统一实施相同的税收管辖权,但实际上不可能做到这一点,其原因是:一方面,在政治上没有超越国家的权力机构;另一方面,经济上各国的发展水平相差很大,发达国家倾向于实行居民管辖权,发展中国家倾向于实行来源地管辖权。所以,要使税收管辖权完全统一起来是办不到的。只有通过相互协调,才能逐步缩小其差别,以促进国际税收利益分配格局的合理化,并促进世界经济的发展和繁荣。

国际税收问题与各国实行不同税收管辖权有直接的关系,各国不同的税收管辖权的冲突会导致许多国际税收问题的产生。国际税收要研究税收管辖权的建立原则、税收管辖权的类型,以及由其导致的国际税收问题和影响。

2. 国际重复征税及其解决办法。国际重复课税,也称国际双重征税,是指两个或两个以上国家,对跨国从事经济活动的同一纳税人所发生的同一征税对象同时征收相同或相适的税收,即发生了重叠征税。国际重复课税是各国税收管辖权交叉的结果,它对国际经济的发展会产生不利的影响:一方面,由于国际重复征税加重了跨国投资者的实际负担,不利于资金的国际流动和运用;另一方面,国际重复征税影响商品、劳务、人才和技术的国际流动,对国际资源配置产生阻碍。所以,缓解乃至消除国际重复征税是国际税收关系中最为实际的问题,而研究国际重复征税的产生、影响和重复征税的减除办法等问题,是研究国际税收的一项重点内容。

3. 国际避税及其影响。国际避税是指纳税人以不违法的手段跨越国境,通过人或物的流动或不流动,来达到减少或免除纳税的目的。换言之,国际避税并不是一种违法行为,而是利用了各国在税法规定上的缺陷。因此,在税收的征管活动中,税务当局处理国际避税是一个十分棘手的问题。

研究国际避税的概念、途径、方式及其影响等问题,是国际税收的另一项重点内容,是解决国际避税问题的基础。

4. 国际反避税。由于国际避税影响各国政府的财政收入,因此,各国都积极采取相应的措施,对国际避税加以防范和制止,这被称为反避税。反避税的主要措施有:

(1)从纳税义务上制定具体措施。如税法中规定与纳税人有关的第三者必须提供税收情报,或纳税人某些交易的价格必须得到政府部门的认可和同意等。

(2)不断调整和完善税法。如取消延期纳税、限制关联企业之间通过转让价格进行避税、控制子公司海外经营利润长期滞留在避税地等。

(3)强化税收的征收管理。如成立专业的反避税机构,加强对纳税人银行账户的审查等。

(4)加强国际税收合作。如开展国家之间的税收情报交换,或由国际税收组织牵头,采取多边国际避税防范措施等。

有了对国际避税有关内容的研究,国际反避税的研究就成为国际税收的另一项主要研究内容。研究国际反避税的方法、国际反避税的协定等问题,是解决国际避税给各国带来税收损失的有效方法。

5. 国际税收协定。国际税收协定是国际税收重要的基本内容,其产生至今已有160多年的历史,是各国解决国与国之间税收权益分配矛盾和冲突的有效工具。《OECD范本》和《联合国范本》极大地促进了国家之间缔结税收协定的活动,各国所签订的双边税收协定,其结构及内容基本上与两个范本一致。这两个协定的主要内容以及中国签订双边税收协定的情况,也是国际税收研究的重要内容。

6. 国际税收的发展趋势。随着国际经济交往的不断加强、国际经济贸易的不断发展,以及跨国公司的迅速发展,国际税收也呈现出了新的发展趋势。在商品课税领域,增值税和消费税的国际协调将逐步取代关税的国际协调而成为商品课税国际协调的核心内容;在所得课税领域,国与国之间的税收竞争将更为激烈,为了防止"财政降格"(fiscal degradation)情况的发生,国际社会有必要对各国资本所得的课税制度进行协调;随着地区性国际经济一体化的不断发展,区域性的国际税收协调将会有更为广阔的前景;各国之间将加强税收征管方面的国际合作,共同对付跨国纳税人的国际避税和偷税行为;随着电子商务的发展,国际税收领域将出现许多新的课题,亟待各国政府和国际社会加以研究解决。例如,电子商务的国际税收问题、国际税收的不正当竞争问题等,这些都是国际税收新的研究内容。电子商务的迅速发展给国际税收领域提出了一些新的课题。例如：①电子商务交易中客户所在国（所得来源国）是否应对国外销售商的经营所得征税；②在电子商务交易中交易所得的性质和类别有时会难以确定，从而给在相关国家之间区分征税权带来一定困难；③电子商务条件下纳税人的国际偷税和避税活动会更加隐蔽，从而要求国际社会尽快研究制止纳税人偷税和避税行为的办法。

（二）处理国际税收问题的原则及其具体制度、准则和规范

处理国际税收问题的原则及其具体制度等内容包括以下五个方面。

1. 国际税收的一般规范。国际税收要研究的另一项内容是国际税收原则，即各国对其管辖权范围内跨国流动的人员、资本和货物征税的一般规范。

2. 各国处理国际税收问题的单边制度和准则。处理国际税收问题的单边制度和准则也是国际税收的研究内容。因为无论是与其他国家签订了双边税收协定的国家，还是没有签订双边税收协定的国家，都要有处理与非税收协定国之间税收问题的单边制度和准则。

3. 双边处理国际税收问题的准则和规范。目前，双边处理国际税收问题包括重复征税、重复征税的免除和避免、国际避税和逃税、国际反避税的准则和规范，这其中主要是双边协定。因此，双边处理国际税收问题的准则和规范也是国际税收的一项重要内容。

4. 区域国家或区域性国际组织成员国之间处理国际税收问题的多边税收协定制度和准则。随着国际经济全球化的不断深入，区域性国际税收协调关系得到了很大的发展。尤其是欧盟国家的税收协调，不仅涉及关税，而且涉及国内商品的增值税、消费税等协调制度和准则。关税的国际协调就是从区域多边协调走向世界范围多边协调的，因此，区域国家或区域性国际组织成员国之间处理国际税收问题的多边税收协定制度和准则也是国际税收要研究的一项主要内容。

5. 世界范围多边税收协定的准则和规范。国际税收协定是两个或两个以上的主权国家，为了协调相互之间的税收关系，通过政府谈判所缔结的一种书面协议。各国政府之间签订国际税收协定，其目的在于保护跨国纳税人免于国际重复征税，防止国际税收影响国际贸易、国际投资行为和技术交流。目前，大多数国家在解决国家之间的税收问题时使用的是联合国《关于发达国家与发展中国家间避免重复征税的协定范本》和经合组织《关于对所得和财产避免重复征税的协定范本》。研究后两个范本的异同点，研究发达国家之间、发展中国家之间以及发达国家与发展中国家之间签订的税收协定，总结探索、处理和协调有关国家之间税收分配关系的准则和规范，有利于推动国际经济交往的发展，因此也是国际税收的又一项研究内容。

国际税收

> 案例应用

构建新型国际税收关系 服务"一带一路"倡议

党的"十八大"以来,全国税务系统以推动构建新型国际税收关系为己任,全力服务国家"一带一路"发展倡议,在推进国际税务合作,特别是同"一带一路"沿线国家的税收合作中积极发出中国声音、提供中国方案、贡献中国智慧,为全球经济发展贡献积极力量。

1."三点主张"成全球共识,中国税务方案不可或缺。强化全球税收合作,打击国际逃避税,帮助发展中国家和低收入国家提高税收征管能力——习近平总书记2014年在布里斯班G20峰会上首次就税收问题提出的"三点主张",已经成为中国参与构建新型国际税收关系的"宣言书"。

目前,国家税务总局与OECD等25个国际组织建立了合作关系,与包括"一带一路"沿线国家在内的113个国家和地区建立了双边税收合作机制。中国利用G20委托OECD对国际税收规则进行重塑的时机,主动提出"修改数字经济税收规则""利润在经济活动发生地和价值创造地征税"等1 000多项立场声明和意见建议,将广大"一带一路"国家及发展中国家的理念融入新的国际税收规则中,为广大发展中国家和"一带一路"沿线国家在跨国公司利润分配中争取更大份额,较好地维护了广大发展中国家和"一带一路"沿线国家的利益。

2."内外兼修"强法治根基,中国税务书写世界答卷。中国企业到海外发展,需要改变思维方式与投资理念,这是企业的主动"换脑"。对于税务部门而言,扩大签订税收协定范围,帮助企业熟悉"一带一路"沿线国家税制及政策,是税务机关应做的"功课"。伴随着更多中国企业"走出去",中国企业在境外遭遇的各类税收风险也不断增加。

对于"一带一路"倡议实施中的更大范围对外投资活动,2015年4月,税务总局出台服务"一带一路"倡议的十项税收措施,谈签协定维护税收权益放在首位,充分发挥税收协定作为国际税收关系与税收合作的法律基础作用,避免企业同一笔所得在居住国和东道国双重征税。目前我国已与105个国家和地区签署了避免双重征税协定和10个信息交换协定,数量规模仅次于英国和法国,排名世界第三。

3."丝路"使命树大国形象,中国税务展现责任担当。深化税收合作是增强世界经济抗风险能力的重要手段,中国税务部门在多方合作与强化服务方面坚持蹄疾步稳,以实际成效促进全球经济改善。

全国税务部门以服务"一带一路"发展倡议10项举措为抓手,结合区域"走出去"分布情况,提供共性个性服务,为企业"走出去"保驾护航。各地税务部门因地制宜宣传"有话细说"、协议服务示范"有案可循"、综合服务产品"有例可援"。

全球经济仍面临巨大压力,中国税收改革深度参与"一带一路"发展倡议,服务于全方位开放格局,承担起稳健、成熟的大国经济责任,有助于进一步表明中国态度,拓宽中国思路,拿出中国方案,将为全球经济复苏贡献中国税务力量。

资料来源:国家税务总局办公厅,2016 – 08 – 05(http://www.chinatax.gov.cn/n810219/n810724/c2227481/content.html)。

思考与练习

1. 国际税收的发展经历了哪几个阶段?各阶段的特点是什么?
2. 什么是国际税收?国际税收与国家税收、外国税收、涉外税收的联系和区别是什么?
3. 税收有哪几种分类?各类税收与国际税收的产生与发展有什么联系?
4. 国际税收的研究对象是什么?包含哪些研究内容?
5. 如何理解国际税收涉及的纳税人?
6. 国际税收涉及的所得税和财产税的征税对象可分为哪几类?

第二章 国际税收管辖权

International Tax Jurisdiction

国际税收问题的产生与各国实行不同的税收管辖权之间有着十分直接的联系,正因为各国税收管辖权的外延和内涵不同,才导致国际税收问题的出现。因此,税收管辖权及其约束规范问题,是研究国际税收的出发点。本章专门阐述税收管辖权的概念与原则、税收管辖权的类型以及各国税收管辖权的实施情况。学习本章应重点掌握:税收管辖权的概念与原则;跨国所得来源地的判定;居民身份的判定、公民身份的判定;各国管辖权的实施情况;地域税收管辖权的优先征税原则。

学习要点

The emergence of international taxation has direct relation with the different choices of tax jurisdiction for many countries. Different countries carry out different tax jurisdiction, which causes a lot of questions of international taxation constantly. Therefore, the tax jurisdiction and its restraint are the starting point of research for international taxation. So in this chapter, we will specially introduce the concept and principles of tax jurisdiction, the types of tax jurisdiction and practices of tax jurisdiction. In this chapter you should pay more attention to the concept and principles of tax jurisdiction, the identification matter of the source of transnational income, the identification mater of resident and the identification matter of citizen, the practices of tax jurisdiction. At last you should know more about the principle of the priority to area tax jurisdiction.

第一节　税收管辖权的概念与原则

一、税收管辖权的概念

(一) 税收管辖权的含义

国际税收问题是由两个或两个以上的国家，各自凭借其税收管辖权对跨国流动的课税对象征税而引起的。各国税收管辖权的矛盾冲突引起了国际税收问题的产生，因此要研究国际税收，首先要研究税收管辖权与国际税收的关系。

随着国际经济交往的日益加深，出现了越来越多的跨国纳税人和跨国所得，而各国所得税制度的发展，使得同一纳税人的同一项所得有可能同时被两个或两个以上的国家行使征税权。这样，就由税收管辖权的不同产生了国与国之间税收利益分配的矛盾。如何尽量避免这一矛盾的产生和更好地协调各国的税收管辖权，从而协调好各国的税收征纳关系，就成为国际税收研究中的一个重大问题。由此可见，税收管辖权是国际税收研究中的一个根本性的问题，是研究一切国际税收问题的基础和起点。

所谓税收管辖权，是指一国政府在税收方面的主权，它是国家的管辖权在税收上的具体体现。也就是说，任何一个主权国家，在不违背国际法和国际公约的前提下，都有权选择最优的或对本国最有利的税收制度。税收管辖权主要包括以下几项基本内容：

1. 征税主体和纳税主体。征税主体即由谁来征税，具体而言是由国家行使征税权，由国家的税务部门行使税收的管理权。这是税收管辖权的实质和核心，是构成税收管辖权主体的一个方面。毫无疑问，有权征税的只能是一个主权国家，而不可能是其他的组织、团体以及企业或个人。纳税主体是对谁行使征税权，即对谁征税，这是构成税收管辖权主体的另一个方面。从法律的角度看，构成纳税主体的是一国管辖的自然人和法人，即一个主权国家有权规定什么人构成本国的纳税主体，什么人负有本国的纳税义务。

2. 纳税客体。纳税客体即对什么征税，通常包括收益、所得和财产等，它构成税收管辖权的客体。一国的征税客体可以是商品流转额，可以是所得额，也可以是财产和其他行为。

3. 纳税数量。纳税数量即征多少税。它既包括宏观整体税负的确定，也包括各具体税种的确定，还包括有关征税项目、征税数量的确定。

(二) 税收管辖权行使中体现的原则

税收管辖权是国家主权在税收领域的体现，是一国政府在征税方面所行使的管理权及其范围。因此,税收管辖权在行使的过程中体现了以下两个原则。

1. 独立自主原则。国家的税收管辖权是国家主权的一种体现,因此就决定了它对外应该表现为一种完全的独立自主性,是不受任何外来意志干预的权力。一国政府有权根据本国的需要和自己的意志,决定对哪些人征税、征收哪些税以及征多少税。税收管辖权独立,意味着一个国家在征税方面行使权力的完全自主性,对本国的税收立法和税务管理具有独立的管辖权力;在国际税法领域,即指一国通过制定法律,确定本国税收管辖权的范围,有权对属于该范围内的征税对象进行征税。

2. 约束性原则。税收管辖权完全的独立自主性,并不意味着一国政府在行使这种权力的时候不受任何限制和约束。作为国际社会的一员,每个国家都必须尊重他国的主权,不得以行使自己的税收管辖权为借口侵犯他国的税收管辖权。如果没有国家之间的条约规定,一国税务机关不得在另一国内实施税务行政行为,包括不得向住在外国境内的本国纳税人传送纳税通知书,不得因征税目的在外国境内征集税务情报等。税收管辖权除了受这种主权约束外,还要受到外交豁免权的约束。对享有外交豁免权的外交代表机构及其人员、国际组织及其人员一般免予征税,这也构成了对一国行使税收管辖权的一种限制。

(三)税收管辖权与各税种之间的关系

由于不同税种之间的差别和它们各自的特点,各国在行使税收管辖权的时候针对不同的税收种类制定了不同的税收制度,以此来更好地维护本国的税收利益。下面简单介绍一下税收管辖权与所得税、财产税和商品税之间的关系。

1. 所得税与税收管辖权。所得税在课税方面可实行分类所得税制和综合所得税制,根据这两种不同的税收制度,税收管辖权的实施情况也有所不同。

实行分类所得税制的国家和地区一般行使单一的地域税收管辖权。分类所得税是对物税,国家征税的依据是某项所得发生的事实。这样,不论某个自然人或法人是否为本国居民或公民,只要其在本国境内取得了某项应税所得,就要成为本国的纳税人,并就该项所得在本国负有纳税义务。

实行综合所得税制的国家一般按属地原则和属人原则这两个原则来确立税收管辖权。因为综合所得税是对人税,其特点是对纳税人各种来源的所得进行综合征税,所以,在这种税制下该国对本国居民或公民有权就其在世界范围内的所得征税。另一方面,有关国家也不放弃行使地域税收管辖权,要对非居民或非公民来自本国境内的所得课税。

2. 财产税与税收管辖权。财产税税收管辖权的行使根据这一税种具体类型的不同而有所不同。

一般财产税,包括遗产税、赠予税等财产转移税,属于对人税,纳税人需要就其在某一时点上拥有的全部财产承担纳税义务。因此,征收这类税收的国家和地区,和实行综合所得税制的国家一样,也要实行居民或公民税收管辖权,对本国居民或公民存在于本国境内和境外的财产征税。同时,有些国家也不放弃行使地域税收管辖权,对非居民或非公民纳税人存在于本国境内的财产也进行课税。

特别财产税的课税对象是某一类或某几类财产价值,如土地、房屋、车船、机器设备等。因此,特别财产税是对物税,各国政府在这类财产税的征收过程中一般都只行使地域税收管辖权,只对存在于本国境内的应税财产课征税收。

3. 商品税与税收管辖权。商品税属于对物税,其课税依据是商品交易额发生的事实,而商品交易的发生有着明确的地域性,因此,各国一般都按属地原则确立商品税的税收管辖权,即只对商品税行使地域税收管辖权。不论商品交易额属于本国居民或公民,还是属于非居民或非公民,都只对发生在本国境内的商品交易额课税。

二、税收管辖权的确立原则

由于税收管辖权是国家主权的重要组成部分,而国家主权的行使范围一般要遵从属地原则和属人原则,所以一国税收管辖权要受国家政治权力所能达到的范围的制约,在征税范围这个问题上也必须遵从属地原则和属人原则。所谓属地原则,是指一国政府可以在本国区域的领土和空间内行使政治权力;所谓属人原则,是指一国政府可以对本国的全部公民和居民行使政治权力。从各国税收管辖权实践来看,选择依据往往与其经济发展程度、对外经济关系密切相关:发达国家往往倾向于属人原则;发展中国家,特别是经济发展水平落后国家则倾向于采用属地原则。

(一) 属地原则

属地原则(Principle of Territoriality)是以地域为标准确定国家行使管辖权范围的一种原则。现代属地原则是随着现代国家概念的出现而出现的。现代国家认为主权是国家最高的、最根本的权力。现代的属地原则和属人原则,与国家主权概念是结合在一起的。现代税收属地原则是指属地主权原则,即一个主权国家可以以其领土作为行使其征税权力范围的依据的原则。根据属地原则,一国有权对来源于本国境内的一切所得征税,而不论取得这笔所得的是本国人还是外国人。属地原则着眼于物,一国政府在行使征税权力时,只对来源于或存在于本国领土内的征税对象课征税收,而对来源于或存在于国外的征税对象不课征税收。这一原则说明,任何一个国家对其所属的领土具有最高的地域管辖权。国家对其所属领土(领域)内的人、物和发生的事件,有权按照本国的法律实行管辖。属地原则是以发生在一国境内的事件为管辖对象的原则,用于解决一国法律的适用范围。以地域原则为标准,凡是在本国境内发生的各种事件都要求适用本国法律的管辖,而在境外的则不适用。

(二) 属人原则

属人原则(Principle of Person)是与属地原则相对应的。现代税收管辖权的属人原则是指属人主权原则,即以属一个国家政治权力管辖的人作为行使征税权力范围的依据的原则。属人原则亦称属人主义原则,这是以人,包括自然人和法人的国籍和住所为标准,确定国家行使管辖权范围的原则。所谓国籍,一般是指一个人属于某一国家的国民或公民的法律资格,是一个人同某一特定国家固定的法律联系。所以,国籍通常与国民或公民资格具有同一含义。所谓公民,是指具有本国国籍的人;所谓居民,是指居住在本国境内并享有一定权利和承担一定义务的人。居民的范围可以包括本国公民、外国公民以及具有双重国籍和无国籍的一切人员。根据属人原则,一个国家有权对本国居民或公民的一切所得征税,而不论他们的所得来源于本国还是外国。属人原则着眼于人,一个国家在行使征税权力时,只对本国居民或公民课征税收,而对在本国暂留的外国居民或公民的所得不课征税收。例如,甲国的居民 A 在乙国犯罪,甲国根据属人原则可以对该居民 A 所犯罪行起诉。由此可见,属人原则是以人为管辖对象的原则,用于解决一国法律的适用范围,以属人原则为标准,凡是属于本国的居民或公民,都应适用。

根据上述国家主权行使范围的属地原则和属人原则,可以把税收管辖权分为三类:

第一,地域税收管辖权,又称来源地管辖权,即一国要对来源于本国境内的所得行使征税权。

第二,居民税收管辖权,即一国要对本国税法中规定的居民(包括自然人和法人)的所得行使征税权。

第三,公民税收管辖权,即一国要对拥有本国国籍的公民的所得行使征税权。

第二节 地域税收管辖权

一、地域税收管辖权概述

一个主权国家按照属地原则所确立的税收管辖权,称为地域税收管辖权或收入来源地税收管辖权,即一国对来源于本国境内的收入或所得以及存在于本国领土范围内的财产行使征税权,而不考虑取得收入者和财产所有者是否为该国的居民或公民。相反,对于纳税人来源于本国领土范围以外的收益、所得以及不存在于本国领土范围内的财产不征税,即使这个纳税人是本国公民或居民,也不必承担此纳税义务。因此,这是一种按照属地原则,以国家主权所能达到的地域范围为依据,基于所得来源地或财产所在地而行使的税收管辖权。

收入来源地税收管辖权从源课征,即收入来源发生在哪个国家,就要在哪个国家征税,这既体现了各国经济利益分配的合理性,又体现了税务行政管理的方便性。所以,在国际税收中,地域税收管辖权被认为是一种最恰当的税收管辖权,目前已被世界许多国家接受和使用。当然,许多国家在采用地域税收管辖权的同时,也不放弃居民或公民税收管辖权,认为地域税收管辖权可以是一项占优先征税地位的税收管辖权,但不能是一项独占征税地位的税收管辖权,只有这样,才能使税收利益在收入来源国和居住国之间进行合理的分配。

地域税收管辖权实际上可以分解为两种情况:一是对本国居民而言,只就本国范围内的收益、财产和所得纳税,即使在国外有收益、所得和财产,也没有纳税义务;二是对于本国非居民(外国居民)而言,其必须就该国领土范围内的收益、所得和财产承担纳税义务。

在实行地域税收管辖权的条件下,由于主权国有权对非居民征税,所以必然引起国家与国家之间税收关系的重复课税,必须对此加以协调。例如,现有 A 和 B 两个国家,其中在 A 国有 B 国的居民从事经济活动,在 B 国有 A 国的居民从事经济活动,而且 A 与 B 两国都实行地域税收管辖权,那么两国的税收关系如下:A 国政府可以对本国范围内的 A 国、B 国的居民征税,B 国政府可以对本国范围内的 B 国、A 国居民征税。在两国都实行地域管辖权的前提下,并不会发生重复课税的问题。但问题的关键是各国之间并不只存在单一的税收管辖权,还有其他类型的管辖权,所以将引发更为复杂的国际税收关系。

值得一提的是,在同样实行地域税收管辖权的国家中,对收入来源的确定也是一个棘手的问题。由于各国有不同的规定,不同国家对收入来源地会有不同的看法,在具体处理中很难把握,例如,对外国公司的国际贸易所得的归属,各国时常存在争议。

二、所得来源地的确定

确定所得的来源,对正确行使地域税收管辖权是十分重要的。行使地域税收管辖权的国家,确定非居民对本国是否有纳税义务时,首先要确定这个非居民是否有来源于本国境内的所得。对非居民取得的一笔所得究竟产生于何处,有时很难进行判断,因此往往容易引起国家之间的利益纠纷,国际社会必须确立各国都比较容易接受的关于判断收入来源地并根据这一判定进行征税的标准和原则。行使地域税收管辖权的国家,对非居民的所得要判定其来源是境内还是境外,对于来源于境内的所得可征税,对于来源于境外的所得则不可以征税。对于区分非居民所得是来源于境内还是境外,不仅是确定一个非居民对本国是否有纳税义务的前提,而且对居民而言也是十分重要的。因为对居民的所得而言,虽然不区分其境内所得还是境外所得都要征税,但在采取税收抵免方法减除重复征税时,对居民要将其境外所得的已纳税款从其全部应纳税额中扣除。所以,确定所得的来源,对正确行使居民税收管辖权是非常重要的。

对于不同种类所得来源地的判定标准和征税规则是不同的,下面对这一问题进行具体阐述。

(一) 关于经营所得来源地的确定

经营利润,又称营业所得,是指工业、交通运输业、农业、林业、养殖业、金融业和服务业等,通过进行企业性经营活动所取得的所得。在企业经营活动国际化的情况下,生产的所在地,购销货的成交地、交货地、收付款地等,可以在不同国家的境内进行。一个国家对本国居民取得的来自本国境内的所得,是不难确定其来源的,但困难在于对非居民取得的营业所得,在什么条件下,在多大程度上,算是来源于他国境内而不能对之征税。为了明确划分营业所得的来源,各国提出了不同的判别原则和标准,其中某些原则和标准因其独具的合理性和可操作性,已经逐渐演变成通行的国际惯例,被写入了不同的税收协定范本,用以指导有关国家对跨国营业所得征税权的协调。目前,各国判定经营所得的来源地,主要有以下两种标准。

1. 常设机构标准。为了明确营业利润来源地,经济合作与发展组织在1963年拟定的《关于对所得和财产避免重复征税的协定范本》(以下简称《OECD范本》)中正式使用了"常设机构"这个概念,用以作为确定营业利润来源地的标准,同时联合国在吸收了1977年《OECD范本》的基础上,在拟定并通过的《关于发达国家与发展中国家间避免重复征税的协定范本》(以下简称《联合国范本》)中也给出了"常设机构"的定义。两个范本规定的差异实质体现了在普遍认同以常设机构原则进行营业利润征税权国际协调的大原则下,作为来源地国的发展中国家与作为居住国的发达国家立场的不同和利益斗争。《联合国范本》和《OECD范本》都明确规定:"缔约国一方企业的利润应仅在该国征税,但该企业设在缔约国另一方的常设机构进行营业的除外。如果该企业通过在缔约国另一方的常设机构进行营业,其利润可以在另一国征税。"

综合以上两个范本,我们给出常设机构的定义如下:所谓常设机构,是指企业在一国境内进行全部或部分经营活动的固定营业场所。常设机构具有以下三个特征:一是要有一个营业场所,如房屋、场地或机器设备等设施,这种营业场所并没有任何规模上的限制,也不论是自有的还是租赁的;二是这一场所必须是固定的,即有确定的地理位置,且有一定的永久性足以表明它是常设的场所;三是通过这一机构进行的活动必须是以营利为目的的。

常设机构原则通过对营业利润来源国税收管辖权的限制来划分居住国与来源国的征税权:通过设置"常设机构"这一门槛性要求,来源国只有在跨国纳税人的营业活动已达到构成常设机构的标准时方可行使其税收管辖权,且其征税权的行使只限于可归属于纳税人在来源国设立的常设机构的那部分营业利润,而低于常设机构标准的营业活动产生的利润则由居住国课税。

代理性常设机构是指一个实体代表企业进行活动并有权在缔约国家以企业的名义对外缔结合同。这种权限必须经常行使而不仅仅是在个别案件中。但是,如果代理人是独立的并在正常商业活动中行事,则不能构成一个常设机构。独立的代理人必须在法律上和经济上都是独立的。如果代理人的义务受制于广泛的控制或者过分详细的指示,或者代理人不承担任何企业风险,则不视其为独立。

常设机构在国际税收,尤其在国际税收协定中,是一个极其重要的概念。一般来说,在采用常设机构标准的国家,是以常设机构的存在与否作为对非居民营业所得征税与否的分水岭。如果一个居民在收入来源国(非居民国)设有常设机构,并且经营所得来自常设机构,该国就可以判定这笔所得来源于本国境内,就可以对其行使来源地税收管辖权进行征税。

常设机构的范围一般包括:管理场所、分支机构、办事处、工厂、车间、作业场所、矿场、油井、气井、采石场或其他开采自然资源的场所、建筑工地、建筑、装配或安装工程,或者与其有关的监督管理活动,但应连续超过一定期限,一般为六个月或一年;有雇员或其他非独立代理人(包括本企业的子公司)经常代表本企业从事营业活动等。由于对常设机构的判定具有较大的不确定性,大部分国家在税法中以列举的办法来明确常设机构的范围。

通常不把一些纯属为企业的营业而设立的准备性或辅助性的场所确定为常设机构。因为这些场所虽然是企业营业的固定场所,但其活动在企业实现利润的过程中只起很微小的辅助作用,很难确定其赢利份额。

对于"准备性或辅助性"活动的判定,应注意以下原则:①服务对象必须是本企业;②其服务必须不起直接营利的作用;③其职责必须是事务性的服务。

如果固定基地或场所不仅为本企业服务,而且与他人有业务往来,或固定基地或场所的业务性质与本企业的业务性质一致,且其业务为本企业业务的重要组成部分,则不能认为该固定基地或场所的活动是准备性或辅助性的。

对非居民的经营所得是否来源于本国境内的确定标准,除了主要看是否有常设机构外,一些国家还结合运用了一些其他的标准。例如:法国公司所得税法规定,除在法国设有常设机构外,凡在法国经常从事经营活动,或在法国境内进行结束形态的商品交易活动的非居民公司,由此取得的所得,在法国都负有纳税义务。英国、澳大利亚、墨西哥等国的税法也有相似的规定。但是,有无常设机构仍是这些国家的一项最重要、最基本的判定标准。

所得来源国对营业利润的课税原则是,只有跨国法人在其境内设有常设机构才能课税。因而在运用常设机构这一概念来确定所得来源地的同时,又派生出了一个常设机构的利润如何确定的问题。常设机构只是总机构或总公司的派出机构,本身并不具有独立的法人地位。但各国的税法和国际税收协定都将常设机构作为一个独立的机构或企业,要求按照正常交易的方式与其总机构进行经济交往。在进行判定时,通常有以下两种情况。

(1)在确定常设机构营业利润范围的时候,通常有以下两种原则。

第一,归属原则。常设机构所在国行使地域税收管辖权课税,只能以归属于该常设机构的营业利润为课税范围,而不能扩大到该常设机构所依附的对方国家企业来源于其国内的营业利润。由于各国在税法和国际税收协定中都将常设机构作为一个独立的机构或企业,所以都要求它按照正常交易的方式与其总机构进行经济往来,即应当按照"独立核算原则"计算其营业利润,并按照实际取得的营业利润向其所在国纳税。所以,这种方法也称为实际所得法,并已经得到国际社会的公认。在我国与英国、美国、日本、法国等国家签订的双边税收协定中,对跨国经营所得的课税范围,均采用归属原则来加以确定。

第二,引力原则。常设机构所在国除了以归属于该常设机构的营业利润为课税范围以外,对并不通过该常设机构但经营的业务与该常设机构经营的相同或同类,其所取得的所得,也要归并到该常设机构中合并征税。采用这种方法将扩大常设机构所在国的征税范围,也有助于防止跨国纳税人利用国际税负差别进行避税。但从税务管理的角度看,引力原则在具体执行上存在一定的困难,因为来源国(常设机构所在国)很难控制和掌握非居民企业未通过常设机构而自行开展的营业活动及取得的相应利润。关于引力原则,曾经得到《联合国范本》的考虑,但并未被《OECD范本》所采纳。《OECD范本》反对采用引力法的理由是:认为这一原则不适当地扩大了地域税收管辖权的行使范围,不利于跨国公司精简机构。因此,引力原则适用的范围较归属原则狭窄,一般需要由有关的国家协商确定。

国际税务专家对是否采用引力原则存在不同观点。

赞同的观点认为:如果不采用引力原则就会导致避税问题。例如,企业可能只在一个国家设立不营利而仅承担监管职责的常设机构,而企业实际的销售产品的业务却通过独立代理人进行,监管活动的实际情况不容易得到证实,即使可以证实其所产生的利润数量,也难以合理确定,这样就为避税留下了可乘之机。

不赞同的观点认为:这会降低税收管理的效率水平。因为现代商业组织极为复杂,比较大的跨国公司经营范围广、形式多样、面向许多国家,企业除了设立常设机构从事某一项或某几项营业活动外,往往还另外通过独立代理人进行相同或不同的营业活动,税务当局的工作会过于困难。

就实践来看,大多数国际税收协定为便利税收管理和减少对企业经营活动的干扰,都放弃了引力原则。

举个例子来说明一下归属法和引力法的使用。例如,A 国居民公司甲公司向 B 国销售一批洗衣机,取得营业所得 5 万美元。如果甲公司是由本公司将这批洗衣机直接销售给 B 国进口商的,那么,B 国不能认为这 5 万美元的营业所得是来自于 B 国的。

如果甲公司在 B 国设有分公司乙公司(乙公司应认定为甲公司在 B 国设立的常设机构),甲公司通过乙公司销售洗衣机,获得营业所得 5 万美元。另外还通过 B 国的丙公司销售电冰箱,丙公司与甲公司没有任何附属或控制关系,因此是一家独立代理人,取得营业所得 1 万美元。那么,按照归属原则,B 国将对归属于乙公司的洗衣机营业所得 5 万美元行使地域税收管辖权进行征税;而按照引力原则,B 国不但可对归属于乙公司的洗衣机营业所得 5 万美元进行征税,还可以对并没有通过乙公司销售,但与乙公司经营同类商品的丙公司获取的电冰箱营业所得 1 万美元一起行使地域税收管辖权进行征税。

此外,还要注意计算常设机构的"正常交易原则"。"正常交易原则"亦称"独立核算原则"、"独立竞争原则",是国际收入和费用分配原则之一,指将关联企业视同完全独立核算的无关联企业,依据完全的市场条件下所采用的计价标准或价格来处理其相互间的收入和费用分配。正常交易原则的理论依据是承认市场作用的合理性。在市场上,彼此独立的企业发生正常交易时是按市场竞争形成的价格进行的,这个价格是自然合理的。尽管在市场竞争中,交易双方的经济力量不同会影响到交易价格,出现交易的不公平现象,但一般认为这是市场作用的正常现象,市场竞争会自发地对不公平现象进行调节。如果国际关联企业之间的交易按照市场竞争形成的正常交易价格进行,关联企业间的收入和费用就是合理的。正常交易原则与市场经济和市场竞争的理论是一致的。

正常交易原则早在 1963 年由经济合作与发展组织在其《OECD 范本》里提出,随后在 1977 年《OECD 范本》和 1979 年的《联合国范本》中加以发展和明确,目前已被世界大多数国家接受和采纳,成为税务当局处理国际关联企业间收入和费用分配的指导原则。

正常交易原则把市场竞争价格作为解决国际收入和费用分配的依据。其优点是:因其分配依据的客观性,可达到最大限度的公平;理论根据比较充足,有说服力,且切实可行。其不足之处是:有时市场竞争价格难以找到;工作量大,执行中困难多。跨国关联企业为数众多,其内部交易频繁,交易额相当巨大,而正常交易原则要求逐笔审核每项交易价格,工作量非常大,会增加具体执行中的困难。

(2)在确定常设机构营业利润的具体数额时,有以下三种判定方法。

第一,分配法。它又被称为总利润法,是按照企业总利润的一定比例来确定其设在非居住国的常设机构所得的方法。在常设机构不能提供准确凭证来计算扣除营业费用时,非居住国也可以采取这种方法来确定常设机构的利润。常设机构所在国以该常设机构分得的利润为课税范围,行使地域税收管辖权进行征税。一国企业设立在另一国的常设机构,有时只办理联络、接洽等事宜,并不从事营业活动,因此并无营业利润,而只有费用开支。对于这样的常设机构,既然并没有所得,本来是不予征税的,但是,考虑到费用损失乃取得营业利润的代价,既有费用发生,就必有相应的收入和营业利润,只不过该项营业利润是包括在外国总机构的账内,没有直接体现在常设机构账上而已。所以,常设机构的费用和利润,应由其总机构汇总按一定的比例重新分配给各常设机构,以体现各常设机构的经营成果,也可以为常设机构所在国行使地域税收管辖权进行征税提供方便。因此,这种向无营业利润的跨国企业的常设机构行使地域税收管辖权课征所得税的做法,目前已经被西欧一些国家所接受。

第二,核定法。核定法,即常设机构所在国按照该常设机构的营业收入额核定利润或按经费支出额推算利润,并以此作为行使地域税收管辖权的课税范围。例如,一些国家按常设机构实际发生的费用支出额,乘以规定的百分比(通常根据银行赢利水平的不同,规定为5%~10%),作为该常设机构的应税所得进行征税。

第三,独立核算法。根据独立核算法,常设机构同其总机构之间的交易和费用往来,按照两个完全独立的企业来处理。允许常设机构从其毛收入中扣除为营业目的所发生的有关费用,包括它应该承担的总机构实际发生的总管理费和实际垫付的费用。考虑到常设机构与总机构之间的附属关系,对于发生在两机构之间的某些费用,除了属于偿还垫付实际发生的费用外,不得作任何其他的扣除,包括相互支付的特许权使用费、为提供特殊劳务或管理而相互支付的佣金手续费、相互提供资金所支付的利息等,除非是偿还代垫实际发生的费用和金融机构同其所属各个不同部门相互提供贷款所支付的利息。

2. 交易地点标准。英美法系的国家一般不采用常设机构标准来确定经营所得的来源地,而是比较侧重利用交易或经营地点来判定经营所得的来源地。例如,英国的法律规定,只有在英国进行的交易所取得的收入才属于来源于英国的所得。这里的交易泛指各类贸易、制造等经营活动。在确定贸易活动是否在英国国内进行时,主要依据合同的订立地点是否在英国,而对于制造利润则是以制造活动发生地为所得的来源地。加拿大也有与英国相类似的规定,只是以合同签订的习惯性地点作为交易的地点。美国税法规定,在美国从事贸易或者经营活动取得的利润属于来源于美国的所得。但美国判定贸易利润来源地时是以货物的实际销售地为来源地,并不注重合同签订的地点,这与英国和加拿大等国稍有不同。在判定制造利润来源地时,美国和英国一样,是以产品制造加工活动的地点为所得来源地的。

(二)关于劳务所得来源地的确定

跨国自然人从事劳务的劳务所得包括独立个人劳务所得和非独立个人劳务所得以及跨国其他个人活动所得等。

1. 独立个人劳务所得来源地的确定。独立个人劳务所得,是指个人独立地从事非雇用的各种劳动,包括独立的科学、艺术、文化、教育和教学活动,以及独立从事于医生、工程师、律师、建筑师、会计师等的独立劳务所取得的所得,但不包括个人独立从事工业和商业活动的所得,因为它们属于跨国营业利润的性质。一般来说,只有独立个人劳动者在劳动场所出现,并在那里使用其劳动力,才能从那里取得报酬。因此,非居住国能够对跨国独立个人劳动者行使地域税收管辖权征税,必须是该独立个人劳动者在非居住国出场的条件下取得的报酬。衡量是否出场,国际上主要有以下三项标准。

(1)固定基地标准。固定基地标准是指以一个跨国独立劳动者在某一国家是否设有经常使用的固定基地从事专业性劳务活动,并通过该固定基地取得所得为依据,来确定独立劳务所得的来源地。一个跨国独立劳动者,如果在非居住国为了从事某种活动而设有经常使用的固定基地,如事务所等,可以被认定为出场,其通过固定基地取得的劳务所得便可以确定为来源于非居住国,由该非居住国对其行使来源地税收管辖权进行征税。

(2)停留时间标准。停留时间标准是指以一个跨国独立劳动者在有关会计年度中停留在某一国家的时间累计是否已经达到一定的天数(一般为183天)作为依据,来确定独立劳务所得的来源地。如果跨国独立劳动者在某一国家境内从事独立劳动而未设立固定基地,但该跨国独立劳动者在一个会计年度内停留在该国的时间累计已经达到规定的天数,可以被认定为出场,即可以将其劳务提供地确定为在该国境内,由该国对其行使地域税收管辖权,就其在该国进行活动所取得的独立劳务所得进行征税。

(3)所得支付地标准。如果一个跨国独立劳动者的所得是由某国的居民或设在其境内的常设机构、固定基地支付的,即可确定为该跨国自然人的独立劳务所得来源于该国,并由该非居住国对其行使来源地税收管辖权进行征税。当一个跨国独立劳动者在非居住国既未设有经常使用的固定基地,停留时间又没有超过183天时,可以参考这一标准确定其所得来源国,而不必考虑其本人出场的条件。

2. 非独立个人劳务所得来源地的确定。非独立个人劳务所得,是指受聘于或受雇于他人的工薪收入者所取得的工资、薪金和其他类似的报酬。

非独立个人劳务区别于独立个人劳务的一个最重要的特点,就是受雇人的劳动不能违背聘主或雇主的意愿而独立进行,即离开聘主或雇主的劳动,也就不能被称为非独立劳动了。因此,非居住国对非独立劳动者的所得行使地域税收管辖权征税的条件是,该非独立劳动者的所得是受聘或受雇于非居住国而取得的。具体而言,应该按照下述国际规范加以判断:

(1)所得支付地标准。一个跨国非独立个人劳动者受聘或受雇于非居住国,其劳务所得是由具有非居住国居民身份的聘主或雇主支付的,或者是由居住国的聘主或雇主设在非居住国的常设机构或固定基地支付的,则可以认定其所得是来源于非居住国,并由该非居住国对其行使地域税收管辖权进行征税。

(2)停留时间标准。如果一个跨国非独立个人劳动者受聘或受雇于非居住国取得的劳务所得,不是由非居住国支付,而是由居住国聘主或雇主所支付,那么,只要该非独立个人劳动者在一个会计年度中,连续或累计停留在非居住国已超过183天,便可以认定该非独立个人劳动者在此期间取得的所得来源于非居住国,并由非居住国对其行使地域税收管辖权进行征税。

按照国际规范,一国居民在另一国因受雇而取得的工资、薪金、津贴、奖金等各项报酬所得,只要符合上述标准之一,即可确定其报酬所得是来源于另一国境内的,应由另一国政府对其行使地域税收管辖权进行征税。

3. 跨国其他个人活动所得来源地的确定。划分独立劳务所得和非独立劳务所得,是确定劳务所得征税的基础。对于某些劳务所得如跨国服务费用、董事费、表演所得等,由于其特殊性和复杂性,如何确定其来源地,是一个非常重要和现实的问题。

(1)跨国政府服务所得。跨国政府服务所得,是指跨国政府服务人员为某国政府提供跨国服务取得的所得,如某一个跨国的政府服务人员在A国政府驻B国的大使馆,为A国政府提供服务而取得的所得。由于此项所得完全是来自政府所在国的行政经费支出,因此国际上通行的做法是,认定此项所得是来源于支付服务报酬所得的政府所在国,由支付服务所得的政府所在国行使地域税收管辖权进行征税。同时,国际惯例还有一个特殊规定,即对于在政府所在国以外的国家为政府提供服务的人员所取得的报酬所得,并且这个服务人员又是他提供服务所在国的居民或公民的,其提供服务而取得的所得应由该人提供服务所在的居住国独占行使居民税收管辖权进行征税。例如,具有美国居民身份的 A 先生为中国政府工作,中国政府向其支付的退休金以外的报酬一般应由中国政府行使地域税收管辖权。但在以下两种情况下应单独由美国政府对其进行征税:一是 A 先生在美国为中国政府工作,且他既有美国居民身份,又是美国的公民;二是 A 先生在美国为中国政府工作,并且他的美国居民身份的取得并不是因为他留在美国为中国政府工作时间过长,而是因为他在美国拥有永久性住所等其他原因而获得的。在这两种情况下,美国政府有权对 A 先生行使地域税收管辖权而对其进行征税。

(2)跨国董事费所得。董事费是公司支付给其董事会成员的董事酬金。对于担任各种跨国公司的董事或其他高级管理人员的人来说,由于其经常在公司所在国境外的其他地点工作,如在分公司所在国或与公司业务有关的国家活动,所以其流动性非常大,确定这类人员提供劳务活动的地点比较困难。因此,国际上通行的做法是把这类人员提供劳务活动的地点确定在公司的居住所在国。换句话说,一国居民作为另一国居民公司的董事成员或其他高级管理人员,不管这类人员属于哪一国居民、在境内停留的时间长短以及实际劳务活动发生在哪一国家,其所取得的董事费或其他类似报酬所得,都应该被确定为来源于该董事会的公司所在国,并由该所在国对其行使地域税收管辖权进行个人所得税的征收。例如,某个中美合资公司在中国注册成立,并将其实际管理控制中心或董事会设立在中国,因此该公司具有中国居民身份。该公司的董事会有两名美国籍董事会成员,不论这两名美国籍董事是否具有中国居民的身份、他们在中国停留的时间长短,以及他们参与公司经营的主要活动是否在中国发生,由该公司向其支付的董事费都应视为来源于中国,应由中国对其行使地域税收管辖权进行征税。我国同日本、美国、英国和法国等国家签订的税收协定中,对于跨国董事费的征收都是这样规定的。

(3)跨国演出或表演所得。一个跨国演出的表演家或运动员,一般说来,在非居住国的表演时间比较短,其所得主要是来自于表演的售票收入。他们既不像一般非独立劳动者那样必须受聘或受雇于他人,也不像独立劳动者那样必须在非居住国设立固定基地或停留 183 天以上。因此,从这些实际情况出发,国际惯例对于跨国表演家或运动员在非居住国取得的所得,并不适用对一般跨国非独立劳务所得和跨国独立劳务所得的征税规则。不论该项所得是否归属表演家或运动员本人,都由表演活动取得所得的所在非居住国行使地域税收管辖权进行征税。但是,对于按照两国政府的文化交流计划进行演出活动的,为了体现促进国际文化、艺术交流合作的精神,演出活动所在地国家应对其演出所得免予征税。

(4)退休金所得。各国由于社会保障制度的不同,支付个人退休金的资金来源也各不相同。支付给政府服务人员的退休金,一般都是来自于政府预算;

支付给其他单位工作人员的退休金,一般则是来自于这些单位的自有资金,也可能根据有关国家的社会保障制度或公共福利计划,由政府专项基金支付。由于支付退休金的资金来源不同,对其行使地域税收管辖权的情况也不一样,一般有以下四种类型。

第一,对于跨国政府人员的退休金所得,一般由支付退休金的政府所在国征税。但如果一个跨国政府退休人员是政府所在国的非居民,而且同时是其居住国的居民和公民,则该退休金由其居住国对其进行征税。

第二,如果退休金是由非居住国居民或者设在该国的常设机构支付,则该项退休金由非居住国对其进行征税。

第三,按照一国的社会保障计划,由政府专项基金支付的退休金和其他款项,由支付退休金的政府所在国对其进行征税。

第四,除上述各种情况外,由于过去的雇用而取得的退休金和其他类似报酬,仅由纳税人的居住国对其进行征税。

例如,在以下情况下,具有中国居民身份的李先生取得的退休金可以由美国政府行使地域税收管辖权,否则其退休金由其居住国中国进行征税:

第一种情况,李先生因在美国政府机构工作,其退休金由美国政府支付,且李先生虽然有中国居民身份,却因加入了他国国籍,而不是中国公民。

第二种情况,李先生的退休金由美国公司或机构支付。

第三种情况,李先生的退休金由外国机构设在美国的常设机构负担。

第四种情况,李先生的退休金由美国的社会保险基金支付。

以上四种情况下,均由美国政府对李先生的退休金行使地域税收管辖权进行课税。

(5)学生的所得。学生或企业学徒如果仅由于接受教育或培训的目的停留在非居住国,其为维持生活、教育或培训而收到的来源于非居住国以外的款项,该非居住国不应该对其进行征税。例如,某中国学生在日本留学,她的父母定期为她汇去学费和生活费,日本政府不应对其这部分所得进行课税。

(三)关于投资所得来源地的确定

投资所得,是指投资者并不直接从事经营管理和营业活动,而是将其资金、财产和权利供他人使用所取得的所得。这类所得不同于直接介入经营商业、工业、服务业等营利事业的所得,所以又被称为"被动所得"或"消极所得"。最具代表性的投资所得为利息、股息和特许权使用费等。利息是指从各种债权取得的收入;股息一般是指因拥有股份、股权以及其他与股权相似的公司权利的所得;特许权使用费是指提供使用权所取得的报酬,它包括专利权、版权、商标权和专有技术等因提供使用而取得的各种款项,还包括使用或有权使用商业、工业、科学仪器设备或有关商业、工业、科学实验的情报所支付的作为报酬的各类款项。对投资所得来源地的确定,各国一般根据产生这类权利的投资、贷款、专利、专有技术与本国经济的联系程度而定。不同类型投资所得的确定标准不同,但总的来说,一般都采用以下三种标准。

1. 权利提供地标准,即采用权责发生地标准,认为跨国利息、股息、特许权使用费等投资所得,是来源于提供这类权利的居民所在国,应由该居住国行使征税权。或者说,提供这类权利的企业或个人是哪国的居民,就判定这类投资所得是来源于哪个国家。这一标准反映了居住国或国籍国的利益。

2. 权利使用地标准,即权利在哪个国家使用,就判定这类所得来源于哪个国家,就由哪个国家行使地域税收管辖权。例如,A 国的甲公司向 B 国的乙公司提供一项专利权,专利权在 B 国境内使用,按照这一标准,应该判定甲公司的这笔特许权使用费所得来源于 B 国。由于权利的使用地往往与所得的支付地是一致的,即权利的使用一方就是这类投资所得的支付方。因此,这个标准又被称为投资所得支付地标准,这个标准代表着非居住国或非国籍国的利益。

3. 双方分享征税权力,在国际税收实践中,由于居住国或国籍国和非居住国或非国籍国是处于利害关系对立的地位上的,因此,在确定投资所得来源地的标准上存在着分歧,持不同标准的国家各持己见,容易发生税收管辖权的重叠使用,引起国际重复征税的问题。为了调整居住国与非居住国之间对跨国投资所得征税的矛盾,目前采取由居住国和非居住国双方分享征税权的办法,即对利息、股息和特许权使用费等跨国投资所得,可以由居住国征税,也可以由非居住国征税,但对非居住国征税的最高额做出了限制,并附加了相应的通过双边谈判的限制性条款。因此,对于跨国投资所得,非居住国一般都按其毛收入征收一笔较低的预提所得税,即非居住国对这些所得行使地域税收管辖权进行征税时,其税率比本国国内法规定的税率要低,具体税率由双方国家通过谈判确定,以保证居住国也能征得一部分税款。

发达国家倾向于使用权利提供地标准,主张对跨国投资者的投资所得应由居住国独立行使居民管辖权,而所得来源国对非居民的这类所得不应行使收入来源地管辖权征税。而发展中国家更倾向于采用权利使用地标准,主张由支付股息、利息和特许权使用费的国家行使收入来源地管辖权。对此,国际上通常按利益共享原则划分这类权利的提供方和使用方双方国家的征税权。在《联合国范本》中,规定投资所得可以由这类权利的提供方所在国行使居民管辖权征税。但是,由这种权利的使用方所在国征税时,要有一个最高额度的规定,以便给这类权利的提供方所在国行使征税权留有余地,而这个最高额度通常需要双方国家谈判确定。例如,我国与日本的税收协定中规定,对于发生在中国、支付给日本居民的利息、股息、特许权使用费等所得,可认为是来源于中国,中国政府可以对这些所得征税,但所征税款不应超过各项所得总额的10%。根据这一规定,如具有中国居民身份的某个中日合资公司向其日本股东支付股息,对于这笔股息中国政府可以行使地域税收管辖权进行征税,但是税率最高只能达到10%。这样,当日本政府基于居民税收管辖权按照本国的普通税率向该日本股东征税时,依照国际上普遍采用的免除国际重复征税的抵免法,对这笔股息还可以征收到一部分税收。

总的来说,如果利息、股息和特许权使用费是通过常设机构取得的,应该并入该常设机构的营业利润中,按一般的企业所得税率征税。对没有通过设立常设机构而取得的这类投资所得,一般都由收入来源地所在国按其毛收入征收一笔较低的预提所得税。

(四) 关于财产所得来源地的确定

财产所得包括不动产、有形财产取得的定期收益和各种动产、不动产转让过程中产生的溢价收益,即资产转让所得。

1. 不动产所得来源地的确定。不动产所得是指出租和使用不动产所取得的所得。所谓"不动产",一般是指固定的存在于某个国家领土范围内、不能移动的财产,如机器、厂房、设备等。不动产也包括附属于不动产的财产、农业和林业所使用的牲畜和设备,一般法律所规定的适用于地产的权利、不动产的使用权益,以及由于开采或有权开采水源、矿藏和其他自然资源而取得的不固定或固定收入的权利。不动产应当具有财产所在国的法律中所规定的含义。不动产所有人只有在取得财产所在国对其产权认可的条件下,才能出租和使用其不动产而取得租金或租赁费等项所得。

不动产所得的取得,通常是和不动产的位置相联系的。因此,对于不动产所得的来源地的确定,国际上一般都采用财产所在地标准。由于不动产具有不可移动性,因此,以这类财产的坐落国或所在国为其所得来源地。如我国个人所得税法规定,对外国居民个人的财产租赁所得,只对其在中国境内的财产所取得的租金征税。

2. 财产收益来源地的确定。财产收益是指转让、销售动产和不动产的所得。它不同于不动产所得,不动产所得是因让渡不动产的收益权而取得的固定或不固定的收益,即出租、使用不动产的所得,不动产的所有权并没有发生转移。而财产收益则是因财产所有权转移而取得的所得,即转让、销售不动产和动产所取得的收益。

在现实国际经济交往中,人们经常会发生各种财产跨国转让或销售的情况。对于这类情况所发生的收益,各国税法以及国际税收协定都是分别就不同的情况确定其收入来源地的。

（1）销售不动产收益。对于出售不动产的收益，以其不动产物质形态的存在地作为收入来源地，即由不动产坐落的国家对不动产收益行使地域税收管辖权进行征税。

（2）销售动产收益。动产包括商品、存货以及商誉、许可权等无形资产。对于销售动产，特别是出售营业性商品所取得的收益，国际上通常判定由转让者的居住国征税。

（3）转让属于非居住国的常设机构或固定基地的动产，以常设机构或固定基地所在国为该转让所得的来源地。

（4）转让从事国际运输的船舶或飞机，或转让经营上述动产所取得的收入，按照国际规范，这类所得属于转让者为其居民的国家，即一般由船舶、飞机企业的居住国征税。

（5）对股票、债券等的转让所得，依据发生在本国境内的事实进行征税，即这些权利转让所取得的收益为本国来源所得。

3. 遗产继承所得来源地的确定。对于跨国取得的遗产继承所得，其来源地的确定，国际上通常根据不同的情况来确定其来源地。如，凡是以不动产或有形动产为代表的，以其物质形态的存在国为遗产所在地，并由遗产所在国对遗产所得行使地域税收管辖权进行征税。

第三节　居民税收管辖权

一、居民税收管辖权概述

实行居民管辖权的理论基础是：国家对居民提供了社会公共服务和法律保护，因此居民就应该对国家履行纳税义务，这是一种权利与义务相对等的关系。对居民的境外收入而言，收入来源国不能独占税收管辖权，税收权益应该在收入来源国和居住国之间进行分配。

居民税收管辖权是指一国政府对其境内居住的所有居民（包括自然人和法人）来自于世界范围内的全部收入以及存在于世界范围内的财产所行使的课税权力。它是按照属人主义原则确立起来的一种税收管辖权。行使居民税收管辖权的核心在于纳税人居民身份的确定，凡是本国居民，本国对其一切应税收益、所得或财产都要征税，而不论这些课税对象是来源于本国还是来源于外国。

居民税收管辖权是属人原则在处理国际税收关系方面的体现，它强调各国有权按纳税人居民的法律身份，对其所取得或拥有的所得来源或存在于世界范围的收入或财产行使征税权。对跨国所得不论来源于何处，跨国一般财产价值存在于何处,只要是本国居民取得或拥有的,居住国就可对其课税。

一国行使居民税收管辖权,一方面说明征税国对凡是本国居民的纳税人,不论他是否实际住在本国,都就其来源于世界各地的所得征税;另一方面,对于非本国居民,即使他有来源于该国的所得,也不实行税收管辖。这样,在居民税收管辖权范围内,一国居民便负有其居住国的无限纳税义务或全面纳税义务,即纳税人必须对其来源于国内、国外的所有收入向居住国申报纳税。这一点同地域税收管辖权范围内的纳税人仅负有限纳税义务,即仅就来源于一国的所得向该国纳税是不同的。

在实行居民管辖权的前提下,会产生两国之间税收利益的协调问题。例如,有 A 与 B 两国,其中 A 国境内有 B 国居民,B 国境内有 A 国居民,那么两国的征税关系如下:如果两国都实行居民管辖权,则不会发生重复课税问题。但如果其中一国采取地域管辖权,两国之间在税收上的矛盾将不可避免地产生。当 B 国实行地域管辖权时,B 国有权对在该国居住的 A 国居民的收入、所得和财产征税,而 A 国实行居民管辖权,也有权对这部分收益征税,因此两国政府必须对此进行税收方面的协调。

二、居民身份的确定

所谓居民,是指按照某国法律,按照住所、居所、管理场所或其他类似性质的标准而负有纳税义务的自然人和法人,即在税收领域中与一国发生人身连接而又负有纳税义务的人。居民身份的确定是行使居民税收管辖权的关键问题,它是行使居民税收管辖权的国家确定课税主体和课税范围的依据。居民身份的确定必须依据一定的标准,归结起来,当跨国纳税人从事国际经济活动时,将不可避免地导致国家间居民税收管辖权冲突的发生。综观世界各国对于居民税收管辖权冲突的协调,大致包括以下几个方面:对于跨国自然人居民双重身份冲突的协调;对于跨国法人居民双重居所冲突的协调;对于从事国际海运的跨国法人居民税收管辖权的冲突的协调。

(一)跨国自然人居民身份的确定

居民税收管辖权的行使,关键问题在于如何确定一个纳税人的居民身份。跨国自然人若成为一国居民,就要对该国负有无限纳税义务,即就其来源于全世界范围的所得和财产向其居住国纳税。自然人居民身份的确定标准大致有住所标准、居所标准、居住时间标准、意愿标准、总机构所在地标准、实际管理和控制中心所在地标准、控股权标准和主要营业所在地标准等。下面分别介绍几种主要情况下居民身份的确定标准。

1. 住所标准。一个人在行使居民税收管辖权的国家内拥有永久性住所,这个人就是该国居民,对该国就要履行无限纳税义务。住所是指有长期居住意愿的住处,通常为配偶、家庭以及财产所在地。

住所标准的优点是,住所具有永久性和固定性,是法律规定的个人从事政治、经济活动的主要地点,在该国有获得国家保护的权利,也有纳税的义务。以住所为标准判定一个人的居民身份,可以体现上述权利与义务的关系。住所也是我国判定自然人税收居民身份的一项重要标准。我国的《个人所得税法》规定,在中国境内有住所的个人,从中国境内和境外取得的所得要依照规定缴纳个人所得税。另外,《个人所得税法实施条例》第2条规定,在中国境内有住所的个人是指因户籍、家庭、经济利益关系而在中国境内习惯性居住的个人。此项规定表明,我国税法是以户籍、家庭和经济利益中心作为住所的验定标准的。也就是说,凡是在我国有户籍、家庭或经济利益中心的个人,都应被认定在我国有住所,因而也都应该被认定为是我国的居民纳税人。值得注意的是,这里所说的"在中国境内习惯性居住",是指个人由于住所在中国境内而当其在国外学习、工作、探亲、旅游等活动结束后必然要返回中国境内居住,而不是指个人在中国境内实际居住。所以,只要某人的住所在中国境内,那么在某个纳税年度即使该人实际并没有在中国境内居住,他仍属于在中国境内习惯性居住,该年度他仍属于中国的居民纳税人。但是,随着经济活动的国际化发展,不可避免地会发生个人居住场所与从事实际经济活动的场所不一致的情况。如果单纯按照住所标准确认纳税人的居民身份,就会产生纳税人义务发生地与创造所得的实际经济活动地分离的问题。因此,国际上又制定了其他的判定标准来确定居民身份。

2. 居所标准。一个人在行使居民税收管辖权的国家短期停留、临时居住并达到一定期限,那么,这个人就是该国居民,相应地就要承担无限纳税义务。所谓居所,则是指个人的习惯性居住场所。居所的确认通常考虑到人的居留时间因素。居所的物质形态既可以是纳税人自有的房屋,也可以是租用的公寓、旅馆等。由于居所是确立纳税人义务的一个重要标志,所以在一些国家的税法中又被称为"财政住所"。采用居所标准的国家主要有英国、加拿大、法国、瑞士、澳大利亚和德国等国。例如,英国规定,凡在英国拥有住宅者,不论其居住时间的长短,只要在纳税年度内曾在英国停留,就应当被认定为英国居民,英国有权对其行使居民税收管辖权进行征税。居所标准的最大优点是居民身份的确定与纳税人实际经济活动地的联系比较密切。但是,由于居所的定义比较抽象,在判定时存在很大困难,因此大部分国家都会用居住时间标准加以补充。

3. 居住时间标准。居住时间标准是指以自然人在本国居住或停留时间的长短作为判定其是否为本国居民的标准。如果一个人在本国境内居住或停留的时间超过了本国税法规定的期限，即为本国居民纳税人。居住时间标准还经常与上述的居所标准结合起来使用，即如果一个人在本国境内居住或停留的时间超过了税法规定的时间，就会被认定是在本国境内有居所，从而成为本国的居民纳税人。国际上采用居住时间标准的国家比较多，如中国、英国、日本、印度、法国等，但是各国关于居住时间或期限的具体规定和要求又不尽一致。大多数国家规定的时间或期限为半年或一年，有的连续计算，有的则累计计算。如英国、法国、德国、瑞典等国规定在一个纳税年度内连续或累计居住超过183天（即半年）即为本国居民；中国、美国、日本等国则规定在本国居住达一年（365天）以上者，即为本国居民。累积计算的，要限定在一个纳税年度内。连续计算则不会规定年度。例如，韩国规定连续居住一年以上的为本国居民，由于只是连续计算，没有累积计算，因而没有规定必须在一个纳税年度内居住达到一年或一年以上。

在居留期间的计算上，不同国家之间也存在着一些差别，具体表现在以下两个方面。

一是连续或累计计算居留时间的差异。一些采用居住时间标准的国家规定，跨国自然人只有在本国境内连续居住的时间超过税法规定的时间才能被认定为本国的居民纳税人。例如，我国税法规定，在中国境内居住满一年的个人，不论属于哪个国家国籍，都被视为中国居民个人。有些国家则规定，跨国自然人只要在本国境内累计居住时间超过本国税法规定的时间即为本国居民纳税人。如日本规定，在日本境内连续或累计居住长达一年或以上者为日本的居民个人，日本政府有权对其行使居民税收管辖权进行征税。

二是计算居住期间起止点的不同。一些国家以跨国自然人在一个纳税年度内居住在本国境内的时间是否达到本国税法规定的时间为标准。如果一个人居住时间虽然超过了本国税法规定的时间，但是分跨两个纳税年度，而且在任何一个纳税年度都没有达到规定的时间，则不能将其确认为该国的居民纳税人。例如，我国税法规定，在我国境内居住满一年的个人是指一个纳税年度（公历每年1月1日起至12月31日止）内在我国境内居住满365天的个人，在纳税年度内临时离境的不扣除天数。另一些国家则规定自然人在本国居住的日历天数达到本国规定的时间，即达到或超过本国税法规定的时间即为本国居民纳税人，至于是否在一个纳税年度内住满法定时间则不影响认定其为本国居民纳税人。例如，在一个日历年度或一个会计年度以及任何12个月内住满税法规定的时间均可被确认为本国居民纳税人。

此外，在一些采用时间标准的国家还根据居留时间的长短，把居民进一步划分为永久居民和非永久居民。对于不同类型的居民纳税人，规定不同的纳税义务。例如，日本规定连续居住1年以上的为本国居民，居住满5年的为永久居民，对其在全世界范围内取得的所得都征税；居住满1年，未满5年的为非永久居民，对其境外的所得只就其带进或汇入本国的部分征税；居住不满1年的，为非居民，只就其来源于日本境内的所得征税。我国个人所得税法及其实施细则中有关居民与非居民纳税义务的规定，与日本的规定与做法大体相似。在我国境内居住满1年以上但不满5年的个人，从我国境外取得的所得，经主管税务机关批准，可一直就由中国境内公司、企业以及其他经济组织或个人支付的部分缴纳个人所得税。但对于"居住满1年"的计算，只限于"一个纳税年度内在中国境内居住满365日"，这一点与日本税法规定的不同。

表2-1概括了我国对外籍个人在中国境内取得劳务所得如何缴纳个人所得税的规定。

表2-1　我国个人所得税法中对跨国自然人缴纳个人所得税的规定

		境内所得		境外所得	
		境内支付	境外支付	境内支付	境外支付
视为非居民	居住时间<90天 或<183天	征	免	不征	不征
视为非居民	90天<居住时间<1年或 183天<居住时间<1年	征	征	不征	不征
视为居民	1年≤居住时间≤5年	征	征	征	免（优惠）
视为居民	居民居住时间>5年	征	征	征	征

注："非居民90天标准"针对未与我国签订税收协定国家的公民；"非居民183天标准"针对已与我国签订税收协定国家的公民。

4. 意愿标准。意愿标准是指纳税人在行使居民税收管辖权的国家内有居住的主观意愿的即为该国居民。一个人是否有在本国长期居住的主观意图，通常根据其签证时间的长短、劳务合同的签订因素来确定。凡在一国有不定期居住意愿并依法取得入境护照、移居签证和各种居留证明的外国侨民，都属于该国居民，该国政府有权对其来源于世界范围的全部所得进行征税。在一般情况下，由于意愿标准因其属于主观范畴而难以准确判定，因此各国都把意愿标准与其他标准结合使用。例如，巴西的税法中规定，凡在巴西住满1年的个人不论其居住意愿如何，均视为巴西居民，但对于已经取得长期居住签证的外国人，如果该跨国纳税人愿意成为巴西居民，虽然其居住期不满1年，在税收上仍可以认定其为巴西居民。

(二)跨国法人居民身份的确定

国籍和住所、居所等概念,是用来表示个人与其所属国固定的法律联系的,但是由于法人活动的范围不仅局限于国内,往往已经超出了国界,出于法律保护和管辖的需要,法人的国籍和居民的概念便产生了。目前,行使居民税收管辖权的国家,对法人居民身份的确定主要有以下五种标准。

1. 登记注册地标准。这一标准又称为法律标准或组建地标准,是指一个公司或企业按照一国的公司法,履行登记注册手续并得到有关当局的批准,成为该国的法人,在税收上被视为"居民",负有无限纳税义务。如美国、芬兰和瑞士等国家都采用这一标准,就美国而言,根据美国有关法律的规定,在其境内注册登记的公司,不论其管理机构是否设在美国,也不论其股权属于谁,都是美国的"法人居民"。作为美国的"居民公司"或"国内公司",属于美国居民税收管辖权的实施范围,均要就该公司在世界范围内的所得向美国政府纳税。总之,此标准是以是否在该国的各级政府注册为依据来确定该法人是否为该国的法人居民的。凡在本国各级政府注册的公司,不论其总机构是否设在本国,不论其投资者是本国人还是外国人,均可确定其为本国企业或本国法人,属于本国居民税收管辖权的实施范围,该国可对其来源于本国和外国的全部所得征税。不在本国注册的公司、企业,则不能确定其为本国企业或本国法人,也就是说该企业或法人不是本国居民,因而该国不能对其来自于国内外的全部所得行使居民税收管辖权,但是可对其行使地域税收管辖权,只对其来源于本国境内的那部分所得征税。

登记注册地标准有两方面的优点:一是居民身份比较容易确认和识别;二是纳税人居民身份的规避或变更比较困难,因为要规避或变更居民纳税人的身份需要经历一定的法律程序,办理有关手续。但这一标准也存在一定的缺陷,主要表现为:一方面,某些公司的注册登记地和实际经营管理地可能不一致,即在一国登记注册的公司,有可能在其他国家从事生产经营活动,因而对这类公司的经营活动不易进行有效的税务管理;另一方面,纳税人容易通过选择登记注册地的办法来达到规避税收管辖权的目的。

2. 管理机构所在地标准。这是以公司的实际管理机构和控制中心是否在本国境内为依据来确定其是否是本国法人居民。所谓实际管理机构,是指经常对公司或企业的生产、经营、销售、分配等进行重要决策、管理、指挥、控制并发送重要指令的机构。通常来讲,实际管理机构是一个法人活动的指挥中心,并不等同于法人的日常经营业务管理机构。凡是实际管理机构和控制中心设立在本国境内的各公司、企业,均可确认其为本国居民,该国可就其来自于境内外的全部所得行使居民税收管辖权进行征税。如果不是这种情况,该公司或企业就不是本国的居民,不属于该国居民税收管辖权的实施范围,该国只能对其行使地域税收管辖权,对其来源于本国境内的那部分所得征税。具体到管理机构的认定,尽管国际上各国的标准不同,但一般来讲,是以公司董事会议场所或股东大会场所为标准来综合判定的,美国、加拿大、新加坡和英国等国都采用这一标准。

英国是采用管理机构所在地标准的典型国家。英国在从1896年起至1986年长达90年的时间里,一直实行这一标准。英国实行这一标准的理由是:公司的注册地固然是决定公司控制地的一个重要因素,但不是决定因素,公司的注册地犹如一个自然人的出生地,不能将一个人的出生地作为该人一生的居住地。因此,当登记注册地与实际管理控制中心所在地不一致时,英国税法规定以实际管理控制中心所在地为公司居民身份的判定标准,当实际管理机构所在地与控制中心不一致时,则以控制中心所在地作为确定公司居民身份的标准。英国长期实行的这一判定标准,由于实施上的困难及与其他大多数国家的做法差异很大。从1986年3月起,英国对居民公司的判定标准除了继续保留管理与控制中心标准外,又增加了登记注册地标准,即同时采纳了这两条标准,只要符合其一,即为该国的居民公司。

3. 总机构所在地标准。这是以公司、企业的总机构是否设在本国境内为依据来判定是否为本国居民,从而要求其承担对本国的纳税义务。在本国境内设有总机构的公司或企业为本国居民,负有无限纳税义务,否则为非居民公司或企业,只负有限纳税义务。总机构是指公司进行重大经营决策以及全部经营活动和统一核算公司盈亏的总公司和总店等。凡属于总机构设在本国境内的跨国公司或企业,不论是本国人还是外国人开设的公司或企业,也不论其投资者是本国人还是外国人,均可确定其为本国的公司或企业,该国都可以就其境内外的全部所得征税。采用这一标准的有日本和法国等国家和地区。

4. 资本控制标准。资本控制标准,又称为控股权标准或控制选举权标准,是以控制公司选举权股份的股东是否为本国居民来判定其法人居民或公司身份的,即公司有选举表决权的股东是哪个国家的居民,则该公司就是哪个国家的居民公司,由该国行使居民税收管辖权对其进行征税。采用这一标准的国家有美国、澳大利亚等。例如,美国税法规定,一家跨国公司即使在国外注册,但只要50%以上的选举权股票被美国股东掌握,即可以将其认定为美国的居民公司,美国政府有权对其行使居民税收管辖权进行征税。

5. 主要经营活动所在地标准。这一标准是指公司的主要活动发生在哪一国家,则该公司就是那个国家的法人居民,属于该国居民税收管辖权的实施范围,该国可以对其全部所得进行征税。主要经营活动所在地是指企业的主要收入来源地、主要财产所在地、主要产品生产和销售地等。

在各国的税收实践中，为了判定法人的居民身份，有的国家只采用一种判定标准，而更多的国家则采用某两种或两种以上标准。例如，美国以登记注册地标准为主，同时采用资本控制标准。对在国外注册但50%以上选举权股票为美国股东掌握的公司，就判定其为美国居民公司，对其行使居民税收管辖权。又如，日本、法国不仅采用总机构标准，同时还采用登记注册地标准。德国、比利时、奥地利、瑞典等国同时采用登记注册地和管理机构所在地标准以及资本控制标准，只要符合其中某一标准，就为该国的居民公司。

为了更清楚地阐述居民税收管辖权的确立情况，现将部分国家确立自然人和法人居民身份的税法规定列表如下（见表2-2）。

表2-2　　　　部分国家税收居民管辖权相关税法规定

国别	自然人居民身份的判定标准	法人居民身份的判定标准
美国	符合下列条件之一： ①美国公民 ②具有合法居留权的外国居民，包括：永久居留权者（如绿卡持有者）、持E身份居民、持H身份居民、三年内在美国累积超过183天者	依据美国联邦或州法律登记注册成立
英国	符合下列条件之一： ①有可能使用的住房，且不在国外从事全日制工作 ②纳税年度中在英国停留183天以上（不一定连续停留） ③即使不符合上述两项，但习惯或实际居住在英国	在英国注册成立或者中心管理和控制机构设在英国
澳大利亚	符合下列条件之一： ①在澳大利亚有住所 ②某一课税年度居留183天以上，或参与养老金计划	符合下列条件之一： ①在澳大利亚注册 ②在澳大利亚经营 ③中心管理和控制机构在澳大利亚 ④投票权被澳大利亚居民股东控制
加拿大	符合下列条件之一： ①加拿大税收居民身份要求考虑个人的整体情况及其他相关事实，如在加拿大是否有固定、通常的生活方式和生活环境，在加拿大有全年可使用的住处，有银行账户、信用卡以及个人财产 ②一个课税年度在加拿大停留183天以上	符合下列条件之一： ①在加拿大依法注册成立 ②中心管理和控制机构设在加拿大

续表

国别	自然人居民身份的判定标准	法人居民身份的判定标准
法国	符合下列条件之一： ①在法国有家庭或经济利益中心 ②在法国就业或从事职业活动 ③一个日历年度中在法国停留了183天以上	在法国注册成立
德国	符合下列条件之一： ①一个日历年度中在德国停留超过6个月 ②一年中累计停留了6个月以上	符合下列条件之一： ①在德国注册成立 ②管理中心在德国
爱尔兰	符合下列条件之一： ①在纳税年度停留183天或以上 ②在纳税年度停留了30天以上，同时在该纳税年度及之前的年度中总共停留了244天以上	符合下列条件之一： ①管理和控制的中心机构在爱尔兰 ②在爱尔兰注册成立
意大利	符合下列条件之一： ①在意大利办理了居住人口登记 ②在意大利有利益中心或经营地 ③一个财政年度中在意大利停留了183天以上	符合下列条件之一： ①在意大利注册成立 ②法人的管理总部在意大利 ③主要目的是在意大利经营
比利时	符合下列条件之一： ①已婚夫妇的家庭设在比利时 ②住所或经济基地在比利时（即在比利时的社区办理了人口登记）	符合下列条件之一： ①在比利时依法注册成立 ②公司的总部或实际管理机构设在比利时
墨西哥	在墨西哥安家，除非在一个日历年度中连续或累计在别国停留183天以上，并能够证明已在别国取得了税收居民身份	主要经营管理中心在墨西哥
巴西	符合下列条件之一： ①持有巴西的长期签证 ②因签订有就业合同而持有巴西的临时签证（期限最多2年） ③任何12个月中在巴西停留满183天	在巴西注册成立，同时公司的总部设立在巴西境内
卢森堡	符合下列条件之一： ①在卢森堡有可长期使用的住房 ②在卢森堡连续停留了6个月以上（短期离境不扣减停留天数）	符合下列条件之一： ①在卢森堡注册成立 ②有效管理机构在卢森堡

续表

国别	自然人居民身份的判定标准	法人居民身份的判定标准
丹麦	在丹麦连续停留6个月以上(短期离境不扣减在丹麦停留的日数)	符合下列条件之一： ①在丹麦注册成立 ②实际管理机构在丹麦
荷兰	符合下列条件之一： ①在荷兰有家庭、住处、经济社会中心，或有长期居住意向 ②在荷兰停留了一定时间	符合下列条件之一： ①依法在荷兰注册成立 ②中心管理机构在荷兰 ③实际管理机构在荷兰
挪威	符合下列条件之一： ①有在挪威长期居住的意愿 ②在挪威停留了6个月以上	符合下列条件之一： ①在挪威注册成立 ②有效管理或控制中心在挪威
瑞士	符合下列条件之一： ①在瑞士有合法住宅并打算定居 ②因从事有收益的活动而在瑞士停留3个月以上；因从事非收益性活动而停留6个月以上	符合下列条件之一： ①在瑞士注册成立 ②有效管理机构设在瑞士
新西兰	符合下列条件之一： ①在新西兰有长期性住所 ②任何12个月中在新西兰停留183天以上	符合下列条件之一： ①在新西兰依法注册成立 ②法人总部设在新西兰 ③管理和控制机构在新西兰
西班牙	符合下列条件之一： ①在西班牙有经济或职业活动的基地 ②在西班牙有家庭(配偶、子女) ③一个日历年度中在西班牙停留183天以上	符合下列条件之一： ①在西班牙注册成立 ②法人的总部在西班牙 ③法人的有效管理中心在西班牙
葡萄牙	符合下列条件之一： ①一个日历年度中在葡萄牙累计停留了183天以上 ②在葡萄牙停留时间不到183天但拥有习惯性的居所	符合下列条件之一： ①法人注册的总部在葡萄牙 ②法人的有效管理机构在葡萄牙
希腊	有在希腊安家或长期居住的意向	符合下列条件之一： ①在希腊注册成立 ②在希腊有管理机构

续表

国别	自然人居民身份的判定标准	法人居民身份的判定标准
印度	符合下列条件之一： ①在纳税年度内停留182天以上 ②在以前4个年度居住至少365天，而在本纳税年度至少停留了60天	符合下列条件之一： ①在印度注册成立 ②管理和控制活动全部在印度开展
日本	符合下列条件之一： ①在日本有生活基地和生活中心 ②在日本连续居住满1年	符合下列条件之一： ①在日本依法注册成立 ②注册办公地点或公司总部在日本
韩国	符合下列条件之一： ①在韩国有住所或至少1年的居所 ②在韩国有1年及1年以上的就业岗位	符合下列条件之一： ①在韩国依法注册成立 ②总机构或主要机构在韩国
马来西亚	符合下列条件之一： ①一个日历年度中在马来西亚连续或累计停留满182天 ②评税年度在马来西亚停留不到182天，但这次停留与评税年度前一年或后一年中的182天以上的停留期相连 ③评税年度在马来西亚停留90天以上，但在以前4年中的任何3年居住在马来西亚或每年停留满90天	管理和控制中心在马来西亚
新加坡	符合下列条件之一： ①在新加坡定居 ②纳税年度中在新加坡停留满183天 ③上一年度在新加坡居留或工作183天以上的外籍人士	管理和控制机构在新加坡
泰国	任何纳税年度（日历年度）中在泰国累计停留满180天	符合下列条件之一： ①在泰国注册成立 ②在泰国境内从事商业行为

资料来源：据各国2017年有关规定整理所得。

（三）特殊情况下跨国纳税人居民身份的确定

由于每个国家都单方面根据自己国内的税法来判定跨国纳税人的居民身份，这样就会出现一个跨国纳税人同时被两个或两个以上国家确定为本国居民,从而具有双重居民身份的情况,由此会产生重复征税问题。对于这种问题的解决,国际上通行的做法是按习惯顺序协商确定该跨国纳税人为哪国居民,属于哪国居民税收管辖权的实施范围。

1. 具有双重居民身份的跨国自然人居民身份的判定。在判定跨国自然人居民身份时,国际通行的顺序是:

第一,永久性住所。根据该跨国纳税人是否在国内拥有永久性住所来判定其是否为该所在国的居民。一个同时在两个国家居住的跨国自然人,应首先被认为是其永久性住所所在国的居民,并由其永久性居住的国家对其行使居民税收管辖权进行征税。

第二,重要利益中心。如果该自然人在两个国家均有永久性住所,就根据该跨国纳税人与哪个国家的经济关系更密切来判定其属于哪一国家的居民,即看其重要利益中心所在地是哪国。这要将其家庭、财产以及主要经济活动所在地结合起来综合判定。

第三,习惯性居所。若该跨国纳税人的重要利益中心所在国无法判定,或者在其中任何一个国家都没有永久性住所,就以其习惯性居所作为判定标准,即应认为该跨国纳税人是其习惯性居所所在国的居民。习惯性居所通常是由居住和停留时间来判断,即看其在哪个国家拘留的时间更长些,就将该国认定为其习惯性居所所在国,该国有权对该跨国自然人行使居民税收管辖权进行征税。

第四,国籍。如果该跨国纳税人在两个国家都有或者都没有习惯性居所,则以其国籍为标准判定其居民身份。

第五,如果该跨国纳税人同时是或者同时不是这两个国家的公民,则由双方税务当局协商来确定该跨国自然人属于哪一个国家的居民,并且该国有权对该跨国自然人行使居民税收管辖权进行征税。

一个国家判定一个跨国自然人是否属于本国居民,通常的依据是其在本国是否拥有住所或居所。但是,如果一个跨国自然人同时在两个国家拥有住所或居所,就会被两国同时认定为本国居民。例如,李先生在中国有一个永久性住所,其妻子和孩子都住在中国,同时他又在日本经商,并且居留时间超过了12个月。中国政府因为他在中国拥有永久性住所,按照国内税法的规定,李先生被确定为中国居民。而日本政府因其居留时间超过法定的365天,按照日本的法律,李先生又被确定为日本居民。因此,中日双方都要对李先生在世界范围内的所得行使居民税收管辖权进行征税。为了避免对李先生在世界范围内全部所得的重复征税,应该依次通过上述5个判断标准来确定李先生的最终居民身份。判定纳税人最终居民身份首先要根据跨国自然人的永久性住所的所在国来判定,既然李先生的妻子和孩子都在中国,说明李先生在中国拥有永久性住所,因此应该判定他为中国居民,应该由中国政府对其行使居民税收管辖权进行征税。

2. 具有双重居民身份的跨国法人的居民身份的判定。对于具有双重居民身份的跨国法人,国际上通行的做法是首先判定其属于实际管理机构所在地的国家的居民,也就是说应由其实际经营管理机构所在国对其行使居民税收管辖权;如果不能判定其为哪国居民,则由双方当局确定该跨国法人为哪一国法人居民,并由这个国家对其行使居民税收管辖权。

例如,一家跨国公司在中国注册成立,实际管理和控制机构设在法国。中国依据注册地标准认定该公司是中国的居民公司,而法国依据管理机构标准也可以认定该公司是法国的居民公司。于是,该公司就有了双重居民身份,其来自于世界范围内的所得有可能被中国和法国两国政府同时征税,导致国际重复征税。根据确定跨国法人最终居民身份的国际惯例,由于该公司的实际管理机构设在法国,应该认为该公司是法国的居民公司,应由法国对其行使居民税收管辖权进行征税。但是,如果该公司的总机构设在中国,则中国可以根据总机构标准确定该公司为本国居民,因此需要由中法两国进行协商来确定该公司的最终居民身份。

3. 从事国际海洋运输从而将总机构设在船上的跨国法人居民身份的判定。从事国际海洋运输的法人与一般从事工农业和服务业的法人在管理机构的设立上有不同的特点,它的管理机构往往设在船舶上并经常运行于各国之间,无固定的场所或具体的所在国。对于这种情况,国际上通行的做法是,按照船舶的船籍所在国、该船舶经营者所在国的顺序判定:如果国际海洋运输公司的实际管理机构设在船舶上,则首先应认为它是该船舶的母港所在国的居民,即其船籍所在国的居民;如果该船舶没有母港或船籍,则应由该船舶经营者所在国对其行使居民税收管辖权进行征税。例如,某国际船运公司甲公司由一家英国居民公司乙公司控股。如果甲公司经营的船舶都在中国的港口登记,即船舶的母港在中国,则应该认为甲公司的实际管理机构所在国是中国,由中国对其国际运输所得进行征税;如果甲公司经营的船舶没有母港,则因为甲公司经营者的实际管理机构所在国为英国,而应由英国政府对其国际运输所得进行征税。

第四节 公民税收管辖权

一、公民税收管辖权概述

公民税收管辖权是按照属人主义原则确立的另一种税收管辖权。公民税收管辖权是以国籍为判定标准的,即凡是具有本国国籍的公民,国家就有权对其来自于世界范围的全部所得或存在于世界范围内的财产进行征税。国家在行使公民税收管辖权时,仅对本国公民行使征税权,而不考虑课税对象的发生地点,因此又称为从人征税。

如同居民税收管辖权一样,公民税收管辖权也是属人主义原则在国际税收上的体现。二者的区别在于:公民税收管辖权强调纳税人的公民身份即国籍所属,而不是居民身份。在行使公民税收管辖权的过程中,无论跨国所得来源于何处、跨国一般财产价值存在于何处、纳税人居住地在何处,只要是本国公民取得或拥有的,国籍国就可对其进行征税。

第二次世界大战以前,按照属人原则确立的税收管辖权大多是公民税收管辖权。第二次世界大战以后,所属国籍与居住地不在同一国家的纳税人增多,公民税收管辖权日益暴露出不合理的一面,于是,绝大多数国家放弃了公民税收管辖权,转而采用居民税收管辖权。在这里,我们简单地介绍一下公民税收管辖权以及公民身份的确定标准。

二、公民身份的确定

公民管辖权,即以公民身份为连接因素的税收管辖权。也就是说,国籍国有对具有本国国籍的公民来源于或存在于世界范围内的收入或财产进行征税的权力。对公民行使税收管辖权进行征税,首先要确定公民的身份。对于如何确定公民的身份,国际上一般有如下两种判定标准。

(一)自然人公民

国际上约束各主权国家对其实行公民税收管辖权的规范通常是法律标准。所谓的法律标准,即要求各主权国家只限于对本国宪法规定的公民个人行使公民税收管辖权,而不能扩大到对非公民个人按照法律标准行使公民税收管辖权。一国在行使公民管辖权时,首先应确定纳税人是否具有本国公民身份。

在法律概念上,公民是指具有一个国家的国籍,根据该国的法律规范享有权利和承担义务的自然人。各国民法对自然人国籍的认定,除了通过履行一定法律手段加入本国国籍者之外,通常还有另外两个标准:一种是出生地标准,即按照本人的出生地点,凡出生地点位于本国境内的为本国公民;另一种是血统标准,即根据其父母的国籍来确定本人的国籍,亦称为血统主义。目前,几个行使公民税收管辖权的国家在本国税法中对自然人国籍的确定标准一般并没有特殊规定,基本上与本国民法相同。

按照国际惯例,一个自然人,除了依据出生地或血统关系取得国籍外,还有加入国籍、丧失国籍和恢复国籍等变化。所谓加入国籍,是指根据一国的法律,由于婚姻、收养、认领和领土转移等原因,而自然取得某一国家的国籍,或者是依据一国的国籍法或移民法,经过申请获准由原来国籍转为另一个国家的国籍,或从无国籍转变为某个国家的国籍。所谓丧失国籍,是指一国国民由于自愿退出,或者已取得其他国家国籍,或者依照这个国家的国内法被剥夺国籍而丧失其原有国籍。所谓恢复国籍,是指因某种原因丧失其原有的国籍,按照这个国家的国内法规定的条件提出申请,并获准重新恢复原有国籍。

各国国内法在有关国际规定上所存在的差异,往往会导致双重国籍或多重国籍的情况发生。按照法律标准,这些双重国籍的跨国自然人同时成为两个国家的公民个人,这就给他们带来了履行纳税义务的困惑。对此,国际上大多数国家都主张坚持一人一籍的国籍原则,即约束每个国家都应该使合法取得别国国籍的跨国自然人丧失其原有国籍;反之,应该拒绝给予保留别国国籍的跨国自然人以本国国籍。至于对因加入国籍或丧失国籍而转入别国国籍的跨国自然人,则约束应自转入别国国籍之日起,作为别国的公民个人,由所属别国向其行使公民税收管辖权,其原属国籍国应该同时终止向他们行使公民税收管辖权。对于因恢复国籍而从别国转入的跨国自然人,也应约束从转入原有国籍国之日起,作为该国家的公民个人,由这个原属国籍国向其行使公民税收管辖权。

随着国际经济的迅速发展,自然人跨国从事经营活动已成为一种普遍现象,有些人甚至从来不在其所属的国籍国居住,而是基本上在别国居住和从事经营活动。如果其国籍国仅仅按照法律标准,认定他是这个国籍国的公民,对他行使公民管辖权,并对他来源于全世界范围的所得征税,则显然是不合理的。所以,目前世界上除了美国、墨西哥、菲律宾、荷兰等少数几个国家仍在采用法律标准对跨国自然人行使公民管辖权外,绝大多数国家都采用了居民标准。

(二) 法人公民

法人作为民事法律关系的主体,是与自然人相对称的。法人公民,即指国籍公司。所谓国籍公司,是行使公民税收管辖权的国家基于各国企业活动的国际化和为了行使税收管辖权的需要,将公民的概念扩大到法人,形成所谓的国籍公司。国籍公司与居民公司这两个概念是相近的,在同时行使居民和公民税收管辖权的国家,其税法上所指的国籍公司和居民公司在概念上是一致的。国籍公司的确认主要有以下几种标准:一是采取法律标准,即凡是根据本国有关法律组建并注册的公司均为本国国籍公司;二是根据公司投资者的个人国籍来确定公司的国籍;三是依据公司负责人的国籍来确定公司的国籍;四是依据公司实际管理机构的所在地来确定该公司的国籍;五是依据企业的主要机构所在地来确定该公司的国籍。在这几种标准中,很多国家对国籍公司的确认主要是采取法律标准,即凡是根据本国有关法律组建并注册的公司即为本国的国籍公司,本国有权对具有本国国籍的公司行使公民税收管辖权进行征税。

三、公民税收管辖权的局限性

由于跨国纳税人的经营活动频繁越出自己国籍国的界限,公民税收管辖权的行使已经显示出了很大的局限性。

对于一个很少在自己的国籍国居住,而且经常到别国居住或从事经营活动的跨国自然人而言,其国籍国如果仅仅由于该跨国自然人是本国的公民,对其来源于或存在于世界范围内的全部所得行使公民税收管辖权进行课税的话,就经常会造成国际重复征税,而且从公平的角度而言对跨国自然人也是不合理的。

对于跨国法人来说,其主要经营活动通常在其管理机构所在国进行,为开展业务活动所需要的种种经济权利也必须由该国赋予,但其纳税义务却要在自己的国籍国即登记注册的国家内承担,这显然也是不合理的。

由于上述原因,目前只有很少的国家仍然在行使公民税收管辖权,而绝大多数国家是行使居民税收管辖权对本国居民进行征税的。在《联合国范本》和《OECD 范本》等国际税收协定中采用的也都是居民税收管辖权。即使行使公民税收管辖权的国家,一般也都同时对在本国居住的拥有外国国籍或无国籍的人行使居民税收管辖权,以维护本国的税收利益。

第五节 各国税收管辖权的实施情况

一、各国选用不同管辖权的原因

税收管辖权的选择和行使是一个国家的国内事务,任何一个国家都有权根据本国国内的具体情况选择不同的税收管辖权。由于税收管辖权的行使体现着不同的税收利益,因此,一国对税收管辖权类型的选择往往反映出该国的经济地位及维护本国财权利益的态度,各国都会尽量选择对本国有利的税收管辖权。

对广大发展中国家而言,由于资金贫乏、技术落后,只能从发达国家引进资金和技术。一般说来,发展中国家是资本输入国和技术引进国,本国对外投资的比例小于外商在本国境内的投资比例,因此境外收益相对而言不多,资本和技术呈单向流入,在与发达国家的经济交往中,基本上处于来源国的地位。与此相适应,发生在本国领土内的别国居民或公民的收益、所得和财产也比较多。因此,发展中国家更加倾向于地域税收管辖权,从而扩大对别国居民在本国领土范围内的收益、所得和财产的征税范围。但是,出于国家间利益对等的原则,这些国家也同时行使居民税收管辖权以维护本国的利益。

对于发达国家而言,它们常常是资本输出国与技术输出国,同时也会大量的吸引外资和引进某些更先进的技术。从资本和技术的输出角度而言,大量开展的国外业务会产生巨大的境外利益,居民中从事跨国经济活动的较多,本国居民和公民来自于世界范围内的所得也较多,因此采用属人主义原则对本国的税收收益比较有利,因而发达国家比较强调居民或公民税收管辖权的行使,从而扩大对本国居民在国外的收益、所得和财产征税的范围。另外,从资本和技术的输入角度和出于国家间利益对等的原则方面看,发达国家也会采用地域税收管辖权来维护本国的利益。

二、各国对税收管辖权的选择

在国际税收的实践中,综合世界各国的情况看,选择一种税收管辖权的国家比较少,大多数国家都选择双重管辖权。这是因为,税收管辖权的选择不仅关系到税收收入,而且关系到一国的主权,各国在不违背国际法的前提下,都尽量选择对本国有利的税收管辖权,以最大限度地维护本国的权益。总的来说,在两种基本的税收管辖权中,多数国家都是以其中一种税收管辖权为主,而以另一种税收管辖权为辅。现在将世界主要国家或地区对税收管辖权的实施情况列为表2-3,以便更清楚地阐述各国对税收管辖权的不同选择。

表2-3　　　　　　　世界主要国家或地区税收管辖权的行使情况

税收管辖权	国家或地区
单一行使地域税收管辖权	中国香港、阿根廷、乌拉圭、巴拿马、哥斯达黎加、肯尼亚、赞比亚、文莱、法国、荷兰、玻利维亚、多米尼加、危地马拉、尼加拉瓜、巴拉圭、巴西、厄瓜多尔、委内瑞拉等
同时行使地域税收管辖权和居民税收管辖权	中国、新加坡、马来西亚、泰国、阿富汗、日本、印度、印度尼西亚、巴基斯坦、菲律宾、奥地利、比利时、丹麦、挪威、瑞典、芬兰、瑞士、卢森堡、德国、希腊、意大利、西班牙、葡萄牙、英国、爱尔兰、摩纳哥、墨西哥、哥伦比亚、萨尔瓦多、孟加拉、洪都拉斯、秘鲁、澳大利亚、新西兰、斐济、巴布亚新几内亚等
同时行使地域税收管辖权和公民税收管辖权	罗马尼亚
同时行使地域税收管辖权、居民税收管辖权和公民税收管辖权	美国

资料来源:据各国2017年有关规定整理所得。

从表2-3中可以看出,欧洲、亚洲、大洋洲以及美洲的大多数国家和地区都同时行使地域税收管辖权和居民税收管辖权,单一行使地域税收管辖权的国家和地区多数为拉丁美洲的国家和地区。而只有很少的国家同时行使地域和公民税收管辖权,另外也只有极少数国家同时行使地域、居民和公民税收管辖权。

此外,从表中也可以看出,我国(除香港特别行政区外)也是选择同时行使地域税收管辖权和居民税收管辖权的国家。以个人所得税为例,我国《个人所得税法》第一条规定:在中国境内有住所,或者无住所而在境内居住满1年的个人,从中国境内和境外取得的所得,需要按中国税法规定纳税;在中国境内无住所又不居住或者无住所而在境内居住不满1年的个人,从中国境内取得的所得,必须按照中国税法的规定纳税。我国在以后的国际税收关系中,应坚持选择双重管辖权,同时需要在遵循国际税收惯例的前提下,通过不断扩大同相关国家签订税收协定来更好地为我国的经济建设服务。

三、地域税收管辖权优先征税原则

在上述三种税收管辖权中,居民税收管辖权和公民税收管辖权是按照属人原则确定的,故这两种税收管辖权又可称为"属人税收管辖权";地域税收管辖权是根据属地原则确定的,因此有时又被称为"属地税收管辖权"。

在今天的世界上,实际上已经没有任何一个国家单纯地行使居民或公民税收管辖权,或者单纯地行使地域税收管辖权。各国都是以其中一种制度为主,而以另一种制度为补充。然而,就总的发展趋势而言,实行地域税收管辖权的国家,随着经济全球化的不断深入,大多数国家在向属人原则的税收管辖权方面过渡,各国既按属人的原则也按属地的原则行使税收管辖权。我国就是同时实行居民税收管辖权和地域税收管辖权的国家之一。

在税收管辖权中,不仅许多国家兼用属人原则和属地原则,实行居民或公民税收管辖权和地域税收管辖权,而且大多数国家一般都同意并遵循地域税收管辖权优先的原则。优先征税原则,是指在国际税收关系中,确定将某项课税客体划归来源国,由来源国优先行使征税权的一项原则。地域税收管辖权优先原则,是指同一笔跨国所得,所得来源地国家有优先征税权,即承认在课税权方面,所得来源地及地域税收管辖权是优先于居民或公民税收管辖权的。简单而言,从哪个国家取得的所得,应当首先向哪个国家纳税。如果不允许所得来源国优先征税,而让纳税人居住国优先征税,那么,所得来源国就不会同意别国的居民在其境内通过合法劳动取得所得或收入。在国际税收实践中,尽管可以实行不同的税收管辖权,但是通常都偏重于运用来源地原则。因为对一个国家而言,采取来源地原则更直接、更有效。如果不承认收入来源地的国家优先征税,就无法对跨国纳税人在其他国家取得的收益予以课税,也无法行使优先征税的权利。因此,在签订国际税收协定时,通常规定对常驻代表机构的所得、非独立个人的劳务所得、董事费、表演家和运动员的所得,由来源国优先征税。同时,世界上的许多国家,主要是发达国家,既然希望通过投资技术转让与国际贸易从别的国家赚取所得,就不能不承认所得来源国在征税权上的优先。不过,优先不等于独占,这里有两点需要注意。

第一,优先是有限制的。所得来源国并不能对一切非居民的所得都从源课税,而只能对在其境内居住一定期限的自然人和非居民公司所属的常设机构征税。

第二,优先不能完全排斥纳税人居住国的税收管辖权。居住国在所得来源国优先征税后,仍将分情况对纳税人行使其税收管辖权。因此,纳税人的所得,其来源国可以先行使税收管辖权进行征税,然后该纳税人的居住国才能行使其税收管辖权。

综上所述,所得的地域税收管辖权优先征税地位,就是对跨国纳税人的跨国所得允许来源国先行征税,然后该纳税人的居住国才能对其行使居民或公民税收管辖权。这一原则在国际税收实践中,已经成为世界大多数国家公认的原则。

案例应用

常设机构的认定

随着经济发展,常设机构标准已经不能完全满足当前的需要。2013年2月,经济合作与发展组织(OECD)和二十国集团(G20)发布了应对税基侵蚀和利润转移(BEPS)研究报告。报告指出,现行国际税收规则已经落后于国际商业模式的变化。随着时代进步和科技发展,经营活动的开展已经不再依赖于在来源国设立固定场所,一国公司可能深度参与另一国的经济活动,但并不实际出现在另一国。因此,现行OECD税收协定范本对常设机构的定义已经难以做到对征税权的公平划分,甚至还可能造成少缴税或不缴税的情况。2013年6月,OECD发布了税基侵蚀和利润转移行动计划,其中第7项行动计划为防止人为规避常设机构构成。该行动计划提出要修改常设机构的定义,以应对通过佣金代理人规避常设机构,或者关联企业通过人为拆分业务、满足准备性辅助性要求而规避构成常设机构的情形。第7项行动计划报告(以下简称"报告")通过研究佣金代理人、特定豁免活动、拆分合同、保险业务等情形,提出修改OECD税收协定范本常设机构条款及注释。但报告同时指出,所提出的修改建议并不影响对现行OECD协定范本及已签署协定的解释。

以Google公司在英国的公开案件为例,Google公司首先将其搜索及广告相关无形资产注册在位于爱尔兰都柏林的一家控股公司。随后，在这家控股公司旗下设立一家同样位于爱尔兰的经营公司(Google 爱尔兰)，负责处理英国及其他市场的广告业务。在这种安排下，Google 位于英国的客户如果需要刊登广告均需要与 Google 爱尔兰联系。在本案中，企业方面认为 Google 爱尔兰直接向其位于英国的客户收取广告费等收入，同时约 99% 的英国客户仅需通过网络就可以自助完成所有交易。相比之下，仅有约 1% 的英国客户需要和 Google 在英国的员工进行接触，而相关接触也不属于真正意义上的销售活动，因此自身在英国并不构成常设机构。但是，英国税务机关(HMRC)则给出了相反的认定。首先虽然仅有约 1% 的英国客户会同 Google 的员工进行接触，但这些(大)客户却给 Google 爱尔兰带来了 60% 至 70% 的收入。另一方面，Google 在英国的员工也进行了相关的销售活动，因为尽管 Google 爱尔兰声称其在英国的员工并不直接负责业务推广及销售，但是根据 HMRC 调查，其在员工招聘时明确提出了对于销售背景的要求，因此可以证明其工作远远超出其所定义的准备或辅助性质的工作。基于以上事实，可以认定 Google 在英国的员工直接参与了 Google 爱尔兰在英国境内的经营活动，并为其创造了重大的经济利益，因而使其在英国构成了常设机构。

这一案例充分反映了数字经济下常设机构判定标准的新变化。尽管 Google 爱尔兰跨境直接向位于英国的客户收取广告费等收入，并且绝大部分业务可以在网上自助完成，但是在满足一定的条件后仍有可能被判定为构成常设机构。在数字经济时代，由于很多交易通过互联网即可完成，导致很难对交易的所属地进行确认，另外对于构成具有重大意义的销售活动或仅是准备或辅助活动也需要仔细地甄别和判断。

思考与练习

1. 什么是税收管辖权？税收管辖权的原则有哪些？按其原则税收管辖权分别应如何确立？
2. 什么是地域税收管辖权？简述一下常设机构标准。
3. 什么是居民税收管辖权？自然人和法人居民身份的判定标准有哪些？对于双重居民身份应该如何处理？
4. 什么是公民税收管辖权？公民身份的判定标准有哪些？
5. 什么是地域税收管辖权优先征收原则？各国的税收管辖权选择有何不同？
6. 判定各类所得来源地的标准有哪些？

第三章 国际重复征税

International Double Taxation

从本章开始进入国际税收的核心内容。首先介绍国际重复征税的含义、类型。然后,针对两种不同性质的国际重复征税,分别阐述它们产生的原因。最后,从违背税收公平原则、影响资源最优配置、影响国家间税收权益分配以及不利于国际交往四方面阐释国际重复征税的负面影响。本章主要介绍国际重复征税的基础知识,为下一章"国际重复征税的减除"作理论铺垫。

学习要点

The core concept of international taxation begins with this chapter. At first, it introduces the definition and type of international double taxation. Then it goes on to illustrate two kinds of international double taxation of different character. At last, it shows international double taxation's negative effects in the view of violation to the equity principle of taxation, influence on resource allocation and taxation rights and interests among nations, and disadvantage to international intercourse. This chapter gives the basic introduction to the international double taxation, which makes a theoretical preparation for the next chapter "the Elimination of International Double Taxation".

第一节　国际重复征税概述

一、国际重复征税的含义

随着各国经济的发展，国内的企业为寻求资源的合理配置、利润的最大化，往往在国内与国外建立总分结构或母子公司的组织形式。由于各国采取不同的税制，实行不同的税收管辖权，所以产生了国际税收实践中最常见的国际重复征税的问题。国际重复征税是不同国家的税收管辖权交叉重叠的结果，它会加重纳税人的税收负担，使得他们的同额收益或同一财产的国际性税负高于仅在一国所应承担的税负，这不仅有悖于各国税收立法中的税负公平性原则，而且会减少从事国际经济活动的企业或个人的税后收益，不利于国家间的正常经济交往。

在正式讨论国际重复征税之前，我们有必要了解一下重复征税的概念。

重复征税是指一个纳税人的同一笔所得被两次或多次征收同一种税。重复征税问题既可以发生在一国之内，也可以发生在国与国之间。重复征税问题发生在国与国之间，即国际重复征税。

所谓国际重复征税，是指同一纳税人的同一笔所得被两个或两个以上拥有税收主权的国家或地区征收同一税种的税收，或者不同纳税人的同一笔所得被两个或两个以上的国家征收同种或不同种的税收。前者出现于总分公司的跨国企业，也被称为法律性国际重复征税；后者出现在母子公司的跨国企业，也叫经济性国际重复征税，在其他教材中，为了区别于重复征税，经济性国际重复征税也被称为国际重叠征税。

（一）狭义的国际重复征税

狭义的国际重复征税，是指两个或两个以上国家政府，对同一跨国纳税人的同一跨国征税对象的重复征税。

狭义的国际重复征税所强调的是纳税主体和纳税客体均具有同一性，即是指不同国家对同一跨国纳税人的同一跨国课税对象进行的重复征税。这种狭义的国际重复征税，只限于法律性的国际重复征税。

（二）广义的国际重复征税

广义的国际重复征税是指两个或两个以上国家对同一或不同跨国纳税人的同一课税对象或税源所进行的交叉重叠征税。

广义的国际重复征税包括法律性重复征税和经济性重复征税。法律性重复征税的征税权主体是两个或两个以上的国家与国家之间的关系,因而属于国际重复征税范围。经济性重复征税是对同一经济渊源的不同纳税人的重复征税。如果同一税源的不同纳税人分处于两个或两个以上不同国家,由此而引起的经济性重复征税就属于国际重复征税。

二、国际重复征税的类型

国际重复征税按其性质分为法律性国际重复征税与经济性国际重复征税两类。

(一) 法律性国际重复征税

法律性国际重复征税,即两个或多个拥有税收主权的国家或地区由于实行不同的税收管辖权,或即使行使相同的税收管辖权但因对其"法人居民身份"或"收入来源地"的界定不同,造成同一纳税人的同一收入被不同征税主体重复征税的情况。比如某甲国的法人居民来自乙国的收入既被实行地域管辖权的乙国征税,也被实行居民管辖权的甲国征税,所以同一笔收入既向来源国纳税,又向居民国纳税,造成双重税负。

这种重复征税,大多由不同的课税权主体行使其主权所引起。不同课税权主体如果是同属于一个国家内部的不同地方征税当局或者同一国家的中央征税当局和地方征税当局,那么由此产生的重复征税将局限于一个国家的范围内。不同课税权如果分属于两个或两个以上国家的征税当局,那么法律性重复征税就会形成国际重复征税。

(二) 经济性国际重复征税

经济性重复征税是由于对纳税人的同一经济渊源征税所引起的。同一经济渊源的不同纳税人,可能是在同一国家,也可能是在两个或两个以上国家,因此经济性重复征税有可能形成国际重复征税。

分处两个税收主权国家的母子公司,由于它们之间的控股关系,子公司会将其税后利润的一部分作为股息汇给母公司,母公司所在国再对这笔收入向母公司征公司所得税。虽然母、子公司是两个独立的经济实体,子公司的税前利润和母公司的股息是不同的纳税客体,但从税源来看,都是子公司的利润。可见,在不同税收主权的国家或地区里,同一税源由不同的征税主体向不同的纳税主体征税就是经济性国际重复征税。

法律性重复征税与经济性重复征税的区别主要在于纳税人是否具有同一性。当两个或两个以上拥有税收管辖权的征税主体对同一纳税人的同一课税对象同时行使征税权时,产生的重复征税属于法律性重复征税,而当两个或两个以上征税主体对不同纳税人的同一课税对象同时行使征税权时,产生的就是经济性重复征税。

此外,还有一些其他类型的重复征税。比如,因为税制的原因,目前各国普遍使用复合税制,对同一纳税人的同一税源实行多税种、多环节的征税,造成税制性重复征税。比如,对商品的流转,既课征流转税,又课征所得税,对销售收入既征收销售税,又征收消费税。这种由于税收制度而加重纳税人税负的状况称为税制性重复征税。但由于通常其征税主体和纳税主体处于一个税收主权之下,所以它属于国内重复征税。由于法律的原因,一个国家的中央政府和地方政府会分别对同一纳税客体征税。比如,美国的联邦政府、州政府和地方政府组成多主体征税体系,对同一税源征税。即使纳税主体并不同一,只要他们并未跨越国界,就只属于国内重复征税,也叫做法律性国内重复征税。因为股份公司的存在,公司的股东按其股份获得一部分税后利润即股息,并向政府缴纳个人所得税,但这笔股息之前已经作为公司利润被征公司所得税,同样造成同一税源被重复征税。只要股东与公司为同一国自然人居民或法人居民,就只属于国内重复征税,或者称作经济性国内重复征税。以上三种情况,因其征税主体、纳税主体和纳税客体未超越国界,所以都不属于国际重复征税问题,不列入本书的讨论范畴。

三、国际重复征税的特征

国际重复征税是指两个国家或地区各自基于其税收管辖权的行使,对同一跨国纳税人,就同一课税对象,在同一税收期限内,课征同一或类似的税收。其基本特征表现为以下四个方面。

(一)行使征税权力的非同一性

国际重复征税是两个以上主权国家或地区,行使不同的征税权力所造成的重复征税。行使权力者必须是两个或两个以上享有独立自主权的国家或地区。如果重复征税系由同一主权国家或地区行使同一征税权力造成的,应属于国内的重复征税,不属于国际重复征税。

(二)纳税主体的同一性

在多数情况下,只有同一纳税主体或纳税人,被两个或两个以上行使征税权力的国家或地区认定负有纳税义务,才有可能产生国际重复征税。

(三)纳税客体的同一性

一般情况下,纳税客体的同一性是指同一项所得(包括财产等)的发生,导致其拥有者在两个或两个以上税收主权的管辖之下就同一所得(或财产)负有纳税义务。

(四)征税期间的同一性

由两个或两个以上国家进行的征税,通常是在同一期间之内发生的才属于国际重复征税。

第二节　国际重复征税产生的原因

一、法律性国际重复征税产生的原因

国际重复征税的发生,与有关国家行使不同的税收管辖权有关。不同的税收管辖权有不同外延的税收管辖权和不同内涵的税收管辖权之别。

税收管辖权的外延是指税收管辖权的范围,一般由税收管辖权的连接因素决定。税收管辖权的外延相同是指税收管辖权的连接因素相同,即税收管辖权的范围相同。

税收管辖权的内涵是指税收管辖权连接因素的内容。税收管辖权的内涵相同是指税收管辖权连接因素的内容相同,即税收管辖权连接因素的判定标准、程序和方法相同。

税收管辖权是法律性国际重复征税产生的根本原因。具体而言,产生法律性国际重复征税的税收管辖权问题包括下列三方面的内容。

(一)各国行使不同的税收管辖权相互交叉重叠

税收管辖权是根据征税权力原则确立的。征税权力原则分别为属地原则和属人原则。属地原则确立收入来源地税收管辖权,属人原则分别确立居民税收管辖权和公民税收管辖权,一个国家行使什么样的税收管辖权,完全是这个国家主权范围的事情,一个国家通常行使一种或两种以上的税收管辖权。由于征税权力原则和税收管辖行使范围的不同,两个国家不同的税收管辖权必然会形成征税矛盾。税收管辖权之间这种合理性和矛盾性的同时存在,使国际重复征税的产生成为可能。有关国家行使不同的税收管辖权对跨国纳税人的跨国所得征税时,收入来源地税收管辖权同居民或公民税收管辖权,以及居民税收管辖权同公民税收管辖权之间发生交叉重叠,使同一纳税人的同一笔所得被重复征税,从而引起一系列国际收受活动及相关国家处理相互间税收分配关系的问题。这是目前国际上普遍和经常发生的国际重复征税。

1. 地域税收管辖权与居民税收管辖权的重叠。对于此种情况,我们可以举例说明:甲国的 A 居民在乙国获得 100 万美元的收入,乙国实行地域税收管辖权,所得税率30%,甲国实行居民税收管辖权,所得税率25%。那么 A 应向甲国缴纳25 万美元税款,向乙国缴纳30 万美元。A 在乙国的收入被两次征税,共计55 万美元,实际负税税率为55%。

2. 地域税收管辖权与公民税收管辖权的重叠与第一种情况类似。现在实行公民税收管辖权的国家已经很少,所以公民税收管辖权与地域税收管辖权重叠的情况所占的比例也很少。

3. 居民税收管辖权与公民税收管辖权的重叠。居民是指居住在本国境内并受本国法律管辖的一切人,包括本国公民和外国公民。公民与居民的概念不同,公民一般是指具有本国国籍,并享有法定权利和承担义务的个人。由于二者的概念不同,当行使居民税收管辖权与公民税收管辖权的国家同时对一跨国纳税人征税时,就会出现国际重复征税。例如:甲国公民 A,因其长期居住于乙国而被乙国视为居民。该税收年度内 A 收入 100 万美元,因甲国实行公民税收管辖权而乙国实行居民税收管辖权,两国都对 A 该年度内的全球收入征税。甲国所得税率25%,乙国所得税率30%,A 既向甲国纳税25 万美元,又向乙国纳税 30 万美元。A 因其既为甲国公民又为乙国居民,处于两国的税收管辖之下,而遭受重复征税,实际负税税率为55%。

(二) 同种居民税收管辖权的冲突和重叠

有关国家同时行使居民税收管辖权,由于这种同时管辖居民的征税权力不涉及地域范围,一般不会发生国际重复征税。但是由于每个国家都是根据本国税法判定居民身份,例如,对自然人居民,有的采用住所标准、有的采用时间标准,这样,对同一纳税人,这个国家可以按国内法标准判定其为本国居民,而另一个国家也根据本国国内法判定其为本国居民。由于各国国内法规定的不同,判定居民标准不同,就会出现同一跨国纳税人同时被判定为两个国家的居民问题,从而形成居民税收管辖权的冲突和重叠,同样就不可避免地产生了国际重复征税。例如,在自然人居民身份的确认上,有的国家采取住所标准,有的国家采取居所和居住时间标准。如果一个人在甲国有永久性住所,一年内又在乙国停留183 天以上,那么,甲国根据住所标准确定这个人在本国有永久性住所,根据住所标准确定这个人是本国居民,而他又在乙国停留183 天以上,乙国根据居所和居住时间标准确定此人为本国居民,甲、乙两国同时依法认定这个人是本国居民,都要对其全世界收入征税,从而导致国际重复征税。又如,对法人居民身份的确定,有的国家采取注册登记地标准,有的国家采取管理机构所在地标准。如果某公司的注册登记地在甲国,管理机构在乙国,则甲国根据注册登记地标准确定该公司的居民身份,乙国又依据管理机构所在地标准确定该公司的居民身份,于是,该公司被甲、乙两国同时认定为本国居民,两国都要对该公司的全世界收入征税,从而产生国际重复征税。

(三) 同种收入来源地税收管辖权的交叉和重叠

一般来说,一个国家所管辖的地域是十分清楚的,不大可能出现因两个或两个以上国家同时行使收入来源地税收管辖权而产生的国际重复征税问题。之所以会出现收入来源地税收管辖权的交叉重叠,主要是由于有关国家对收入来源地的规定和理解不同造成的。对收益、所得的来源,有的国家采用所得活动地标准,有的国家采用所得支付地标准,有的国家甚至采用资本产生地国际标准等。由于有关国家采用的收入来源地的确定标准不同,才带来确认所得到底来源于哪个国家的问题,由此引起有关国家在行使收入来源地税收管辖权征税时的矛盾,出现所得来源地税收管辖权的交叉和重叠,从而也产生了国际重复征税。

上述三种类型的国际重复征税,都是由于税收管辖权的不统一造成的。第一种类型的国际重复征税是由于两种不同税收管辖权之间的不统一造成的,可以把它称作外延的国际重复征税。第二和第三种类型的国际重复征税是由于同一税收管辖权内部判定标准的不同而造成的,可以把其称作内涵的国际重复征税。内涵的国际重复征税,一般可以通过协商、约束等方法事先予以防范。外延的国际重复征税,一般情况下是不可避免的,不能通过事先的约束来防范,只能事后采取某些方法来减轻或消除。

二、经济性国际重复征税产生的原因

造成经济性国际重复征税的原因有两个:一是税制方面的原因;二是经济方面的原因。税制上,由于几乎所有的国家都既征收公司所得税又征收个人所得税,子公司把税后利润的一部分汇给另一国母公司,或股份公司把股息、红利汇给居住在另一国的股东时,这部分股息又要向其居住国缴纳公司所得税或个人所得税,造成同一税源的重复征税。经济上,由于跨国控股关系的快速发展,母公司控制子公司,子公司控制孙公司,孙公司控制重孙公司的现象频频出现,从而使得同一税源被不同征税主体重复征税。控股层数越多,重复征税的程度越高。

第三节 国际重复征税的影响

一、国际重复征税违背税收公平原则

税收公平原则包括横向公平与纵向公平。横向公平是指相同的经济能力，应负担相同的税；纵向公平是指不同的经济能力，应负担相应不同的税。公平税收原则要求同等收入承担同等税负，而不论它来自国内还是国外。尤其对于跨国投资者，境外投资要面对更多风险，就更应强调税负公平。而国际重复征税使一笔来自境外的收入负担重于等额国内收入的税收，同样的经济能力负担了更多的税收，这是不公平的。由于跨国投资的经营者要负担重于国内投资者的税收，所以引发了他们为达到最终"公平"的税负而进行避税甚至逃税，或者在生产经营过程中采取不平等的竞争方式等，这些将导致更大的不公平。因此，减除国际重复征税可以贯彻税收公平原则。

二、国际重复征税妨碍资源的最优配置

资本、技术、劳动力在国家间自由流动，使生产要素在全球范围得到最有效率、最合理的利用，这是经济规律的必然要求。而国际重复征税的产生，为生产要素在国内和国外的选择制造了障碍，原本在国外可以获得更高回报的要素被迫在国内低效率的使用。只要一个国家存在这样的情况，全球的生产要素就不是最佳配置。跨国投资、经营、技术合作的积极性因此也受到影响，生产要素的流动受到制约，从而阻碍国际经济的发展。

三、国际重复征税影响国家间的税收权益

两国甚至多国政府对跨国纳税人实行重复征税，使纳税人税负大大超过国内投资者，于是在没有相关国家采取税收抵免、减免措施的情况下，纳税人会减小境外投资规模，那么东道国外资的引入就会缩小，相应地税收收入也会减少。如果居住国政府对国外已纳税收实行免税或抵免的税收政策，鼓励本国投资者向国外投资，而且跨国投资者在国内政府的税收抵免政策下不会减少在国外的投资，这样，东道国政府从他们那里得到的税收收入只能是有增无减。居住国政府用本国应收税款的牺牲换来的是东道国税收的增加，由此可见，国际重复征税使税收权益在国家间流动，一国税收权益的增加表示另一国税收权益的减少。所以，国际组织和各国政府非常重视国际重复征税问题，大力采取措施避免国际重复征税。

四、国际重复征税不利于国际交往

社会化大生产的发展要求社会分工、协作的国际化,要求国家之间在更大的范围内交流与合作,这是国际经济发展的趋势和方向。但由于国际重复征税的存在,使从事或参与国际经济活动的各类企业或个人的税收负担加重,实际上是在打击跨国投资以及其他国家交往活动的积极性,为国家间经济、技术、文化的相互交流与合作设置了一道税收障碍。如果国际重复征税问题得不到恰当解决,就会造成有关跨国纳税人额外增加税收负担的事实,大大减少其实际所得或收益,直接削弱跨国纳税人在国际经济领域的竞争力,迫使其抽回资金或减少投资。国际重复征税的存在不仅会阻碍国际交流与合作的发展,而且会使国际经济蒙受巨大损失。

由此可见,国际重复征税给世界经济带来了极为不利的影响。国际重复征税的弊端已引起各国政府和国际经济组织的高度重视。避免或减轻国际重复征税,是国际税收权益分配关系的核心问题,世界各国都在积极寻求减轻国际重复征税的途径和方法。

案例应用

美国一公司通过设在日本的常设机构销售给日本一批计算机,取得跨国营业收入20万美元,又通过日本一子公司(贸易公司)销售游戏机取得跨国营业所得15万美元,美国母公司占其50%的股份,日本国内适用税率20%。

1. 分别指出不同性质的重复征税,并计算其税额为多少?

上述美国公司在日本的常设机构取得的跨国营业收入在两个国家被征税是法律性国际重复征税。因为美、日分别实行居民税收管辖权与来源地税收管辖权,两个国家法律上实行的税收管辖权的重叠造成了重复征税。其数额为:4万美元($20 \times 20\% = 4$)。该美国公司设于日本的子公司将其税后利润按母公司所占股份汇回美国的那部分收入的税收是经济性国际重复征税,这是由于税制和经济方面的原因而对同一税源重复征税。其数额为1.5万美元[$20\% \times 15 \times (1 - 20\%) \times 50\% \div (1 - 20\%) = 1.5$]。

2. 说明国际重复征税是如何影响国家间的税收权益的?

不论是法律性重复征税还是经济性重复征税,如果两国不采取措施减除重复征税,那么美国该企业由于税负高于本国不投资于国外的企业,会放弃在日本投资,日本政府原本可以从美国企业收取的税收就不复存在,财政收入也会减少。如果美国单方面采取税收减免措施,抵免美国企业在日本的重复征税,即相当于美国政府牺牲本国的财政收入来鼓励本国企业向外投资,最终增加了投资东道国日本的财政收入。

思考与练习

1. 国际重复征税的特征是什么?有几类国际重复征税?它们分别是什么?
2. 国际重复征税产生的原因有几方面?它们分别是什么?
3. 国际重复征税的影响有哪些?
4. 试比较分析三种不同性质的重复征税。

第四章 国际重复征税的减除
The Elimination of International Double Taxation

世界各国政府采取各种措施减除国际重复征税,可通过单边方式或双、多边谈判和协议的方式来解决。本章的重点是介绍单边方式中的抵免法。税收饶让是抵免法的延伸和扩展。对国际税收中性的理解,按不同学派大体有三种观点。学生在学习过程中重点掌握直接抵免法与间接抵免法的计算公式与步骤,其中注意抵免限额的计算。

学习要点

Governments adopt various a ctions to eliminate international double taxation, as unilateral way and bilateral or multilateral negotiation. This chapter emphasized the tax credit technique in unilateral way. Tax sparing is the extension of tax credit. Aiming at the problem of taxation neutrality, there are three schools aiming, whose points of view to the neutrality of international taxation are different. The major points which students ought to concern are the calculation formula and process of the direct tax credit and the indirect tax credit, and especially the calculation of limitation on credit.

第一节　减除国际重复征税的方式、思路及原则

造成国际重复征税的根本原因在于各国税收管辖权的重叠和冲突。由于各国经济发展水平不一致，各自在国际经济中的地位也各不相同，各种税收管辖权的并存是难以消除的长期趋势，因此，处理国际重复征税问题只能在各种类型税收管辖权并存的条件下，由各国政府通过一定的方式与方法来限制各自行使的税收管辖权的实施范围来达到。正是因为国际重复征税对一国经济和世界经济的消极影响，才引起各国政府及相关国际组织的极大关注。通过多方长时间的努力，不论是单边的减免措施，还是各国之间签订的税收协定中的明确规定，国际重复征税均得到很好的改善。

一、减除国际重复征税的方式

目前，各国采用减除国际重复征税的方式分为单边、双边和多边三种方式。

（一）单边方式

单边方式是指一国政府为了鼓励国内资本向外投资，增强人员、资本在国家间的流动，单方面地在国内税法中规定对本国居民（自然人或法人）来自国外的所得免除或减少国内的纳税义务，而不要求对方政府给予同等的让步。单边方式实际上承认了地域税收管辖权优先的原则，以牺牲国内的财政收入来减轻本国居民的税收负担。由于双边谈判的协议成本太高，所以这种单边方式比较常用，通常出现在一些资本比较富足的发达国家。单边方式主要采用扣除法、免税法和抵免法。

例如，日本所得税法规定，日本居民纳税人有来源于国外的所得并缴纳了外国的所得税的，这项外国所得税额可获得该年度的税收抵免；有的国家如荷兰、罗马尼亚多采用免税法；泰国、智利等采用扣除法来单方面避免重复征税；美国、瑞士和新西兰还采取多种方式和手段来避免和缓和国际重复征税。

（二）双边方式

双边方式是指两国政府在平等互利的基础上通过双边谈判、签订协议的方式来协调两国之间的税收分配关系，以此来避免对与两国发生经济关系的跨国纳税人的重复征税问题。

签订双边税收协定比由一国单方面做出让步更公平有效，也比由多国共同签订税收公约的协商成本更小，所以这被视为当今解决国际重复征税的最有效方式。

随着各国对外缔结税收协定的步伐不断加快,国际税收协定对国际重复征税问题的解决已经并且将会发挥越来越大的作用。既然随着国际经济关系的发展而出现的跨国纳税人和跨国征税对象日趋普遍化是一种不可逆转的潮流,同时,各国政府又都强调不可能削弱或放弃各自的税收管辖权,那么,国家间在避免或减轻国际重复征税问题上的税收协调就显得尤为必要,必然要在更大的范围内和更深的层次上进一步发展。这就意味着,在平等互利原则的基础上,通过国与国之间协商谈判缔结的国际税收协定将发挥越来越大的作用。近年来,世界上缔结国际税收协定的国家数目骤然增多,到1997年9月,全世界187个国家已签订的双边国际税收协定就达到了500多项。尤其引人注目的是,发展中国家对外缔约增加得最快。可以肯定,随着国际经济关系的发展,特别是第三世界国家和地区在国际经济生活中地位和作用的日益提高,国与国之间缔结税收协定的速度还会加快,数量还会大大增加。

我国对外签订避免重复征税协定的工作是从1981年开始的。1981年1月,我国政府首次同日本政府进行第一轮中日税收协定的谈判,经过前后五轮谈判,于1983年9月6日在北京正式签署了中日税收协定。该协定于1986年6月26日起生效,这是我国对外签订的第一个税收协定。随着国际交往的增多,以及外资、先进技术的引进,我国越来越多地涉及同其他国家的税收关系,迫切需要同有关国家签订税收协定来积极、稳妥、规范地解决国际重复征税等问题。截至2017年10月,我国已对外正式签署103个避免双重征税协定,其中99个协定已生效,和中国香港、中国澳门两个特别行政区签署了税收安排,与中国台湾签署了税收协议。经过30多年的努力,双边税收协定无论在维护国家权益,还是在吸收外资、引进先进技术、优化投资环境方面,都发挥了积极的作用。

(三) 多边方式

多边方式是指两个以上的国家政府在平等互利的基础上通过谈判协商、签订协议的方式对税收权力分配所达成的一种谅解,以达到减轻对与缔约国发生经济关系的跨国纳税人重复征税的目的。多边的免除国际重复征税措施出现得更晚,而且至今还只签订了几个小区域性的多边税收协定。这其中最著名的例子就是1989年9月12日丹麦、法罗群岛、芬兰、冰岛、挪威和瑞典等国家和地区缔结的以避免对所得和财产重复征税为主要内容的《北欧税收公约》(the Convention between the Nordic Counties for the Avoidance of Double Taxation with Respect to Taxes on Income and Capital)。该公约虽已历经数次修改,但至今仍具有较强的生命力。

多边税收协定与双边税收协定相比,虽存在难以协调、条文冗长的缺陷,但至少在关于"常设机构"和"居所"的问题解决上是双边税收形式无法比拟的。以关于"居所"问题为例,假设根据丹麦、挪威和瑞典的法律,同一纳税人同时被认定为三个国家的居民。如果三国之间两两签订有双边协定,那么肯定会出现这样一种情况——不是一个而是两个缔约国仍处于居住国的地位,这必然引发重复征税问题。虽然这种因双方协定的局限所产生的双重居民身份问题可以通过相互协商程序来解决,但不一定能达成协议。相比之下,多边协定则会强制性地要求各国在居住国认定问题上取得一致。

由于缔结公约关乎各国的根本税收利益,因而涉及的国家越多,利益冲突就越难协调,最终达成协议的可能性也越小。因此,各国在合意基础上缔结多边税收协定并不多见,这也正是现今税收协定多采用双边模式的原因。

国际上把避免国际重复征税分为事前避免和事后避免两种。事前避免是有关国家就因税收管辖权的矛盾而产生的重复征税问题进行磋商和协调,事前把重复征税发生的可能性降到最低。事后避免是在国际重复征税发生之后,相关国家采取措施减轻跨国纳税人的税负,把国际重复征税的程度降到最低,通常这是一种事后补救行为。我们可以把单边方式视为事后避免,把双边和多边方式视为事前避免。

二、减除国际重复征税的思路

(一)避免税收管辖权冲突的有效选择

解决国际重复征税最简单的办法,是让某一国放弃或只取得一种税收管辖权,这样就可自然而然地彻底避免国际重复征税的发生。但这种想法不现实,税收管辖权与一国主权密切相关,各国在一般情况下都不会放弃自己的征税权力,想通过取消某一种税收管辖权来解决国际重复征税是不可能的。假如各国统一行使公民或居民税收管辖权,也能使国际重复征税问题得以解决,但这样必然遭到发展中国家的反对;如果各国都统一行使收入来源地税收管辖权,发达国家也不会接受。在这种情况下,只能在承认各国有权同时行使居民(公民)税收管辖权和收入来源地税收管辖权的基础上,由一方单独或双方协议采取某种措施,避免不同税收管辖权的冲突,或将这种冲突限制在一定的程度和范围内。如果各国行使税收管辖权彼此互不相让,那么,由此产生的国际重复征税将永远不会解决。因此,尽量避免税收管辖权间的矛盾和冲突,是解决国际重复征税切实可行的有效选择。

(二)确认收入来源地税收管辖权的优先地位

解决国际重复征税优先承认某一种税收管辖权已取得共识,但究竟由哪一国优先行使征税权似乎很难确定,因为税收管辖权分别代表发达国家和发展中国家的利益。但仔细分析,当各种税收管辖权矛盾和冲突时,确立收入来源地税收管辖权的优先地位更为合理。按照国际惯例,进入别国领域,必须服从该国法律和行政管理,才被允许在该国从事各种经营活动,否则,将失去在收入来源国取得收入的机会,居住国(国籍国)要想对该居民(公民)的国外所得征税也将没有可能。更何况跨国经营者从收入来源国获得的收益和所得,也必然先处于收入来源国权力的管辖范围内,只要收入来源国行使收入来源地税收管辖权,跨国纳税人就必然先向收入来源国纳税,只有向收入来源国纳了税,跨国纳税人才可以将所得转移出境。这样,从纳税的时间顺序上,收入来源地税收管辖权自然也处于优先的地位。所以,各国政府都认为,在不同税收管辖权的冲突中,允许收入来源国优先行使征税权是恰当的,这就为彻底解决国际重复征税问题提供了必要的前提条件。

由于贯彻来源地税收管辖权优先原则,在一定程度上放弃了本国居民税收管辖权,对国内的财政收入造成了很大的影响,因此,绝大多数国家目前通过法令的形式对国内减除国际重复征税措施的实施条件加以限制。实行来源地税收管辖权优先原则的限制条件主要包括:

1. 必须是按本国税法规定的境外财产或收入所得。判定纳税人的一项所得或财产是否属于境外所得或境外财产,必须以本国国内税法规定为准。如果纳税人的一项所得或财产,根据本国税法已经划为境内所得或境内财产,即使同时被境外国家征税,也不能享受国内减除国际重复征税的待遇。这一限制的实质是维护本国的地域税收管辖权,防止其他国家实施地域税收管辖权范围的扩大而造成对本国税收权益的损害。

2. 必须是税而不是费。免除项目的性质必须是税(Tax),而不能是费(Fee)。东道国政府向跨国投资者征收的财政手段分为税、费两种,甚至某些费用的征收也是以税收的名义。税收具有强制性和无偿性,区别税收与费用的关键在于是否无偿。费是为了取得某种特定权利而缴纳的,是有偿的,如注册费、合同签订费、土地使用费等。这些为了在东道国取得某些收益而支付的费用,在居住国是不能被政府视为重复征税而予以减除的。

3. 必须是所得税和一般财产税,且税基必须是净收入。居住国政府只对东道国已征的直接税,主要是所得税进行税收减免。对于销售商品的总值和净值征收的销售税和增值税,都不属于所得税类,而是流转税类,不能得到居住国政府的税收减免。对于跨国纳税人征收的土地税和车船税,不属于一般财产税,而属于个别财产税类,这些也不能在居住国得到减免。

东道国优先征收税款的税基必须是以净利润为基础的,投资者在取得利润的过程中,必然有相应的消耗和支出,其计税基础必须是扣除跨国纳税人的必要经营费用、资产折旧、工资和各项成本等以后的净值,而不应是毛利润。而对采取源泉征收的股息、利息和特许权使用费等预提所得税(Withholding Income Tax),则可以按毛利润而不是净利润作为税基来计算,这些是例外。

(三)不放弃居住国(国籍国)充分行使居民(公民)税收管辖权

由于确立了收入来源地税收管辖权的优先地位,从而为国际重复征税问题的解决提供了可能。但是,如果收入来源国依仗其行使收入来源地税收管辖权的优先地位,过多地对跨国应税所得征税,就会影响跨国纳税人居住国的财权利益,进而也会影响对国际重复征税的免除。在这种情况下,居住国(国籍国)政府出于维护本国利益的考虑,确立了"承认优先,政府独占"的原则。在对本国居民(公民)的国外所得征税时,承认其向收入来源国缴纳的税款,并采用一定的方法将这个已缴税款予以免除,然后再对该居民(公民)征税。这些方法主要包括抵免法和免税法。除了这些基本方法以外,还有一些比较特殊的方法,包括扣除法、低税法、延期纳税和区域优惠等。这些方法严格说来并不能起到免除国际重复征税的作用,而只能被视为一定程度的缓解,但它们因其合理性、便利性和有效性,已为越来越多的国家所接受,成为《OECD 范本》和《联合国范本》中避免国际重复征税的方法。

三、减除国际重复征税的原则

作为一种国际税收分配活动,消除国际重复征税蕴含着重要的内在导向。要促成这项分配活动的规范化、科学化,就须从其内在导向出发,结合税收国际化的实际,制定出一系列合理原则加以约束和规范。

(一)财政性原则

国际重复征税,实质上是一种税收分配关系,因而与财政关系甚密。总的来讲,消除国际重复征税,不仅要促成各国财政收入的顺利实现,而且应有利于处理国家政府间的财政利益关系。换言之,国际重复征税的消除是否合理规范,不应只看它是否促成了各国税收收入的及时足额入库或有效增长(这表现为各国政府同跨国纳税人的征纳关系),更应看它是否解决好了国家间的财政利益关系问题(这表现为各国政府间的税收分配关系)。这个原则是维护国家尊严和经济权益的内在要求,各国在制定涉外税收政策时,在不影响国内国民经济发展和符合国际惯例的前提下,都尽量考虑多征税款,这更体现了重要的财政意义。因此,在消除国际重复征税的问题上,必须将财政性原则考虑进去。

(二)分享原则

应该说,分享原则是财政性原则的一个派生因素。国际重复征税的消除,从根本上说,是合理处理国际税收分配关系的一种形式,因而必须体现出对跨国收益、所得或一般财产价值在国家政府间的分享关系。促成分享的合理,是消除国际重复征税应该考虑的原则。

(三)征收简便原则

在设计消除国际重复征税的方法时,要考虑可操作性,以便于各国政府的征收和管理,尽量为跨国纳税人和各课税当局提供方便,这就是所谓的征收简便原则。

(四)促进国际经济交往原则

当前,经济全球化已是不可逆转的必然趋势,国际重复征税的消除也须顺应这种要求。因此,消除国际重复征税应有利于国家间的资金、技术和劳务的合理流动,继而促成国际经济交往的顺利发展。就我国而言,妥善解决国际重复征税就是要促进对外开放,吸引外商投资和鼓励对外投资,以实现国际国内经济资源的优化配置,促进我国市场经济体制的建立和发展。

(五)公平税负原则

消除国际重复征税,应以减轻跨国纳税人的负担为出发点,以实现税收负担的公平合理。这不仅是税收的内在要求,更是为纳税人创造平等竞争环境的现实选择。

这里的公平包括个人税收的公平和国家之间税收的公平。就前者而言,跨国纳税人的税收负担应该与他所在国纳税人的税收负担一致。例如,有甲、乙两人,甲的收入全部来自于境内,而乙的收入有的来自于境内,有的来自于境外,两人的总收入是一样的,那么他们的税收负担也应该是一样的,否则有失公平。就后者来说,目前人们一般都同意所得来源国应该征收该项所得的税收,但问题在于税率的确定。如果所得来源国的税收负担高于资本输出国的税收负担,那么就有可能对资本输出国的税收权益造成损害,这同样不符合公平的原则。一般认为,所得来源国的税率不能高出资本输出国的税率。

第二节 国际重复征税的减除办法

目前,国际上居住国政府所采用的,对进行跨国投资的本国法人居民重复征税的减免方法主要有三种,即扣除法、免税法和抵免法。

一、扣除法(Method of Deduction)

扣除法是指居住国政府在行使居民管辖权时,允许本国居民用已缴非居住

国政府的所得税作为向本国政府汇总申报应税所得的一个扣除项目,就扣除后的余额计征所得税。其计算公式如下:

居住国应纳所得税额=(纳税人国内外全部应税所得－国外已纳所得税额)×居住国税率

(一)扣除法的适用范围

1. 适用扣除法的纳税人。扣除法适用于一国的居民或国民纳税人和非居民或非国民纳税人。比如,中国对非居民企业从境外取得的所得的已纳国外所得税采用扣除法来减轻国际重复征税。

2. 适用扣除法的税种。扣除法适用于纳税人在东道国直接缴纳的所得税或财产税和直接被东道国扣缴的预提所得税。

例如,甲国居民法人 A 公司在乙国有一分公司 B,该年 A 公司在甲国获利 50 万元,在乙国获利 30 万元。甲国的所得税税率为 40%,乙国所得税税率为 30%。甲国 A 公司应纳税额为:

$$A 应向乙国纳税 = 30 \times 30\% = 9(万元)$$
$$A 应向甲国纳税 = (50 + 30 - 30 \times 30\%) \times 40\% = 28.4(万元)$$
$$A 公司总负税 = 9 + 28.4 = 37.4(万元)$$

在该例中,如果该公司只负担甲国的税收,则不存在任何重复征税,其纳税额为 32 万元;如果甲国不允许纳税人使用扣除法,则其应纳税额为 41 万元,而在实行扣除法的情况下,该公司实际共负担税款 37.4 万元(9 + 32.4 = 37.4)。显然,扣除法可以缓解重复征税,但不能完全免除重复征税。

(二)扣除法的特点

由上面的分析可见,扣除法具有下列特点:

1. 来源地国税率低于居住国税率的情况下,纳税人的税负减轻程度要小于来源地国税率高于居住国税率的情况,因为来源地国缴纳税款的多少直接影响在居住国扣除的应税所得额。

2. 消除重复征税的效果有限。扣除法只能减轻重复征税,不能彻底消除重复征税,因为居住国没有对境外所得免税,也没有将境外缴纳税款在本国的应纳税款中扣除。因此,有境外所得的纳税人的税负仍然高于所得相同但仅来源于境内的纳税人的税负。

二、免税法(Method of Exemption)

免税法也叫豁免法,指纳税人居住国只对来源于本国的所得征税,放弃对来源于国外的收入的征税权。这实际上是要行使收入来源地税收管辖权,彻底免除国际重复征税。免税法按免税范围大小划分,可分为全额免税和部分免税;按有无限制性条件划分,可分为限制性免税和非限制性免税。

采取免税法的国家对本国居民来自国外的所得给予免税,一般采用全额免税法和累进免税法两种办法。

(一)全额免税法

全额(全部)免税法是指纳税人居住国或国籍国对该居民或国民的所得和财产征税时,仅对该居民或国民来源于国内的所得和存在于国内的财产按母国适用税率征税,对该居民或国民来源于国外的已税所得和存在于国外的已税财产全额免予征税的消除国际重复征税的办法。此即纳税人母国在计算该居民或国民国内所得或财产的税额时,对已税所得或财产不予考虑,完全放弃行使属人管辖权。

(二)累进免税法

累进免税法是指纳税人居住国或国籍国对该居民或国民的所得和财产征税时,对该居民或国民来源于国外的所得和存在于国外的财产免于征税,但对该居民或国民的国内所得和财产征税时,是根据该居民或国民的全球所得和财产来确定其适用税率,并以此计算该居民或国民的国内所得和财产应纳母国税额的消除国际重复征税的方法。此即纳税人母国在计算该居民或国民国内所得或财产的税额时,尽管完全放弃了对国外所得和财产的征税,但对免税国外所得或财产还要予以考虑,没有完全放弃行使属人管辖权。

例如,甲国 A 公司在该年内总共获利 500 万元,其中来自本国的 300 万元,来自乙国分公司 B 的 200 万元,甲国实行超额累进税率,如表 4 - 1 所示。

表 4 - 1   甲国税率表

应税所得(万元)	税率
100 以下	10%
100 ~ 200	20%
200 ~ 300	30%
300 ~ 400	40%
400 以上	50%

第一,如果甲国实行全额免税法,甲国对 A 公司来自国外的收入完全放弃征税权,甲国仅按 A 公司来自国内的收入决定税率表中的适用税率。

$$甲国对 A 公司应征税额 = 国内所得 \times 适用税率$$
$$= 100 \times 10\% + 100 \times 20\% + 100 \times 30\% = 60(万元)$$

第二,如果甲国实行累进免税法,计算公式虽然同上,但在税率档次的选择

上要依 A 在甲乙两国的总收入而定,所以适用税率的计算公式为:

适用税率 = 全额征收所对应的纳税额 ÷ 国内外全部收入

= 国内外全部应税所得 × 适用税率 ÷ 国内外总收入

= (100 × 10% + 100 × 20% + 100 × 30% + 100 × 40% + 100 × 50%) ÷ 500

= 30%

所以,甲国应对 A 公司征税:300 × 30% = 90(万元)。

由此看出,全额免税法不考虑因免除对国外所得征税造成的税基降低而导致适用税率档次降低的问题,仅以国内所得确定税率。累进免税法下,虽然对来源于国外的所得免税,但税率仍然适用全额征税时的税率档次,因此,先要计算全额征税时的适用税率。由于税率表为累进税率,计算全额征税时的适用税率,就要将全额征税情况下要缴纳的税额除以全部应税所得,然后以免税后的应税所得(即国内所得)乘以计算出来的适用税率,算出应纳税额。

由于居住国实行全额免税法不仅不对本国居民的国外所得征税,而且还要减弱对本国居民纳税人征税的累进性,所以更体现税负公平,但实际上实行免税法的国家一般都采取累进免税法。当然,在本国实行比例税时二者无差别。

三、抵免法(Method of Tax Credit)

抵免法是指居民法人根据其来源于国内外的总收入计算应纳税额,但允许对其来自国外的已纳税款从应向国内缴纳的税额中全部或部分的扣除。其计算公式为:

居住国应征所得税额 = 国内外总收入 × 本国税率 – 允许抵免的已缴国外税额

实施抵免法的政府实际上承认了收入来源国政府的征税优先权,但并不放弃居民税收管辖权。抵免法分为直接抵免法与间接抵免法。

(一)直接抵免法

直接抵免法是指母国对其居民或国民纳税人的全球所得或财产征税时,允许该纳税人从其应纳税额中扣除已由其直接在国外缴纳税额的消除国际重复征税的方法。

直接抵免之所以称为"直接",是因为只有居民或国民纳税人本人直接向东道国缴纳的税额,才允许抵免。

直接抵免法消除的是不同国家征税权主体对同一纳税人的同一征税对象进行的法律性重复征税。

直接抵免法又分为全额抵免与限额抵免两种,前者是指居民法人在国外获得的收入,按来源国的税率计算的应纳税额,可以从国内的以国内外总收入为税基、本国税率计算的应纳税额中全部抵免。但如果国外的税率高于国内,那么不仅使国外的税负被抵免,而且来源于国内收入的应纳税额也被部分的抵免,这就使居住国政府的应得税收转移给了来源国,因而直接抵免法在税收实践中几乎没有国家采用。限额抵免法是指纳税人从境外获得的所得,已在境外按照境外税收管辖权的税法计算缴纳的所得税税额,可以在纳税人应纳税额中抵扣,但可抵扣的数额不能超过按照本国税法计算的应纳税额。也就是说,纳税人从境外获得的收入,应当按照本国税法的规定计算应税所得,确定应纳税额并以此为抵免限额,已在境外缴纳的税收,如不超过此限额,可全部抵免,如果超过此限额,超过部分不抵免。限额抵免法保证了居住国政府的利益,它与直接抵免法的不同是居住国政府对跨国纳税人在国外缴纳的所得税给予抵免时,数额不能超过按本国税率计算的应纳税额。具体地说,如果国外税率低于本国,那么在国外已缴税额可全部抵免,如果国外税率高于国内,则只能部分抵免,其数额是抵免限额。

(二) 间接抵免法

间接抵免法是指母国计征其居民或国民公司全球所得的应纳税额时,允许其扣除由其取得的股息所承担的那部分下层国外公司缴纳的国外公司税的消除经济性国际重复征税的方法。

一个国家的居民或国民公司的"下层国外公司",是指合格比例股份为该居民或国民公司所直接或间接持有的国外公司。

间接抵免之所以称为"间接",是因为居民或国民公司允许抵免的不是直接由其缴纳的国外公司税税额,而是由其下层公司缴纳但由其间接负担的国外公司税税额。

间接抵免消除的是不同国家征税权主体对不同国家居民或国民公司的同一税源进行的经济性国际重复征税。

四、扣除法、免税法、抵免法的比较

在国际税收实践中,扣除法、免税法、抵免法这三种避免国际重复征税的方法都表现出了一定的缺陷与优点。

扣除法的缺陷在于:由于它不完全承认所得来源地的税收优先管辖权,而使国际重复征税仅仅被免除了一部分,跨国纳税人的所得与财产仍然被税负重叠所困扰。正是基于这种缺陷,在避免国际重复征税的实践中,扣除法很少被采用。

免税法在避免国际重复征税的效果上是最佳的,它使居住国对居民纳税人来自外国的已向来源国缴纳税款的那部分所得免予征收所得税,从而彻底消除了跨国纳税人税负重叠的问题。但是,免税法也有一个重大缺陷,即它是建立在居住国完全放弃居民税收管辖权并承认所得来源地税收管辖的独占地位的基础上的,这势必导致居住国的财权利益受到损失。此外,这也为跨国纳税人进行国际避税提供了机会,他们可能会千方百计地把居住国的利润与财产转移到低税率的国家去。

抵免法的缺陷在于:它在避免国际重复征税中要受到限制。一是在无税收协定的情况下,有些国家不同意给予抵免;二是对于到高税率国投资,投资者常有顾虑;三是对于到低税率国投资,由于抵免后还要向国内补交差额,则又是一损失。但是,综合起来从居住国、来源国、跨国纳税人三者利益的角度考虑,抵免法却有极大优势:一是抵免法既承认来源国所得来源地税收管辖权的优先地位,又保留行使居民税收管辖权的权利。这样就不至于因免除国际重复征税而过分地牺牲居住国的利益,也不会因一味保全居住国收入而阻碍国际重复征税的免除,从而加重跨国纳税人的税收负担。二是抵免法对国内外收入同等征税,因而不会造成国内资金与资产外流。相比较而言,在上述三种避免国际重复征税的方法中,抵免法因同时兼顾居住国、来源国及跨国纳税人三方的利益,从而在国际税收实践中被视做最佳选择,尤其资本输出国更是舍此莫用。

此外,还有其他缓解国际重复征税的方法,如低税法。低税法又称减免法或减税法,指一国对本国居民的国外所得在标准税率的基础上减免一定比例,按较低的税率征税;对其国内所得则按正常的标准税率征税。这种方法对居民的国外所得尽管采用低税率,但仍要征税。因此,不能彻底免除国际重复征税,但可以使国际重复征税得到一定的缓解。而缓解的程度和作用如何,则要看所得税率的降低幅度。当实际征收的税率接近原税率时,即降低较少时,基本失去缓解国际重复征税的作用;当实际征收的税率接近于零税率时,即降低较多时,则可基本起到免除国际重复征税的作用。

各种避免国际重复征税方法的比较见表4-2。

表4-2 各种避免国际重复征税方法的比较

三者利益 处理方法	居住国政府居民管辖权 是否得到考虑	来源国政府收入来源地 管辖权是否得到承认	跨国纳税人国际税负问题 是否得到基本解决
免税法	否	是	是
扣除法	是	部分承认	部分免除
抵免法	是	是	是
低税法	是	部分承认	部分免除

五、外国税收抵免制度比较

抵免法是目前比较通行的避免重复征税的方法,它不仅是国际税收协定的条款,而且成为国内所得税法的普遍条款之一。许多法制健全的国家都在所得税法中订立系统的外国税收抵免制度,相对而言,美国的规定比较系统全面,可以在此基础上结合日本和我国的外国税收抵免制度的主要方面做对比研究。

(一)抵免主体资格和抵免对象

20世纪60年代初至70年代中期,美国实行分国限额与综合限额选择制,为从分国限额抵免法转为综合限额抵免法设立了过渡期。目前,美国实行在区分不同所得类别基础上的不分国综合限额抵免法,即纳税人获得的境外所得按照类别进行归类,每一类按照不同的税率计算抵免限额,直接抵免外国所得税款;美国税法第904条第一项规定实行综合限额的办法,不分国别,区分9种所得类别的综合限额抵免法。但在实际执行中,对一些所得实行专项抵免限额,这些所得主要包括投资利息所得、石油等有关的石油和天然气开采所得、外国来源的本国国际销售公司股利所得、保险收入、金融劳务收入等。

美国对上述这些所得采取专项限额方式,主要是考虑这些所得国内税率较低,专项限额可以限制超限额和不足限额之间的相互套用,防止综合限额的平均作用。

日本税法规定的抵免对象有外国所得税和外国法人税,即基于外国法律,由外国政府及其地方公共团体对个人和法人所征的以所得为课税标准的税收。

我国税法规定抵免对象为"来源于中国境外的所得已在境外缴纳的所得税税款",可抵免的所得税是在境外实际缴纳的所得税税款,不包括减免税或纳税后又得到补偿以及由他人代为承担的税款。

(二)抵免限额和超限额结转

美国目前实行综合限额法,但此法是在区分不同所得类别的基础上使用的。美国税法规定了九个所得类别,分别是被动所得、高预提税利息、金融服务所得、船运所得、非受控第902节公司股息、国内的国际销售公司来源于美国境外的股息、对外贸易的应税所得、出口融资利息、其他所有的所得类别。纳税人获得境外所得都要按这些类别进行归类,每一类别分别计算抵免限额。由于抵免限额的作用,就有可能产生在境外已纳所得税的数额高于抵免限额(超限额),在当期得不到抵免的情况。美国规定已纳外国所得税超过当年抵免限额的部分,可以用前第二年的抵免余额给予抵免,抵免不完的继续用前第一年的抵免限额余额给予抵免,再抵免不完的可后延5年。

日本采用综合限额法,但对亏损国除外,实际上增加了抵免限额,有利于纳税人。且规定当年缴纳的外国税款超过限额的部分和当年没有用完的抵免限额可在以前5年内结转。

我国采用分国不分项方法计算抵免限额,一国亏损并不影响他国抵免限额的计算,同时规定已纳外国所得税超过当年抵免限额的部分可用以后年度抵免限额超过该年度实际抵免额的部分补抵,期限最长不得超过 5 年。在我国,由于境外税收抵免限额按照分国不分项方法计算,因此超限额结转也只能限于分国进行,不能以一国的抵免限额余额去抵补另一国超限额部分。

(三) 间接抵免条件

美国税法规定美国国内公司要获得对来源于境外所得已纳所得税的间接抵免,其条件为美国公司必须持有外国公司 10% 以上有表决权的股票。

日本规定国内母公司要获得对来源于境外子公司所得的间接抵免,必须符合下列两项条件:其一是国内母公司持有支付股息的外国子公司全部已发行股票总额的 25% 以上,并且连续持有 6 个月以上;其二是该子公司必须是自身从事业务活动而不是以减轻税负为目的设立的公司。

我国税法没有规定间接抵免的条件,但对外签订的双边税收协定规定的间接抵免条件是纳税人持有下属外国公司 10% 以上的股份。

第三节 直接抵免与间接抵免

一、直接抵免法(Method of Direct Credit)

(一) 直接抵免的概念与适用范围

直接抵免法是指一国政府对本国居民直接缴纳或应由其直接缴纳的外国各种所得税给予抵免的方法。之所以称其为直接抵免,是指本国政府抵免的是本国居民直接缴纳或实际负担的国外税收。

直接抵免法的适用对象为同一个经济实体,包括同一跨国自然人和同一跨国法人的总分支机构。对于自然人或法人的国外分支机构在国外已纳的所得税,就视同总公司直接缴纳,居住国政府允许总公司将其分公司在国外缴纳的所得税款冲抵总公司应向本国缴纳的所得税。除总分公司形式以外的其他形式,比如母子公司,因为它们并不属于同一个经济实体,所以任何一方所缴纳的所得税都不能在另一方国内给予直接抵免。母子公司之间的税收抵免被称为间接抵免,这将在本节第二部分讲述。

直接抵免法主要适用于所得税和预提税。预提税在形式上虽然是由向本国支付所得的国外单位代缴,但实际上是由居住国的跨国法人居民负担的,因此,可以视为跨国纳税人直接缴纳给收入来源国政府的所得税,可从本国的所纳税款中直接抵免。

(二) 直接抵免的分类

1. 全额抵免(Full Credit)。全额抵免是指居住国政府对跨国纳税人征税时，允许纳税人将其在收入来源国缴纳的所得税从向本国缴纳的税额中全额扣除。其计算公式如下：

居住国应征所得税额 = 居民的国内外总所得 × 居住国税率 − 国外已征全部税额

2. 限额抵免法(Ordinary Credit)。限额抵免也叫普通抵免，是指居住国政府对跨国纳税人在来源国缴纳的税收给予抵免时，不能超过最高抵免限额的直接抵免法。这个最高的抵免限额简称抵免限额，是国外所得按本国税率计算的应纳税额。限额抵免的计算公式如下：

居住国应征所得税额 = 居民的国内外总所得 × 居住国税率 − 允许抵免的国外已征税额

通过比较全额抵免与限额抵免两个公式，可发现二者减号后面的部分不同。限额抵免是当居民向国内政府纳税时获得的抵免额不能超过最高抵免限额。

"抵免限额"与"允许抵免的国外已征税额"是不同的两个概念。在"国外实际已纳税额"与"抵免限额"的计算上，税基相同而税率不同，所以当国外税率高于国内税率，即纳税人在国外实际已纳税额高于抵免限额时，"允许抵免的国外已征税额"就是"抵免限额"；如果国外税率低于或等于国内税率，即纳税人在国外实际已纳税额少于或等于抵免限额时，那么，"允许抵免的国外已征税额"就是实际在国外已纳的税款，此时居民法人在国外所缴的全部税款将被全部抵免。

因为政府意识到全额抵免法的实施会引起国内资金外流，直接影响本国的经济发展，所以，在国际税收实践中，除塞浦路斯、马耳他等少数国家外，其他国家普遍不采用这种方法。因此，限额抵免法是抵免法的主流，无论是直接抵免还是间接抵免，都有限额规定，因为它对于居住国政府而言具有合理性。它不仅体现为国家的税收主权，而且使纳税人国外投资的税收负担不低于在国内投资，更避免了把国内应征税收转移到国外去。对低于限额的部分在国内要补征，使其从税收负担的角度看国内与国外投资是一致的，以免影响国内的投资水平。

3. 抵免限额(Limitation on Credit)。在此，我们对抵免限额作进一步介绍。当实行全额抵免法时，尤其是当外国税率高于本国税率时，居住国国内的税收来源遭到侵蚀，本国的财权利益受到损失，抵免限额的出现就是为了避免这种情况的发生。抵免限额是指居住国政府允许跨国纳税人从本国应纳税额中扣除的来源国所纳税款的最高限额，是对跨国纳税人在国外已纳税款进行抵免的限度。当跨国纳税人的国外纳税额高于这个限度时，不予抵免；当不及这个限度时,将在国内补征。所以,实际允许抵免的税额是实纳税额与抵免限额相比的较小者。可见,实行限额抵免法的国家虽然承认来源国优先行使地域税收管辖权,但并不完全放弃对本国居民的征税权利。进行税收限额抵免的目的是为了避免纳税人的跨国所得承受双倍的税收压力,并不能把跨国纳税人的税负从高税率来源国转嫁给低税率居住国。

抵免限额的公式为:

$$\text{抵免限额} = \left(\text{居民法人国内外所有应税所得} \times \text{居住国税率}\right) \times \text{所有来自国外的应税所得} \div \text{来自国内外所有应税所得}$$

这一公式适用于居住国采用累进税和比例税的情况,当居住国实行比例税时,公式可简化为:

$$\text{抵免限额} = \text{收入来源国所得} \times \text{居住国税率}$$

下面以累进税为例演示抵免限额的计算。

甲国 A 公司某年度有总收入 100 万元,来自国外分公司 B 的有 30 万,其余的都是国内的,国内实行超额累进税率(如表 4-3 所示),那么,有:

抵免限额 = (50×10% + 10×20% + 10×30% + 10×40% + 20×50%) ×30÷100
= 7.2(万元)

表 4-3　　　　　　　　　　累进税率表

应税所得(万元)	税　率
50 以下	10%
50~60	20%
60~70	30%
70~80	40%
80 以上	50%

(三)直接抵免的应用

在实际生活中,一个居民法人的总收入一般来自两个以上的国家,而且收入所得通常包括很多项目,如营业利润、利息、股息、特许权使用费等。不同国家的所得税率与居住国相比有高有低,而且各国政府对不同项目的所得规定的税率也有不同,这就使税收抵免的操作出现了以下四种具体的类型:分国限额法、综合限额法、分项限额法以及分国分项限额法。政府采用不同的政策会对本国的财政收入造成不同的影响。

1. 分国限额法(Method of Line-state Limit)。当某居住国居民拥有多国收入时,居住国政府按其收入的来源国分别进行抵免。其计算公式为:

$$\text{分国抵免限额} = \left(\text{来自居住国和来源国全部应税所得} \times \text{居住国税率}\right) \times \text{某一来源国应税所得} \div \text{居住国和来源国所有应税所得}$$

2. 综合限额法（Method of Comprehensive Limit）。某居住国居民尽管拥有多国收入，但居住国政府并不对其国外收入按国家区别对待，而是统一计算抵免限额，所纳的所有国外税额在此限额内抵免。计算公式为：

$$\text{综合抵免限额} = \left(\text{居民法人国内外所有应税所得} \times \text{居住国税率}\right) \times \text{所有来自国外的应税所得} \div \text{来自国内外的所有应税所得}$$

3. 分项限额法（Method of Line-item Limit）。某些国家出于自身利益的需要，对纳税人收入分类征税，如对股息、利息、资本利得等其他类似的所得征收较低的税率，对营业所得等收入则征收较高的税率。如果居住国政府按综合限额法进行抵免，就会有某些项目实际缴纳的税款不足抵免限额的部分抵消掉某些超过抵免限额的税款，使纳税人减少了税负，居住国政府的一部分应得税收被抵免掉了。出于本国财政收入的考虑，防止纳税人利用税率的高低减少纳税，而对国外的收入分项进行抵免，把一些专项从总收入中抽离出来，对其单独规定抵免限额，各项之间不能互相冲抵。分项抵免限额的计算公式为：

$$\text{分项抵免限额} = \left(\text{居民法人国内外所有应税所得} \times \text{居住国税率}\right) \times \text{国外的专项应税所得} \div \text{国内外所有应税所得}$$

对专项收入按分项抵免法抵免时，其余部分的抵免限额按综合抵免限额法计算，公式为：

$$\text{其他项目的抵免限额} = \left(\text{居民法人国内外所有应税所得} \times \text{居住国税率}\right) \times \left(\text{国外全部应税所得} - \text{专项应税所得}\right) \div \text{国内外所有应税所得}$$

$$\text{居民国纳税人应向国内政府纳税额} = \left(\text{居民法人国内外所有应税所得} \times \text{居住国税率}\right) - \sum \text{专项抵免限额与国外实缴专项税相比的较小者} - \text{其他项目的抵免限额与实缴税款相比的较小者}$$

4. 分国分项抵免法（Method of Line-state & Item Limit）。分国抵免法是按收入来源国分别抵免，不考虑收入的类别。分项抵免法是把所有国外收入按类别分别抵免，而不考虑国别。这样，就有某些跨国纳税人利用不同国家的不同专项税率的相互抵补，增加在居住国的实际抵免额，所以某些国家通过实行分国分项抵免法来避免这种情况的发生，减少抵免额，扩大财政收入。其计算公式为：

$$\text{分国分项抵免额} = \left(\text{居民法人国内外所有应税所得} \times \text{居住国税率}\right) \times \text{纳税人在某国的某项应税所得} \div \text{国内外所有应税所得}$$

由于分国分项抵免的计算复杂，在国际税收实践中除个别国家使用此法外，多数国家采用的是分国抵免法或分项抵免法。

美国对居民的境外利息、外国销售公司的收入等低税率项目，和海外石油、矿产开采等高税率项目实行分项抵免。我国对外商投资在国外所缴的税收，只按来源国的不同进行分国抵免，忽略其收入的项目差异，把它们按国别汇总计算。

下面举例说明这几种抵免法的不同:

例:甲国总公司 A 来源于国内的总收入为 500 万元,国内实行超额累进税制,税表如表 4-4 所示。来自乙国分公司 B 的收入为 200 万元,其中 30 万元是股息,70 万元是特许权使用费,在乙国所得税率为 35%,股息税率为 40%,特许权使用费税率为 45%。来自丙国分公司 C 的收入为 300 万元,其中 50 万元是资本利得,100 万元是特许权使用费,在丙国所得税率为 20%,资本利得税率为 45%,特许权使用费税率为 40%。请用不同的抵免方法考虑 A 公司应向甲国政府缴纳的税额和 A 公司可获得的税收抵免额。

表 4-4　　　　　　累进税率表

应税收入(万元)	税　率
100 以下	10%
100 ~ 200	20%
200 ~ 400	30%
400 ~ 700	40%
700 以上	50%

先计算抵免前 A 公司应向甲国政府纳税税额,不论用何种方法抵免,这部分的计算结果都是一样的。

抵免前居住国法人应向居住国纳税税额 = (来自居住国收入 + 来自非居住国收入) × 居住国税率

$= 100 \times 10\% + 100 \times 20\% + 200 \times 30\% + 300 \times 40\% + 300 \times 50\%$

$= 360(万元)$

第一,按分国抵免法计算如下:

① 对乙国已纳税额的抵免限额 = 抵免前 A 公司应向甲国纳税税额 × 来自乙国的收入 ÷ 国内外总收入

$= 360 \times 200 \div 1\,000 = 72(万元)$

乙国 B 公司实纳税额 $= 30 \times 40\% + 70 \times 45\% + 100 \times 35\% = 78.5(万元)$

因为抵免税额 < 实纳税额,所以允许抵免的 B 公司对乙国所纳税额为抵免限额 72 万元。

② 对丙国已纳税额的抵免限额 = 抵免前 A 公司应向甲国纳税税额 × 来自丙国的收入 ÷ 国内外总收入

$= 360 \times 300 \div 1\,000 = 108(万元)$

丙国 C 公司实纳税额 $= 50 \times 45\% + 100 \times 40\% + 150 \times 20\% = 92.5(万元)$

因为抵免税额 > 实纳税额,所以允许抵免的 C 公司对丙国所纳税额为实纳税额 92.5 万元。

③ A公司应向甲国缴纳税额 = 抵免前A公司应向甲国纳税税额 − ∑各收入来源国允许抵免的已纳税额

$= 360 - (72 + 92.5) = 195.5(万元)$

甲国允许A公司抵免的税额 $= 72 + 92.5 = 164.5(万元)$

第二，按综合抵免法计算如下：

① 对所有国外已纳税额的抵免限额 = 抵免前A公司应向甲国纳税税额 × 所有来自国外的收入 ÷ 国内外总收入

$= 360 \times 500 \div 1\,000 = 180(万元)$

② 国外所有的实纳税额 = ∑各来源国实纳税额 $= 78.5 + 92.5 = 171(万元)$

因为抵免限额＞实纳税额，所以在这种方法下允许抵免的所有国外税额就是国外的所有实纳税额，即所有的国外税收都被抵免了。

③ A公司应向甲国缴纳税额 = 抵免前A公司应向甲国纳税税额 − 允许抵免的所有国外税额

$= 360 - 171 = 189(万元)$

甲国允许A公司抵免的税额 $= 171(万元)$

按综合抵免法计算与按分国抵免法计算相比，要少纳税6.5万元(195.5 − 189 = 6.5)，这是因为在综合抵免法下，某些国家实纳税额不足限额的部分可以冲抵某些国家超过限额的部分，充分利用各国的抵免限额。

第三，按分项抵免法计算如下：

① 对国外股息所纳税额的抵免限额 = 抵免前A公司应向甲国纳税税额 × 国外所有的股息收入 ÷ 国内外总收入

$= 360 \times 30 \div 1\,000 = 10.8(万元)$

国外股息的实纳税额 = ∑各来源国股息收入 × 各来源国适用税率

$= 30 \times 40\% = 12(万元)$

因为股息税的抵免限额＜实纳税额，所以允许抵免的国外股息所纳税额为抵免限额10.8万元。

② 对国外资本利得所纳税额的抵免限额 = 抵免前A公司应向甲国纳税税额 × 国外所有的资本利得收入 ÷ 国内外总收入

$= 360 \times 50 \div 1\,000 = 18(万元)$

国外资本利得实纳税额 = ∑各来源国资本利得额 × 各来源国适用税率

$= 50 \times 45\% = 22.5(万元)$

因为资本利得税的抵免限额＜实纳税额，所以允许抵免的国外资本利得所纳税额为抵免限额18万元。

③ 对国外特许权使用费已纳税额的抵免限额 = 抵免前A公司应向甲国纳税税额 × 国外所有的特许权使用费 ÷ 国内外总收入

$= 360 \times (70 + 100) \div 1\,000 = 61.2(万元)$

国外特许权使用费实纳税额 = ∑各国特许权使用费 × 各来源国适用税率

$= 70 \times 45\% + 100 \times 40\% = 71.5(万元)$

因为特许权使用费的抵免限额＜实纳税额，所以允许抵免的国外特许权使用费所纳税额为抵免限额 61.2 万元。

④ 对国外非专项所得纳税的抵免限额 = 抵免前 A 公司应向甲国纳税税额 × 国外非专项中总收入 ÷ 国内外总收入

$= 360 \times [500 - (30 + 70 + 50 + 100)] \div 1\,000$

$= 90$（万元）

国外非专项收入的实纳税额 = Σ各来源国非专项收入 × 各来源国适用税率

$= 100 \times 35\% + 150 \times 20\% = 65$（万元）

因为非专项收入税的抵免限额 > 实纳税额，所以允许抵免的国外非专项收入所纳税额为实纳税额 65 万元。

⑤ A 公司应向甲国缴纳税额 = 抵免前 A 公司应向甲国纳税税额 − Σ允许抵免的各专项收入税额 − 允许抵免的非专项收入已纳税额

$= 360 - (10.8 + 18 + 61.2) - 65 = 205$（万元）

甲国允许 A 公司抵免的税额 $= 10.8 + 18 + 61.2 + 65 = 155$（万元）

按分项抵免法计算得 A 公司应向甲国政府缴纳的税额比综合抵免法多缴 16 万元（205 − 189 = 16），比分国抵免法多缴 9.5 万元（205 − 195.5 = 9.5）。可以看出，此时分项抵免法比分国抵免法可为居住国带来更多的财政收入。

第四，按分国分项抵免法计算如下：

① 对乙国股息所纳税的抵免限额 = 抵免前 A 公司应向甲国纳税税额 × 乙国股息收入 ÷ 国内外总收入

$= 360 \times 30 \div 1\,000 = 10.8$（万元）

乙国股息实纳税额 = 乙国股息收入 × 乙国适用税率

$= 30 \times 40\% = 12$（万元）

因为抵免限额 < 实纳税额，所以允许抵免的乙国股息税额为抵免限额 10.8 万元。

② 对乙国特许权使用费所纳税的抵免限额 = 抵免前 A 公司应向甲国纳税税额 × 乙国特许权使用费 ÷ 国内外总收入

$= 360 \times 70 \div 1\,000 = 25.2$（万元）

乙国特许权使用费实纳税额 = 乙国特许权使用费 × 乙国适用税率

$= 70 \times 45\% = 31.5$（万元）

因为抵免限额 < 实纳税额，所以允许抵免的乙国特许权使用费税额为抵免限额 25.2 万元。

③ 对丙国资本利得所纳税的抵免限额 = 抵免前 A 公司应向甲国纳税税额 × 丙国资本利得额 ÷ 国内外总收入

$= 360 \times 50 \div 1\,000 = 18$（万元）

丙国资本利得实纳税额 = 丙国资本利得额 × 丙国适用税率

$= 50 \times 45\% = 22.5$（万元）

因为抵免限额 < 实纳税额，所以允许抵免的丙国资本利得税额为抵免限额 18 万元。

④ 对丙国特许权使用费所纳税的抵免限额 = $\dfrac{\text{抵免前 A 公司应向甲国纳税税额}}{} \times \text{丙国特许权使用费} \div \text{国内外总收入}$

$= 360 \times 100 \div 1\,000 = 36(\text{万元})$

丙国特许权使用费实纳税额 = 丙国特许权使用费 × 丙国适用税率
$= 100 \times 40\% = 40(\text{万元})$

因为抵免限额 < 实纳税额,所以允许抵免的丙国特许权使用费税额为抵免限额 36 万元。

⑤对非专项收入纳税的抵免限额仍然按综合抵免法计算:

对国外非专项所得纳税的抵免限额 = $\dfrac{\text{抵免前 A 公司应向甲国纳税税额}}{} \times \text{国外非专项总收入} \div \text{国内外总收入}$

$= 360 \times [500 - (30 + 70 + 50 + 100)] \div 1\,000 = 90(\text{万元})$

国外非专项收入的实纳税额 = Σ各来源国非专项收入 × 各来源国适用税率
$= 100 \times 35\% + 150 \times 20\% = 65(\text{万元})$

因为非专项收入税的抵免限额 > 实纳税额,所以允许抵免的国外非专项收入所纳税额为实纳税额 65 万元。

⑥ A 公司应向甲国缴纳税额 = 抵免前 A 公司应向甲国纳税税额 − Σ允许抵免的各国各专项收入税额 − 允许抵免的非专项收入已纳税额

$= 360 - (10.8 + 25.2 + 18 + 36) - 65 = 205(\text{万元})$

甲国允许 A 公司抵免的税额 $= 10.8 + 25.2 + 18 + 36 + 65 = 155(\text{万元})$

在此例中,按分国分项抵免法计算的结果与分项抵免法一样,是因为按两种方法计算的允许抵免的税额都是抵免限额,在此例中仅是个巧合,不具一般性,通常情况下按分国分项抵免法计算允许抵免的税额要小于分项抵免法,它使各国各专项抵免限额之间的超额或不足不能相互冲抵,从而进一步扩大了税收,但计算过程太复杂。

通过计算可以看出,分国限额法与综合限额法相比,所发挥的作用不同。

第一,当跨国纳税人在国外几个国家的分支机构都有赢利时,采取综合限额法对纳税人比较有利。因为这种方法是把来源于几个非居住国的所得全部相加后抵免,可以用高税率非居住国已缴的超过抵免限额的部分去抵补在低税率非居住国缴纳的不足限额部分,从而可以使抵免限额全部得到利用,使超限额的外国所得税也能得到抵免。而实行分国限额法,由于各国的抵免限额不能相互调剂使用,这样,在非居住国税率高于居住国时,境外分公司的已纳税款就不能得到全部抵免,纳税人就要承担较重的税负。

第二,当跨国纳税人在国外的几个分公司有盈有亏时,采用分国限额法对纳税人有利。这是因为亏损的分公司无须向所在国缴纳所得税,因而不存在抵免的问题。此时,采用分国限额法进行抵免,由于盈亏不能相抵,赢利分公司的抵免限额不会降低,从而对纳税人有利。而采用综合限额法,各分公司的盈亏相抵,会减少抵免限额,对跨国纳税人不利。

第三，当跨国纳税人境外分公司所在国的税率都高于居住国时，由于其在各国缴纳的税额抵免时全部超过抵免限额，不存在超限额和抵免余额冲突的问题，因此，分国限额法和综合限额法的结果相同。

第四，当跨国纳税人境外分公司所在国都是低税率时，各分公司在各国缴纳的税款在抵免时全部不足抵免限额，出现的多余余额没有超限额需要充抵，所以分国限额与综合限额两种方法没有区别。

（四）抵免限额的年度结转

在同一纳税年度里，使用综合抵免法是把分国抵免法中国与国之间或者分项抵免法中专项之间的超额和不足的部分进行冲抵。抵免限额的年度结转是指在不同的纳税年度里，不同年度之间的超出抵免限额和不足抵免限额的部分互相冲抵。

跨国纳税人在使用综合抵免法时经常会出现这样的情况，即某些年度的抵免限额无法将缴纳的税额全部抵免掉，而某些年度的抵免限额又绰绰有余，所以在税收实践中，纳税人要求在一定期限内超出限额的部分与不足的部分互相冲抵，以达到减轻税负的目的。

抵免限额的年度结转是指，对跨国纳税人某些年度超出抵免限额而未被抵免的国外已缴税额，在一定的年限以内，居民国政府允许与其他年度的不足限额相互结转冲抵的办法。

各国对超限额结转的政策不同，有的国家不允许超限额结转，比如中国、德国，而有的国家为鼓励国内资本向外投资而实行超限额结转，比如美国、日本。美国规定超额结转的年限可以向前追溯 2 年，向后推迟 5 年。日本则规定年限为 5 年。

如果一国既实行综合抵免法，又允许抵免限额的年度结转，那么，实际上是为居民提供了横向和纵向的节税渠道，给了纳税人很多的税收优惠，政府能得的财政税收就非常有限了。所以，若一国政府的财政并不是非常宽松，或者国内的资本并不十分富余，一般不采取如此"仁慈"的政策。

（五）来源国亏损的跨年度结转

当国外的分公司或分支机构出现亏损时，某些来源国政府对这部分亏损允许在一些年限内抵免，而某些国家政府则不允许。对居住国政府来说，国外的分公司出现亏损时，在国内的应税收入会减少，税收也相应减少。来年国外分公司出现赢利，而来源国政府又不允许实行亏损的年度结转，只就该赢利额课税，那么该年内总公司向居住国政府纳税时，国外的已纳税款可以在抵免限额内得到抵免，这就使纳税人获得双重利益，即国外亏损时，国内的应税收入可被冲抵,有赢利时国外的已缴税款又获得抵免。显然这对居住国政府是不合理的,因为对亏损不允许年度结转是来源国政府与国外分公司的税收征纳关系,纳税人由此承担的税负不能转嫁给居住国政府。所以,很多国家对此采取来源国亏损的跨年度结转措施,避免跨国纳税人双重受益。所谓来源国亏损的跨年度结转,是指在跨年度的经济活动中,来源国政府对该国的亏损不予亏损结转时,居住国政府按亏损结转计算其抵免限额的办法。下面以例说明。

例如:有母子公司两年的赢利情况如表4-5所示。

表4-5

年度 \ 公司	甲国A公司	乙国B公司
2018年	5 000万	-1 000万
2019年	8 000万	3 000万

说明:甲国为居住国,乙国为来源国,甲乙两国实行标准税率,甲国税率30%,乙国税率为40%。

第一,乙国不实行亏损的年度结转,甲国也不实行来源国亏损的跨年度结转时:

2018年:B公司因发生亏损所以对乙国政府纳税额为0。

A公司应向甲国政府纳税额为1 200万元[(5 000 - 1 000) × 30% = 1 200]。

2019年:B公司向乙国政府纳税额为1 200万元[3 000 × 40% = 1 200]。

甲国对B公司已纳税款抵免限额为900万元[3 000 × 30% = 900]。

因为抵免限额 < 实纳税额,所以允许抵免的税额为900万元。

A公司应向甲国纳税税额为2 400万元[(8 000 + 3 000) × 30% - 900 = 2 400]。

两年内A公司向甲国纳税总额为3 600万元[1 200 + 2 400 = 3 600]。

两年内A公司本身应向甲国纳税税额为3 900万元[(5 000 + 8 000) × 30% = 3 900]。

A公司向甲国政府少纳税300万元(3 900 - 3 600 = 300),此值正好为乙国2017年亏损的1 000万元乘以甲国税率30%,即是因乙国不实行亏损的跨年度结转而在甲国纳税时被抵免掉的税额。由此看出,甲国政府承担了乙国不跨年结转的税收损失,这对甲国政府是不公平的。

第二,乙国不实行亏损的年度结转,甲国实行来源国亏损的跨年度结转时:

2018年:B公司因发生亏损所以对乙国政府纳税额为0。

A 公司应向甲国政府纳税额为 1 200 万元[(5 000 – 1 000)×30% = 1 200]。

2019 年:B 公司向乙国政府纳税额为 1 200 万元[3 000×40% = 1 200]。

甲国对 B 公司已纳税款抵免限额为 600 万元[(3 000 – 1 000)× 30% = 600]。

因为抵免限额＜实纳税额,所以允许抵免的税额为 600 万元。

A 公司应向甲国纳税税额为 2 700 万元[(8 000 + 3 000)×30% – 600 = 2 700]。

所以,两年内 A 公司向甲国纳税总额 = 1 200 + 2 700 = 3 900 = 两年内 A 公司本身应向甲国纳税税额。

甲国对 B 公司已纳税款抵免限额进行计算时,按乙国实行年度结转计算,这样抵免限额减少,甲国征收的税款比不实行来源国亏损跨年度结转的情况多 300 万,保证了甲国政府的税收利益,这也是税收公平原则的要求。

二、间接抵免法(Method of Indirect Credit)

(一)间接抵免法的概念和适用范围

间接抵免法是指一国政府对本国居民间接缴纳的外国所得税给予抵免的方法。

间接抵免法是区别于直接抵免法而言的。直接抵免法适用于总分公司形式的跨国公司,由于分公司不是法人实体,它是总公司的组成部分,其所有利润完全属于总公司,所以分公司在国外缴纳的所得税可视做国内总公司缴纳的,可以在总公司向居住国政府缴纳的税收中直接抵免。间接抵免法适用于母子公司形式的跨国公司,国外的子公司是独立的经济实体,在法律上与母公司是两个不同的经济组织,因而税收上构成两个不同的纳税主体。母公司与子公司之间是控股关系,所以子公司的收入并不完全属于母公司,而是把税后利润按股权比重分配给母公司。因此,母公司得到的来自子公司的股息收入已经负担了子公司所在国的税款,但这部分税款并不是母公司直接缴纳的,而是间接承担的,所以在母公司所在国缴纳税款时应获得间接抵免,即抵免该股息收入承担的子公司已缴纳的所得税额。所以说间接抵免来源于直接抵免,允许抵免的国外税收是跨国纳税人间接缴纳的税收。它包括以下两层含义。

其一,间接抵免法是由两个居住国对两个纳税人征税产生的国际重复征税。

其二,母公司所在的居住国政府允许母公司抵免的税额,并不是子公司向其所在国缴纳的全部税款,而是母公司所分股息应承担的那部分税额。这个税额只能通过母公司收到的股息、红利间接地计算出来。

在国际税收中,当子公司向母公司支付股息时,还要代母公司向子公司所在国缴纳预提税,若不缴预提税,股息就不得汇出,可见预提税的实际纳税人是股息收取者母公司。母公司所在国对这笔预提税要用直接抵免法来减少国际重复征税,所以通常间接抵免法是伴随着直接抵免法一同进行的。

允许实行间接抵免的国家,一般都规定有限制条件。这些限制条件通常包括:

1. 间接抵免法只适用于具有母、子公司关系的跨国公司,自然人纳税人不能享受间接抵免。

2. 母、子公司的领导层公司,必须是直接参加其外国下层公司业务经营的积极投资者,而不是那种只是购买股票和其他有价证券,并不参与被投资公司业务经营的消极投资者。

3. 拥有其下属公司具有表决权的股票必须达到规定的最低限额。美国税法规定,允许给予间接抵免的母、子公司,必须拥有其下属公司有表决权的股票不少于10%。

(二)间接抵免法的分类及应用

间接抵免法是目前避免国际重复征税最基本的方法,也是股东居住国为避免对来源于境外股息重复征税所采取的措施。境外子公司所缴纳的所得税不能完全由母公司承担,母公司所承担的部分只是收到的这部分股息所承担的已纳所得税。间接抵免法的基本计算公式如下:

$$母公司应纳居住国税额 = (母公司本国所得 + 母公司来自子公司的还原所得) \times 母公司所在国税率 - 间接抵免额$$

间接抵免法按照控股层数的多少分为一层间接抵免法和多层间接抵免法。我们先介绍只存在母子公司控股关系的一层间接抵免法。

1. 一层间接抵免法。我们已经知道母公司得到的股息是子公司税后收入的一部分,所以在计算母公司应承担的已由子公司缴纳的所得税额时,要看这部分股息占子公司税后利润的比例的大小。在计算母公司国内外的总应税收入时,为了与母公司国内的税前收入保持统一的计算口径,必须把从子公司得到的股息收入还原为税前利润,其计算方法有二:一是直接由税后股息收入加上该股息已缴纳的税额;二是用"税后股息收入÷(1-子公司所在国税率)"来还原。下面是间接抵免法的主要公式。

(1)母公司应承担的来源于子公司股息的已纳所得税可根据以下公式计算:

$$母公司应承担的来源于子公司股息的已缴所得税额 = 国外子公司已纳所得税额 \times 母公司来源于子公司的股息收入 \div 子公司税后总利润$$

子公司所在国若实行比例税,则有:

$$\text{母公司应承担的来源于子公司股息的已缴所得税额} = \frac{\text{母公司来源于子公司的股息收入}}{1 - \text{子公司所在国所得税税率}} \times \text{子公司所在国所得税税率}$$

(2)为与母公司国内的应税所得保持统一的计算口径,把子公司的股息收入还原为税前利润额的公式为:

$$\text{母公司来源于子公司的应税收入} = \frac{\text{来源于子公司的股息收入}}{1 - \text{子公司所在国的所得税税率}}$$

$$= \text{来源于子公司的股息收入} + \text{该股息收入已纳所得税额}$$

(3)母公司国内外全部收入应纳税额可根据以下公式计算:

$$\text{母公司国内外全部收入应纳税额} = (\text{母公司国内应税收入} + \text{来自子公司的应税收入}) \times \text{适用税率}$$

(4)间接抵免限额法下的抵免限额公式为:

$$\text{母公司对来自子公司股息收入已纳税款的抵免限额} = \text{母公司国内外全部收入应纳税额} \times \text{母公司来自子公司的应税收入} \div \text{母公司国内外全部应税收入}$$

在子公司所在国对股息收入征收预提税的情况下,应同时使用直接抵免法。母公司间接承担的股息已纳税额与直接缴纳的预提税之和为实际缴纳的税额。比较抵免限额与实纳税额的大小,以较小者作为母公司纳税时允许抵免的来源于子公司股息收入的已纳税额。

(5)母公司实际应纳所得税额可根据以下公式计算:

$$\text{母公司实际应纳所得税额} = (\text{母公司国内应税收入} + \text{来自子公司的应税收入}) \times \text{适用税率} - \text{允许抵免的来自子公司股息收入的已纳税额}$$

下面以一例来具体演示间接抵免法的使用。

甲国母公司 A 拥有乙国子公司 B 40% 的股份,某年母公司 A 在甲国赢利 200 万元,子公司 B 在乙国同样赢利 200 万元,甲国实行比例税 40%,乙国也实行比例税 30%,乙国的预提税税率为 10%,在甲国同时实行直接抵免法和间接抵免法的情况下,母公司 A 应向甲国缴纳多少税款,获得多少税收抵免?

B 公司已纳税额 = 200 × 30% = 60(万元)

A 公司来自 B 公司的股息收入 = 200 × (1 − 30%) × 40% = 56(万元)

A 公司承担的来自 B 公司的股息收入的已纳税额 = 60 × 56 ÷ [200 × (1 − 30%)] = 24(万元)

把来自 B 公司的股息收入还原为税前利润的形式:

A 公司来自 B 公司的应税收入 = 56 ÷ (1 − 30%)

= 56 + 24 = 80(万元)

A 公司甲乙两国全部应税收入 = 200 + 80 = 280(万元)

A 公司甲乙两国全部收入应纳税额 = 280 × 40% = 112(万元)

A 公司对来自 B 公司股息收入已纳税款的抵免限额 = A 公司甲乙两国全部收入应纳税额 × A 公司来自 B 公司的应税收入 ÷ A 公司甲乙两国全部应税收入

= 112 × 80 ÷ 280 = 32(万元)

乙国对股息征收预提税额 = 56 × 10% = 5.6(万元)

A 公司间接缴纳税额 24 万元,直接缴纳税额 5.6 万元,实际总纳税 29.6 万元 (24 + 5.6 = 29.6),小于抵免限额 32 万元,所以允许抵免的股息收入已纳税额为实际纳税额 29.6 万元,其中间接抵免额为 24 万元,直接抵免额为 5.6 万元。

A 公司实际向甲国纳税额 = 112 − 29.6 = 82.4(万元)

2. 多层间接抵免法。 一层间接抵免法适用于只存在母子公司控股关系的重复征税问题,实际上很多跨国公司不仅母公司控股子公司,而且子公司还控制孙公司,甚至还会出现孙公司再控股重孙公司的多层控股现象。那么重孙公司的税后利润按一定比例作为股息汇给孙公司,孙公司将该股息还原后并入自己的收入中纳税,税后的利润再按一定的比例作为股息汇入子公司,以此一层层向上,最终到达领导层母公司。也就是说,母公司来自子公司的股息不仅负有子公司所在国税负,而且负有从子公司到最底层公司各层的税负。多层间接抵免法就是为了解决这种多层控股关系的重复征税问题。

由于层数越多,计算的抵免限额就越大,对母公司所在国政府来讲损失就越大,所以母公司所在国政府要求领导层公司必须拥有其下层公司一定数量的有表决权的股票。美国《国内收入法典》规定,母公司间接获得的已由下层公司缴纳所得税的股息获得抵免的条件是:每一层拥有下一层公司有表决权的股票不少于 10%,而且母公司间接拥有表决权股票的比例不少于 5%。比如,一个美国的母公司拥有子公司有表决权的股票 50%,子公司拥有孙公司有表决权的股票 40%,孙公司拥有重孙公司有表决权的股票 30%,那么母公司间接拥有重孙公司 50% × 40% × 30% = 6% 的有表决权的股票,大于 5%,即可以使用间接抵免法。

下面以两层控股关系的间接抵免法为例来介绍多层间接抵免法,多于两层的间接抵免依此类推。

从最底层往上推进,先看子公司与孙公司之间:

$$\text{子公司承担的来自孙公司股息的已纳税额} = \text{孙公司缴纳所得税额} \times \frac{\text{来自孙公司的股息收入}}{\text{孙公司税后总利润}}$$

子公司把来自孙公司的股息还原为税前利润形式后,加上子公司本身所得,作为子公司应税收入,税后的利润按一定比例作为股息再汇给母公司,母公司来自子公司的股息承担的已纳税额应包括子公司与孙公司两部分。

$$\text{母公司承担的来自子公司股息的已纳税额} = \text{子公司已纳税额} \times \frac{\text{母公司来自子公司股息}}{\text{子公司税后利润}} +$$

$$\left(\text{子公司承担的来自孙公司股息的已纳税额} + \text{孙公司所纳预提税}\right) \times \frac{\text{母公司来自子公司股息}}{\text{子公司税后利润}}$$

$$= \left(\text{子公司已纳税额} + \text{子公司承担的来自孙公司股息的已纳税额} + \text{孙公司所纳预提税}\right)$$

$$\times \frac{\text{母公司来自子公司股息}}{\text{子公司税后利润}}$$

计算母公司来自子公司股息的税前利润形式的公式为：

$$\text{母公司来自子公司的应税收入} = \text{母公司来自子公司的股息收入} + \text{母公司承担的来自子公司股息的已纳税额}$$

$$= \text{母公司来自子公司的股息收入} + \left(\text{子公司已纳税额} + \text{子公司承担的来自孙公司股息的已纳税额} + \text{孙公司所纳预提税}\right)$$

$$\times \text{母公司来自子公司股息} \div \text{子公司税后利润}$$

下面举一实例来具体说明两层间接抵免法的使用。

有母、子、孙公司的控股关系如表4-6所示。

表4-6

公司	收入（万）	税率	拥有下层公司股份	预提税率
甲国母公司 A	1 000	50%	50%	
乙国子公司 B	500	40%	50%	15%
丙国孙公司 C	200	30%		20%

(1) 子公司与孙公司之间，具体又分为下述三个步骤。

①把子公司来自孙公司的股息还原为税前利润的形式：

$$\text{B公司承担的来自C公司的股息的已纳税额} = \text{C公司的已纳税额} \times \text{C公司的股息收入} \div \text{税后利润}$$

$$= 200 \times 30\% \times 200 \times (1-30\%) \times 50\% \div [200 \times (1-30\%)]$$

$$= 30（万元）$$

$$\text{B公司来自C公司的应税所得} = \text{B公司来自C公司的股息收入} + \text{B公司承担的来自C公司的股息的已纳税额}$$

$$= 200 \times (1-30\%) \times 50\% + 30 = 100（万元）$$

②计算子公司允许抵免的来自孙公司股息的已纳税额：

$$\text{B公司对来自C公司的股息收入已纳税额的抵免限额} = (500+100) \times 40\% \times 100 \div (500+100)$$

$$= 40（万元）$$

$$\text{C公司所纳股息预提税} = 200 \times (1-30\%) \times 50\% \times 20\% = 14（万元）$$

B公司实际缴纳的税额为44万（30+14=44），大于抵免限额40万，所以B公司允许抵免的C公司股息已纳税额为40万元。

③计算子公司实际纳税额及税后利润：

$$\text{B公司实际应纳税额} = (500+100) \times 40\% - 40 = 200（万元）$$

$$\text{B公司税后利润额} = \text{B公司税前总收入} - \text{B公司实际应纳税额}$$

$$= 500 + 100 - 200 = 400（万元）$$

(2) 母公司与子公司之间，也可分为以下三步。

① 把母公司来自子公司的股息还原为税前利润的形式：

$$\text{A公司承担的来自B公司股息的已纳税额} = \left(\text{B公司已纳税额} + \text{B公司承担的来自C公司股息的已纳税额} + \text{C公司所纳预提税}\right) \times \text{A公司来自B公司股息} \div \text{B公司税后利润}$$

$$= (200 + 30 + 14) \times 400 \times 50\% \div 400 = 122(万元)$$

$$\text{A公司对来自B公司的应税收入} = \text{A公司来自B公司的股息收入} + \text{A公司承担的来自B公司股息的已纳税额}$$

$$= 400 \times 50\% + 122 = 322(万元)$$

② 计算母公司允许抵免的来自子公司股息的已纳税额：

$$\text{A公司对来自B公司股息已纳税款的抵免限额} = (1\,000 + 322) \times 50\% \times 322 \div (1\,000 + 322)$$

$$= 161(万元)$$

$$\text{B公司所纳股息预提税} = \text{B公司给A公司股息收入} \times \text{预提税率}$$

$$= 400 \times 50\% \times 15\% = 30(万元)$$

A公司来自B公司的股息实际纳税税额为152万元(122 + 30 = 152)，小于抵免限额161万元，所以A公司所在甲国允许抵免的B公司股息已纳税额为152万元。

③ 计算母公司实际应纳税额：

$$\text{A公司实际应纳税额} = (1\,000 + 322) \times 50\% - 152 = 509(万元)$$

A公司来自B公司所有已纳税款被抵免，还补征了不足限额的部分9万元(161 - 152)，母公司所在国政府的财政收入增加了。

第四节 税收饶让

一、税收饶让概述

(一) 税收饶让的含义

税收饶让(Tax Sparing)，也称税收饶让抵免，是指一国政府(居住国政府，一般为发达国家)对本国纳税人在国外投资且得到投资所在国(收入来源国或称东道国，一般为发展中国家)减免的那一部分税收，视同已经缴纳，同样给予抵免待遇。税收饶让虽不属于国际重复征税的减除办法，但与之相关，并配合税收抵免使用，所以本书把它作为税收抵免的特殊方式来介绍。

(二) 税收饶让的产生

税收饶让多发生在发展中国家与发达国家之间，发展中国家政府为了吸引外国资本,鼓励发达国家居民来本国投资,以有利于发展本国经济,除实行低税率政策外,往往还给予外国投资者以一定的所得税减免优惠,有的还给予再投资退税优惠等。然而,若投资者居住国只实行税收抵免方法,仅根据该投资者在国外实际缴纳的所得税款给予限额抵免,而并不将外国政府对该投资者的减税、免税部分视为国外已征税款给予抵免的话,那么这些发展中国家的优惠政策就失去意义了。也就是说,这是发展中国家牺牲本国税收利益来增加发达国家的财政收入。从跨国纳税人(投资者)的角度而言,在发展中国家因减免税等优惠政策而节约的税负,回国后又丧失了,因而发展中国家的税收优惠政策实际上已起不到鼓励投资的积极作用,这不仅抵消了发展中国家对投资者实行税收优惠的意义,而且也妨碍了发展中国家进一步引进外资和先进技术。

为保证税收优惠措施不被抵消,真正有惠于跨国纳税人,实行税收优惠的发展中国家以及跨国纳税人(投资者)纷纷向投资者居住国政府提出税收饶让问题,要求居住国政府对其居民在国外所获减免的税款,视同已经缴纳而准予抵冲居住国纳税税额。现实中,经过有关国家政府的协商、谈判,大多可以促成税收饶让的实现,发达国家与发展中国家签订的许多税收协定中,基本上都有税收饶让的规定。例如,英国是率先采用税收饶让抵免的发达国家之一,日本、法国、加拿大等国对税收饶让采取了积极灵活的态度,在与有关国家签订的双边税收协定中,不同程度地列入了税收饶让条款。由此可见,一个国家为了鼓励外国投资,吸引外资和先进技术,给予外国投资税收减免优惠,就必须要求投资者居住国政府给予税收饶让抵免,通常需要用协定的方式予以确定,且只有在居住国采用税收抵免方法时才有必要考虑。

发达国家对税收饶让的态度不同。有的国家(如美国)从来不同意建立税收饶让条款;英国、澳大利亚等国采用分别对待的方法,在与发展中国家签订的一些协定中包含税收饶让条款;加拿大对营业利润同意税收饶让,而对投资所得则一般不同意建立税收饶让条款;法国、荷兰等国除对来源于境外的营业利润给予免税外,还同意对投资所得给予税收饶让。

(三) 税收饶让抵免的适用范围

1. 纳税人范围。国外税收饶让抵免一般适用于可以享受已纳国外税收直接抵免或间接抵免的居民或国民纳税人。

2. 饶让抵免的税收适用范围。各国出于各自利益的考虑,在签订双边税收协定时,对税收饶让的范围做出了不同的规定。从我国对外签订的双边税收协定看,这种差别主要表现在如下三个方面。

(1)对预提税的减免税优惠予以税收饶让抵免。例如,中、法税收协定中,对我国给予合资企业中法方合营者的股息和特许权使用费所得减免征收的预提税,法国政府予以饶让抵免。实践中,据以计算饶让的预提税税率主要有以下三种:①以非居住国税法规定的预提税税率为准。我国与新加坡签订的税收协定规定,新加坡对其居民来源于我国的利息应按我国税法规定的20%的预提税税率予以抵免。②以同一税收协定中规定的非居住国征收预提税的限制税率为准。在与我国签有税收协定的国家中,法国、日本、挪威、加拿大、芬兰、瑞典等国对其居民来源于我国的利息和日本、新加坡、法国对我国中外合资企业支付的股息均以10%的协定税率计算抵免。③以缔约国双方商定的税率为准。例如,在中、德税收协定中,德国对其居民来源于我国的利息、特许权使用费按收入总额的15%计算抵免。

(2)对营业利润所得税的减免给予税收饶让抵免。例如,在中、日和中、英税收协定中,日、英两国对我国政府按照合营企业和从事农林牧的外国企业的营业利润所享受的减免税优惠,予以饶让抵免。

(3)对双边税收协定签订后,非居住国政府所作出的新的减免税优惠措施,若经缔约国各方一致同意,可给予税收饶让抵免。例如,中、日和中、英税收协定中,都曾有过这方面的规定。

(四) 税收饶让的目的

税收饶让的目的是在运用抵免法消除国际重复征税的条件下,保证资金输入国(多为发展中国家)为吸收外国投资所作出的种种税收减让得到真正落实,税收优惠得到充分发挥。发展中国家和发达国家签订税收协定时,税收饶让常常成为税收协定的一个中心问题,一些发展中国家甚至把税收饶让提供与否视为签订协定的首要意义。

二、税收饶让的类型

不同国家因具体情况的不同而采用不同的税收饶让方式,一般分为差额与定率两类。

(一) 差额税收饶让

差额税收饶让是指所得来源国给予居住国纳税人减税或退税等优惠政策时,按没有这些优惠政策时来源国应征的税款抵免,把纳税人应该缴纳给来源国与实际缴纳的税额之间的差额也抵免掉。

例如:甲国总公司获得来自乙国分公司100万的营业收入,乙国的所得税率为30%,因为对外资实行税收减半的政策,税率降为15%。甲国所得税率为35%。用差额税收饶让法计算分公司实纳税额、总公司向甲国纳税税额以及获得的抵免额。

$$乙国分公司实纳税额 = 100 \times 15\% = 15(万元)$$

$$甲国总公司可获得的饶让差额 = 100 \times 30\% - 100 \times 15\% = 15(万元)$$

$$\begin{aligned}\text{甲国总公司}\\\text{实纳税额}\end{aligned} = \begin{aligned}\text{甲国总公司}\\\text{应纳税额}\end{aligned} - \left(\begin{aligned}\text{乙国分公司}\\\text{实纳税额}\end{aligned} + \begin{aligned}\text{甲国总公司}\\\text{获得的饶让差额}\end{aligned}\right)$$

$$= 100 \times 35\% - (15+15) = 5(万元)$$

$$甲国总公司获得的抵免额 = 100 \times 30\% = 15 + 15 = 30(万元)$$

(二)定率饶让抵免

定率饶让抵免是指不论居住国纳税人的收入在来源国有无得到税收优惠,或者是否按照税收协定规定的限制税率征税,居住国政府对本国纳税人都要按协定规定的比例给予税收抵免。

例如:甲国母公司获得乙国子公司 50 万股息收入,乙国规定股息预提税 25%,甲国所得税税率为 30%,甲、乙两国的税收协定规定股息固定税率为 20%,用定率饶让抵免法计算母子公司分别纳税的情况。

$$乙国子公司实纳税额 = 50 \times 25\% = 12.5(万元)$$

$$协定规定抵免的固定税率 = 50 \times 20\% = 10(万元)$$

$$母公司实纳税额 = 50 \times 30\% - 10 = 5(万元)$$

由此例可以看出,乙国子公司已纳税额中的 2.5 万(12.5 - 10)并未被抵免。当来源国税率高于规定税率时,定率饶让抵免法不能将纳税人在来源国所纳的税额完全抵免掉。只有当来源国税率低于规定税率时,来源国的税收优惠政策才能发挥作用。在国家间签订的税收协定中,对投资所得的饶让抵免多数为定率饶让抵免法,日本与我国签订的税收协定中就规定,日本政府对日本居民来自中国的特许权使用费按已经缴纳 20% 的税率予以抵免。

三、税收饶让的应用

税收饶让的应用关键在于确定居住国政府,允许抵免的跨国纳税人已向来源国缴纳的税款中,应包括"实际已纳税额"和"视同已纳税额"(即来源国政府"优惠减免税额")两部分。下面我们通过举例来说明税收饶让在直接抵免法和间接抵免法中的应用。

(一)直接抵免下的税收饶让

直接抵免法的国外税收饶让抵免,适用于允许税收饶让抵免国家的可以享受已纳国外税额直接抵免的纳税人。

例如:法国总公司某年国内获利 500 万元,法国所得税税率为 35%,总公司在中国有一分支机构同年赢利 200 万元,中国所得税税率为 30%,但为吸引外资,中国实行税收减半的优惠政策。中、法两国签有允许税收饶让的协定,请问法国总公司的纳税税额为多少？总公司获得的税收抵免额为多少？

$$中国分支机构实际纳税额 = 200 \times 30\% \times 1/2 = 30(万元)$$

$$法国对来自中国收入的抵免限额 = (500 + 200) \times 35\% \times 200 \div (500 + 200)$$
$$= 70(万元)$$

$$法国视在中国已纳税额 = 200 \times 15\% + 200 \times (30\% - 15\%)$$
$$= 200 \times 30\% = 60(万元)$$

因为抵免限额高于在中国已纳税额,所以法国允许抵免的中国已纳税额为分支机构实际缴纳的与视同已缴纳的税收之和60万元。

$$总公司向法国纳税税额 = (500 + 200) \times 35\% - 60 = 185(万元)$$

若法国不实行税收饶让抵免,那么能抵免的已纳税额只有30万元,中国作为税收优惠对法国分支机构少征的另外30万元税款在法国被补征,中国吸引外资而做出的财政牺牲没有任何意义。所以,居住国使用税收饶让抵免保障了收入来源国实行税收优惠的效果。

(二) 间接抵免下的税收饶让

间接抵免法的国外税收饶让抵免,适用于允许税收饶让抵免国家的可以享受已纳国外税额间接抵免的纳税人。

例如：一日本母公司在某纳税年度内国内获利500万,日本的税率为40%,它控制着一菲律宾子公司50%的股份,子公司在菲律宾同年赢利300万,菲国为吸引外资在菲投资把原来30%的所得税税率减半。在日菲的税收协定中日本允诺实行税收饶让抵免,那么日本对母公司征税多少？母公司获得税收抵免额为多少？

$$母公司承担的来自子公司股息的已纳税额 = \left(\begin{matrix}实纳\\税额\end{matrix} + \begin{matrix}视同已纳\\税额\end{matrix}\right) \times \frac{母公司实获股息}{母公司视子公司税后利润}$$
$$= (300 \times 15\% + 300 \times 15\%) \times 300 \times (1 - 15\%) \times$$
$$50\% \div [300 \times (1 - 30\%)]$$
$$= 54.64(万元)$$

$$\frac{母公司来自子公司的应税收入}{} = \frac{母公司来自子公司的实得股息}{} \div (1 - 非优惠税率)$$
$$= 300 \times (1 - 15\%) \times 50\% \div (1 - 30\%)$$
$$= 182.14(万元)$$

$$\frac{日本对来自菲律宾股息已纳税款的抵免限额}{} = (500 + 182.14) \times 40\% \times 182.14 \div (500 + 182.14)$$
$$= 72.86(万元)$$

因为实纳税额54.64万元低于抵免限额72.86万元,所以日本允许间接抵免母公司的已纳税额54.64万元。

$$\frac{母公司向日本实纳税额}{} = (500 + 182.14) \times 40\% - 54.64 = 218.22(万元)$$

母公司获得饶让抵免额 54.64 万元。

四、对税收饶让公平性与有效性的争议

税收饶让需要通过发达国家与发展中国家以税收协定的方式确定下来。而大多数发达国家出于种种原因，比如支持发展中国家经济发展、作为对外援助政策的一部分、促进资本输出、占领国际市场、作为协定谈判的筹码等，也同意通过签订双边税收协定给予本国的跨国纳税人税收饶让抵免。英国是最早倡导饶让抵免的国家，日本、法国、德国、瑞典、丹麦、加拿大等国也同样比较积极和合作，但美国与其他国家签订的税收协定中就从来没有饶让抵免的条款。各国对此的分歧主要集中在公平性和有效性上。

在公平性方面，美国认为税收饶让有违资本输出中性原则。资本输出中性原则要求税收制度不能改变国际资本在各个国家之间的流入或流出，也不应影响投资者在国内、国外或各国之家的投资选择。在多数发展中国家实行税收优惠，并要求居住国给予税收饶让的情况下，投资国内和投资国外的纳税人之间就会出现税负不均，他们就更偏向于国外投资或者在与本国签有税收饶让协定的国家投资。

而发展中国家则认为经济全球化的现状是各国经济发展极不平衡，发展中国家技术落后、资金人才缺乏、国民收入和人民生活水平不高，造成这一现状的原因之一就是长期以来全球性资源配置和财富分配不均，所以发展中国家才以税收优惠的形式吸引外资流入，发展本国经济。从这一点出发，税收饶让是对资源的优化配置，调节财富的分配，从更深层上体现了公平原则。

另外，对外国减免税实行饶让抵免不会损害居住国的税收利益，而对其进行补征则是侵占他国税收利益的一种表现。税收饶让并不涉及居住国政府承担什么损失来补助来源国经济。因为需要饶让的本来就是来源国政府应征收的税款，只是出于经济发展的需要，才优惠减免给投资者，而不是优惠给其居住国政府。居住国政府给予税收饶让，实质上不会在税收利益上受到损失。如果居住国的资本过剩，实行税收饶让还能鼓励资本和技术输出。

在有效性方面，部分发展中国家也认为税收饶让条款可能会导致利润的过分回流本国，而不是将这些利润再投入当地来巩固原来的投资或扩大再生产，从而影响发展中国家的经济持续发展。

五、我国的税收饶让态度和 OECD 关于税收饶让的争议

我国重视和坚持税收饶让原则，税收饶让对吸引外国投资是有效的。在我国目前发展经济的过程中，为吸引外国资本和引进先进技术，我国对外资提供了税收优惠政策，为了达到授惠于纳税人的目的，我国常常要求外资所在国，特

别是发达国家做出税收饶让的允诺。

我国认识到涉外税收优惠是引进外资和先进技术的重要手段,但不是唯一的决定因素。影响国际资本流动的因素是多种多样的,投资环境的优劣是其主要的决定因素,投资环境包括政治环境和法律环境,市场大小,交通、通信等基础设施,银行保险等因素。在引入外资的过程中,既要重视税收优惠作用的发挥,又要从改善投资环境入手来吸引外国资本。

随着全球经济环境的变化,在各国重新审视其税制结构和税制设置的政策过程中,税收饶让引起了人们的普遍关注,许多国家越来越不愿在税收条约中给予税收饶让,提出了重新评价税收饶让的要求。特别是OECD于1997年着手对税收饶让条款的运用及有效性进行研究,并于1998年3月发布了《OECD关于税收饶让的报告》(以下简称《报告》),以促使各国重新思考税收饶让条款,并协助OECD国家和非OECD国家设计一种更加一致的办法。

《报告》阐述了OECD国家主张限制税收饶让的主要原因,包括如下几个:

第一,新的全球经济格局对税收饶让的作用提出质疑。给予税收饶让的初衷是要促进发展中国家经济的发展。然而,一些20世纪六七十年代还处于发展中国家行列的国家,目前经济水平已经达到甚至超过一些OECD国家。这就使得许多OECD国家不愿在新的税收谈判时给予税收饶让。另外,经济全球化降低或消除了跨国贸易和投资的壁垒,使跨国贸易和投资迅速增加,但对于某些传统的发达国家,税收饶让条款的负效应却越来越明显。

第二,税收饶让条款容易被滥用。税收饶让条款本身为税收筹划和避税提供了更多机会。不仅本国居民可能适当地利用税收饶让条款,而且第三国居民也可能利用居民国进行逃、避税,这将给居住国带来巨大的损失,而非居住国也会发现本国的税基无意中被侵蚀了。《报告》提出了四种典型的避税方式:滥用转让定价、导管方式、路线、潜在的政府滥用税收协定。这种对条款的滥用不仅对居住国造成巨大损失,而且也会侵蚀东道国的税基。

第三,税收饶让可能鼓励超额的利润回流。税收饶让在吸引外国直接投资方面可能具有负面效应。因为它鼓励外国投资者把获取的利润以较大比例流回本国,而不是将这部分利润再投资于来源国,以巩固或扩大其初始投资,并进一步促进该国经济发展。事实上,当国外公司通过在当地设立子公司这种对外直接投资最常见的形式进行投资时,实行税收抵免的居住国往往对子公司的利润延迟纳税,直到这些利润再分配时。当这些被分配的利润享受税收饶让时,饶让的效果将是负面的,因为它鼓励利润汇回居住国,而不是将这部分利润再投资于经营国。因而非居住国,尤其是那些希望获得再投资的国家应慎重考虑,在吸引新的投资与鼓励现有投资者将利润再投资之间求得适当的平衡。

一些发达国家对税收饶让的滥用十分关注,而且将其作为反对税收饶让的一个撒手锏。我国不会同意取消税收饶让,但针对滥用税收饶让条款的情况,我国要加强国际的协调与合作。

案例应用

1. 某甲乙合资企业 A 公司在甲国的总公司某年应税所得为 5 000 万美元,所得税率33%;设在乙国的分公司当年应税所得1 000 万美元。如果乙国所得税税率为30%,而且乙国政府为吸引外资实行税收减半的优惠政策,且两国已签协议允许税收饶让。试问:

(1) 实际已缴乙国政府所得税额多少?
$$1\,000 \times 30\% \times 50\% = 150(万美元)$$

(2) 抵免限额为多少?
$$1\,000 \times 33\% = 330(万美元)$$

(3) 甲国视在乙国缴纳税款多少?
$$1\,000 \times 30\% = 300(万美元)$$

(4) 甲国允许直接抵免的在乙国已缴的所得税额为多少?

因为实际缴纳额与抵免限额相比要小,所以甲国政府允许直接抵免的所得税额为 300 万元。由于承认税收饶让,所以抵免的税额按未实行税收优惠的政策抵免,使乙国的税收优惠政策达到效果。

(5) 甲国政府最终应征税的税额为多少?
$$(5\,000 + 1\,000) \times 33\% - 300 = 1\,680(万美元)$$

2. 美国某母公司有一子公司在加拿大,另有一孙公司在墨西哥。某一税收年度内美国母公司国内应税所得为 2 000 万美元,收到加拿大子公司支付的股息收入50 万美元,同年加拿大子公司国内应税所得500 万美元,并收到墨西哥孙公司股息30 万美元,孙公司国内应税所得200 万美元,加、墨两国的所得税率均为30%,美国适用税率35%。试问:

(1) 应由母公司承担的子公司已缴所得税额是多少?

$$\text{子公司承担的来自孙公司股息的已纳税额} = \text{孙公司已纳税额} \times \frac{\text{子公司来自孙公司的股息收入}}{\text{孙公司的税后利润}}$$

$$= 200 \times 30\% \times 30\,万 \div [200 \times (1-30\%)]$$
$$= 12.86(万美元)$$

$$\text{母公司承担的来自子公司股息的已纳税额} = (\text{子公司已纳税额} + \text{子公司承担的来自孙公司股息的已纳税额}) \times \frac{\text{母公司来自子公司的股息}}{\text{子公司税后利润}}$$

$$= [(500 \times 30\%) + 12.86] \times 50 \div [500\,万 \times (1-30\%)]$$
$$= 23.27(万美元)$$

(2) 应并入母公司的子公司的所得是多少?

$$\text{母公司来自子公司的应税收入} = \text{母公司来自子公司的股息收入} + \text{母公司承担的来自子公司股息的已纳税额}$$
$$= 50 + 23.27 = 73.27(万美元)$$

(3) 应由母公司承担的下层公司已缴税额间接抵免限额是多少?

$$\text{母公司对来自子公司股息已纳税款的抵免限额} = (2\,000 + 73.27) \times 35\% \times 73.27 \div (2\,000 + 73.27)$$
$$= 25.64(万美元)$$

(4) 美国允许母公司多层间接抵免的已缴加、墨两国的所得税税额是多少?

美国母公司承担的来自加拿大子公司的已纳税额为 23.27 万美元,低于抵免限额 25.64 万美元,所以允许间接抵免 23.27 万美元。

(5) 美国政府在多层间接抵免下应征母公司所得税税额多少?

$$\text{母公司实际应纳税额} = (2\,000 + 73.27) \times 35\% - 23.27 = 702.37(万美元)$$

美国母公司来自子公司所有已纳税款被抵免,还补征了不足限额的部分 2.37 万美元(25.64 - 23.27 = 2.37),美国政府的财政收入得到加强。

思考与练习

1. 减除国际重复征税的思路与原则是什么?
2. 试比较主要的三种减除国际重复征税的办法。
3. 试比较直接抵免法与间接抵免法在使用范围和计算公式上的异同。
4. 试比较税收饶让在直接抵免法下与间接抵免法下的异同。
5. 试比较分析分国限额与综合限额对纳税人和国家经济利益的影响。

第五章 国际避税

International Tax Avoidance

随着国际经济交往的扩大和跨国活动的增加,尤其是与跨国公司的产生和发展密切联系,国际避税已经成为国际税收领域一个普遍的现象。一方面,跨国公司追求利润最大化,尽一切可能避免税收负担;另一方面,各国间的税收制度存在着差异,客观上为跨国纳税人进行国际避税创造了条件。本章将介绍国际避税的概念,以及国际避税的基本方式和特殊方式。通过本章的学习,应该掌握国际避税的定义、成因、特点以及跨国纳税人主要通过哪些方式进行国际避税。

学习要点

International tax avoidance has become a common phenomenon in international taxation field, due to close economical connection among countries, especially the worldwide transactions of multi-national enterprises. On one hand, multi-national enterprises avoid tax to maximize their profits; on the other hand, different countries apply different taxation arrangement, which gives chance to international tax avoidance. In this chapter, we will learn the conception of international tax avoidance, and basic and special methods of international tax avoidance and evasion. By learning this chapter, you are expected to master the definition, causes, characteristics and main methods of international tax avoidance.

第一节　国际避税概述

一、国际避税的概念

(一)避税的概念

1. 避税与逃税。避税与逃税是两个不同的概念,它们在法律上有着明显的区别。

(1)避税与逃税的定义。避税和逃税是两个既有联系又有区别的概念。

逃税(Tax Evasion),一般指纳税人故意或有意识不按照国家法律规定,减轻或消除税负的行为。逃税行为是一种违法行为。国际逃税是跨国纳税人利用有关国家在国际税收征管方面的疏漏,违反税法规定,用欺骗等手段不缴或少缴税款的非法行为。如少报所得或瞒报所得,虚报费用和成本,伪造账册,涂改、销毁账册或票据,隐藏财产,采用不正当手段骗回已经缴纳的税款等。

避税(Tax Avoidance),一般是指纳税人利用各国税法上的疏漏或税法规定的优惠政策,在各国税收法规和有关税收协定条款许可的范围内,做出财务安排或税收谋划,运用变更经营地点或经营方式等合法手段,达到规避和减轻国际纳税义务的目的。国际财政文献局(IBFD)的《国际税收辞典》中对避税的定义为:"避税指以合法手段减少应纳税额,通常含有贬义。"例如,此词常用以描述个人或企业,通过精心安排,利用税法的漏洞、特例或其他不足之处来钻空取巧,以达避税目的。《新编避税与反避税实务全书》中的避税定义为:"避税一般指纳税人利用税法上的漏洞或税法允许的办法作适当的财务安排或税收筹划,在不违反税法的前提下,以达到减轻或解除税负的目的。"《中国税务百科全书》对避税的解释为:"避税是指负有纳税义务的单位和个人在纳税前采取各种合乎法律规定的方法,有意减轻税收负担的行为。"国际避税是跨国纳税人利用各国税收法律和法规的差别和漏洞,通过人和资金、财产在国家间的转移,尽量减轻其税收负担的行为。

从上述多种对避税的解释可以看到:避税概念的核心是义务纳税人作为避税的主体在不违法的前提下的行为,其目的是为了使税收负担最小化。总体说来,避税行为是一种合法的行为,具有以下法律特征:

第一,避税的行为主体是自然纳税人或企业法人。为减轻或解除税收负担,纳税人或企业法人事先经过周密安排和筹划,利用税法的空缺和漏洞或者利用税法的不健全和不完善来达到少缴税款的目的。

第二,避税以不违反税法为前提。避税行为合法与否,关键是看国家是否承认纳税人有权进行减轻纳税义务的选择,或者是否从法律上对减轻纳税义务选择明令禁止。

第三,避税的目的是为了获取最大的利润,使税收负担最小化。从纳税人的角度看,避税实际上是对经济利润追求的体现,但从国家角度来看,纳税人避税影响了国家的财政收入,国家必须立即采取措施,对税法缺陷进行补救,但是不能追究纳税人的法律责任。

(2)避税与逃税的联系与区别。逃税与避税的动机都是纳税人追求额外利润、减轻税负的行为。其结果对一国的经济和收入影响都是一样的,都减少了有关国家的财政收入,但两者在本质、手段以及防范措施上有所区别,主要体现在以下几方面:

第一,是否明显违反法律。避税有一个中性的定义,指通过合法手段减轻纳税义务的行为。在理论上,许多学者认为是否违反法律是避税和逃税本质的区别,也是区分避税和逃税的最根本原则。但后来避税的合法性为越来越多的国家政府所否定,认为它是错用或滥用税法的行为。很多国家制定有反避税条例或条款,我国的税法也制定了反避税条款。因此,新定义下的避税已经成了需要制止的活动。所以,看避税究竟是合法还是不合法,主要取决于有关国家的法律规定。各国税法规定不完全一致,有的国家规定的比较健全,对各种跨国经营活动的纳税行为作了较为具体详细的规定,有的国家税收法规不够严密,因而是否合法或是否违法,各国都有不同的标准,国际上很难统一做出解释。一种行为在一个国家是合法的,但在另外一个国家也许就是非法的。

相比而言,逃税是非常明显的、故意违反法律的行为,而避税是符合法律的,只不过是利用各国税法制度的差别和漏洞,钻法律的空子。但是,由于各国税法存在着差别,在国际税收实践中,避税和逃税在很多情况下难以准确区分。比如某项费用,A国税法规定允许在其所得中列支扣除,而B国的税法规定却不允许在所得中列支,那么与这项费用扣除有关的纳税行为在A国可能构成避税行为,在B国就是逃税行为。

第二,采取的手段不同。逃税是违法的,所以手段隐蔽而多种多样,例如,拒绝申报所得,少报或瞒报所得,虚报或多报费用和成本,伪造、涂改、销毁账册或票据,隐藏财产,骗取不合理的扣除额,采用不正当的手段骗回已经缴纳的税款,等等。总之,逃税都是违反税法规定,采用欺骗手段不缴或少缴税款的行为。避税是合法的,所以是公开的,而其手段多样,涉及范围极其广泛,主要是利用各国税法上的疏漏或税法规定的优惠政策,运用变更经营地点或经营方式等合法手段来实现规避税负的目的。

第三,对待态度和处理方式不同。由于避税与逃税的性质不同,对它们的处理方式也不同。逃税是国家法律明令禁止的,对待逃税行为,有关国家的税务当局根据税收协定和国内税法及有关法律的规定,采取严厉措施,根据逃税的违法性质,依法采取追缴税款,或是加处罚金、查封财产等经济处罚,严重的还要追究刑事责任。对于避税,一方面是有关国家通过调整纳税人的收入或费用,要求纳税人进行补税;另一方面,为了避免避税的重复发生,一般需要有关国家健全税收法制和相应的国际税收协定,以堵塞税收漏洞。

2. 避税与节税。另一个与避税有联系的概念是税收筹划或称节税(Tax Planning)。

荷兰国际财政文献局《国际税收辞典》将节税定义为:"税收筹划是指通过纳税人经营活动或个人事务活动的安排,达到缴纳最低的税收。"美国梅洛斯《会计学》的定义为:"在纳税发生以前,有系统地对企业经营或投资行为做出事先安排,以达到尽量地少缴税,此过程即为税收筹划。"这些定义虽然表述各异,但实质均很接近。综合起来,我们可以概括为:税收筹划是指在国家法律许可的范围内,通过对企业设立、筹资、经营、投资、利润分配等行为的事先筹划和安排,进行纳税方案的优化选择以达到税后利润最大化目的的一系列活动。

避税与节税很难区分,因为二者都不违反法律,但是它们也有差别:

避税虽然从表面上看并没有违法,不会受到处罚,但避税是通过利用税法中的漏洞与缺陷来减少纳税的,它违背了最初的立法意图,因而是政府始料不及并将在未来的立法中加以克服的。避税使国家的财政收入蒙受损失,但是在法律上对此类行为又缺少明确的依据,税务机关不可能像对待逃税那样依法加以惩治,只能通过不断完善税收法律、法规来减少这种行为的发生。因而,随着税制的不断完善,避税的空间将日趋狭窄。

相比之下,节税是纳税人在全面了解掌握税收政策法规的基础上,在多种纳税方案中进行科学合理的事先选择和规划,从而实现自身税后利润最大化的一种行为。节税充分体现了法律政策的导向,是顺应立法意图的完全合法的行为,理应得到政府的鼓励和纳税人的重视。

当然,对是否出于立法意图难以进行客观的描述,因为在实践中两者并不像避税和逃税那样泾渭分明,这也在一定程度上增加了反避税的难度。

(二)国际避税的概念

随着经济的发展,经济活动必然会突破一个国家的界限。在跨国的经济活动中,经营者面对的是更加复杂的外部环境,在税收领域,经济活动的主体会同时受到母国和东道国税务管理部门的管理。

国际避税是指跨国纳税人利用两个或两个以上国家的税法和国际税收协定的差别、漏洞、特例或缺陷,规避或减轻其总纳税义务的行为。其中,差别是指各国的税法和税收协定对税种、税制要素等规定的差别;漏洞是指大多数国家或大多数双边税收协定应有或一般都有,而某国税法或某个双边税收协定里遗漏的或不完善的规定;特例是指某国规范的税法或某个规范的双边税收协定中针对某种极为特殊情况的不规范规定;缺陷是指某国税法或某个双边税收协定中规定的错误之处。在理解国际避税的概念时,需要注意以下两点。

1. 国际避税不同于国内避税。国内避税是指纳税人在本国范围内通过各种合法手段进行的避税行为。其特点是纳税人借助本国所提供的条件,利用本国税法中的漏洞,从事各种避税活动。国内避税不需要纳税人跨越国境的活动,其所规避的纳税义务仅为居住国的纳税义务。

国际避税从本质上讲是避税行为在国际范围内的延伸和发展,从使用的手段和要达到的目的来看,二者基本一致。但是,国际避税绝不是避税行为跨越国界的简单延伸。与国内避税相比较,国际避税产生的客观原因是国家间的税收差别。从事国际避税的纳税人跨越了国境或税境,涉及两个以上的国家,其所得来源、渠道、种类、数目等都比较复杂。跨国纳税人必须面对比国内复杂得多的税务环境,纳税人的着眼点不在于在一个征税国家内税负最小,而是追求全球范围内总体税负最小,因而国际避税毫无疑问比国内避税更复杂、更普遍。

2. 国际避税与国际逃税、国际节税。对国际避税、国际逃税与国际节税的比较与前面对避税、逃税与节税的比较分析基本一致,只不过是要把纳税人的活动放大到全球范围。国际逃税是纳税人在跨国活动中利用非法手段逃避其在有关国家已负有的纳税义务,它与国内逃税活动一样,是一种违法行为。而国际避税并不违反有关国家的税法,所以它与国际逃税的性质完全不同,但从动机和结果来看,二者并无明显的不同,所以世界各国都会采取措施予以节制。国际节税又称国际税收筹划,它是一种完全合法的行为,它的动机合理,结果对纳税人有利,对国家无害。

二、国际避税的成因

(一)追求利润最大化是其内在的、主观的原因

从主观上说,利润最大化是所有从事生产、经营、投资活动的纳税人追求的共同目标,跨国纳税人更是如此。通常情况下,在所得一定时,纳税越少,获利越多。所以,在经济利益的驱动下,处于竞争激烈的国际市场中的跨国纳税人就会具有强烈的愿望,企图通过减轻纳税义务来尽可能地增加其税后利润。减轻纳税义务的方式有很多,包括逃税和避税等。然而,由于逃税在各国都是非法行为,受到各国政府的严厉打击,且随着各国税收法制建设的不断完善,逃税的风险越来越大,越来越多的跨国纳税人意识到逃税行为一旦败露,对自身信誉造成的损害会远大于逃税带来的经济利益。因此,许多跨国纳税人都不愿以

这种风险太大的方式来减轻税负,而乐于以避税的方式来实现目标,因为避税既不会违反税法规定,不会遭到法律的严厉打击,又可获得额外的经济收益。可见,减轻税负最有效且风险不大的方式莫过于避税了。跨国纳税人要取得尽可能多的税后利润,就得运用精心策划的各种方法和手段进行国际避税。所以说,国际避税产生的内在的、主观的原因,就在于从事生产、经营、投资活动的跨国纳税人对利润最大化的追求。

(二)各国税收制度的差别和缺陷是其外部的、客观的原因

1. 各国税收管辖权的差别。目前,世界各国行使的税收管辖权主要有三种,即地域税收管辖权、居民税收管辖权和公民税收管辖权。但是,各个国家在税收管辖权的选择上存在着很大差别。有的国家实施地域管辖权,有的国家实施居民管辖权或是公民管辖权,而大多数国家则同时实行居民管辖权和地域管辖权,其形式一般是以一种管辖权为主,以另一种管辖权为补充。除了在税收管辖权的选择上各国各有不同外,各国采用的判定居民和收入来源地的标准也不尽相同。这就使得跨国纳税人能够做出有利于减轻税负的选择,利用这种国与国之间的差异产生的漏洞来规避纳税义务。

2. 各国税种选择和征收范围的差别。各国税法中规定的税种和各种税的征收范围存在着明显的差别,这种差别不仅表现在税种名称及形式上,而且表现在征税范围的确定上。各国在税制结构上存在较大差别,例如,有的国家征收法人所得税、个人所得税、资本利得税、财产税等,有的国家不征收资本利得税,有的国家则不征收所得税或财产税,或是虽征收所得税、财产税,但规定来源于某些地方或位于某些地方的所得、财产价值不属于征税范围,或是某类所得、财产项目价值不属于征税范围。譬如,百慕大群岛仅对本地区资产净值征收5%的税,对各种所得及其他财产均不征税;列支敦士登公国对持股公司除经营商业外,都不征收所得税。

3. 各国税率和税基的差异。税率和税基共同决定了税负的大小。税率是税法的核心,它反映了税收负担的基本状况。税率上的差异具体表现在税率高低的差异和税率结构的差异两方面。各国税率高低差异很大,税率结构也不尽相同,大致可划分为比例税率和超额累进税率两种,其中税率高低的幅度、应税所得级距的大小,各国的规定又相差很大。这种税率高低和结构上的差异客观上也为纳税人对纳税避重就轻的选择创造了前提条件。

税基是指某一税种的课税依据。在所得税中,税基即为应税所得。计算应税所得要对各项成本费用进行扣除,各国税法对应税所得计算的规定差异很大,一般来说,税收优惠越多,税基就越小、越窄。许多发展中国家为了吸引外商前来投资,在涉外税法中作了一些优惠规定。反之,税收优惠越少,则税基越

大、越宽。在税率确定的条件下,税基的大小宽窄决定着税负的轻重。因此,各国税法对税基的不同规定就意味着某一纳税人的某次所得在一国不能扣除,而在另一国却可能获得扣除的待遇,于是为纳税人避税创造了机会。

4. 各国避免重复征税方法的差异。由于各国税收管辖权的重叠和冲突所引起的国际重复征税会阻碍人和资本的跨国流动,妨碍国际经济和文化交流,破坏税收的公平,所以,各国政府都积极采取一些措施来避免国际重复征税,但是,各国的具体方法却不尽相同。从单边避免国际重复征税的方法来看,目前各国采用较多的是抵免法,但也有一部分国家采用免税法和扣除法。当采用免税法特别是全额免税法时,就很容易为国际避税创造机会。在采用抵免法时,如采用综合抵免额的方法,也可能导致跨国纳税人的国际避税。

而各国间避免国际重复征税的单边和多边措施是通过有关国家签订国际税收协定,对各自的税收管辖权的实施范围加以规范来实现的。这些协定之间的差别就更大了。因为目前的国际税收协定绝大多数都是在两个国家之间协商签订的,而每个协定所涉及的国家,在政治、经济发展水平和法律制度等方面都不相同,因此,税收协定中的有关规定很容易被跨国纳税人利用来进行国际避税,这也就是我们将在下一节中谈到的国际避税的一个重要方法——"滥用国际税收协定"。

5. 各国采用税收优惠措施的差异。在当今的国际经济领域中,许多国家,特别是发展中国家,出于各种经济目的,或是为了吸引外国投资,或是为了鼓励技术进步,往往会在税收上实行某些优惠措施,如允许加速折旧、亏损结转、投资抵免、再投资退税、规定减免税期限和优惠税率等。随着税收饶让方法的广泛采用,各国为了争夺资本和技术,在税收方面的优惠也日趋增加,新的优惠方式层出不穷。这些税收优惠措施的存在,使得有关国家的实际税率大大低于名义税率,甚至在高税率国家出现了避税机会。税收优惠相当于对从事国际经济活动的企业和个人提供了"税收庇护",纳税人利用有关国家的税收优惠,可以有效地减轻税负。

6. 各国税收征收管理水平的差别。有些发达国家虽然在税法上规定的纳税义务较重,在实际操作过程中却有差别。有些国家税收征收管理比较科学严密,征管人员素质也较高,国际避税比较困难,但还有一大部分国家(发展中国家更是如此)征收管理水平低下,工作中漏洞百出,税负名高实低。对国际避税的过程来说,这些差异是十分重要的,例如,对于在执行税收条约或协定中的情报交换条款时各税务当局管理效率上的差别,如果某一缔约国的税收管理水平不佳,将会导致该项条款成为一纸空文,从而在该国造成更好的国际避税条件。

7. 涉外税收法规中的漏洞。一国涉外税收法规中存在漏洞,也可以为纳税人进行国际避税创造有利条件。这方面的突出例子是一些发达国家实行的推迟课税规定。推迟课税又称延期纳税，是指一国政府对本国居民从国外分得的股息在汇回本国以前不征税，这笔股息汇回时再对其征税。本来发达国家制定推迟课税的规定是为了鼓励本国居民公司在海外子公司的发展，强化其与当地公司的竞争能力，但这一规定后来被许多跨国公司利用来从事国际避税。它们在低税国或国际避税地建立自己的子公司，通过种种手段把利润转移到这些子公司，并将分得的利润长期滞留在海外子公司，由于可以享受推迟课税待遇，因此这些跨国公司凭借这种手段成功避开了居住国较高的税负。

上述种种差别，客观上都为跨国纳税人进行国际避税创造了前提条件。也就是说，在现代国际社会中，国家之间很难在税法和税收制度上实行完全一致的内容和标准，从而使跨国纳税人拥有选择纳税的机会和条件。当国内税负高于有关国家的税负标准时，跨国纳税人就会利用这些差异来设法回避国内纳税义务；而当有关国家税负标准高于本国税负标准时，跨国纳税人又会设法回避在有关国家的纳税义务。总之，跨国纳税人一旦拥有选择纳税的机会和条件，就会做出避重就轻的纳税选择。

除了税制上的差别外，跨国避税活动的形成，客观上还有一些非税原因。例如，外汇管制方面的宽严程度以及公司法、移民法、银行保密条例、通货膨胀等方面的差异，也都会对跨国纳税人的国际避税行为产生重要影响。

三、国际避税的特点

（一）国际避税与国内避税相互交织和促进，使得国际避税更加复杂

避税作为商品经济社会的特有现象，是随着商品经济的发展而发展起来的。在商品经济发展初期，人们的经济活动多限于一定的地域范围内，企业间的跨国联系很少，因而企业的避税活动也多限于一国范围内，即此时的避税基本上是国内避税。只是到了商品经济发达时期，国际经济贸易不断发展，企业不断到国外投资、经营，跨国企业大量兴起和迅猛发展，人们的经济活动和避税活动才大量超越一国范围而进入国际领域，避税活动也才在多数企业中普及，而此时的避税既有国内避税，也有国际避税。20世纪70年代以后，西方国家以及一些发展中国家的企业已不再仅仅局限于规避本国的关税和销售税了，而是在跨国经营和跨国所得等方面也极力避免缴纳国内、国外的税收，成为国际避税的极度追求者和受益者。而且，避税活动也已不再仅仅是少数纳税人偶然的经济行为，而成为许多纳税人，特别是跨国纳税人的一项普遍的社会经济活动。很明显，国际避税虽然是国内避税在国际范围内的延伸和发展，但它与国际避税又是相互交织、相互促进的，并使得国际避税问题更加复杂化。

(二)国际避税地的存在与发展使避税具有国际普遍性

当今世界,各国的经济发展很不平衡。为更多地吸引外国资金和技术以发展本国经济,许多国家特别是一些发展中国家,制定了各种税收优惠以及鼓励政策,甚至不惜开辟自由港、免税区来吸引外国投资者。据统计,20世纪80年代初期,国际上共有自由港350多个,遍及75个国家和地区;低税区则多达几千个,几乎遍及世界各地。这些自由港、低税区为避税的国家化和普遍化创造了条件,到这些地方来投资经营的企业家、商人不仅获得了额外的收益,促进了当地经济的发展,更重要的是,其示范效应致使更多的国家和地区效仿,从而使避税活动得以普遍化。

(三)会计师、律师、税务师事务所的出现使国际避税更具有专业性

现今国际避税活动的普及,已使避税由原来的偶然的、自发的经营行为逐步演变成为经常、自觉、有意识的专业化经济活动。国际避税已不再仅由某个企业或个人来自我完成,而是要借助社会专业力量和依靠专门从业者的知识、智慧。在许多国家,避税已成为一种职业。例如,20世纪90年代初期,美国专门为企业避税服务的会计师、律师和税务专家多达1万人,在欧洲、南美洲和亚洲,已有越来越多的律师和会计师加入这一行列,成为避税专家。会计师事务所、律师事务所、税务师事务所的出现已成为企业避税的主要依靠力量,借助这些力量,企业可以轻而易举地逃避可纳可不纳的税收,而无须自我研究、分析税法中的不完善方面及缺陷。

(四)运用财务和非财务手段实现避税已成为国际避税的又一重要特点

纳税人最初的避税活动,往往是通过财务手段,利用税法不及的方面实现少纳税或不纳税。随着避税条件的不断变化和税法、税收政策、税收征管等方面避税机会的日益暴露及广泛利用,原有单一的财务手段已被财务和非财务手段的并用所替代,并成为名副其实的企业经营行为。在纳税人的避税活动中,非财务手段的运用已接近甚至超过财务手段的运用,并有继续发展的趋势。

四、国际避税的危害

在国际经济交往中,各种税收的、非税收的国际避税的客观条件使得跨国纳税人谋求利益最大化的欲望成为可能。国际避税活动愈演愈烈,也给世界经济合作和发展带来了严重的危害。

(一) 严重损害有关国家的税收利益

国际避税的一个直接后果,就是严重损害有关国家的税收利益。由于跨国纳税人的避税行为具有隐蔽性和复杂性,其对各国财政收入造成的实际损失额无法得到全面准确的统计。国际避税不仅损害了资本输出国的税收利益,也损害了吸引外国资金与技术的发展中国家预期取得的经济利益。跨国纳税人利用发展中国家涉外税收征管制度不完善和税务人员缺乏国际税收经验的弱点,在享受税收优惠的同时进行避税,这已经引起有关国际组织和许多发展中国家的严重关注。

经济和商业发展步伐,尤其是在数字经济和无形资产等领域,对跨国企业避税难以有效规制,税基侵蚀与利润转移(BEPS)问题愈演愈烈,引起国际社会高度关注。据 OECD 统计,2014 年全球因 BEPS 导致的税收流失在 1 000 亿美元至 2 400 亿美元之间,相当于全球企业所得税总额的 4%~10%。大型跨国企业成员公司所承担的实际税率,相比从事类似业务但仅在国内运营的企业,要低 4%~8.5%。应税利润与创造价值的活动发生地相分离的现象在无形资产领域尤其明显,且呈快速增长态势。

(二) 妨碍国际经济交流与合作的正常发展

跨国纳税人出于避税目的,会利用转让定价等手段来跨国转移利润,造成国际资本的不正常流动及流通秩序混乱,导致有关国家的国际收支出现巨额逆差。为此,有关国家可能实行外汇管制,限制资金外流,从而对正常的国际资金流动造成不利影响。

(三) 导致税负不公,扰乱正常税收秩序

在利润相同的情况下,进行国际避税的纳税人其实际纳税可能远低于一般正常税的标准,从而使那些未进行避税安排的纳税人处于不利的竞争地位。当一部分跨国纳税人设计了有效的避税方案,而相关国家的税务机关难以依法制止时,避税方法和行为就会迅速在全世界范围内蔓延。

(四) 增大企业和国家的成本费用,导致社会资源的严重浪费

企业为保证国际避税行为的成功,需要高薪聘请经验丰富的职业会计师和律师来设计一套万无一失的避税方案,而国家为反国际避税也要花费大量的人力、物力和财力,设计出更加严密、全面的税收制度以及加强税收的征收和管理。随着国际避税和反避税斗争的逐步升级,越来越多的资源被浪费在这场不创造社会财富的博弈中,从而导致社会整体福利水平的下降。

（五）损害国家税法的尊严，影响跨国纳税人对税务当局的信赖

税法是主权国家依据政治权力，经过立法程序制定的法律规范，具有绝对的威严。税务部门是税收法规的执法机关，对所有纳税人奉行公正原则，以此博得纳税人的信赖。但当跨国纳税人的避税得逞，而有关国家政府又束手无策时，税收的不公正会使那些一般的诚实的纳税人对国家税法及税务机关的信赖产生动摇。如果有关国家受避税与逃税的危害，而单纯采取增加税收负担的办法以弥补受损的财政收入，则无疑将激发诚实的纳税人放弃守法而另择避税路径。

第二节　国际避税的主要方式

对于跨国纳税人来说，国际避税相对于国际逃税来说，是一种更为隐蔽、安全的逃避税负的手段，在各国税法越来越趋于完善的情况下，跨国纳税人更为倾向于采用避税的方式减轻税负。随着国际经济交往越来越密切，纳税人跨国活动增加，尤其是跨国公司的子母公司遍布许多国家，活动的范围遍布全球，国际避税形式也变得多种多样。这一节我们主要介绍国际避税的基本方式与特殊方式。

一、国际避税的基本方式

各国政府征税是在其税收管辖权范围内，依据征税对象数额的大小对跨国纳税人进行征税的。不同的国家政府，对于纳税行为主体（跨国纳税人）和纳税行为客体（跨国纳税人的所得以及财产等）所采用的税收管辖权原则不尽相同，这就导致了各国对纳税主体和纳税客体的定义不同。国际避税的基本方式就是跨国纳税人通过借用或滥用有关国家税法、国际税收协定，利用它们的差别、漏洞、特例和缺陷，规避纳税主体和纳税客体的纳税义务，不纳税或少纳税。下面分别从纳税主体和客体的流动与非流动，以及利用国际避税地和税收优惠政策等方面来介绍国际避税的基本方式。

（一）纳税主体的流动

纳税主体的流动是指一个国家税收管辖权下的纳税主体迁出该国，成为另一个国家（较低税负国家或避税地）税收管辖权下的纳税主体，或没有成为任何一个国家的纳税主体，从而规避或减轻其总纳税义务的国际避税方式。它具体包括以下几种方法：

1. 纳税人居所的避免。世界上多数国家都同时行使来源地税收管辖权和

居民税收管辖权。其一般做法是将纳税人分为居民和非居民,对本国居民的全球范围所得行使征税权,被称为"无限纳税义务"。而对非居民仅就其来源于本国的所得征税,被称为"有限纳税义务"。各国税负水平高低不等,跨国纳税人通过从高税国向低税国迁移,改变自己的居民身份,从而有效地减轻税负,即利用居所的迁移来逃避纳税义务。另外,各国行使不同的税收管辖权,以及行使居民税收管辖权的不同国家对居民身份的确定标准又是不一样的,主要是住所标准和时间标准不一样。在这些不同居民身份标准的确定中,往往存在一些漏洞,使得一些跨国纳税人游离于各国之间,确保自己不成为任何一个国家的居民。

(1)跨国自然人居住国的避免。一般来说,实行居民管辖权的国家在确定一个自然人的居民身份时,一般是基于当事人是否在本国境内存在住所、居所或居住达到一定天数的法律事实,而在本国有无居所是决定性的因素。由于各国在居所的认定上多以停留时间为标准,不同国家规定的停留时间长短是不同的,跨国纳税人即在不同的国家选择居住期,使自己避免成为任何一个国家的居民,达到规避居民纳税义务的目的。

例如,甲、乙两国的税法都规定,凡在本国连续或累计居住时间满一年者,就成为本国税收上的居民。某跨国纳税人可以在甲国居住不到一年,再移居到乙国,居住也不满一年,这样该跨国自然人既不是甲国的居民,也不是乙国的居民,从而合法地避免承担甲、乙两国的居民纳税义务。

采取这种方式的跨国纳税人往往在各国间旅行,甚至住在船上或游船上,在任何一国停留都不超过规定的居民停留标准,任何国家都无法将其视为居民,从而逃避几乎所有的纳税义务。这种为躲避居民税收管辖权而东奔西走的人,在国际上常被称为"税收难民"。

(2)跨国法人居所的虚假迁出和转移。跨国法人也可以通过选择或改变税收居所的方式来逃避税收管辖。因为在实行居民税收管辖权的国家,判定一个公司法人是否为本国居民纳税人的主要标准是注册地、总机构以及实际管理中心或控股权股东所在地。因此,公司可以通过消除注册地、总机构以及实际管理和控制中心的法律象征来转移或隐藏公司住所,以达到避税的目的。

例如,若某国是以登记注册地为法人居民身份的判断标准,该国某公司就可以通过选择在低税或免税的避税港注册登记的办法,达到逃避高税国行使税收管辖权的目的。

例如:美国政府采用登记注册地标准,凡在美国登记注册即是美国法人居民公司,其要就来自世界范围的所得纳税。假设某法人在美国登记注册,每年从他国子公司处取得一笔股息,这笔股息应依法向美国政府纳税。然而,该法人居民公司通过变更登记注册地点而成为非美国法人居民公司,则该法人从他国子公司处取得的股息,美国税务当局也就无法凭借居民(公民)税收管辖权对其征收任何税收。

若该国以公司的总机构、实际管理和控制中心为法人居民的判断标准,则法人可以把其董事会的开会地点移到低税国或避税地,或通过精心安排消除实际管理机构概念而使其居所"虚无化",从而避免成为该国的法人居民,有效地逃避无限纳税义务。

例如:英国采用的法人居民判定标准是实际管理中心所在地标准。如果一个英国的居民公司想要通过虚假迁出变成一个英国的非居民公司,以达到避税的目的,它可以通过下列做法来实现:①所有公司的英国股东不再参与公司的管理,他们不再运用他们股份所代表的表决权,而只保留自己在财务利益上的权利;②改由一个是英国非居民的人担任常务董事;③不再在英国召开理事会议或股东会议,会议记录也不再在英国整理;④电话或其他指示不再来自英国;⑤如果遇到紧急的或机不可失的交易,需要立即开会并做出决定,那就建立一家独立的英国"服务公司",按一定的利润率纳税,这样,最多只有少量的利润在英国被征税;⑥"外国的"会议记录,包括详尽的和大约的能够表明"确实"是在国外做出经营决策的一些情况。事实表明,上述做法十分奏效。设在英国的法国费尔钢铁公司实施上述方案,在从1973年到1985年的12年间,共规避了英国应纳税款8 137万美元。

2. 纳税人居所的国际迁移。纳税人居所的国际迁移可分以下3种情况。

(1)跨国自然人住所的真正迁移。高税国的跨国自然人可以通过把居所迁往低税国或无税国,以成为低税国或无税国居民的方式来彻底终止在原居住国的无限纳税义务,从而有效地规避税收。对于这种纯粹为了规避高税而移居他国的现象,在国际上称之为"税收流亡"。采用居所的移动来进行国际避税的纳税人一般包括已退休的纳税居民和居住地与工作地分离的纳税居民。其中,已退休的纳税居民移动居所的目的有两个。一是减轻税收负担,即规避原居住国较沉重的退休金税收和一般财产税;二是移居到气候宜人、风景秀丽、自然地理条件优越的旅游胜地(其中多是避税地)以享受较好的生活环境,颐养天年。而居住地与工作地分离的纳税居民移居的主要目的在于设法成为高税率工作所在地的非居民,以规避沉重的税收负担。

(2)跨国自然人住所的短期迁移。住所的短期迁移是指高税国的跨国自然人把其住所临时迁往低税国,时间一般不超过一年,其目的是在此期间获得某一外国的税收优惠。如某自然人欲出售股票、债券和不动产等,他可以在出售前移居到一个没有资本利得税或是税负较轻的国家,在移居后实现的资本利得就可以避免原居住国的资本利得税。避税意图实现后,再迁回原居住国,这种迁移又称假移居。

例如：加拿大在1971年12月税制改革前,对资本利得不征税。一个荷兰人要出售他在某家荷兰公司所拥有的一部分股份,为了逃避荷兰20%的资本利得税,他可以暂时移居加拿大,取得加拿大的居民身份,在加拿大出售他的股份。这样,他就可以完全逃避荷兰的资本利得税。这种以迁移居住地的方式躲避所得税不会涉及太多的法律问题,只要纳税居民办理准迁手续,支付已查定的税款即可。

(3) 跨国法人居所的真正迁移。对于跨国法人来说,其居所的真正迁移意味着将整个公司真正地从高税国迁往低税国,这也是跨国纳税人摆脱某一高税国居民税收管辖权的最彻底的方法。但是,通过居所的国际迁移达到避税目的在现实中却不宜采取。虽然居住在高税国的跨国公司面临的个人所得税、公司所得税、赠予税、财产税等要比居住在低税国的跨国公司高出很多,但在实际中,一家公司将其居所由高税国转向低税国是有许多困难的：许多固定资产不便带走,或无法带走；有些设备虽然可以拆卸运输,但要支付高额的运输成本,经济上不合算；公司带走资产需要承担的拆装和运输成本很高,无法带走的资产变卖后必须就其资本利得上缴大量税款。因此,跨国法人不会轻易采取这种办法避税。

3. 居所或住所的部分迁出。所谓"部分迁出"是指高税国的跨国纳税人为了减轻税负,依据有关国家税法的规定,利用法律的漏洞,只把法律规定的构成居所或住所的部分迁往低税国或无税国,而高税国纳税人在原居住国还保留着一些构成居所的因素,并未完全消除或摆脱在原居住国构成其居民身份的某些因素(包括在原居住国仍保留住所、保留银行账号、参与某些社会经济活动等),有一种藕断丝连的关系。

4. 成为临时纳税人。纳税人可以临时迁到他国去,从而在该国具有临时居住权,这样的纳税人通常被称为"临时移民"。根据国际惯例,临时移民可以享受居住国税收方面的特别优惠。临时被派往其他国家工作的跨国自然人,就属于临时移民,他们往往能够得到临时工作所在国减免所得税的特殊优惠,或者享受该国只有临时住所或第二住所的税收待遇。这种临时住所或第二住所的税收待遇,在国际上被称为"暂时移民"税收待遇。第二居所与主要居所是不同的,但都可以享受一定的税收优惠。

提供税收优惠的国家,往往根据被派出人员具有的临时性和非居住性来决定优惠内容。有些国家对临时性和非居住性的确定,以这些人员在本国逗留的时间长短为标准；有些国家则以是否有固定的居所为标准。各国对临时入境者和非居民提供的税收优惠很多,免税项目亦占很大比重,纳税人利用有关国家这种临时纳税人的规定,就可避免或减除一部分税负。如美国政府规定,凡外来者在美国居住期不超过三个月的,对其所获得的收入免征所得税。

此外,还有一些国家对未有本国正式居民或公民身份的人,一概称为"临时入境者",这些人在被确认为"完全"的公民或居民之前一概不负纳税义务。还有一些国家为吸引更多的外国专家来本国工作,采取向其提供税收优惠的办法,以补偿其出国工作的额外费用,这些税收优惠很容易被利用来进行国际避税。

例如:一个人在法国仅仅拥有一幢房子或居住在其他地方,每年在法国住上一段时间,不超过5年或是超过5年但每年的累计时间不足半年,则此人只是法国的临时居民,只承担有限的纳税责任。由此可知,个人可以利用某些国家税法中对临时纳税人税收优惠的规定来达到减轻税负的目的。

(二)纳税主体的非流动

所谓纳税主体的非流动是指纳税人本身并不离开原居住国或改变其居民身份,而是通过别人在他国为自己建立一个相应的机构或媒介,通过使其所得或财产形式上与本人分离,来达到本人在居住国避免就这部分所得或财产纳税的目的。一般地,通过他国相应的机构或媒介,主要是采用信托和订立信托合同的方式,来达到回避税收管辖权、减轻税负的目的。

1. 利用信托形式进行避税。信托是指一个自然人或公司法人把资产或权力(信托财产)移交给另一个人或公司等法人实体(受托人),让受托人成为财产的独立所有者,并负责用受托人自己的名义管理和使用这笔财产,以有利于受益人。受益人可以是委托人指定的第三方(这种信托称为他益信托),也可以是委托人本人(这种信托称为自益信托)。

信托起源于罗马,在英美法系国家十分发达,而在大陆法系国家不流行,大陆法系国家甚至没有完整的信托法律,这是因为不同法系对信托的认识和规定不尽相同。英美法系的国家将信托看成是一种法律关系,委托人和受托人的信托关系一旦成立,财产的所有权就从委托人转移到受托人,这样就切断了委托人与其财产之间的所有权联系,委托人就其委托的财产也不必承担纳税义务,信托的受益人(包括受益人是委托人的情况)只需就从信托机构得到分配的利益部分进行纳税;而大陆法系的国家不承认信托财产独立的法律地位,把信托看成一种合同关系,信托关系的成立并不影响委托人对委托财产的所有权,从而委托人的纳税义务也没有发生转移,对财产所有人的信托财产及其收益要征税。英美法系和大陆法系对信托财产税收处理办法的差异为跨国纳税人提供了避税的机会:所得税率高的国家的居民可以将财产转移至境外,以全权委托的形式将这笔财产交给低税率的国家或避税地的信托机构代为管理,信托收益也留在国外,这样财产所有人和信托受益人就可以减少甚至完全免除向本国政府的纳税义务。

由于英美法系的上述特点,许多跨国纳税人选择采取信托方式避税。在信托业刚兴起的时候,利用信托进行国际避税的主要是自然人,因为可以通过信托资产的分割,将其财产转移到继承人或受赠人名下,借此来规避在有关国家的继承税、遗产税或赠予税。如今,随着跨国公司全球化经营的蓬勃发展,利用信托进行国际避税已越来越受到跨国集团公司的青睐,成为跨国公司避税和低税融资的重要手段。跨国公司往往在避税地国家成立信托公司,然后把在高税国的财产信托给该公司经营。例如,德国某公司为躲避本国所得税,将其年度利润的80%转移到巴哈马群岛的某一信托公司,由于巴哈马群岛是世界上著名的避税港,则该德国公司就可以有效避税。

由于信托本身所具有的隐蔽性,以及各国对信托具体制度的规定总是存在这样或那样的差异,所以跨国纳税人利用信托进行避税的具体对策相应就更加多样化。而且,随着信托避税越来越引起有关国家税务当局的注意,通常也被列为反国际避税的打击目标,从而也迫使跨国纳税人不得不尽量采取信托关系复杂化的办法来摆脱居住国对信托的控制。

2. 订立信托合同进行避税。在实际避税活动中,除了信托形式之外,纳税人还可以运用订立各种形式的信托合同来进行国际避税。

订立信托合同进行避税是指跨国纳税人与银行之间通过签订信托协议,建立契约性关系,委托银行代理业务的一种避税方式。例如,跨国纳税人与银行签订信托合约,委托银行代纳税人收取利息。如果受托银行所在国是个避税地,而且与支付利息者所在国缔结包括减征预提税条款在内的双边协定,那么,尽管跨国纳税人所在国与利息支付国之间没有签订这种税收协定,跨国纳税人仍可借助这种特殊的信托关系进行避税。

例如:A国和B国签有互惠双边税收协定——A国银行从B国居民获得的利息收入可减征50%的预提所得税。假定B国规定利息税率为20%,而支付给A国的利息根据双边税收协定可减按10%扣缴。当C国某一公司与B国某公司发生借贷关系时,假定C国政府与B国政府之间没有双边税收协定,C国公司作为债权人可以委托A国某一银行代向B国公司收取贷款利息,从而同样可以少纳50%的预提税。

(三) 纳税客体的流动

纳税客体的流动,又称为物的流动,是指跨国纳税人将其在一个国家税收管辖权下的纳税客体转移出该国,在各国之间流动,使之成为另一个国家税收管辖权下的纳税客体,或没有成为任何国家的纳税客体,以规避或减轻纳税人总纳税义务的国际避税方式。这里的纳税客体指的是跨国纳税人的各类所得、财产以及资金、商品、劳务、费用等相关要素。

在国际避税活动中，跨国纳税人采用将课税对象从高税国转移到低税国来进行避税的方式更为常见，因为课税主体转移容易引起高税国的注意，容易成为高税国采取反避税措施的主要打击对象，而课税对象转移这种方式则更为隐蔽安全，难于发现，是一种有效的国际避税方式。利用纳税客体的流动进行避税的方式主要有以下几种。

1. 避免成为常设机构。各国在对非居民（或非公民）是否有来源于本国境内的经营所得而就营业利润课税的问题上，主要是以其是否在本国境内设有常设机构为依据。《联合国范本》和《OECD 范本》规定：常设机构是指一个企业进行全部或部分经营活动的固定营业场所，特别包括管理机构、分支机构、办事处、工厂、车间、矿场、油井或气井、采石场以及任何其他开采自然资源的场所。避免了常设机构也就避免了对非居住国的优先纳税义务。此外，《联合国范本》还规定了常设机构的"实践标准"：建筑工地，建筑、装配或安装工程或者与其有关的监督管理活动，但该工地、工程或活动连续为期 6 个月以上的为限；企业通过雇用的其他人员为上述目的提供的劳务，包括咨询劳务，但这种性质的活动以在该国内（为同一工程）在任何 12 个月中连续或累计为期 6 个月以上的为限。

世界上大多数国家都采用这两个范本规定的"常设机构"标准，但实际上有很多国家的双边税收协定规定了许多免税的常设机构活动，从事相应活动的经营形式也不在常设机构的标准之列，如货物储存、存货管理、货物购买、广告宣传、信息提供以及其他准备性或辅助性活动等。跨国纳税人利用这些国家的税收协定，建立一些不在常设机构标准之列的机构，如仓库、辅助性营业场所等，然后将货物、资金、劳务转移到该机构，从而规避非居住国的地域管辖权。

另外，跨国纳税人还可利用各国对常设机构认定的时间标准的规定，避免构成常设机构的标准。如建筑工地或工程连续为期 6 个月以上才构成常设机构，这样跨国纳税人可以缩短工期，避免使建筑工地成为常设机构，从而逃避纳税。例如，在中东和拉美国家规定非居民公司在半年内获得的收入可以免税的情况下，有些海外建筑承包公司常常设法在半年以内完成其承包工程，以免缴这些国家的收入所得税。

2. 通过常设机构进行避税。除了避免成为常设结构，跨国纳税人也经常利用常设机构来转移其收入和费用，从而转移其应税所得，来实现其避税的目的。跨国纳税人利用常设机构的国际避税方式有很多种，常见的有以下几种。

（1）利用常设机构转移营业财产。跨国经营企业往往在国外有许多常设机构，其中一些常设机构的所在国为低税国或避税地，或是专门从事免税营业活动。当跨国企业一些常设机构所在国的经营税税率较高时，跨国公司总是要考虑和权衡营业财产从高税国的常设机构转入免税国或低税国的常设机构后税负的变化,并考虑不同国家对财产不同的评估方法,利用常设机构之间营业财产的转移,减少企业的总体税负。跨国企业经营财产在总机构与常设机构之间转让,或在两个常设机构之间转让,需要权衡两个方面的问题。一方面,财产转出的常设机构是否由此而产生一笔资本利得,在账面上是否反映出就此负有的纳税义务,对这笔资本利得应如何进行估价;另一方面,财产转入的常设机构对财产价值如何计算,以便确定今后计提折旧的基础。因此,一个跨国法人通常可以利用转出方与转入方所在国对营业财产评估计算以及税率规定上的差异,通过常设机构之间营业财产的转移,尽量减轻总体税负。

(2)利用常设机构转移劳务费用。跨国纳税人常设机构常常为其总机构提供某些辅助性服务,这一类服务可能是技术性或管理性的。常设机构可能为其总机构所生产的产品做广告,或是提供技术服务或推销活动等。当一个从事多种经营的跨国法人通过在另一国的常设机构进行一部分经营活动时,时常会发生这种情况。反过来,总机构也可能为常设机构提供类似服务,但常设机构本身并不生产和经营这些产品。对于这类服务该不该收费,是否在收费中包含佣金这类因素,各国有不同的看法和认识。如果常设机构有偿为总机构服务,则其为此而产生的费用开支,应视为常设机构的利润。由于常设机构与总机构是一个法律实体,通常无法确定在实际费用之外是否包含"佣金"及其百分比,也就难以分解出"佣金"这一构成因素,来重新记在常设机构的账上。所以,在《OECD范本》的注释里,主张对这类服务的"佣金"不计入常设机构利润;相反,总机构为常设机构提供服务,常设机构为此付出的"佣金",在计算利润时也不予列支。利用这些关于劳务费用不予扣除和收入不计入所得的规定,跨国法人可以将一部分劳务活动从高税国转向低税国的常设机构,以增加低税国常设机构的这类劳务活动,就意味着一部分利润随之转入了低税国,从而减少了跨国法人对这部分利润承担的税收。

(3)利用常设机构转移管理费用。尽管设在国外的常设机构,或多或少都有一些重要的决策自主权,但一个跨国法人的主要管理工作往往是集中在居住国的总机构进行的,这样就产生了一个有关总机构管理费用如何在总机构和常设机构之间分配的问题。在采用直接法确定常设机构利润的国家,税务当局就要了解总机构是否以及在多大程度上,对该常设机构进行了实际管理。如果常设机构的确受益于这种管理活动,则可以相应负担总机构的有关费用,并从它的利润中予以扣除。对此,可以用直接分配这些成本的方法,或采用假设常设机构向总机构支付报酬的方法来代替成本分配法。正是总机构在管理费用分配上有很大弹性,各国税制之间存在着差异,跨国法人才可以利用这一点来达到减轻税负的目的,比如,尽量对高税国中的常设机构多分配一些费用,相应减少了常设机构的利润和税负。

(4)利用常设机构转移利息、特许权使用费和其他类似的费用。这里所说的利息和特许权使用费的概念是清楚的,各国税法及两个税收协定范本中对此均有明确定义。至于其他类似的费用,则是指一些国家不包括在特许权使用费中的为使用非专利技术、商誉和商业秘密等而支付的费用。所有这些费用,既可能发生在企业与第三方之间,也可能发生在总机构与常设机构之间。许多国家的税法和税收协定是对此严加区分的:向第三方企业的支付,被认为是"真实"支付,可以在纳税时作为费用扣除;总机构与常设机构之间的这种支付,则被认为是"虚假"支付,对支付方不准作为纳税扣除,对收取方也不予计入利润。然而,这种规定对银行业和其他金融机构可能有某些例外,因为这些行业的主要业务是货币借贷,其收入与费用表现为收取利息和支付利息。此外,具有垫付性质的向第三方的"转手"支付也可以作为纳税扣除。

例如:A国总机构向银行借贷,然后转借给在B国的常设机构用于费用开支或投资,那么B国常设机构与使用这笔贷款有关的利息支出(从形式上直接支付给总机构)则可以扣除;同时这笔利息也不予计入A国总机构的利润。当总机构向第三方支付,其中有一部分与某常设机构活动有关时,该常设机构在计算利润时就可以按比例扣除。然而,这些原则性的规定在实际工作中有时很难准确把握,在不予扣除和允许扣除之间存在许多模糊点,跨国纳税人对此须加以巧妙利用,才可以达到减轻税负的目的。

(5)利用常设机构的亏损进行避税。虽然跨国法人通常都要连其国外常设机构的当年收益一起汇总向居住国或国籍国计算纳税,但发生在高税国中的亏损和发生在低税国中的亏损,有时会产生大为不同的结果。由于各个国家对待企业亏损的税务规定相差甚大,所以设法在最有利的国家使某个常设机构在最有利的时间列明亏损,也可为跨国纳税人减轻税负提供很大的回旋余地。

(6)利用常设机构所在国之间的汇率变化来避税。一个跨国法人的常设机构,可能分别设于不同国家。各常设机构之间可能是以不同的货币记账和结算,而各种货币的汇率波动又是变化莫测的。对某一常设机构盈亏的计算,由于相应汇率经常而剧烈地变动,有时可以得出营利和亏损两种截然不同的结果,这也可以被跨国纳税人用来进行有效的避税。

(7)利用常设机构虚构财产租赁进行避税。一般的财产租赁,其费用计算是根据独立核算原则进行的,通常没有什么问题。但是跨国法人可能利用常设机构所在国的不同税负,通过财产的虚构租赁,人为地转移应税所得,达到国际避税的目的。例如,一个跨国企业设在低税国的常设机构可以通过虚构财产租赁,向设在高税国的常设机构收取一笔租金,这样就可能把高税国常设机构的部分应税所得转移到低税国,从而减轻税负。

3. 利用关联企业转让定价转移应税所得。在国际避税方面,转让定价是客体转移避税中一种采用广泛且最常见的手法。它是随着社会化大生产的发展、公司组织形式和结构的变化，应运而生的一种内部管理手段，反映了公司集团内部分工与合作的要求，受到各国税务当局及国际税收专家们的格外关注，成为国际税收中的一个热点。转让定价涉及面广，内容也比较复杂，我们将在第六章作详细阐述。

（四）纳税客体的非流动

1. 利用延期纳税的规定。所谓延期纳税，是指实行居民税收管辖权的国家，对本国居民公司建立在国外的子公司所取得的利润等收入，在没有以股息等形式汇回母公司之前，对本国母公司不就其外国子公司的利润征税。例如，日本政府规定，设立在国外的公司企业，如果50%以下的股权归日本的居民纳税人所有，其税后利润未汇回本国之前，可以不向日本政府缴纳所得税。

针对各国延期纳税的规定，跨国纳税人可以通过在低税国或国际避税地设立一个实体，进行所得和财产的长期积累而不在公司内部进行分配，或者有意识地降低应分配股息的比例，以延缓向居住国缴纳税收。延缓纳税实际上并不会减少纳税人的应纳税额，但是对于高税国的跨国纳税人来说，拖延一段时间而迟缴的税款，相当于纳税人获得了一笔无息贷款，可以增加公司集团的流动资金。

当然，利用延期纳税的规定避税，其前提条件是纳税人先在低税国建立子公司，并采用转让定价和开展中介业务等手段将利润向子公司转移。

2. 分支机构和子公司之间的选择。跨国公司在对外投资时，可以选择不同的组织形式，在国外建立子公司或分支机构。

建立子公司或分支机构对跨国公司的税负有着不同的影响，因为子公司是一个独立的法人实体，独立承担法律责任，它的收益作为股息分配给母公司时，应缴纳预提税，它的亏损不能计入母公司账户，冲减母公司收益。分支机构与总机构（包括总公司、总经营机构）是同一纳税主体，总公司统一计算盈亏，而分支机构作为非独立的经济实体，往往可以不公布或少公布财务资料，易于逃避有关国家税务当局的监管。一般来说，由于国外公司在经营活动初期往往亏损较大，所以跨国公司可以在国外先设立一个分支机构，使其亏损冲抵母公司收益，减少母公司的税收负担；当国外的经营过了起步阶段，转向正常营利阶段后，再把分支机构改为子公司，母公司、子公司分别纳税，可以避免汇总纳税而提高税级。另外，一些国家税法规定只有当子公司的收益汇回母公司时，才予以课税，利用此政策，跨国公司可以延期分配股息或少支付股息，从而递延纳税。表5-1和表5-2分别列举了分支机构与子公司的有利与不利之处。

表 5-1　　　　　海外分支机构的有利条件和不利条件

有利条件	不利条件
分支机构的登记注册较为简单、快捷、费用较低，承担的成本费用可能低于子公司，通常不用缴纳资本注册税和印花税	分支机构在所在国没有独立的法人资格，不能享受该国政府为该国法人企业提供的税收优惠政策
对分支机构的法律和行政管理规定相对宽松，可以不公布或少公布财务资料	总公司必须就分支机构取得利润在其利润取得当年缴纳所得税，无法获得延期纳税的好处
分支机构可以避免对支付利息、特许权使用费或股息所征收的预提所得税	分支机构与总公司间支付的利息、特许权使用费等一般不能作为费用扣除，使用转让定价手段受到一定限制
分支机构产生的亏损可以冲减总公司利润，减轻总公司的税负	总机构必须承担国外分支机构的所有义务

表 5-2　　　　　海外子公司的有利条件和不利条件

有利条件	不利条件
公司内部财务战略可以灵活实施，易于使用转让定价的方法将应税所得由高税国公司转移到低税国	子公司的登记注册手续较为复杂、费用较高、时间较长，子公司可能需要缴纳资本注册费、印花税等
子公司可以享受所在国给予其居民公司同等的税收优惠待遇，子公司面临的税率一般低于分支机构	行政和法律对法人公司的各项规定十分严格，子公司必须完整、真实地公开其财务资料
公司内部结构中的相互关系是建立在合同基础上的，母公司不承担海外子公司的全部债务和义务，在子公司所在国只负有限的债务责任	子公司向母公司支付利息、特许权使用费或股息时需要缴纳预提所得税
设立子公司可以使母公司享受延期纳税的好处	公司在清算时要承担很高的税收

当然，跨国公司在选择不同的组织形式时，也会受到一些限制。如一些国家禁止外国公司在本国设立分支机构，坚持外来投资者必须在本国设立子公司，同时要求本国其他公司在该公司中拥有一定比例的股权，以使该子公司成为名副其实的本国居民公司。还有一些国家在税法中规定，当外国分支机构转为外国子公司时，以前的亏损要从总公司账上去掉，重新计算总公司所得，补缴

税款。类似的规定一定程度上降低了利用这种方式进行避税的可能性。

3. 合伙企业与公司之间的选择。跨国公司在其他国家进行投资时,常常会面临在合伙企业与公司之间进行选择的问题。如果仅从减轻税负的角度考虑,合伙企业可以避免经济性重复征税。因为许多国家的税法规定,合伙企业的营业利润不缴纳公司所得税,而是按照比例直接计入各个合伙人的个人所得,缴纳个人所得税,从而可以避免在对公司所得征收公司所得税的同时又对股东分得股息征收个人所得税这种经济性重复征税。但是,合伙企业并不是一种最佳的经营方式,因为它与公司相比有许多不利条件。例如,合伙人要负无限责任,合伙份额不能自由转让,不能发行股票筹资,在许多国家享受不到对公司企业提供的各类税收优惠,等等。相比之下,公司就可以克服这些缺点。所以说,在投资经营决策中,税收虽然是一个重要因素,但不是唯一的决定性因素。

4. 利用资本弱化进行国际避税。所谓资本弱化(Thin Capitalization),是指公司的资本结构中债务融资的比重大大超过了股权融资的比例,即股权小于债权。通常情况下,跨国关联企业间进行跨国融资时,经常通过高举债、低投资来使其资本弱化,从而增加利息支出,转移应税所得。

公司企业经营所需资金主要来自于股东的股份投资和银行贷款。在为企业筹资时,选择股份投资形式还是贷款形式,其中股份和贷款各占多少比例,主要考虑的是经营和经济因素,如营利性和风险性,而在税收方面,资本结构一般来说并不是重要的因素。但是,在现代跨国投资环境中,由于各国对跨国股息所得和对银行借贷利息的征税处理有很大的差别,即对企业支付的利息,往往允许其作为营业费用扣除,而对企业分配的股息,则作为企业所得,不允许扣除,此外,对企业汇出的利息的预提税税率往往较低,而对企业汇出的股息的预提税税率则往往较高。这样,在同样多的投资和同样高的回报率的情况下,被投资国关联企业的资本弱化可能会减少跨国企业集团的纳税义务。因而,跨国投资者常常会利用这种税收差别,在税收客体不进行国际转移的情况下改变所得性质,即少投入股份资本,多利用借贷资本,以达到避税的目的。

资本弱化给跨国投资者带来的好处包括:①避免从国外关联企业取得经营利润而缴纳的公司所得税;②避免由国外关联企业支付给母公司的股息所缴纳的预提税;③避免外国对公司利润的重复征税(如对公司利润征收的所得税相对支付给母公司股息征收的预提税);④国外关联企业能获得跨国企业设在别国其他子公司的损失抵补;⑤可以在不同的税收管辖权之间转移纳税义务,以减少在全球的应纳税额,如使得归集股息抵免最大化、外国税收抵免最大化等;⑥在非税收方面的考虑,如在实行外汇管制的情况下,可以将利润汇回。

下面通过具体的例子来对如何利用资本弱化的方法进行国际避税加以说明(如表5-3所示)。

表 5-3　　　　　　　　　跨国公司关联企业融资方式

项　目	股权融资	债券融资
总所得	100	100
支付利息	—	100
应税所得	100	—
应纳公司税(30%)	30	—
分配的股息或利息	70	100
预提所得税(10%)	—	10
外国投资者得到的现金收入	70	90
有效税率	30%	10%

在表 5-3 中,关联企业的总利润为 100 万美元。在股权融资的情况下,由于关联企业不向国外母公司支付利息,所以其应税所得额为 100 万美元。假定关联企业所在国的公司所得税税率为 30%,那么企业应缴纳的所得税即为 30 万美元。在母公司对其 100% 控股的情况下,该关联企业就要向母公司分配全部 70 万美元的税后利润。假定关联企业所在国对本国外商投资企业汇给国外投资者的税后利润不再征收预提所得税,那么母公司就可以得到这 70 万美元的税后利润,母公司在关联企业所在国实际负担的有效税率为 30%。而在债务融资的情况下,关联企业的应税利润等于所得扣除向母公司支付利息后的余额,假定总所得为 100 万美元,应付给母公司的利息也为 100 万美元(等于股权融资时的分配利润),则关联企业的应税所得额为零,即不需要缴纳公司所得税。但关联企业在向国外母公司支付利息时要代扣代缴 10% 的预提所得税,这样母公司实际得到的利息额就是 90 万美元,母公司负担的关联企业所在国实际有效税率仅为 10%,大大低于股权融资条件下有效税率 30% 的水平。

(五)利用国际避税地进行避税

国际避税地的存在是当今世界经济中一个引人注目的现象。避税地所实行的政策对国际资本的流动、投资分布状况、跨国公司收入与费用的分配格局以及有关国家的税收收入,都有着不容忽视的影响。对避税地的利用,几乎涉及主体转移避税和客体转移避税的各个方面。我们将在第七章对避税地作详细介绍。

避税地具有多种功能,如积累资金、对付外汇管制、提供营业和财产保密等,跨国纳税人(尤其是跨国公司)可以利用避税地来进行避税。例如,利用避税地虚构中转销售业务。纳税人利用避税地不征或少征税的特殊优惠条件,在避税地虚设各种基地公司,虚构营业,转移高税国的利润。此外,还可利用避税地转移收入和费用。纳税人利用设在避税地的基地公司,用各种形式把高税国公司或关联公司的收入和费用转移到避税地,达到避税的目的。这包括:以避税国公司的名义虚构管理高税国公司,向高税国公司收取管理费,人为地增加高税国公司的营业成本,把高税国公司的一部分利润转移到避税地;在避税地虚构对高税国公司的财产租赁业务,以租赁形式转移收入和费用;在避税地的基地公司虚构对高税国公司的咨询服务、技术服务,以收取咨询服务费、技术服务费形式转移收入和费用;以利息形式从高税国公司转出收入和转入费用。另外,高税国公司或总公司往往将提供劳务、转让技术、贷款等合同转移到避税地签订,使这些收入归入避税地基地公司账上,以逃避居住国的税收。

(六)利用税收优惠政策进行避税

我国对经济特区和经济技术开发区等区域或某些行业实行税收优惠政策,客观上造成了国内不同地区的税收差距,为纳税人利用这种差距进行避税创造了条件,纳税人往往利用虚设常设机构营业、虚设中转销售公司、变换公司招牌等方式避税。

1. 虚设常设机构营业。常设机构是企业进行全部或部分经营活动的一个固定经营场所。某些投资经营企业利用特区的各种优惠政策,在名义上将企业设在特区,实际其业务活动则不在特区或不主要在特区进行。这样该企业在非特区获得的经营收入或业务收入,就可享受特区的税收减免照顾,特区境外的利润所得就可以通过向境内企业总部转移而减少纳税。

2. 虚设中转销售公司。与特区商业企业有关系的非特区企业,或者在特区设置分支机构的非特区企业,抬高从特区的进货价格,把更多的利润留在特区,以达到商品所得利润总税负减轻的目的。

3. 变换公司招牌来达到避税的目的。我国对在经济特区和经济技术开发区的新办企业实行税收减免,给予必要的税收扶持,但一些不法厂商钻税法的空子,不断地换牌设厂,谋得免税和减税,使国家税收大量流失。

上述所介绍的跨国纳税人避税的几种常见方式,在现实生活中往往是结合起来使用的,以实现最大限度的避税。

二、国际避税的特殊方式——滥用税收协定

(一)税收协定与滥用税收协定

国际税收协定是主权国家为处理相互间的税收分配关系而达成的书面协

议。第二次世界大战以后,由于跨国的经济交往日益频繁,国家之间签订的税收协定,尤其是双边税收协定越来越多,内容也不断扩展。在双边税收协定中,缔约国通常相互为缔约他方的居民(包括自然人与法人)提供一些税收上的优惠,如对跨国投资所得征收的预提税降低税率、就对方国家居民来源于本国营业所得的征税程度予以限制等,并积极解决重复征税问题,其目的在于鼓励缔约国居民间的经济交往,促进彼此的经济发展。

这些优惠条款主要包括:

1. 跨国企业的营业利润只在其为居民的缔约国一方征税,收入来源的缔约国免于征税,除非该企业在收入来源国设有常设机构。在设有常设机构的情况下,收入来源国也只就归属于该常设机构的利润征税,而且所征的税款可在居住国得到抵免。

2. 缔约国一方的居民个人受雇于缔约国另一方而产生的劳务费所得,如果该人只在缔约国另一方短期停留,而且所得并非由缔约国另一方的居民雇主支付或代表雇主支付,也并非由雇主设立的常设机构支付,则该项所得只在其为居民的缔约国一方征税,即使在缔约国另一方可征税的情况下,所征的税款也可以得到抵免。

3. 股息、利息、特许权使用费等消极投资所得,在收入来源国可按照比该国常规税率为低的限制税率缴纳预提税甚至免税。

4. 个人独立从事专业性劳务而产生的劳务所得,只在其为居民的缔约国一方征税,收入来源的缔约国免于征税。

5. 船舶或飞机从事国际运输,或以船舶从事内河运输取得的利润,仅在企业实际管理机构所在的缔约国征税。

6. 缔约国一方居民在缔约国另一方学习、培训,或从事讲学、研究,取得的收入,收入来源的缔约国给予一定的免税优惠。

但是,税收协定的签订,在协调国家之间税收利益矛盾的同时,也为一些原本不应享受协定优惠待遇的跨国纳税人的避税活动开辟了一个新的领域,很多跨国投资者通过特殊的安排获得了这种待遇,并因此逃避了其本应承担的税负。这就是所谓的"滥用税收协定"。

滥用税收协定(the Abuse of Tax Treaty),一般指的是第三国居民(非协定受益人)利用其他两个国家之间签订的国际税收协定从事经济活动,从而享受协定的优惠待遇,获得其本不应该得到的税收利益。通过滥用税收协定这种行为,非协定受益人往往得以逃避原应承担税负的一部分乃至全部,从而达到避税的目的。

(二)滥用税收协定的方法

在实践中,滥用税收协定的通常做法是跨国纳税人通过在某个国家设立中介公司,然后以该公司名义到与该国有税收协定的国家从事经济活动,从而享受直接投资不能享受到的协定优惠。因此可以说,滥用税收协定进行避税的手法,是以设置中介体为主要特征的。其大体可归纳为以下3类。

1. 设立直接导管公司(Direct Conduct Companies)。直接导管公司是指为获取某一特定税收协定待遇的好处,而在某一缔约国中建立的一种具有居民身份的中介体公司。

例如:假设乙国和丙国签订了税收协定——乙、丙两国相互对对方缔约国居民来源于本国的投资所得以5%的低税率征税。又假设甲国居民公司A原计划在乙国组建子公司B,并通过B在乙国开展营业活动。但甲、乙两国之间并未签订税收协定,因而A公司来自于乙国B公司的股息所得应依照乙国税法的规定缴纳30%的预提税。在这种情况下,A公司会做出如下安排:不直接投资于乙国,而是通过其设立在丙国的子公司转而向乙国投资。这样一来,丙国子公司来源于乙国的股息所得便只需依照乙、丙两国税收协定规定的5%的税率缴纳预提税。如其在适当的情况下将取得的收益再转移给甲国居民公司A,A公司最终承担的乙国税负就大大减轻。即使甲、乙两国之间签有税收协定,但只要其对投资所得征税规定的限制税率高于5%,则A公司也可能通过类似的安排来逃避税收。这里的甲国居民公司A,原不应享受乙、丙两国间税收协定对投资所得规定的优惠待遇,即仅依5%的税率缴纳预提税,但其通过在丙国设立的子公司,即所谓的导管公司达到了享受此种优惠待遇的目的。

此外,跨国纳税人为从税收协定的滥用中获取逃避税收的更大利益,通常会考虑如下两个因素:一是导管公司所在国所得税税率较低或放弃对国外来源收入的征税权;二是导管公司所在国按照本国法律或依据与跨国纳税人居住国所签订的税收协定对源于本国的投资所得以较低的税率征税或免税。正因如此,避税地就成为跨国纳税人设立导管公司的最理想地点。美国学者认为,对美国所签订税收协定最明显的滥用就在于非协定受益人对美国与避税地所签订税收协定的利用。

2. 设置脚踏石导管公司(Stepping Stone Conduct Companies)。在设立直接导管公司不能直接奏效的情况下,采取设置脚踏石导管公司便是一种更间接、更迂回的避税方式了。设置脚踏石导管公司涉及在两个以上的国家设立子公司来利用有关国家所签订的两个税收协定,它实际上是一种直接导管公司与转让定价、避税港相结合的避税手段,属于一种高级避税形式。其结果使当事人不仅获得了本来其没有资格享有的税收协定待遇,而且还可能获得缔约国国内的税收优惠。现举例说明其运作:

例如:假设位于甲国的A公司打算在乙国进行投资,甲国与乙国、丙国之间均没有税收协定或协定条件不优惠,但甲国与丁国之间有优惠的税收协定或对来源于丁国的所得给予税收优惠。同时,乙国与丙国之间签订了条件优惠的税收协定,丙国公司从乙国获取的所得可以享受协定待遇。在这一系列条件下,甲国 A 公司可以在丁国建立一个 100% 持股的控股公司 D,在丙国设立控股公司 C,D 公司在丁国的绝大多数收入来源于向其 100% 控股的丙国 C 公司提供的各种服务;C 公司则通过向乙国 B 公司的投资获取股息、利息和特许权使用费等投资所得,此项所得按协定只需负担很低的预提税或根本就不负税。这样一来,来源于乙国的所得在无税负或低税负的情况下,就可以经丙国 C 公司与丁国 D 公司手中转移到甲国 A 公司的手中。在 A 公司从乙国获取所得的过程中,丁国 D 公司和丙国 C 公司如同两块供过渡用的脚踏石,故称它们为踏脚石导管公司。

以上两类做法,位于甲国的 A 公司均以减少其非居住国乙国的预提税为目的,因此,从乙国角度看,甲国的 A 公司滥用了乙国与丙国之间的税收协定。而 A 公司在这一过程中,还借助了它有资格享受的甲、丙或甲、丁两国之间的税收协定。如果缺少这两个税收协定,A 公司即无法达到避税目的。

3. 直接利用双边关系。直接利用双边关系有以下两种做法。

(1)设置同一国控股公司。有的国家的税收协定规定对那些持有少数参与股权的股东给予税收协定优惠,同时缔约国国内税法亦明确,如果股息是由同一国家中的另一公司收到的,则对股息课以较低的税。这样一来,甲国投资者 A 公司便可在乙国先组建一个完全控股公司 B,由公司 B 向乙国国内其他公司(如 C 公司)进行少量的投资参股(如 10%),这样甲国投资者便可获得本不应该获得的对少数参股的税收优惠。

(2)设置外国低股权的控股公司。许多国家对外缔结双边税收协定时都明确规定,只对控股权不超过一定比例的缔约国对方居民提供税收协定优惠。这样,非缔约国的公民便可通过在外国组建低股权的控股公司来实现避税的目的。

例如:德国对外签订税收协定有一惯例,即如果股息的受益者是一个外国公司,而该公司至少持有分配股息的德国公司 25% 以上的股份,那么,德国的税收协定通常对这一德国公司分配的股息不给予税收协定优惠。针对这一规定,一个拥有德国 B 公司 100% 股份的甲国(与德国签订有税收协定)的 A 公司,为了获取税收协定的优惠,可以依本国法律在本国境内先组建 5 个子公司,然后由这 5 个子公司分别持有德国 B 公司的股份,使每个子公司持有的德国 B 公司的股份均低于 25%,从而受惠于甲国与德国之间的税收协定。

(三)滥用税收协定的影响

许多国家为了减轻国际重复征税而签订双边税收协定,以约束缔约国双方相互限制向对方居民行使地域税收管辖权。它们通常都采取大幅度降低对消极所得(即股息、利息和特许权使用费等)的预提税税率的方式,有的对其中的某些所得项目还实行免税。这种税收优惠只限于缔约国居民。而滥用税收协定,则违背了缔约国双方的意图,会造成下列一些不良影响。

1. 造成有关国家的税收损失。滥用税收协定属于一种特殊形式的国际避税活动。那些本无资格享受税收协定优惠的跨国纳税人,通过精心安排,充分利用各国的税收协定,享受了不应享受的税收优惠,减轻了税负。这意味着作为来源国的有关缔约国,遭受了不应有的税收损失。

2. 违背了税收协定的互惠原则。签订税收协定限制缔约国居民管辖权的行使,是缔约国双方共同做出的一种利益牺牲,因此,协定所提供的优惠待遇,应仅惠及缔约国的居民。如果第三国居民通过在缔约国任何一方插入中介公司来获得协定优惠,那么,第三国也会从中受益却并不作任何牺牲。这样,税收协定中所假定的双方利益牺牲的平衡状态将被打破,其中一方将发生无谓的牺牲,这显然违背了税收协定中的互惠原则。

3. 破坏了缔约国给予税收协定优惠的初衷。由于缔约国一方对缔约国另一方的居民给予税收协定优惠是基于这样一个前提条件:该居民在缔约国另一方按其正常税制缴纳了税款,因而,如果税收协定优惠为居住在第三国的人所获得,这一前提条件就得不到充分的保证。

4. 不利于签订更多的税收协定。大量滥用税收协定现象的出现会引起缔约国的关注和忧虑,从而延缓签订新协定的进程。此外,如果非缔约国居民有可能利用其他国家之间已签订的税收协定,设法从中受益,达到避税和消除重复征税的双重目的,那么,就不会促使该非缔约国为解决国际重复征税问题而积极与其他有关国家签订税收协定。

案例应用

1. 利用跨国自然人住所的真正迁移进行避税。假设甲、乙两国均行使居民税收管辖权,以抵免法消除国际重复课税,甲、乙两国的个人所得税平均税率分别为40%和20%。跨国纳税人A先生某纳税年度在甲、乙两国取得的所得分别为200万美元和100万美元。

A先生的居住国原为甲国,其应纳所得税情况为:

$$在乙国应纳税额 = 100 \times 20\% = 20(万美元)$$

$$在甲国应纳税额 = (200 + 100) \times 40\% - 100 \times 20\% = 100(万美元)[1]$$

---

[1] 这里判断可抵免税额的过程从略,具体过程可见第四章相关内容。

总税负 = 在甲国应纳税额 + 在乙国应纳税额 = 100 + 20 = 120(万美元)

为了避税，A 先生迁移到乙国居住，则其应纳所得税情况为：

在甲国应纳税额 = 200 × 40% = 80(万美元)

在乙国应纳税额 = (200 + 100) × 20% − 200 × 20% = 20(万美元)

总税负 = 在甲国应纳税额 + 在乙国应纳税额 = 80 + 20 = 100(万美元)

由此可见，在甲国是高税国，乙国是低税国，且两国均行使居民税收管辖权，并都采用抵免法消除国际重复征税的情况下，当 A 先生为甲国居民时，其所有收入均须按 40% 的高税率进行纳税；而当 A 先生为乙国居民时，只有来源于甲国的收入才按 40% 的高税率纳税，其余收入只按 20% 的低税率纳税。通过从甲国移居到乙国，A 先生的总体税收负担由之前的 120 万美元减轻至 100 万美元，减少了 20 万美元，从而有效地达到了避税的目的。

2. 利用常设机构的亏损进行避税。假设高税国甲国的 A 公司在某纳税年度原应纳税所得额 5 000 万美元，所得税率 60%。低税国乙国的 B 公司亏损 1 000 万美元，A 公司支付 500 万美元将 B 公司购进，作为 A 公司的子公司。

计算如下：

A 公司原应缴所得税 = 5 000 × 60% = 3 000(万美元)

A 公司购进 B 公司后应缴所得税 = (5 000 − 1 000) × 60% = 2 400(万美元)

两公司所得汇总计算后少缴所得税 = 3 000 − 2 400 = 600(万美元)

避税收益 = 1 000 × 60% = 600(万美元)

A 公司净收入 = (600 − 500) = 100(万美元)

可见，A 公司在购进 B 公司后，经过两公司所得汇总计算，其所得税可以少缴 600 万美元，减去购进支付的 500 万美元，A 公司还可获得净收入 100 万美元。通过上述选择，纳税人 A 公司少缴了税款。

3. 利用信托形式进行避税。假设甲国个人所得税平均税率为 40%，一般财产税的税率为 3%，甲国居民 A 先生拥有一笔价值 100 万美元的财产，该笔财产每年可产生收益 10 万美元。为了避税，A 先生将这笔财产委托给设在乙国的一个信托公司进行保管和经营，乙国不征收一般财产税，对信托所得征收 20% 的所得税。这样，A 先生建立信托每年可以减轻的税负为：

一般财产税 = 100 × 3% = 3(万美元)

所得税 = 10 × (40% − 20%) = 2(万美元)

合计减少税额 = 3 + 2 = 5(万美元)

4. 利用滥用税收协定方法设置脚踏石公司进行避税。假设甲国与乙、丙两国均无税收协定关系——对于来源于乙国和丙国的所得都按 30% 的税率征收预提税，但甲国与丁国之间有税收协定关系——对来源于丁国的所得按照 5% 的税率征收预提税。同时乙国和丙国、丙国与丁国之间都签订了互相免征股息预提税的税收协定。甲国 A 公司原打算在乙国建立一家子公司 B，预计 B 公司每年可以向 A 公司支付 1 000 万美元的股息。

如果 B 公司直接把股息汇往 A 公司,则该笔股息将要承担预提税:
$$1\ 000 \times 30\% = 300(万美元)$$

如果 A 公司先在丁国建立一家 100% 持股的 D 公司,再由 D 公司在丙国建立 100% 持股的 C 公司,最后由 C 公司在乙国建立 100% 持股的 B 公司,则这笔 1 000 万美元的股息将会经过丙国 C 公司和丁国 D 公司,最后转移到甲国 A 公司,而此时该笔股息将承担的预提税为:
$$1\ 000 \times 5\% = 50(万美元)$$

由此可以看出,利用滥用税收协定方法使得总税负减轻:
$$300 - 50 = 250(万美元)$$

5. 苹果避税案。当苹果公司在 20 世纪 80 年代全球高科技行业中初露头角时,便积极通过企业财务战略的调整谋求税后所得的最大化,其推出了一款避税工具,全称为"爱尔兰面包片荷兰夹心三明治"。这一避税工具为苹果节约了巨大的税收成本。据苹果公司 2012 年对外披露的财务报表显示,苹果公司在美国之外获得利润 368 亿美元,而为其缴纳的企业所得税仅为 7.13 亿美元,也就是说,苹果公司在美国以外的盈利所得税率仅为 1.9%。2014 年以后爱尔兰对其居民纳税人的门槛进行重构,除非在税收协定中存在"打破僵局条款"(tiebreaker rule)等其他规定,否则在爱尔兰注册的公司将被视为爱尔兰公司,成为居民纳税人。图 5-1 是历史上的"Double Irish Dutch Sandwich"经典模式。

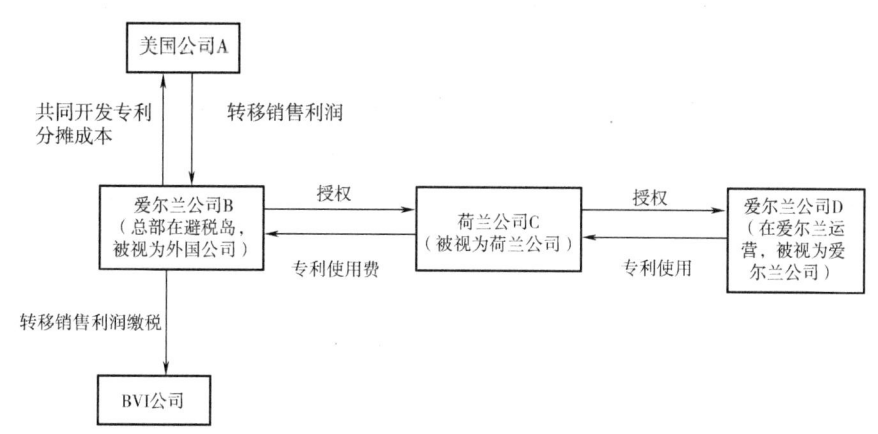

图 5-1 Double Irish Dutch Sandwich 模式

避税模式:调整经营架构,利用中间控股公司降低税负。具体为,苹果在爱尔兰投资设立两家公司,名称分别为"苹果国际运营公司"(AOI)和"苹果国际销售中心"(ASI)。AOI和ASI在英属维尔京群岛这一国际离岸金融中心由苹果设立的"鲍德温"的壳公司控制,而非苹果的美国总部。

避税原理:

(1)美国税法规定,美国企业海外子公司的经营所得,直到利润分配时才需要在美国缴税。

(2)爱尔兰税法规定(2014年以前),在爱尔兰注册的公司,只要其管理权和控制权都不在本国,就被认定为外国公司,不需要向爱尔兰缴税。爱尔兰企业所得税税率低,仅为12.5%。

(3)爱尔兰当时的税法规定,在爱尔兰注册的公司,只要其母公司或总部设在外国,就被认定为外国公司。荷兰当时的税法则以公司注册地来认定公司的国籍。同时,爱尔兰和荷兰都规定,欧盟成员国公司之间的交易免缴所得税。

(4)由于爱尔兰和欧洲多国签有协议,部分跨境交易所得免征预提所得税。

思考与练习

1. 什么是国际避税?
2. 简述国际避税与国际逃税的区别。
3. 国际避税产生的主要原因有哪些?
4. 国际避税的特点是什么?
5. 简述国际避税的危害。
6. 国际避税的基本方式有哪些?
7. 国际纳税人如何滥用国际税收协定避税?

第六章 转让定价与国际避税

Transfer Pricing and International Tax Avoidance

转让定价是进行国际避税活动的一种最常见的手段。随着跨国公司的兴起和日益发展,跨国公司应用转让定价,可以转移和再分配各关联企业的利润,以达到避税目的。本章将介绍关联企业与转让定价的概念,转让定价的动机与表现形式,以及制定转让价格的策略与方法。此外,本章还要介绍转让定价避税在我国的发展状况。

学习要点

Transfer pricing is one of the common methods for inter national tax avoidance. While the multinational enterprises established and developed, they could transfer and redistribute the profits in associated enterprises by transfer pricing to avoid the taxation. In this chapter, we will introduce the conceptions of associated enterprises and transfer pricing, the motivation and expressive form of transfer pricing, and the strategy and methods for setting transfer prices. Besides, we could also learn the developing state of tax avoidance by transfer pricing in our country.

第一节　跨国关联企业

一、关联企业的定义和性质

关联企业是现代社会经济生活中一种日趋重要的经济现象，一般是指存在着共同经济利益关系的企业群。不同的国家对关联企业的定义是不同的。《OECD范本》和《联合国范本》对国际关联企业作了如下界定：缔约国一方企业直接参与缔约国另一方企业的管理、控制或资本；同一人直接或间接参与缔约国一方企业和缔约国另一方企业的管理、控制或资本。在上述任何一种情况下，两个企业之间的商业或财务关系不同于独立企业之间的关系。

《中华人民共和国税收征收管理法实施细则》第51条对关联企业的定义是：关联企业是指在资金、经营、购销等方面，存在直接或间接的拥有或者控制关系，直接或间接地同为第三者所拥有或控制，或者其他在利益上相关联关系的企业。而2007年7月1日起实行的新的《企业会计准则第36号——关联方披露》中是用关联方对关联交易进行规定的。根据其规定，关系人或关联方是指在企业财务和经营决策中，一方有能力直接或间接、共同控制另一方或对另一方施加重大影响，或两方或多方同受另一方控制。

通过法律透视，可将关联企业这一法律概念的特质概括为：一种具有独立法律人格的企业之间的联合体，是由多种联系纽带联结而成的企业群体，其形成必定是为了特定的经济目的。关联企业中的成员企业必须具有独立的法律人格，这是构成关联企业的一个不可或缺的前提条件。关联企业是一种由单体企业联合起来的企业群体，在法律上关联企业的成员公司保持着各自独立的法人地位，各自享有独立的法律人格。这就是说，关联企业是由法律上各自独立的成员企业所构成的。它们之间的关系是平等的企业法人之间的联合关系。同样，关联企业的财产也不表现为企业集团作为一个整体所享有的财产，而是表现为各成员企业各自的独立财产，尽管这种所谓的独立财产存在着事实上的关联性和被支配性。关联企业也没有一个统一的管理机构。虽然有些企业集团设立有"总管理处"之类的机构，但是，这类机构充其量也只能发挥协调功能，但在关联企业法上仍然要由法律明确其法律地位和责任关系。关联企业中各成员企业各自虽然在法律上保持着其独立性，但其经济地位已经发生了倾斜。关联企业内部各成员公司之间在事实上形成了不平等的支配与从属的关系。

二、关联企业的确认

在实践中，对于一个总公司与其分支机构以及分支机构之间的连属关系一般是比较明确的,但是,对于母公司以及与其子公司之间的连属关系的确认就比较复杂。在世界各国的公司法、证券法、会计法、海关法、反垄断法以及税法等许多法律中都能看到关联企业这一法律现象的相关条款,各国在以上法规中均对如何判断企业之间是否存在关联关系做出了规定。

美国税法对关联关系规定的含义是最广泛的,而对纳税人来说则是最严格的。美国《国内收入法典》第482节综合规定为:"任何……两个或两个以上的组织,贸易主体或经营主体,共同隶属于同一利益主体,或者直接、间接地受控于此同一利益主体,即被视为具有关联关系。"这样的纳税人,就必须受有关转让定价税法条款的约束,以防止国际避税。上述规定的关键在于后面的"受控于"一词,该词与前面的"隶属于"一词并列。"隶属于"是明显的组织或财产关系,有一定的客观标准和法定依据,而"受控于"的含义非常广泛、模糊。对此,上述综合规定条款还附有若干具体规定加以解释、指明:"受控于"包括任何类型的控制,不论直接的或间接的、法律规定的或非法律规定的,也无论是已经实施的或尚未实施的,都属于"受控"范围。特别是,如果纳税人的所得额或扣除额已按照有关利益主体的意图转移,就可"推定"为控制行为已经产生。这就是说,如果国内企业按照某国外企业意图,以转让定价方式改变了所得额,转移了利润,这两个企业就被认定为生产控制行为而具有关联关系,就会受到税法制裁。在1968年颁布的《财政条例》中,美国相关政府部门又对上述内容作了较为详细的解释和规定。在条例中解释,所谓"组织",是指"无论是私人企业、合伙、信托、遗产、社会团体或是公司,无论在何地组建,在何地进行经营管理决策,在何地开展事业活动,并且无论其是国内企业或国外企业,是否免税团体,是否关联者,是否合并申报的当事者,这包含了任何种类的任何组织";所谓"贸易或经营",是指"无论是否设立组织或者在何地设立组织,无论是否个人所有,无论在何地开展活动,它包括了任何种类的任何经营或贸易"。

英国的规定与美国明显不同。英国在《1988年所得税与公司税法案》第770~773节中规定了关联关系的定义为:"买方系一法人或个人实体,卖方对其具有控制权,或卖方系一法人或个人实体,买方对其有控制权,或买卖双方均为法人或个人实体,双方有关法人或个人互有控制权。"英国法律也使用了"控制权"一词,并在第773节对此解释为:这类控制权体现在占有的股份或选举权中,或体现在关联企业组织章程赋予的权限中,或体现在任何规定处理权限的正式文件中。总之,必然有一定的客观凭证据以表明这类控制权。

加拿大税法中,对"连属自然人或法人"这一概念则另有解释。首先,所有被血缘、婚姻或养育关系联结起来的个人均被认定有关联关系。其次,个人与公司或公司与公司之间的关系则取决于"控制权"。这里也用了"控制"这个词,但加拿大法律对此并无明确解释,只能以判例法为依据,以股权占多数为判断标准,即以"法定控制权"为依据。这一点与英国近似,而有别于美国。

法国在《租税通法》第 57 节中对有关转让定价税制问题做出如下规定:"在对与外国企业存在控制与受控制问题的法国企业进行征税时,若该法国企业通过人为地提高或降低交易价格及其他任何手段将所得转移给该外国公司,税务当局可以将该部分所得划归该法国企业。无论法国企业控制或受控制于外国企业均适用本规定。在缺乏准确资料的情况下,可以比照在正常状态下营运的类似企业的所得来确定该控制与受控制关系企业的所得。"判定所谓"控制与受控制关系"的要素有二:一是股权上的从属关系,即某公司拥有另一公司50%以上的股权,尽管某公司拥有另一公司的股权不足半数,但它仍可作为大股东来行使支配权;二是事实上的从属关系,这是指通过某些非股权安排而产生的控制与受控制关系。

上述各国都从"控制"的角度来解释"关联企业",并将是否存在控制作为判定"关联企业"的基本标准。同时,它们不仅注重股权控制,还十分注重非股权控制,不仅涉及直接控制,也涉及间接控制,这是一个共同点。归纳各发达国家对国内外企业的关联关系的认定,具体标准大致有两条。

(一) 股权测定法

股权测定法是以企业间相互控股的比例来判定关联企业。目前,大多数国家对关联企业的界定是以有表决权的股份占受控企业总资本的比例为标准,但各国制定的控股比例标准却不尽相同。如瑞士、新西兰规定控股达到50%,这两家企业便为关联企业。日本规定,一个企业50%以上的股权被另一个企业3个以下的股东个人所拥有,或者有两家公司被同一个公司控制50%以上的股权,这两家公司也间接地被认定为关联企业。挪威则规定控股达30%。德国、西班牙、美国、奥地利等国规定控股达到25%便认定为关联企业。

(二) 实际控制管理判定法

实质重于形式是各国制定反避税规则的重要原则,因此,更多的国家从企业之间相互控制管理的实际情况来进行判定。比如,日本对于企业之间控股虽然达不到规定的比例,但只要符合以下四种情况之一者,便同样被认定为关联企业:①公司一半以上的职员是由另一公司委派的;②公司的执行董事,现在或曾经是另一公司的雇员或职员;③占相当比重的公司经营交易是与其下属公司之间进行的;④公司的贷款相当大的部分是从其下属公司借入或由其担保的。类似的规定在英国、美国、加拿大及澳大利亚等国也同样被采用。

根据我国有关法规的规定,关联关系主要是指企业与其他企业、组织或个人具有下列之一关系:

1. 一方直接或间接持有另一方的股份总和达到25%以上，或者双方直接或间接同为第三方所持有的股份达到25%以上。若一方通过中间方对另一方间接持有股份，只要一方对中间方持股比例达到25%以上，则一方对另一方的持股比例按照中间方对另一方的持股比例计算。

2. 一方与另一方（独立金融机构除外）之间借贷资金占一方实收资本50%以上，或者一方借贷资金总额的10%以上是由另一方（独立金融机构除外）担保。

3. 一方半数以上的高级管理人员（包括董事会成员和经理）或至少一名可以控制董事会的董事会高级成员是由另一方委派，或者双方半数以上的高级管理人员（包括董事会成员和经理）或至少一名可以控制董事会的董事会高级成员同为第三方委派。

4. 一方半数以上的高级管理人员（包括董事会成员和经理）同时担任另一方的高级管理人员（包括董事会成员和经理），或者一方至少一名可以控制董事会的董事会高级成员同时担任另一方的董事会高级成员。

5. 一方的生产经营活动必须由另一方提供工业产权、专有技术等特许权才能正常进行。

6. 一方的购买或销售活动主要由另一方控制。

7. 一方接受或提供劳务主要由另一方控制。

8. 一方对另一方的生产经营、交易具有实质控制，或者双方在利益上具有相关联的其他关系，包括虽未达到第一项持股比例，但一方与另一方的主要持股方享受基本相同的经济利益，以及家族、亲属关系等。

三、关联企业的表现形式

关联企业是一种企业之间的联合体，是一种具有多元化和多层次结构的企业联合。我国财政部发布的《企业会计准则——关联方关系及其交易的披露》列举了关联企业或关联关系的主要形式，它包括：①直接或间接地控制其他企业或受其他企业控制，以及同受某一企业控制的两个或多个企业；②合营企业；③联营企业；④主要投资者个人、关键管理人员或与其关系密切的家庭成员；⑤受主要投资者个人、关键管理人员或与其关系密切的家庭成员直接控制的其他企业。

（一）直接或间接的资本控制关系

直接或间接的资本控制关系又包括：

1. 某一企业直接控制一个或多个企业。例如，母公司控制一个或若干个子公司，则母公司与子公司之间即为关联关系。

2. 某一企业通过一个或若干中间企业间接控制一个或多个企业。例如，母公司通过其子公司，间接控制子公司的子公司，表明母公司与其子公司的子公司存在关联关系。

3. 一个企业直接地和通过一个或若干中间企业间接地控制一个或多个企业。例如，母公司对某一企业的投资虽然没有达到控股的程度，但由于其子公司也拥有该企业的股份或权益，如果母公司与其子公司对该企业的投资之和达到拥有该企业一半以上表决权资本的控制权，则母公司直接和间接地控制该企业，表明母公司与该企业之间存在关联关系。

4. 同受某一企业控制的两个或多个企业。例如，受同一母公司控制的各个子公司之间存在关联关系。

（二）合营企业

合营企业，是指按合同规定经营活动由投资双方或若干方共同控制的企业。合营企业的实质是两个或多个企业直接共同控制某一企业，使共同控制方与被共同控制企业之间构成关联关系。例如，A、B、C 三个企业共同控制 D 企业，从而 A 和 D、B 和 D，以及 C 和 D 构成关联关系。

（三）联营企业

联营企业，是指投资对其具有重大影响，但不是投资者的子公司或合营企业的企业。当某一企业或个人拥有另一企业 20% 或以上至 50% 表决权资本时，通常认为投资者对被投资企业具有重大影响，则该被投资企业被视为投资者的联营企业。这种情况下，虽然投资者拥有被投资企业一定比例的表决权资本，但没有达到控制该企业的表决权资本比例，同时，由于投资者拥有被投资企业一定比例的表决权资本，可以通过一定的方式（如在董事会中派有代表等），有能力对被投资企业施加重大影响，从而使投资者与被投资企业存在关联关系。例如，A 企业拥有 B 企业 25% 的表决权资本，通常表明 A 企业对 B 企业具有重大影响，则 A 和 B 构成关联关系。

（四）主要投资者个人、关键管理人员或与其关系密切的家庭成员与被投资或被管理企业之间的关联关系

主要投资者个人，指直接或间接地控制一个企业 10% 或以上表决权资本的个人投资者。关键管理人员，指有权力并负责进行计划、指挥和控制企业活动的人员，例如，董事、总经理、总会计师、财务总监、主管各项事务的副总经理，以及行使类似政策职能的人员，他们对企业的财务和经营政策起决定性的作用。关系密切的家庭成员，指在处理与企业的交易时有可能影响某人或受其影响的家庭成员。这里所指的关系密切的家庭成员是针对主要投资者个人和关键管

理人员而言的,家庭成员指上述人员的父母、配偶、兄弟、姐妹和子女。判断与上述人员关系密切的家庭成员是否为一个企业的关联方,应该视他们在处理与企业交易时的互相影响程度而定。

这一类的关联关系包括如下几种具体形式:

1. 某一企业与其主要投资者个人之间的关系。例如,李林是 A 企业的主要投资者,拥有 A 企业 15% 的表决权资本,则 A 企业与李林构成关联关系。

2. 某一企业与其关键管理人员之间的关系。例如,A 企业的董事长与 A 企业构成关联关系。

3. 某一企业和与其主要投资者个人关系密切的家庭成员之间的关系。例如,A 企业的主要投资者刘明的儿子刘成与 A 企业构成关联关系。

4. 某一企业和与其关键管理人员关系密切的家庭成员之间的关系。例如,A 企业董事长王明的儿子王成与 A 企业构成关联关系。

(五) 某一企业与受主要投资者个人、关键管理人员或与其关系密切的家庭成员直接控制的其他企业之间的关联关系

某企业与受主要投资者个人、关键管理人员或与其关系密切的家庭成员直接控制的其他企业之间的关联关系包括:

1. 某一企业与受该企业主要投资者个人直接控制的其他企业之间的关系。例如,A 企业的主要投资者 H 拥有 B 企业 60% 的表决权资本,则 A 和 B 存在关联关系。

2. 某一企业与受该企业关键管理人员直接控制的其他企业之间的关系。例如,A 企业的关键管理人员 Y 同时也是 B 企业的关键管理人员,则 A 和 B 存在关联关系。

3. 某一企业与受该企业主要投资者个人关系密切的成员直接控制的其他企业之间的关系。例如,A 企业的主要投资者 Y 的儿子拥有 B 企业 60% 的表决权资本,则 A 和 B 存在关联关系。

4. 某一企业与受该企业关键管理人员关系密切的家庭成员直接控制的其他企业之间的关系。例如,A 企业的财务总监 Y 的母亲是 B 企业的总经理,则 A 和 B 存在关联关系。

第二节 转让定价的基本概念与成因

一、转让定价的定义

关联企业的转让定价是跨国纳税人(尤其是跨国公司法人)避税的重要手

段。转让定价(Transfer Pricing)，也称转移定价，是指跨国纳税法人管理当局从总体经营战略目标出发，为谋求公司利润的最大化，在母公司与子公司、子公司与子公司之间购销产品和提供劳务时所确定的内部交易定价。

随着跨国公司规模和业务范围的不断扩大，特别是科学技术的不断向前发展，跨国公司的内部交易不断出现新的内容，而且这些交易内容往往都带有一定的隐蔽性。所以，转让定价又定义为：跨国关联企业之间通过各种方式转移资源或义务的关联交易价格。转让定价不会发生在两个独立企业之间，它只会发生在关联企业之间；转让定价并非根据国际市场上的供求情况制定，而是根据跨国公司的全球战略和整体利益人为制定的，它反映了跨国公司内部贸易在价格上的全部特征，是一种"非正常交易价格"。

利用转让定价进行避税，是国内、国际避税中最通用、最普遍的方式之一。其基本做法是：在商品交易活动中，卖方处于高税负而买方处于低税负的情况下，其交易价格就以低于市场价格的方式进行；反之，交易价格就会高于市场价格。这样就使收入从高税负方转移到低税负方，费用则作相反方向的转移，即可达到降低总体税负的目的。

尽管长期以来，人们在观念中始终把转让定价和避税等同起来，进而将实施转让定价调整和反避税也等同起来，然而，转让定价从其本质看是一个中性的概念，站在全球的角度、从世界经济的动态发展的趋势来看，转让定价并不完全等同于避税。

按照1979年经济合作与发展组织(OECD)关于转让定价的报告序言部分，转让定价是一个中性概念，它是指涉及跨国企业中各所属经济实体间商品、劳务和无形资产转让的一种内部定价机制。这类定价机制一般是从商务的角度出发，处心积虑地转移利润以求避税并不是目的。然而，在各国的税收实践中，"转让定价"这一名词往往偏离中性而带有贬义，用于说明跨国企业把一个连属成员企业的所得转移给另一个成员企业的价格决策。这种"贬义"被误用的原因是：转让定价行为会影响本国的税收。如果跨国企业集团各成员分别处于不同国家，则这些国家中某一国的税基会受到另一国的侵蚀，而后者则会因此而受益。这种"转让定价"的基本特征表现为：它受跨国企业集团利益的支配，脱离市场一般供求关系约束，对商品、劳务及无形资产内部交易往来采取了与独立企业之间正常交易不同的计价标准，这就可能造成收入和费用跨越国境的非正常分配，从而导致了连属成员企业各个利润中心账上反映的"会计所得"与按照各所在国税法计算出来的"计税所得"严重偏离，并由此引发出一系列矛盾，从而引发国家税收权益的移动。因此，为了纠正这种利润转移对本国税收产生的影响，各有关国都采取了"反避税"措施以抵制对商品、劳务或无形资产过分抬高或降低价格等避税行为。尽管跨国公司采取"转让定价"的动因是多种多样的,既有税收动因,也有非税收动因,但其中最为突出的是:世界各国所得税税制的差异,计税依据的不同,税率有高有低,再加上税收管理上普遍存在漏洞,这就使得跨国纳税人有可能在同一集团的支配下,特别在主要控股者的把持下,精心安排收支项目及其计税标准,把应税所得从高税的一国转移到低税的另一国,达到企业集团总利润即使不变而其全球性的税后利润也可以大大增加的目的。由此必然产生两种结果:一种是逃避税收,这反映在一国政府与其所管辖的跨国纳税人之间的税收征纳关系上;另一种是税收权益转移,这反映在各国政府之间的税收分配关系上。对转让定价的贬义的误用正是出于对前一种结果的考虑。

随着世界经济的迅猛发展和国际经济协作的日益增强,跨国公司在国际贸易中所占的地位越来越重要。由于跨国公司就其本身而言涉及的是两个以上的税收管辖权,并且允许其内部成员之间建立不同于独立企业的特殊关系,因此,对跨国企业的税收问题也就不能单纯从一个片面的、孤立的角度去考虑,而是应当从一个广义的国际性范畴去讨论。站在全球的角度考虑转让定价的中性定义时,应以 OECD 准则作为全球的转让定价准则的起点。OECD1984 年报告指出:"完全漠视跨国企业的特殊处境是错误的,而这些方法在于关联各方中不能适用或很少适用的事实,也并不能由此得出结论说这些方法就必然会产生不符合公平独立标准的价格。"这是对各国税务当局的一个提示:避税并非永远是跨国公司价格策略的中心,在某些情况下,跨国企业会在某个国家维持一项无利或低利业务以保护商誉,或者为避免外汇管制、进行间接筹资而将利润从低税国转移到高税国从而造成整体税负增加。因此,要使转让定价成熟、顺利运行并融入全球经济轨道,首先必须确立其中性的特质。

综上所述,转让定价具有以下特征:

首先,具有转让定价行为的公司具有跨国性。如果母、子公司都设在同一国家或地区内,其外部条件也相同,就没有必要进行转让定价,只有设立在两个或两个以上国家和地区的外部条件差别较大,才可能利用这种差别,以高于或低于正常市场价格的交易转移其利润进行避税。

其次,通过转让定价转移利润的数额具有隐蔽性。因为定价是内部做出的决定,其中到底包含着多少利润额,关联企业之外的人是不可知的。

再次,转让定价操作具有连续性。因为转让定价利润额是隐蔽的,除非该国税法规定税务征管机关稽查时可以用局外正常交易价格的原则来判断公司的价格是否合法,否则没有别的办法可以认定其避税。

最后,转让定价的高低具有双向性。一段时间内甲公司价格定得高,但另一段时间内也可以定得低。也就是说,这种定价的高低完全在于是否有利于转移利润,因此,它是双向的。

二、转让定价的成因

转让定价是随着社会化大生产的发展、公司组织形式和结构发生变化,应运而生的一种经营管理手段,它反映了公司集团内部分工与合作的要求。其形成有它本身的理论基础和经济基础。

(一) 转让定价形成的经济学解释——内部化理论

如前所述,内部化理论的思想由海默首创,英国学者巴克利和凯森在1976年出版的《跨国公司的未来》一书中正式提出,后来,加拿大学者拉格曼在1981年出版的《跨国公司内幕》一书中进一步发展了这一理论。根据内部化理论,跨国公司为了节约交易费用,通过扩大组织规模,把具有特定资源供需关系的外部产业组织纳入企业内部,取消某种市场交易,代之以组织内部的交易。这样,市场交易内部化将会促使组织内部交易费用的大大降低。由于内部交易单位仍需要进行独立核算,需要对内部交易各方之间发生的经济业务加以记录和反映,提供真实可靠的经营业绩,实现有效的管理,这样,转让定价便应运而生。

(二) 转让定价形成的经济基础

转让定价的形成具有一定的经济基础,具体表现在以下三个方面。

1. 转让定价是跨国公司跨国经营的必然产物。

首先,跨国公司内部贸易是转让定价形成与发展的标志与前提。作为一个由母公司及众多海外子公司组成的统一经营实体,其内部母公司与子公司及各子公司之间都存在着经常性的大量资金、中间产品等的流动,由此形成了转让定价。

其次,转让定价又是跨国公司组织管理控制形式变化的产物。转让定价策略最初是跨国公司总部对下属子公司控制的一种手段。这种手段是20世纪50年代工业发达国家工商业组织权力下放所形成的必然结果。20世纪50年代以前,跨国公司多采取以母公司为中心的高度集权的管理体制,以保证母公司对子公司的控制。随着跨国公司的发展壮大,高度集权管理体制已不适应生产发展的需要,许多大公司将高度集权改变为高度集权下的分权管理体制。一些复杂的制造业和销售机构将它们高度集中的经营权下放到下属众多的利润中心,作为刺激生产发展的一种手段。在子公司自主权日益扩大的情况下,需要运用转让定价政策来保证其资源按理想的方式在公司体系内进行分配。这样,一方面可以促使子公司管理人员有效率地经营利润中心,另一方面也使跨国公司整体获得利益。此外,转让定价还可作为评价和监督子公司的一种手段。

最后,转让定价也是跨国公司实现全球战略、谋求最大利润的重要手段。

跨国公司是以争夺全球的销售市场为目标的,这种目标促使跨国公司在全球范围内有效地使用资本、技术、人力和物力,进行资源的全球化配置。由于转让定价具有灵活性,即在一定程度上不受制于国际市场一般供求关系的影响,从而可运用于跨国公司的全球化战略,利用各国税率、利率、外汇管制等经济环境及政治文化气候的差异,使公司获得最大利润。

2. 各国税负的差异。从跨国公司的主观战略意图上讲,它的税负策略就是要通过各种途径尽力减轻整个公司的总体税负。而客观存在的各国税负的差异恰恰是跨国公司形成转让定价的土壤。各国政治制度的不同,决定了各国税负政策、税收制度、税种的差异。具体来讲,它包括:①税率的差异。例如,在征收公司所得税时,有的国家按比例征收,税率最高可达50%,低者可为15%;有的国家则实行超额累进税率,高可达70%,低可至35%。②税收方式的差异。各国在征收进口税时,可采用各种方式计征,如从量税、从价税、选择税。③税基的差异。如各国税务当局对所得税税基即应税所得有不同的计算方法。在计算应税所得时,各种扣除项目不统一。在税率一定的条件下,税基的大小直接影响到所得税税负的高低。④各国在税法有效实施与管理水平上也有一定的差异。

3. 多个独立的价格市场的存在。当跨国公司所面对的不是单一的价格市场而是几个或数十个相互间具有独立性且价格需求弹性不同的价格市场时,转让定价就应运而生。从理论上讲,跨国公司可以利用相互分割的价格市场,利用需求弹性的差异,借助于不同国家实施差别定价,以增加跨国公司的整体利润。

三、关联企业制定转让定价的动机

通过操纵和运用转让价格来实现其国际经营战略和全球利润最大化是跨国公司关联企业制定转让价格的主要动机。跨国公司从总体经营战略的角度出发,不仅考虑所承担的税负最少,还要考虑跨国公司在全球范围内的整体发展,所以,转让定价也是跨国公司实施战略发展目标的一个重要手段,其战略动机具体体现在以下4个主要方面。

(一)避税动机

最大限度地减少全球税负是跨国公司对外投资考虑的几个最重要的条件之一。税负包括关税和所得税。世界上大多数国家对公司的营业利润要征收公司所得税,对进出口商品要征收关税,跨国公司集团从整体利益出发,对国际收入和费用要全盘考虑,利用各关联企业所在国的所得税和关税税率的差异,通过内部转让价格使全球范围的关联企业在整体上税收负担最轻,包括尽量压低高税率国家关联企业对低税率国家关联企业的销货、服务、租赁和无形资产转让业务收入和费用分配标准,从而将收入尽可能地转移到低税率国家的关联企业,费用尽可能地分配到高税率国家的关联企业。此外,在一般情况下,跨国公司对设在高关税国家的子公司,以低的转让价格出售商品,降低子公司的进口额,以降低从价关税。

下面我们举一个简单的例子来说明跨国公司集团内部如何利用转让定价进行避税。

假定公司 A 和 B 是某跨国公司分别在两个国家的分公司,A 公司所在国的公司所得税税率为 30%,B 公司所在国的公司所得税税率为 40%。现 A 公司对 B 公司销售一批手机零配件,由 B 公司进行组装加工后出售。A 公司的成本为 100 万美元,B 公司的成本在 A 公司售价的基础上加 50 万美元,A 公司对 B 公司按正常交易价格的销售收入为 200 万美元。但 A 公司以 250 万美元的价格将零件卖给 B 公司,B 公司在加工以后仍以 400 万美元出售最终产品。这样,A 公司的利润增加 50 万美元,而 B 公司的利润相应减少 50 万美元。由于 A 位于低税国,而 B 位于高税国,所以 A 公司提高对 B 公司的转让价格,由此将利润从 B 国转移至 A 国,使两个公司的整体税负降低 5 万美元,由此跨国公司减轻了整体税负。

本例中转让定价策略的税收效果见表 6-1。

表 6-1　　　　　　　　转让定价(TP)的税收效果　　　　　　　　单位:万美元

项目	公司 A		公司 B		公司 A+B	
	未制定 TP	制定 TP	未制定 TP	制定 TP	未制定 TP	制定 TP
销售收入	200	250	400	400	600	650
销售产品成本	100	100	250	300	350	400
销售总利润(应税所得)	100	150	150	100	250	250
所得税	30	45	60	40	90	85
税后利润	70	105	90	60	160	165

通过上述比较可以发现,在不同价格条件下跨国纳税人的纳税情况是不同的。由于跨国公司采取转让定价使跨国公司的总体税负减少了 5 万美元,由此跨国公司利用两国的税率差异达到了避税的目的。在实践当中,出于避税的考虑,跨国公司甚至可以让 B 公司出现亏损,而把利润全部转移至 A 公司的账面上。如果 A 所在国是不征所得税或是税率很低的避税地,则这种转让定价策略就可以给跨国公司带来更大的利益。通过转让定价手段转移利润减少纳税的

策略不仅适用于关联企业之间的产品销售,也适用于关联企业之间的其他类型交易,如劳务提供、贷款、无形资产等。

利用转让定价避税还需要注意关税的问题。由于所得税和关税之间存在的矛盾,跨国公司在安排关联企业的交易价格时不仅要考虑有关国家的公司所得税税率,还要考虑进口企业所在国的关税情况。对进口方来说,较高的关税就会导致较低的所得税计税基础,较低的关税就会导致较高的计税基础,那么用较高的转让价格向该国的关联企业出售产品就不一定有利。这就需要跨国公司在所得税和关税之间做出权衡,最终使整体税负达到最少。

仍用上面的例子来说明。假设 B 公司所在国对手机零配件的进口关税为 10%,则 A 公司以较高的转让定价出售这批产品仍然比以真实价格出售更为有利。这是因为,虽然对 B 公司进口的零件征收的进口关税增多,但由此导致 B 公司利润下降,进而导致所得税下降的幅度比关税上升的幅度大,那么该跨国公司的整体税负还是下降。当关税税率较高时,关税增加的幅度可能超过所得税下降的幅度。在此例中,我们假设关税税率分别为 10% 和 20%,通过表 6-2 可以看出两种情况下的不同。

表 6-2　　关税为 10% 与 20% 时转让定价的税收效果　　单位:万美元

项目	公司A 未制定TP	公司A 制定TP	公司B 未制定TP	公司B 制定TP	公司A+B 未制定TP	公司A+B 制定TP
销售收入	200	250	400	400	600	650
销售产品成本	100	100	250	300	350	400
进口关税(10%)	—	—	20	25	20	25
销售总利润(应税所得)	100	150	130	75	230	225
所得税	30	45	52	30	82	75
税后利润	70	105	78	45	148	150
销售收入	200	250	400	400	600	650
销售产品成本	100	100	250	300	350	400
进口关税(20%)	—	—	40	50	40	50
销售总利润(应税所得)	100	150	110	50	210	200
所得税	30	45	44	20	74	65
税后利润	70	105	66	30	136	135

一般而言,两国所得税的差异与关税的差异之间的相差程度越大,跨国公司利用转让定价对进出口货物价格进行调整能够逃避的税收就越多。由于跨

国公司集团面临的所得税通常要比进口关税税率高,所以在制定转让价格时,所得税是主要因素,一般优先考虑,即采取较高的转让价格转移到所得税率高的国家。在有些情况下,进口国根据国际定价来课征进口税,这时,该进口税因素对转移价格不会产生影响。

(二) 获得竞争优势

1. 扶持国外新创建的子公司。跨国公司的子公司遍布在世界不同国家,当在一个国家新创立子公司时,跨国公司会通过转让定价来扶持在国外新创立的子公司。在子公司刚刚起步发展时,为了能使其在与同行业其他企业的竞争中迅速占领市场,获得有利形势,母公司除了从资金和技术方面提供有力的支持外,通常还会以尽可能低的价格向新创立的子公司供应所需产品、原料,提供劳务,并同时抬高它产出产品的转让价格,从而夸大报告的收益和财务状况,树立良好的财务形象,进而有利于该子公司获得在当地融资的机会,削弱竞争对手的地位,控制当地市场,提高自身的竞争力。在短期内,该跨国公司其他的子公司可能会因此降低利润,甚至会带来跨国公司整体利润水平的暂时下降,但从长远来看,新创立子公司的迅速发展会给企业整体带来更大的收益。

但同时需要考虑的是,东道国的反托拉斯行动和当地竞争对手采取的其他报复行为将会给公司带来损失;而从子公司的内部来看,如果长期受到母公司的扶持,就会缺少竞争压力,会使管理者产生依赖的思想,不利于公司的长期发展。

2. 支持研发项目,拓展新产品市场。跨国公司通过转让定价,还可以促进某一产品或某一个环节的发展。跨国公司在刚开始研发某一种新产品或是经营的某种产品需要扩大市场时,通常会遇到激烈的竞争,该产品的生产企业往往需要资金、设备、原材料、零部件等方面的扶持,跨国公司可以通过制定关联企业转让定价来支持这种产品的发展。

(三) 避免风险

跨国经营使企业的风险大大增加,而通过内部转让定价可在一定程度上避免风险,保持稳定的经营环境。跨国公司面临的风险有许多,而外汇、政治方面的风险则是其独具的。

1. 逃避外汇风险。为避免汇率波动的风险,跨国公司通过转让定价,在公司内部支付时间上作变动和调整,采用提前支付款项或推迟支付款项,以避免或减少外汇风险。

2. 逃避政治风险。如果跨国公司某子公司所在国存在着政治动荡的风险,那么它应尽可能快地将资本转移出去,转让定价则有助于转移资本。

（四）绕过东道国的各种管制措施

东道国通常会对国内的外国企业施加种种管制措施，而作为跨国公司，则可以利用转让定价来有效地绕过这些限制。

1. 绕过东道国的外汇管制。多数发展中国家为了保持国际收支平衡，都对外汇的自由流动加以严格限制，但是对国际贸易中外汇支付的限制措施则相对较松。于是，跨国公司可以利用转移价格，以贸易支付的形式绕过外汇管制，调出红利。

2. 绕过东道国的资金管制。为了避免跨国公司把大量资金抽回，许多东道国都对外国资本及利润汇回母国有时间、金额或税收上的限制，但对贷款和利息的汇出则无限制。跨国公司即可以利用高转让定价向东道国子公司发货，将资本由子公司调回母公司。跨国公司还可以利用高利贷款的方式，由子公司支付高额利息的途径将资金抽回。

3. 绕过东道国的价格管制。东道国政府为限制跨国公司在当地的经济活动，保护本国市场、维护本国居民的合法权益，大多会实行市场价格控制政策，并制定了反倾销法和反垄断法。跨国公司即可以利用低转移价格，降低当地子公司的成本来占领东道国市场。除了上面所述的目的外，跨国公司为了达到从合资企业中得到更多的利益，或避免子公司利润过高而招致东道国政府要求重新谈判或工会要求提高工资、福利待遇，或是向子公司分摊管理费或研究与开发费用等目的，均可通过转移价格来实现。

第三节　转让定价的表现形式及影响因素

一、转让定价的表现形式

关联企业转让定价在形式上不仅包括有形产品的转让定价，还包括无形产品的转让定价。具体来说，跨国公司常用的转让定价方式有以下几种：

（一）通过货物价格转移收入和费用的转让定价

货物价格，包括生产过程中的原材料、零部件、中间产品、制成品和机器设备等。在跨国公司的转让定价中，货物价格占了很大比重。如前所述，关联企业之间的原材料供应与产品销售一般实行"低进高出"或"高进低出"，即通过控制原材料和零部件或产品的输入及输出价格来影响产品成本，把收入转移到税率低的关联企业，把费用转移到税率高的关联企业，从而实现利润的转移，使企业的整体税负最小。

（二）劳务价格

通过劳务价格的转让定价即通过技术、管理、广告、咨询等劳务的费用来影响关联企业的成本和利润。在跨国公司体系中，除了产品之外，还有不合常规劳务报酬的转移收入方式。例如，某些企业在向其关联企业提供销售、管理或其他劳务时，不按照常规计算收入，而通过收取高额或低额服务费用来实现转让定价，哪一方有利时就将收入向那一方转移，从而达到避税的目的。

（三）无形资产

从各跨国公司的转让定价模式来看，其核心转让环节一般是基于无形资产的转让———具有定价评估的模糊性、实际监管高难度的双重优势。无形资产一般掌握在公司总部，其转让往往通过授权的形式发生，但是作为核心技术的无形资产，并非对每一个环节产生的收益都进行分配，正是基于这一原理税基得以进行转移。对于在发展中国家设立的跨国公司分支机构而言，涉及的大多为生产制造、销售等环节，通常无法分配到此类收益，发达国家的知识产权等技术要素则通常成果丰富。随着数字经济的发展，转让定价的发展也面临着新的形势，新经济模式下催生了更多的无形资产，对实质课税原则带来了适用障碍。首先，更多的无形资产对其定价的可比性产生了一定阻碍。例如，通信行业中的无形资产具有高度独特性、估价复杂性及高度保密性，其实际贡献值的评估工作具有高度挑战性，给纳税依据的可靠和稳定带来了适用上的困难。其次，转让定价的交易方式更加激进和隐蔽。以网络平台经济为例，消费者通过网络平台销售渠道发生的交易，其实质交易发生地极易出现模糊地带，尤其是大型电商平台乃至跨境电商平台，使传统意义上根据经济实质进行划分的税收管辖权遭遇挑战，当事国税务机关很难从税源上进行管控。

（四）贷款利息

运用贷款利息的转让定价即通过提供贷款的利息高低来影响关联企业的利润水平。在对子公司的投资过程中，贷款较参股具有更大的灵活性，因为母公司可以根据公司情况确定利率的高低，并且子公司在支付利息的时候可将其作为费用扣除。有些资金比较宽裕或贷款来源多的企业，若其税负相对较重，往往采用低息贷款甚至无偿借款或支付预付款的方式将资金提供给其关联企业使用，这样，这部分资金需要支付的利息主要或全部由提供资金的企业负担，从而增加高税率企业的成本，减轻了关联企业的总体税负。

（五）租赁费

租赁是一项相对较新的经济活动，租赁费作为转移价格的一种形式，近年来获得了迅速发展。利用有形资产租赁,通过调整收取租赁资产费用的高低,可以影响关联企业的利润水平。

(六) 管理费用

通过调整管理费用来转让定价即向子公司索取过多的管理费用或额外将母公司自身的管理费用分摊入子公司的管理费用内,以此减少子公司的利润。

此外,在母公司与子公司之间或子公司与子公司之间人为地制造坏(呆)账损失、赔偿等,以增大子公司的费用支出,或通过控制固定资产的出售价格和使用年限等方式,也可影响关联企业的成本水平。

二、转让定价的影响因素分析

跨国公司的跨国经营大大增加了转让定价的复杂性。转让定价不仅受到跨国公司内部因素的限制,而且受到国际范围内市场条件的影响。

(一) 影响转让定价的内部因素

运用什么样的转让定价与各国企业的诸内部因素有关。所谓内部因素,是指跨国公司本身在企业战略、组织结构和经营管理方面具有影响力的因素,如企业的各种目标、组织形式、业绩考评、经营规模等。其中,最主要的是经营战略和管理过程。

1. 经营战略。经营战略与转让定价间的关系,主要取决于以下两个方面:一是在各子公司的产品依存关系上,是否存在纵向一体化战略。如果存在纵向一体化战略,则其内部交易就须按跨国公司管理当局的统一部署进行,就需要实行内部转让定价,以确保跨国公司全球一体化战略的实现;如果不存在纵向一体化战略,则各子公司(即利润中心)可以自由选择购销对象,这样,只有各子公司自愿相互交易,才有可能发生相互间的转让定价问题。二是在跨国公司的内部和外部交易上,各子公司是否被视为一个独立的企业,也就是说,如果一个子公司仅仅在对企业集团外部销售时才被视为一个独立的企业,而在集团内部销售时却作为一个非独立单位或机构,那么需要采用转让定价,否则,该子公司在交易时不需要执行转让定价策略。

2. 组织战略。公司的集权或分权程度对转让定价系统的影响很大。集权化程度较高的公司往往要求集中确定内部交易的转让定价,一般情况下,采用以成本为基础的定价方法;分权化程度较高的公司则往往将转让定价权下放给各下属公司或部门,一般情况下采用市场价格定价法或协议定价法;还有一些公司对一部分产品的生产实行集权化管理而对其他的产品实行分权化管理,在这类企业中,往往同时运用多种转让定价方法。跨国公司在确定转让定价系统时,为保证公司组织管理体制的有效运行,需要考虑公司的集权、分权程度这一影响因素。

3. 业绩评价。跨国公司业绩评价体制的实施过程,对转让价格系统有着明显的影响。转让价格制定得如何决定着各利润中心业绩的好坏。无论采用哪一种转让定价方法,都应该能对公司下属的各子公司或分支机构及其主管人员在其控制范围内的经营业绩进行充分和科学的测量,同时应能激励下属公司取得更好的成绩。因此,公司的业绩评价体制成为转让定价系统的重要影响因素和决定因素。

4. 信息系统。在以电脑和通信网络为代表的信息技术飞速发展的信息时代,一个有着良好管理信息系统的跨国公司有可能将下属各个公司或部门的相关信息集中到公司总部,并将转让定价的决策权也集中到总部,由总部根据各下属公司适时反馈上来的相关信息统一制定,并根据实际情况及时修订,这样可以保证部门目标与公司整体目标的一致。相反,目前相当一部分的公司依赖于手工的管理信息系统,使得处于复杂运营环境的跨国公司和它们的下属公司难以形成完善的管理信息系统,也就谈不上在此基础之上的转让价格的统一制定和适时调整。因此,良好的管理信息系统和先进的信息技术手段是影响转让定价制定和管理的非常重要的因素。

5. 企业目标和管理者偏好。不同的跨国公司和跨国公司在不同时期,其主要目标有所不同。控制和占领市场、避免或减轻税负、防范和化解外汇风险等都制约着转让价格的制定。另外,不同国家的不同管理者,其文化背景和管理偏好也存在差异,例如,据国外有关人士的调查,美国、英国、日本、法国等国的财务主管都偏向于以成本为基础的定价,加拿大、意大利等国的财务主管则倾向于以市价为基础的定价,同时,美国、加拿大、法国和意大利的财务主管大多看重所得税,日本的财务主管则关注企业所在国的通货膨胀等因素。

(二)影响转让定价的外部因素

影响转让定价的外部因素很多,主要有以下五种。

1. 税负差异。由于大部分国家的税制差异较大,因而跨国公司管理当局有可能利用转让定价人为地调减企业的总体税负,以增加整体利润。但是,这种做法会影响到有关国家的纳税收入,从而有可能引起有关国家政府部门对此采取某些干预措施。例如,有的国家采用按"局外价格"的原则来检查、监督转让定价,有的国家则采取"比较定价"的原则对跨国公司的转让定价进行监督。无疑,这些都将迫使跨国公司对转让定价持慎重态度,这主要体现在以下两个方面。

一是要考虑所得税的影响。国家之间不同所得税政策的存在影响着跨国公司转让定价的确定。跨国公司内部交易的价值主要是由跨国公司所确定的转让价格来决定的。如果跨国公司内部交易的转让价格确定得好,就会使公司的收入集中到低所得税的国家,公司的成本则集中到高所得税的国家,从而降低企业的整体所得税负;反之,则会增加企业的整体所得税负。故跨国公司在确定其转让定价时一般要考虑各公司所在国之间不同所得税税率的影响,力图使公司的整体所得税税负最低。

二是要考虑关税的影响。关税可分为从量关税和从价关税,对跨国公司内部转让定价形成影响的主要是从价关税。由于关税计算时所依据的关税完税价格主要是由交易的价格所决定的,所以跨国公司在确定转让定价时要充分考虑各国关税税率以及关税政策之间的差异,力争减少公司整体支付的关税,从而降低跨国公司的经营成本,使其整体利润最大。一般情况下,跨国公司对进入低关税国家的货物制定较高的转让定价,而对进入高关税国家的货物制定较低的转让定价。但如果跨国公司下属的两个位于不同国家的子公司之间进行内部交易,除了买方公司要向其所在国缴纳进口关税外,卖方公司也要就这批货物向其所在国缴纳出口关税。这就存在着一个权衡的问题,因为跨国公司制定的内部转让定价不能同时既减少这宗交易的出口关税,又减少其进口关税。不过,由于大部分国家都鼓励出口,出口税率一般较低,有的甚至是零税率政策,故跨国公司在制定内部转让定价时主要考虑买方公司所在国的进口关税因素。

2. 竞争因素。跨国公司在运用转让定价以增强其整体竞争能力时,有可能会导致子公司所在国政府采取反托拉斯和反倾销行动,同时也可能会遭到所在国其他竞争对手的报复,其结果会对公司更为不利。另外,出于竞争的考虑而对子公司所采取的转让定价,实际上是给予该子公司的一种价格补贴,这有可能使子公司形成懒惰情绪和依赖思想,最终与跨国公司的初衷相背离。与此同时,由于各利润中心都有着各自独立的利益,而内部转让定价是一种非公平交易价格,由此会使某些子公司滋生各种不满情绪,从而对公司业绩形成短期和长期的消极影响。再有,当国外子公司采取合资经营时,母公司往往有通过转让定价将利润转入母公司的动机,这就会影响到国外合资子公司的利益,而招致东道国一方投资者的限制。实际上,合资子公司已跨越了跨国公司的内部经营范围。综上所述,竞争因素在一定程度上也制约着跨国公司的转让定价决策。

3. 通货膨胀。跨国公司在转让定价中往往人为地进行调整,使设在高通货膨胀率国家子公司的货币性资产保持最低限度,以使其货币购买力不因通货膨胀而发生损失。但这种做法所引起的资产或资金的转移可能会受到子公司所在国家的限制。因此,对这种转让定价可能形成的后果,跨国公司应予以充分考虑。

4. 外汇交易风险。跨国公司外汇交易风险,是指国际金融市场的汇率和利率的变化对公司以外币计量的资产和负债带来损失的可能性。在浮动汇率制下如何避免外汇交易风险是每一个跨国公司都必须慎重考虑的问题。由于跨国公司在外国设立的子公司的资产和负债一般都是用外币来计价的,而在浮动汇率制下,外币与母公司所在国的货币的汇率并不总是稳定的,这就使得跨国公司面临着较大的外汇交易风险。而跨国公司通过控制内部交易的转让定价,可以将软货币国家里的资金转移到硬货币国家中去,从而降低外汇交易风险。

5. 政府政策。跨国公司母公司及其下属公司所在国的政府,出于对本国利益的考虑,往往对跨国公司在本国的经营行为做出种种限制。这主要体现在以下两个方面。

一是限制跨国公司所属子公司的"利润返还"。从子公司所在国的立场来看,它希望跨国公司在本国设立更多的子公司,但不希望子公司将所赚取的利润都汇往国外,因为大量的利润返还会造成本国外汇的严重流失,影响本国经济的发展。所以,许多国家会制定相应的措施来限制子公司的利润返还,鼓励它们将利润用于再投资。显然,跨国公司如果想硬性将利润返还是有一定困难的,但是,跨国公司可以通过控制内部交易的价格等方式来将子公司的利润转移出来。

二是限制跨国公司内部转让价格的制定。目前,大部分国家都采取了相应的措施来限制跨国公司内部转让价格的制定,特别是与本国利益相关的跨国公司的内部交易的转让定价。绝大部分国家的税收机关都要求紧密相连的实体之间发生的交易所运用的转让定价应该以公平市场价格为基础。

总之,转让定价要受到诸多因素的影响,以上讨论的这些内外部影响因素之间是相互影响和相互作用的,其影响程度也各不相同,且这些因素还处于不断变化之中。

第四节 跨国公司制定转让定价的策略

一、转让定价的基本原则与决策机制

跨国公司制定转让价格从某种意义上说虽有较大的随意性,但也必须遵守一定的原则:

一是内部贸易的双方都是经济实体,要强调经营绩效,转让定价水平必须能够使交易双方有合理的利润收入。

二是从长期角度看,总利润在不同经营单元之间的分配要合理,内部交易

赢利与外部交易赢利不能长期存在较大差额。

三是重视综合盈亏对总体的影响,利润安排要以公司整体利益最大化原则为准。

转让定价的决策机制通常有三种类型:一是以母公司为中心,实行高度集权的"本国中心"机制,即由母公司经理人员综合考虑各方面因素,统一制定对整个公司最有利的转移价格;二是以海外子公司为中心,实行分散管理的"多元中心"机制,由各子公司经理人员根据所面临的实际情况,确定适当的转移价格;三是集中与分散相结合的"全球中心"机制,即由公司内部利益相关各方共同决定最佳的转移价格。在实践中,大多数跨国公司都实行高度集权的"本国中心"机制,以便在较高层次上充分发挥转移价格的作用。

二、转让定价的基本方法

一般来说,转让定价制定的基本方法有以下几种。

(一)以市价为基础的转让定价

以市价为基础的转让定价方法,就是以转移产品时的外部市场价格作为企业内部转让定价的基础的一种方法。采用这种定价方法在跨国公司内部转移产品时,将所属各子公司都视为独立经营的企业,所确定的转让定价基本上接近正常的市场交易价格。这种方法又可以分为完全市场价格定价法和市场价格扣减法两种。完全市场价格定价法所确定的价格和出售给公司外部的购买者所采用的市场价格一样,是完全的市场价格;市场价格扣减法是在市价的基础上减去一定百分比的扣减额后作为转让价格的定价方法,理论上说,在这种定价方法下,转让定价并不决定交易是在企业内部还是在其外部进行。

以市价为基础的转让定价需具备三个条件:①存在一个竞争的中间产品市场;②各公司在生产经营方面有较大的独立性和自主权,有权对外销售其产品和从外部采购其所需的原材料等物资和各种劳务;③有市场价格可供参考。只有满足上述条件,运用市场价格定价法确定的转让定价才具有真正意义。

1. 以市价为基础的转让定价方法的优点是:

(1)有利于发挥子公司的自主权,达到企业分权经营的目的。

(2)由于市场价格较好地代表着产品的真实价值,该方法有利于有效地利用其有限的资源,取得正常的收益。

(3)有利于子公司管理人员充分利用市场,增强其适应市场的能力。

(4)在采用市场价格的情况下,业绩报告上的营业利润反映的是实际经营情况的,其确定的子公司收益较为真实,从而有利于业绩的考评。

(5)在很大程度上排除了人为因素的影响,较为客观公平。

(6)由于市场价格往往是一种公允价格,会被有关国家政府认为是"正常交易"价格,这样,采用市场价格法确定转让价格可以避免有内部交易的公司与本国政府有关法规之间发生冲突,因此,这种转让定价易为所在国政府接受。目前,许多国家都倾向于这种定价方法。

2. 以市价为基础的转让定价方法的缺点在于:

(1)采用以市价为基础的定价方法,跨国公司管理当局在利用转让定价人为调整收益时会受到一定的限制。

(2)许多内部交易的中间产品往往很难找到中间市场和公允的市价,即使存在这样的市场,也很少是完全竞争性的,因而也难以选定一个公正的市场价格作为其定价的基础。

(3)采用这种定价方法,也有可能导致对成本数据搜集工作的忽视。

(4)由于市场瞬息万变,所处的时间、地点不同,市场价格也就不同,所以较难形成一个稳定的市场价格为基础的转让定价系统。

(二)以成本为基础的转让定价

以成本为基础的转让定价方法,其转让定价是以供货企业的实际成本、标准成本或预算成本为基础,加上一个固定比率的毛利来确定的,具体有四种方法。

第一,全额生产成本法。跨国公司将供应方公司所提供的中间产品或服务的全额成本作为内部交易的转让价格的定价方法。

第二,变动生产成本法。跨国公司将供应方公司所提供的中间产品或服务的变动成本作为内部交易的转让价格的一种定价方法。

第三,成本加成定价法。跨国公司将供应方公司所提供的中间产品或服务的实际或标准的生产成本再加成一定利润来作为内部交易的转让价格的一种定价方法。

第四,边际成本定价法。从生产过程来讲,变动成本一般是产品转移到其他子公司的时点之前的费用成本。但是从经济学(尤其是新古典经济学)的角度来讲,增值成本(也称边际成本)比变动成本的含义更广泛一些,可用以对转让定价系统的成本定价基础进行理论分析。

1. 以成本为基础制定转让定价有以下优点:

(1)使用简单,能克服以市场价格为基础制定转让价格的各种限制。

(2)数据易得,有现有成本资料作为基础,有据可依,经得起税务当局的审查,跨国公司也有正当理由申辩。

(3)容易形成日常惯例,可以避免在定价上的随意性造成的各部门之间的不融洽。

2. 成本基础定价法也存在着以下缺陷：

（1）以产品的实际成本作为基础制定国际转让定价，会使供货方公司的低效率和经营管理不善所造成的高成本的经营责任转嫁给购买方公司，这样，就不能正确反映购买方公司的经营成果，难以促进供应方公司重视和加强成本管理。

（2）以成本为基础制定转让价格，可能会导致跨国公司难以实现整体利益最大化的目标。当以成本为基础制定的转让价格大于外部市场上类似产品或服务的价格时，购买方公司将不愿选择供货方公司的产品或服务，而转向外部市场。

（3）成本的各种概念并不统一，成本的分配方法多种多样，加上各国所确定的成本在内容和范围上存在差别，所以，即使同样的产品，其成本也缺乏可比性。

（三）协商法

以协商为基础的定价方法，是将每个利润中心都视为一个独立经营的企业，它们可以自主交易定价。这种方法操作较为简单，转让定价决定了购买利润中心是否愿意内购，也决定了销售利润中心是否愿意内销，总公司基本不予干涉。此定价方法有利于企业的分权化经营，使各子公司经理人员的权责相结合，也有利于企业管理当局对各子公司进行业绩考评和奖惩。但是，由于交易是自愿的，对子公司有利的价格可能对跨国公司整体不利，因此，不利于实现企业的全球化战略目标和整体利益最大化。而且，以协商为基础的转让定价，仅以跨国公司内部买卖双方子公司的谈判为基础而确定，相对市价法和成本法而言，协商法缺乏严格的参照对象，随意性较强，定量性和科学性较差。

（四）双重法

双重定价方法，是指跨国公司对购买利润中心采取以完全成本为基础的定价方法，而对销售利润中心则采取以市场价格为基础的定价方法。它不会产生完全成本定价法下销售利润中心既作为成本中心，又作为利润中心的矛盾，也不存在以市价为基础的定价方法下购买利润中心不愿意内购的可能。这种定价方法不以任何方式改变各利润中心的职权，却减少了它们的责任。双重定价方法既有利于企业集团纵向一体化战略的实施，也对各利润中心比较有利。

当然，双重定价方法也有其缺点。在这种定价方法下，跨国公司的整体收益小于各利润中心的收益之和，甚至当公司整体表现为亏损时，某些利润中心仍然显示为营利。而且，双重定价方法还可能出现责任不明的问题。因此，双重定价方法必须根据公司的实际情况选用，并与其他方法结合。

(五) 方法的选择

跨国公司选择转让定价方法是一个综合考虑的过程，应结合自身情况和外部环境，在对各种相互联系又相互制约的因素进行权衡后，确定最适合自身发展需要的定价方法，并随具体情况的变化作相应的调整。以上跨国公司内部交易所采用的转让定价方法在实际运用中也有变化。一般来说，在生产、销售一条龙的综合性纵向管理的跨国公司中，当产品由生产的上一个部门转移到下一个部门时，如果提供产品的部门或子公司是一个成本中心，则通常按实际成本或边际成本制定其转让价格；如果提供产品的部门或子公司是一个利润中心，则通常采用一定的成本加成法或市价基础法来制定转让价格。

如前所述，各个跨国公司所采用的转让定价方法繁多，但主要包含两种类型：一是以成本为基础的定价方法，二是以市场价格为基础的定价方法。前者是以供应公司的实际成本、标准成本或预算成本为基础，再加上一个固定比率的毛利来确定的；后者是在已有的市场价格的基础上，减去一个固定比率的折让而形成的。这两种定价方法各有其优劣，可以从以下四个方面进行比较。

1. 公平性方面。从各国政府和竞争者们对市价基础定价表现出的明显偏爱看，似乎市价基础定价的人为性较小，从而公平性更高些。然而事实上，两种定价方法都可能具有较高的人为性。就成本基础定价法而言，真实的成本应该是生产和销售某种产品的完全社会成本，但这是很难确定的，因为几乎所有成本都具有人为的因素，如把一定比率的管理费用分配给某种产品，分配的方法、分配的比率，甚至连分配的决定也是人为的。市价基础定价从理论上讲，在公平性方面高于成本基础定价，因为以市场价格为基础的转让定价较容易被说成是"正常交易"价格，即在同样或类似的条件下，非关联企业之间对相同或类似商品的交易所采用的价格，因此，它易为各国政府所接受，作为计算应税利润额的依据。但这并不能证明它不具有人为性，因为只有在完全竞争的市场条件下，市场价格才反映产品的真实价值，而这种完全竞争的市场只能是理想的，因此，选定一个公正市场价格作为定价基础也是很难的。

上述分析表明，成本基础定价与市价基础定价都具有人为性，关键问题在于人为的程度如何，即与真实价值背离的程度。在这一点上，一般认为市价基础定价会更公平些，因为在确定子公司的收益及考评经营业绩方面，市价基础定价较为有效。

2. 灵活性方面。灵活性是成本基础定价的一个独特优势。因为成本基础定价不仅要加成，而且参加成本基础价格计算的任何成本要素都可随意变动，改变一个以成本为基础的转让定价比改变一个以市价为基础的转让定价要容易得多。例如，某公司企图减少他国外子公司的利润从而减轻其所得税，则可以通过把该年的成本超支差异重新分配到已售给子公司的产品价格上去,即母公司可以调整成本差异而向子公司收取一笔费用,从而增加子公司的成本,减少其利润和所得税。

3. 实现公司分权化管理方面。采用市价基础定价在公司内部转移产品时,视所属各子公司为独立经营的企业,转让定价并不决定交易是在公司集团内部还是在其外部进行。这不仅能达到企业分权化经营的目的,且有利于发挥子公司的经营自主权,有效地利用其有限资源,取得正常收益。而采用成本基础定价却难以达到这一目标。

4. 实现公司纵向一体化方面。为了实现以降低中间产品成本为目的的纵向一体化战略,采用成本基础定价比较理想。为实现纵向一体化战略,集团公司管理当局要求各销售利润中心必须拒绝对外销售多实现利润的诱惑,遵从集团公司管理当局的统一安排,按内部成本转让定价进行内部销售,这显然有利于公司整体而不利于各子公司。如果内部交易是按市价基础定价进行,则可能使集团公司纵向一体化的战略意图落空。

三、转让价格制定的基本程序

转让价格制定的基本程序包括如下6步。

(一)确定转让定价目标

转让定价的目标包括减轻或逃避税负、规避风险、绕开各种管制、转移资金、获得竞争优势等。目标一致是转让定价的最重要的基本目的,也是对转让定价的一项基本要求。它是指制定转让价格应使子公司的目标与总公司的全球目标达成一致,在制定转让定价政策时,上层管理人员鼓励子公司在对公司总体利益做出贡献的同时,实现子公司各自的目标,当然,要子公司与公司总体达成完全的目标一致是很难的,当两者目标有冲突时,应以公司总体利益为重,慎重选择转让定价政策。在子公司的目标与跨国公司全球目标不冲突或冲突不大的情况下,转让定价的制定应尽可能多地给予子公司自主性,以增强其经营过程中的积极性和灵活性,增强子公司实现与公司总体目标一致的自觉性和主动性。

形成激励机制是制定转让价格的基本目标之一。子公司经理需要得到激励,以合适的转让定价在跨国公司内转移他们的产品和劳务,使他们分部的利润最大或有所增加,同时也激励着子公司尽可能地与公司总体达到目标一致。如果跨国公司想给子公司强有力的激励以达到目标一致,那么对转让定价对子公司绩效的影响就必须加以考虑。

在选择制定转让价格的方法之前,首先应明确使用转让定价的具体目标,有时使用同一转让定价的目标可能不止一个,例如,在实现避税目标的同时,可能还想达到避免风险的目标。有时不同的目标可以使用相同的转让定价方法来实现,有时不同的目标则要求使用不同的转让定价方法。

这里,还应注意的一个问题是,具体目标要力求不与基本目标相冲突,否则就必须做出取舍。因为转让定价的目标大多是从公司总部角度提出的,所以与"目标一致"冲突较少,然而具体目标与"绩效评估"的冲突则较多,因为转让定价的制定有时会使子公司的利润发生偏离,这时要想既达到"目标一致",又要保持对子公司绩效的恰当评估,就要做两本账,即一本公开对外,以应付税务当局,另一本对内,以进行公司内部控制和绩效评估。

(二)选择适宜的转让定价方法

转让定价的方法包括市场基础法、成本基础法、双重定价法、协商法等。在选择定价方法时,应根据公司的组织形式、经营规模、定价目标以及总体战略并结合内外环境因素来决定。

(三)提出转让定价体系的初步设计方案

当利用转让定价的目的确定了以后,就要根据这个目的来确定转让定价体系,这是一项复杂的价格系统工程。一开始应先局部试行初始价格,经过多次实践,以证明这种价格不会由于制定不适当而给公司带来损失。转让价格体系的初步方案的内容包括在公司内部确定什么样的价格水平、哪些子公司参与等。

(四)草拟与审定转让定价体系

公司的计划制定人员,通过对公司全面情况的了解与研究,提出转让定价体系。这个体系的内容一般应包括:①价格体系的目标;②经营商品;③定价的标准;④定价依据;⑤外购政策;⑥解决部门之间矛盾与纠纷的部门与方法;⑦仲裁委员会及其职责;⑧计划管理价格体系的原则与程序。

(五)实施仲裁

跨国公司内部设立仲裁委员会,解决由于价格不一致而形成的争端,检查价格来源变化,在适当的时候改变转让定价,使公司内部各部门之间的冲突降至最低限度。

(六)定期检查并修改转让定价体系

由于国际经济环境的频繁变化,国际市场竞争条件和各国的经济政策也在不断发生变化,因而原有的转让定价体系与外在环境可能不相适应,与公司内在经营也会不相适应。这样,就需要对原有的转让定价体系作一些修改与补充,使其更加完善,更能适应变化了的政治、经济环境的需要,更能适应公司内部经营与管理的需要。通常应参考的变动因素有:国际市场竞争条件的变化,各国税法的调整和变化,汇率的大幅波动,各国政治结构的变化等。

案例应用

1. 跨国公司关联企业利用特许权使用费转让定价进行跨国避税。A 国甲公司拥有一项专利权,研制费用为 12.8 万美元,有效年限为 20 年。甲公司欲将此项专利转让给 B 国的子公司乙,因为 A 国、B 国市场上无同类专利可比价格,双方将转让价格定为 6 万美元,转让期为 10 年。B 国乙公司又在本国市场上以 10 万美元的价格将此项专利转让出去。已知 A 国所得税税率为 15%,B 国所得税税率为 30%,毛利率为 20%,成本分摊率为 60%。我们来分析这项专利权转让是否符合正常交易情况。

因为此项专利权无市场可比价格,可按组成市场价格来确定其价格。其公式为:

组成市场价格 = 成本 × 分摊率/(1 − 毛利率) × 转让年限/有效年限
$$= 12.8 \times 60\% / (1 - 20\%) \times 10/20$$
$$= 4.8(万美元)$$

A 国甲公司应纳所得税 = 4.8 × 15% = 0.72(万美元)
B 国乙公司应纳所得税 = (10 − 4.8) × 30% = 1.56(万美元)
共应纳税 = 0.72 万 + 1.56 万 = 2.28(万美元)

而实际上 A 国甲公司收取了 6 万美元的转让费,其税负变为:

甲公司应纳所得税 = 6 × 15% = 0.9(万美元)
乙公司应纳所得税 = (10 − 6) × 30% = 1.2(万美元)
甲、乙公司共纳税额 = 0.9 + 1.2 = 2.1(万美元)

这样,母子公司就利用 A,B 两国税负不同,专利权转让又无市场可比价格的条件,通过关联企业交易而少纳税 1 800 美元。

2. 多环节生产企业的转让定价筹划。甲企业生产 A 产品,该产品生产过程有三道工序,第一道工序完成后单位生产成本为 200 元,第二道工序完成后单位生产成本为 450 元,第三道工序结束后完工产品单位生产成本为 500 元。A 产品售价为 800 元/件,该年销售 25 万件。适用所得税税率为 33%。各项财务数据计算如下:

$$销售收入 = 25 \times 800 = 20\,000(万元)$$
$$销售成本 = 25 \times 500 = 12\,500(万元)$$
$$产品销售税金及附加 = 200(万元)$$
$$管理、财务、销售费用合计 = 2\,300(万元)$$
$$利润总额 = 2\,000 - 12\,500 - 200 - 2\,300 = 5\,000(万元)$$
$$应纳所得税额 = 5\,000 \times 33\% = 1\,650(万元)$$

甲企业经过筹划分析，决定改变经营策略，在低税区投资设立全资子公司乙，适用所得税税率为15%，新建乙公司增加管理成本100万元。甲企业将A产品的第二道工序作为产成品，按单位成本450元加价20%后，以540元的价格销售给乙公司，由乙负责完成A产品的第三道工序。假设甲企业将管理费用、财务费用、销售费用、税金及附加中的10%转移给乙公司。

甲企业的财务数据为：
$$销售收入 = 25 \times 540 = 13\,500(万元)$$
$$销售成本 = 25 \times 450 = 11\,250(万元)$$
$$产品销售税金及附加 = 180(万元)$$
$$管理、财务、销售费用合计 = 2\,300 \times 90\% = 2\,070(万元)$$
$$利润总额 = 13\,500 - 11\,250 - 180 - 2\,070 = 0$$
$$应纳所得税额 = 0$$

乙企业的财务数据为：
$$销售收入 = 25 \times 800 = 20\,000(万元)$$
$$销售成本 = 25 \times (540 + 50) = 14\,750 万元(第三道工序比第二道单位成本增加50元)$$
$$产品销售税金及附加 = 20(万元)$$
$$管理、财务、销售费用合计: 2\,300 \times 10\% + 100 = 330(万元)$$
$$利润总额 = 20\,000 - 14\,750 - 20 - 330 = 4\,900(万元)$$
$$应纳所得税额 = 4\,900 \times 15\% = 735(万元)$$

由于乙是甲的全资子公司，因此，若乙保留盈余不分配，甲也就无须按税率之差补缴所得税。甲企业通过在低税区设立子公司，节省所得税额为 $1\,650 - 735 = 915(万元)$。

另外，虽然甲、乙存在关联关系，但税务机关不会对甲的转让定价进行调整，因为甲的产成品属中间产品，甲取得的只是工业加工环节的利润，将其加成确定在20%，已超过税法规定的成本利润率10%，因而该定价为合法行为。

3. 支付大额商标权使用费避税案件。成都市国税局成功完成对某外资经销商支付商标使用费的特别纳税调整工作，企业补缴企业所得税2 300余万元，这是迄今为止该市办结的税额最大的支付商标使用费反避税案。

(1) 案例背景。2013年初，成都市某区国税局在办理对外支付税务证明工作中，发现辖区内某外资经销商(A公司)持续向注册于英属维尔京群岛(BVI)的一家关联公司(B公司)支付大额商标权使用费，总额近1亿元人民币，引起税务人员的关注。

A 公司成立于 2001 年,为外资独资经营企业,主要从事进口高档商品的销售,经营状况良好,近年来营业收入持续以 40% 的速度增长。B 公司成立于 2000 年,是 A 公司海外集团的全资子公司,注册于 BVI,拥有某商标以及该商标中英文设计图案的所有权。

2007 年 8 月,A 公司与 B 公司签订特许权许可协议,该协议规定,B 公司作为某商标的所有者,每年按 A 公司营业收入的一定比例向其收取商标权使用费。A 公司 2008~2012 年向 B 公司支付商标使用费合计人民币 1 亿元。

税务人员通过调查分析,发现如下疑点:①A 公司没有做关联交易申报;②A 公司向避税地 BVI 支付费用;③A 公司提供的同期资料显示,其销售利润率明显低于成都市其他同类经销企业,甚至低于其自行筛选出的可比企业的销售利润率中位值。

(2)纳税调整。税务局调整纳税的时候考虑了以下因素:

第一,审核 B 公司的商标所有权证书后发现,该商标所有权证书证明的多项权益内容中,恰恰没有"销售商品"这一项。因此,税务人员认为 B 公司不能享有相应的商标使用利润。

第二,A 公司多年的营销推广活动对某商标的价值形成做出了重要贡献,根据支出与收益相匹配的原则,无形资产带来的超额利润应由 A 公司享有,不应支付给 B 公司,企业最终同意全部调整商标使用费处理,补缴企业所得税 2 300 余万元。

(3)启发。

一是 A 公司没有做关联交易申报,这是一个程序性错误,对后面的调整是不利的。

二是关联方的注册地在避税地 BVI,为了维持商标在中国市场的知名度,商标所有人一般需要有适当的投入,税务局会看 BVI 公司是否有能力承担这项职能,BVI 公司的机构设置、人员、费用支出是否支持承担这项职能。因此建议企业在设计境外公司架构时,应注意设立的境外机构是否有实际的功能风险。

三是企业在与关联方之间签订商标授权协议时往往条款很简单,仅对商标标识进行授权,容易以境外商标所有者没有到境内推广为由引起税务局的关注,但是如果授权境内使用的不仅是商标,还包括支撑商标运作的技术标准、管理模式和软件等无形资产,税务局会认为比较合理。

资料来源:F - Council. BEPS 行动计划年度总结和中国反避税最新进展报告. 2014 - 12(www. fcouncil. com)。

思考与练习

1. 如何确定关联企业？关联企业的表现形式有哪些？
2. 什么叫转让定价？试述跨国纳税人常通过哪几种形式的转让定价来避税。
3. 关联企业制定转让定价的动机有哪些？
4. 简述制定转让定价的程序与方法。

第七章 国际避税地

International Tax Heavens

国际避税地是跨国纳税人进行国际避税活动的重要舞台。国际避税地实施免税或低税政策，为国际避税活动提供了很多机会，从而吸引了大量国际资本进入。国际避税地对国际间资本流动、投资分布、跨国公司收入和费用以及各国财政收入都有着重要影响。本章将介绍国际避税地的概念、利用避税地避税的方法，以及世界主要的避税地。

学习要点

International tax heavens are very important places for international tax avoidance activities of international investors. International tax heavens apply tax policies that exempt many taxes or impose low tax rate, which provides a lot of opportunities for international tax avoidance activities, thus attracting vast international investment. International tax heavens have significant influence on the worldwide capital flow, the distribution of international investment, income and cost of multinational enterprises and the governmental revenue of each country. In this chapter, we will learn the conception of international tax heavens and the methods that international investors use to avoid their taxation, as well as some famous tax heavens in the world.

第一节　国际避税地概述

一、国际避税地的概念

国际避税地(International Tax Heavens)又称避税港、避税天堂和避税绿洲,通常是指不课征某些所得税和一般财产税,或课征的所得税和一般财产税的税率远比国际一般负担水平低,或向非居民提供一些特殊的税收优惠,在那里能够进行国际避税和逃税活动的国家和地区。

但是到目前为止,国际避税地并没有一个严格的定义,不同的人从不同的角度会得出不同的国际避税地概念。按照跨国纳税人的观点,凡是没有所得税和一般财产税或税负很轻、能够为投资者在纳税义务方面提供特别好处,从而在财务上能带来特别利益的国家和地区,就是国际避税地;按照各国政府当局的观点,国际避税地指那些能被本国纳税人利用,将征税对象或税源从本国税收管辖权范围内转移出去,从而给本国带来税收损失的国家和地区;从国际税收研究的角度看,国际避税地是指为跨国投资者提供一种特殊的、优越的税收环境,以诱使国际资金、技术和人才从高税国流出的国家和地区。所以,对国际避税地究竟包括哪些国家和地区,人们有不同的看法。根据对国际避税地定义的严格程度不同,人们可以列出不同的避税地名单。只要该国家或地区能够被国际纳税人利用来从事避税活动,该地区在某种意义上就可以算作国际避税地。

国际逃税与国际避税在很多情况下与避税地有关,国际避税地的存在是跨国纳税人得以进行国际避税活动的重要前提条件,经济实体要实现避税目的往往要通过在避税地建立各种基地公司,没有国际避税地,跨国纳税人经常性的国际避税活动就很难开展。

二、国际避税地的类型

目前世界上的避税地各有自己不同的特点,但归纳起来,仍可将它们作以下分类。

(一)完全不征收所得税、财产税、资本税、赠予税和遗产税的国家和地区

国际公认的、最有名的此类避税地包括:巴哈马、百慕大、开曼群岛、瓦努阿图、瑙鲁、特克斯和凯科斯群岛、汤加、格陵兰等。由于这些国家或地区几乎完全不征收任何所得税和一般财产税,所以国际上称这类避税地为"纯国际避税地"。

（二）课征税负较轻的所得税、财产税等直接税种，同时实行涉外税特别优惠的国家和地区

属于这类的国际避税地主要包括：列支敦士登、安圭拉岛、安提瓜、巴林、英属维尔京群岛、塞浦路斯、直布罗陀、根西岛、牙买加、中国澳门、新加坡、瑞士等。另外，还有一些国家和地区只实行来源地税收管辖权，只对来源于其境内的所得课税，此类避税地有：哥斯达黎加、中国香港、马来西亚、利比里亚、巴拿马等。

（三）总体上实行正常税制，只是提供较为灵活的税收优惠的国家和地区

这一类的国际避税地主要有：希腊、爱尔兰、加拿大、荷兰、卢森堡、菲律宾、荷属安第列斯等。不过，值得注意的是，它们并不属于典型意义上的避税地，因为这些国家和地区一般都有健全的税收制度，对于个人所得、资本利得、净财富、遗产和商品流转等都毫不含糊地统统征税，税种之完善和税率之高也与许多发达国家不相上下，而且也与其他国家签订了有关的国际税收协定，只不过它们同时又会对跨国纳税人提供相当多的税收优惠。

三、常见避税地税制比较

常见的企业设立中间控股公司选择避税的国家/地区包括：开曼群岛、英属维尔京群岛（BVI）、中国香港、新加坡、荷兰、美国和卢森堡等。这些国家和地区作为避税地的优势与劣势如下：

表7-1 常见避税地的优势和劣势

国家/地区	优势	劣势
开曼、BVI等	税负极低、法制健全、上市融资便利	难以建立商业实质，较易受到投资地、被投资地税务机关的挑战
中国香港	无股息和资本利得税，且对海外收入免税；距离中国大陆近，相对容易建立商业实质	税收协定网络较狭窄，股权交易环节可能需要缴纳印花税
新加坡	距离中国大陆较近，且税负较低；对满足条件的国际或地区总部或营运中心提供丰富的税收优惠措施	税收协定网络较广泛，对享受股息收入免税的要求较高，可能限制架构灵活性，股权交易环节可能需要缴纳印花税

续表

国家/地区	优势	劣势
荷兰、英国、卢森堡等	如筹划适当,实际税务成本较低;与较多国家签订有税收协定及欧盟税务优惠	当地税法相对复杂,税务筹划/管理成本较高。股权交易环节可能需要缴纳印花税(如英国)

与此同时,这些国家和地区的优惠税制将会对企业选择哪个避税地产生很大影响。我们通过表7-2概要列示了相关国家及地区取得股息收入、派发股息、取得资本利得的优惠税制。

表7-2 避税地常见的优惠税制

项目	常见的优惠税制	主要适用国家/地区
从投资目的地收取股息	直接免税	开曼、BVI等
	对来源于海外的收入免税	中国香港
	参与豁免/实质控股豁免	荷兰、英国、卢森堡等欧洲国家
	附条件的免税	新加坡
向股东分配股息	不征收预提所得税	开曼、BVI、中国香港、英国等
	可能通过税务筹划免除预提所得税	荷兰、卢森堡等
处置投资的资本利得	对资本利得免税	开曼、BVI、中国香港、新加坡等
	参与豁免/实质控股豁免	荷兰、英国、卢森堡等欧洲国家

实践中,开曼群岛常常被选择作为海外上市和基金设立的控股平台,此外某些公司也结合其他国家/地区设立的控股公司搭建控股架构。中国香港地区与新加坡是中国投资者常用的海外控股平台,一个重要原因是在中国香港和新加坡设立中间控股公司相对容易建立商业实质。企业在采用间接投资方式进行对外投资时需注意,未经税务筹划即选择上述国家和地区建立公司可能导致额外税负。

第二节 国际避税地的产生及判定条件

一、国际避税地的产生原因

国际避税地有着悠久的历史。据历史记载,国际避税地的产生可以追溯到中世纪以前。早在12世纪,伦敦城就曾给居住在伦敦的汉萨同盟商人免除所有的税收,汉萨同盟的其他国家也给予同盟内从事商业活动的纳税人类似的税收优惠,以促进当地经济的繁荣。15世纪,弗兰德斯(现为比利时的一部分)也规定免除大部分贸易税,而且几乎不实行外汇管制,从而使弗兰德斯成为一个特别引人注目的繁荣的国际商业中心。荷兰在16~18世纪也实行过低税政策。而瑞士则是最早出现的现代避税地,它最初是作为资本的避难地而不是作为税收的避税地发展起来的。在第一次世界大战爆发前夕,由于瑞士独特的政治、自然条件,瑞士银行吸收了从俄国、德国、法国等许多欧洲国家以及一些南美国家因政治和社会动荡而逃离出来的大量资本。第二次世界大战期间,交战各国给瑞士带来了更多的逃离资本,当时的瑞士成为资本和财产的政治避难所。第二次世界大战后,英、美、日等发达国家为了恢复战后经济,都大幅度地提高税负,而瑞士仍然保持低税政策,从而对避税者产生了强大的吸引力。继瑞士之后,众多的国际避税地迅速发展起来。

可以说,国际避税地是一些国家实行高税负的"伴生物",高边际税率导致了纳税人税负的沉重,必然会对纳税人避税产生强烈的刺激。在发达国家有大量的剩余资本需要对外寻求投资场所的情况下,跨国投资者视税收为经营成本的一部分,税负的高低直接影响其投资收益的多少,减轻税负就意味着利润的增加。跨国投资者对低税负的渴望和追求,是国际避税地产生的真正动力和根本原因。

除了跨国投资者对低税负的追逐,一些国家和地区成为国际避税地还存在历史、制度和经济上的原因。

(一)历史原因

随着资本主义经济的不断发展,发达国家把缺乏资金、技术的殖民地、半殖民地及落后的国家和地区作为其大量过剩资本的输出目的地。同时,通过资本输出,控制了输入地重要的国民经济部门,使其在政治和经济上不同程度地丧失了独立性,在税收上也不同程度地丧失了自主权,被迫制定有利于资本输出国的低税制度。第二次世界大战后,这些国家有的虽已先后独立,但它们在殖民地、半殖民地时期形成的有利于资本输出国的税收制度和税法规定还不能一下子得到改变;另一方面,由于经济基础较差而尚未形成现代化的工业体系,要求政治独立和稳定,引进外资、发展经济的任务就比较迫切,再加上独立前宗主国对这些国家税收自主权的管理比较松散,因而容易形成避税地。

（二）制度原因

有些国家和地区在税收制度设计上，盲目推崇或照搬西方发达国家的税制，没有从自身国家的内在特点出发，从而造成其税制存在很大缺陷，或者是严格奉行某一原则或理论，缺乏灵活性地制定了低税负税制，也有的国家或地区在税收征管上存在许多漏洞和缺陷，这些都可能使其成为国际避税地。如一些国家限于征税人员的素质约束和当地人民的收入水平，只能实行以关税和间接税为主体的税制结构，所得税的比重过小，因此容易被利用作为国际避税地。又如，一些国家在课税权力上一贯奉行或过分强调属地原则，对于所得或收益的课税仅限于发生在本国领土范围内的所得，对属于本国居民但所得是在国外取得的不进行征税，这样也会被跨国投资者充分利用而成为国际避税地。此外，一些国家税收制度不规范、不健全，颁布的税法、税法实施细则和其他条例规则相互矛盾，规定的税收管理人员工作程序和工作方法等规章制度比较混乱，这些国家有时也会被跨国纳税人利用，作为其进行国际避税活动的场所。

（三）经济原因

第二次世界大战以后，一些刚刚独立的国家由于本国的经济文化和科学技术水平很低，同时也受到资源短缺的约束，为了加快自己国家的经济发展速度和发展水平，往往在税收上制定了许多特别优惠的措施以弥补国内投资环境的某些不足，吸引外国资金和先进技术的输入。一些发达的国家由于国内经济发展的需要，如国内投资不足、经济不振，也往往制定某些税收优惠措施以吸引本国资本的回流和外国资本的流入。而一旦这些国家的税收优惠措施现实地吸引了一批国际投资者，它们在客观上也就形成了国际避税地。

除了上述原因外，还有一些国家凭借得天独厚的地理位置、自然资源和充裕的财政资金，不需要提高税负，一直保持低税率，也成为国际避税地。

二、判定国际避税地的标准与成为国际避税地的条件

（一）不同国家判定国际避税地的标准

一个国家或地区要想成为避税地，仅仅有开放政策是不够的，而是有一定的客观条件限制，即具备独特的低税或无税环境，尤其是那些具有低税结构、便利可达、政局稳定、政策宽松、基础设施良好等优越条件的国家和地区，会成为国际避税地中的佼佼者。在发达国家中，有许多国家没有避税地的定义，也没

有列举避税地的国家名单。也有一些国家出于反避税斗争和税务管理的需要，在本国税法中规定出了判定国际避税地的具体标准，其中有的国家还根据自己制定的标准列出了国际避税地国家（地区）的名单。

例如，美国国内收入署（相当于政府收入局）发行的《国内收入手册》指出，美国没有避税地的定义，但避税地一词是用于具有以下某个或多个特征的国家和地区：①不课征所得税或税率比美国的所得税率低；②银行高度保守商业秘密，甚至不惜违反国际条约的有关规定；③银行或与银行活动类似的金融活动在经济中占有重要地位；④有充分的现代通信设施；⑤对外币存款没有管制；⑥大力宣传自己是离岸金融中心。根据上述标准，美国国内收入署列举了约30个具有代表性的国际避税地。

日本对国际避税地的界定是：公司的全部所得或特定类型的所得所适用的实际税率低于日本国内公司所得税实际税率50%的国家和地区。根据这一定义，日本的税务当局列出了33个属于避税地的国家和地区。

法国则规定，无所得税或税率低于法国同类所得适用税率2/3的国家和地区属于避税地，并列出了38个避税地国家和地区的名单。

在挪威，避税地一般是指低税或不征税以及不与其他国家在税收情报交换方面进行合作的国家和地区。如果一个国家愿意进行税收情报交换，那么即使该国存在税收优惠或免税，也可以不被视为国际避税地。

2017年12月欧盟出于自身利益考虑，亦公布了首份"避税天堂"黑名单，有17个国家和地区榜上有名，分别是美属萨摩亚、巴林、巴巴多斯、格林纳达、关岛、韩国、中国澳门、马绍尔群岛、蒙古国、纳米比亚、帕劳、巴拿马、圣卢西亚、萨摩亚、特立尼达和多巴哥、突尼斯和阿拉伯联合酋长国。

（二）成为国际避税地的条件

虽然各个国家对国际避税的判定标准不尽相同，但是总的来说，作为一个国际避税地，应具备以下几个条件：

1. 独特的低税或无税环境。边际税率而引致的税负加重，必然会对纳税人产生强烈的心理冲击。在发达国家有大量剩余资本需要对外寻求投资场所的情况下，跨国纳税人视税收为经营成本的一部分，税收高低将直接影响其投资收益，减轻税负就意味着增加利润。跨国纳税人对低税负的渴望和追求，成为产生避税地的外部动因。为了适应这种需求，一个成功的避税地就必须具有低税甚至无税的基本特征，这是一个首先应具备的根本条件，否则避税就无从谈起。不但决定整体财政收入的税收负担轻，更重要的是直接税的负担轻，就是说，避税地必须在至少某一项重要的所得类型上，仅课以低税或根本不课税，这是高税国的跨国公司在选择避税地避税时要考虑的一个重要因素。因为对流转额征收的间接税易于转嫁,间接税负担的轻重最多能够影响的只是产品的竞争条件,而直接税的课税对象是财产、资本、利润和所得,税收负担一般不容易转嫁,负担的轻重直接关系到切身利益或直接得失问题。

典型的避税地多是很小的岛国或"飞地",政府职能轻简,没有沉重的财政预算需求,也无须与高税国之间签订包括所得税在内的国际税收协定。这就无异于为外国投资者的避税拓开了一道税法上的坚冰河道。另外,避税地的低税特征还应包括税制结构的单一性,尽量少征或不征流通消费环节的产品税、消费税、营业税等,对商品的进出口税也予以宽减。当然,重要的是无论哪一种税,税率水平都极低,有的甚至只具有象征意义,所以,对跨国纳税人这里就是具有巨大吸引力的"低税磁石"。

2. 理想的投资条件。一个有吸引力的、成功的避税地,应该具备地理位置理想,外部交通便利,邮电通信发达,内部基础设施和机场码头、供水供电、道路桥梁等完善的投资条件和经营环境,能充分满足现代化生产、经营、管理的要求。另外,邻近重要发达国家,方便外国公司或个人的往来和经营活动也是重要的。两者间有着必然的联系。比如大西洋中部的百慕大群岛,距离美国纽约只有 775 英里,从百慕大到纽约每两小时就有一个航班,飞行时间不到 2 个小时;有 10 余条国际空中航线,每周约有 150 次往返航班,可以直飞美国东部的主要城市和加拿大的哈利法克斯、蒙特利尔、多伦多,也有直飞伦敦和西印度群岛的航班,空运服务效率很高;它同时还是汇集许多国际海运航线的港口。

3. 稳定的政治局势。影响资本营利的各种因素构成投资环境,投资环境从整体上决定着资本的生存、营利与发展。在投资环境中,政治环境通常是比基础设施、交通通信更重要的因素,它不仅是决定能否投资的前提,而且还关系到资本能否生存。政局的动荡会使外国投资者抽走资金,转移经济资源。政治和经济上的稳定最能确保投资的安全,使一种有利的经营气候得以稳定地延续下去。所以,作为一个理想的避税地,政治和社会稳定是前提条件。目前世界上一些著名的避税地多是一些狭小岛国或半自治地区,它们的政局都较稳定,其中许多国家和地区没有军队或其他保卫力量,政局变动或内战的可能性极小,这些无疑会吸引跨国投资者的目光。

4. 宽松的政策法规。宽松简约的政策法规是吸引外资流入的"软环境"。对避税地的使用者来说,避税地应该是便利可达、易于进入的,这不光表现在地理分布、通信交通上,而且也体现在法律法规、政策制度上。曾有一些国家或地区的区域条件极佳,但在法律上却难以接近,也就是说,想进入避税地进行经营或居住,会受到这些避税地的立法限制,因而冲淡了投资者的热情。同时,政策要持续有效。外国投资者最忌政策多变,朝令夕改,缺乏稳定性,所以有一些避税地公开承诺,在一定时期内,保持对投资者有利的税收等政策不变。另外,各种吸引投资的法规也要健全。对于身在异国他乡的外国投资者来说,其资金安全和合法权益全靠当地法律来保护。法律法规如不健全,谁能放心在异域撒下血汗钱?很多成功的避税地都公布有税收法令、公司成立注册和控股的法令、银行及外汇法令、保密法令等。

5. 严格的银行和财产保密制度。为了吸引跨国公司转移资金,避税地国家和地区一般都遵循对企业交易活动、财产存款等提供保密承诺的惯例。因为那些跨国公司利用避税地意在人为地将公司利润从高税国转移到避税地的基地公司账上,这当然会损害高税国的税收利益,引致高税国采取反避税措施。在这种情况下,如果避税地没有对外来投资者的有关营业或财产保密的法律或制度,跨国公司向避税地转移利润的行为就会暴露,就会受到税收处罚。从另一个角度看,对从事生产经营活动的跨国公司来说,避税地能否保守商业或财产秘密,对经营的成功和避税的奏效常常是至关重要的,甚至有些跨国公司不是对在避税地得到的好处感兴趣,而是对能否为他们守口如瓶感兴趣。为迎合这种需要,避税地国家或地区大多重视保密问题。一些避税地制定了专门的银行保密法,以保护账户持有者不受财务信息揭示的影响。一些国家的保密法相当严格,对银行职员的泄密行为要给予严惩。例如,开曼群岛1966年就颁布了《银行和信托公司管理法》,规定了为客户保密的原则。1976年又制定了《保密关系法》,规定对泄密者罚款6 100美元,并处2年徒刑。由于有严格的保密法规,外国政府很难从开曼银行得到本国投资者的存款信息,这等于为客户的商业秘密撑起了一张严密的保护网。

6. 放松的外汇管制。某些避税地国家和地区区别于一般国家的一个特征是实行自由的外汇市场机制,对跨国公司的资金调出调入不加限制,这无疑是吸引外国投资者纷至沓来进行投资经营的一个有利条件。目前世界上主要避税地都能满足跨国公司外汇自由出入的要求。这里主要存在两种情况:一是完全取消外汇管制,大多数避税地,如开曼群岛、巴拿马、列支敦士登、瓦努阿图等均属于这种情况。其中一些避税地并没有本地的货币,而是使用发达国家货币作为自己的流通货币,这更增加了外汇自由出入的程度。二是虽然实行外汇管制,但这种外汇管制不适用于非本地居民组建的公司,例如,百慕大群岛、荷属安第列斯、巴哈马等就属于这类避税地。

此外,要成为避税地,还必须配套实行有利于发展自由贸易的宽松海关条例、银行管理条例、保险条例等,还要有可利用的原料来源、劳动力资源和自然资源,甚至还应有适宜的气候,因此,人们把避税地形容为风和日丽、气候宜人的"避税乐园"。由此可见,避税地的形成并不是开放政策人为使然,而是要有一定客观条件限制的。

第三节　国际避税地的作用与评价

一、国际避税地的作用

(一) 对跨国纳税人的作用

对于跨国纳税人来说，国际避税地为他们的经营活动提供了许多良好的条件，主要包括以下几点：

1. 为跨国纳税人减轻税收负担。对跨国纳税人来说，国际避税地最重要的作用体现在减轻其税收负担上。从事经济活动的纳税人，利用避税地减轻税负，一般是通过在国外隐瞒所得或财产的行为进行的。因为对他们的一切国外所得和财产，其居住国或国籍国要依据居民(公民)税收管辖权课税，只有当跨国纳税人在避税地建立一个法人实体，通过该法人实体代表居住在高税国的跨国纳税人处理其境外的所得和财产时，才能合法地利用避税地来减轻自己的税负。

而国际避税地也为跨国纳税人提供了形式多样的避税条件。每个避税地国家和地区，都根据国际经济形势和本地的特点，制定既有吸引力又富有特色的税收优惠政策，以满足纳税人的不同需要。例如，在众多的国际避税地中，有的特别适合建立控股公司，有的则适合发展金融保险业，有的适合进行转口贸易和加工工业，还有的适合个人用来转移和积累所得和财产。

2. 为跨国纳税人保守经营秘密。在竞争日益激烈的国际市场中，能否保守住商业秘密对于跨国纳税人的经营能否成功、避税活动能否达到最佳效果，具有至关重要的作用。因而跨国纳税人都希望所在国政府对其经营活动和财产状况不多加过问，并对外严格保密。而国际避税地通常会以不同方式为跨国纳税人提供这类便利。由于国际避税地的公司法等有关法规较为宽松，高税国跨国纳税人不必亲自到避税地抛头露面，可以委托法律事务所、税务咨询公司、信托和管理机构的成员，以股东、受益人、常务董事的身份出现在注册公司中，而身居高税国的真正投资者则是"幕后主使者"。如列支敦士登、卢森堡、荷属安第列斯、巴哈马等，一般不要求公布股票的持有人，因此投资者也可直接持有股票，而不必委托被指定人。正因避税地提供了这类保密制度，使得有关国家的税务当局往往无法辨认避税地法律实体的真正所有人和受益人，从而难以对在避税地进行经营活动的纳税人进行有效的税收征管。

另外，保守银行秘密是国际避税地保密机制中的另一个重要因素。许多避税地,如巴哈马、百慕大、开曼群岛、列支敦士登、卢森堡、瑞士等,都实施了严格的银行保密制度。这些国家和地区不允许包括自身在内的任何国家和地区的税务当局审查银行的账目。例如,巴哈马的银行规定,除了为法庭刑事诉讼调查提供情报外,对于任何泄露银行机密的个人,处以罚款并监禁六个月;法官对银行有关案件提供的情报,必须严加保密。

3. 保证跨国纳税人的财产和资本的安全。任何一个投资者首先都要对自身的资本和财产的安全性加以考虑。国际避税地在这一点上吸引跨国投资者主要体现在两个方面。

(1) 国际避税地的政局相对稳定,各种经济、税收、金融政策也基本稳定。一些避税地为了迎合投资者的这种安全心理,制定了特别的法律来保证投资者资本和财产的安全。例如,荷属安第列斯的公司法规定,在出现紧急情况时,公司可以自动转移法人的地点;可以在别处建立实体来自动转移资产;可以自动或按某人指示转换信托受托人或公司管理者;可以同时设立两套办公机构和账目,等等。这样可以使投资者的资本和财产免受可能发生的政治动乱或国有化的侵害。还有一些避税地以立法的形式做出对税收政策不予改变的保证。例如,百慕大保证在2006年以前对公司免征直接税;开曼群岛保证对公司自成立之日起免征20年直接税,对信托的保证是,免税期放宽到50年。

(2) 国际避税地的经济自由开放,市场进入容易,货币兑换自由。在避税地,由于没有太多政策、法律限制以及不必承担较高的费用,跨国投资者能够轻松地进入或退出一个市场。同时,外汇兑换非常自由,这保证了跨国投资者在避税地对资本和财产的灵活运用,并且能够随时规避风险。

(二) 对国际避税地的作用

国际避税地可以为跨国投资者提供少纳税以获得更多利润的好处。在利益驱动下,国际避税地会导致资金和人才从发达高税国家流向国际避税地,资金的流动还会带动技术和设备的流动,所有这些流动都会对避税地当地产生影响。

1. 对国际避税地的积极作用。对避税地自身而言,它可得到的好处主要有:

(1) 增加避税地的财政收入和外汇收入。从财政金融方面看,虽然这些国家或地区对直接税实行了免税或低税政策,但注册公司及各种法律实体众多,使得当地政府不但可以获得大量的间接税,而且可以取得可观的注册登记费等相关费用,从而会直接弥补和增加财政收入。同时,外国企业和机构的房租、电讯、水电、交通等费用也会间接增加当地政府的财政收入。另外,为躲避高税国而来定居的外国人能给避税地带来为数不少的外汇收入。而随着外国资金的不断流入,这些国家和地区的外汇资金也会得到极大增长。

(2)促进避税地经济的迅速发展。从经济角度来看,低税政策能够吸引外国的先进技术和设备,以及管理和专业技术人员的流入,促进这些国家和地区的企业现代化。外国资金的流入,有两种方式:积极投资和消极投资。外国的积极投资,可以直接推动这些国家的技术发展和企业现代化;外国的消极投资,如运用得当,也可促进这些国家和地区技术的发展。外国的现代化企业的建立、先进技术的运用和科学管理的实施,也培养了一批熟练掌握先进技术和先进设备的专业人员、技术人员和管理人员,可缩短避税地与先进技术国家的差距。

低税政策还能改善避税地的产业结构和促使避税地国内和对外经济的发展。避税地的国家和地区,一般资本短缺,生产比较单一和落后,产业结构也不尽合理。外国工业化国家直接投资部门的增加,会逐步改变这些国家和地区的产业结构,带动这些国家和地区的金融保险、邮电通信、交通运输、旅游等行业的发展和国际化,加快这些国家和地区的资本集中和积聚,促进这些国家和地区生产规模的扩大和进一步社会化,从而推动其经济发展。即使是外国的消极投资,除了会直接刺激金融领域中的保险、证券投资等行业的发展外,也可以增加这些国家和地区的投资规模,间接影响其他产业的发展。

(3)有利于提高避税地的就业水平。避税地外籍人员聚集,外国工厂的兴建、公司商号的设立和外国移民的迁入,往往需要增加一批工人、店员和服务人员,这有助于提高这些国家和地区的就业水平。

以香港为例,它对来自本地区以外的所得,一律免征所得税,而对于来源于香港的所得,税率也很优惠,如公司所得税税率基本维持在16.5%,个人所得税的最高税率基本为15%。这些低税政策对吸引外国投资流入香港,推动香港经济和社会发展起到了重要作用。

在经济方面,首先是制造业的发展。外国跨国公司纷纷到香港开办独资企业或合资企业,带来了一些先进的技术、设备和人才。外国跨国公司的子公司20世纪60年代在香港建立了大约100家合资企业,而到80年代末,在香港的外国公司已达2 000多家。外国投资的部门也不断多样化,推动了香港产业结构的多元化;大量的外国资金、设备和技术人员的流入,使香港工业从劳动密集型转向了资本技术密集型。其次是国际贸易的发展。外国跨国公司到香港开办企业带动了香港的出口贸易和转口贸易的发展,加上优越的地理位置、人气的聚集、优惠的税收制度等良好的投资环境因素,香港成为世界重要的出口和转口贸易中心。再次是金融、旅游、商业、通信、交通、运输等方面的发展。

在财政方面,尽管香港税负相对较低,但由于香港经济在低税环境下的高速增长,税源不断扩大,从而香港税收收入的绝对数不断地增加。

在社会方面,外国投资提高了香港的就业水平,香港外资企业雇佣的工人约占香港工人总数的 10%,生产着香港 17% 的出口产品。香港经济的稳定发展,是香港社会稳定的重要因素之一。

2. 对国际避税地的消极作用。虽然作为国际避税地的国家和地区能从低税中获得一定好处,但跨国投资者在避税地的活动也会给这些国家和地区的社会和经济造成巨大的冲击和负面影响。

(1) 避税地国家和地区的经济缺乏稳定性。跨国投资者在避税地进行投资活动首先要保证的是其资本和财产的安全,因此一旦避税地内部政治和经济发生哪怕是最轻微的动荡,甚至于议论或谣传,都会造成大量跨国投资者的离去。其次,外国企业在避税地开办的成千上万的各种公司或机构,其中有相当一部分是从事虚构营业活动的文件公司,其目的仅仅是为了避税。一旦发生意外,它们会马上转移。这不仅给避税地国家和地区的经济带来动荡,而且对避税地当地公司的业务造成极大的影响,从而造成避税地社会和经济的不稳定。

(2) 避税地吸引的先进技术往往有限。避税地吸引的外国积极投资、有形资产方面的投资往往很少,许多仅是一些挂着一块招牌,从事虚构营业活动的避税公司,不会给避税地国家和地区带来具有实际意义的先进产业设备和技术。避税地吸引的外国消极投资,更不会直接给避税地国家和地区带来先进的技术设备和技术。因此,避税地吸引的大量外资,往往只是给避税地带来一种虚假的繁荣。

(3) 避税地公司解决当地就业的作用往往不大。由于避税地大多数是发展中国家和地区,文化技术水平比较低,外国公司往往宁愿雇用本国人或来自其他发达国家的移民当职员。因此,尽管避税地就业人数增加,但往往不能很好地解决避税地国家当地人口的就业问题。

(4) 避税地国家和地区往往要受资本输出国的制约。避税地用来吸引外资的税收优惠,往往因为资本输出国单方面所采取的反避税措施而被部分抵消,甚至完全不能发挥作用。例如,一个资本输出国原先不仅允许其纳税人对已向避税地实际缴纳的所得税额进行抵免,而且还允许纳税人对避税地为了鼓励投资而给予的减免税部分进行税收饶让。但是,当资本输出国取消了后一种抵免时,纳税人原来可以从避税地得到的好处就立即消失,避税地的吸引力也随之消失。因此,避税地往往处于被动的地位,资本输出国随时都可能制定出相应的反避税措施,这样,避税地的输入资本就可能大量逃走。资本输入越多,投资的部门越重要,资本逃走后的影响就越大。例如,1972 年以前,在大洋洲中诺福克岛注册的公司有 1 500 家,当 1972 年 7 月澳大利亚政府宣布禁止该国居民再使用诺福克岛时,澳大利亚的避税者便立即转向了瓦努阿图等其他避税地,诺福克岛遂即陷于萧条。

此外，由于国际避税地对银行账户和经营活动有着严密的保密措施，这不仅能使避税地成为国际避税活动的中心，而且也使得纳税人可以利用它从事非法偷漏税活动乃至各种非法经营活动，成为国际贩毒活动的"洗钱"中心和非法所得的"安乐窝"。

（三）对非避税地国家和地区的影响

1. 严重损害非避税地国家和地区的财权利益。由于国际避税地为投资者提供各种极具吸引力的避税条件，所以大量跨国投资者会选择在避税地建立中介公司，通过转移定价等方式把尽可能多的应税所得转移到避税地公司，从而有效地规避收入来源国和其居住国的税收负担。而这些跨国投资者基本上都来自高税的发达国家和地区，他们在避税地进行的避税活动会直接造成这些国家和地区政府财政收入的减少和资本外流，从而极大地影响这些国家和地区的财政收支平衡与国际收支平衡。为了维护本国的财权利益，抑制本国居民的避税地活动，这些非避税地国家和地区又会花费大量的人力、物力和财力去制定和实施一系列的反避税政策措施。所以，世界上大多数的高税发达国家对国际避税地的存在持着完全否定的态度。

2. 干扰国际资本的正常流动和各国资源的有效配置。正如前面分析到的，国际避税地的低税特点会使得跨国纳税人趋之若鹜，在避税地建立大量各式各样的法律实体，但其中有相当一部分是虚构的，其目的仅仅是为了避税。很多的避税地公司只是挂着一块招牌，在有形资产方面的投资却很少，这不会给避税地国家和地区带来具有实际意义的先进设备和先进技术，致使大量的资本在避税地国家和地区并未实现有效的配置。而资本不断流向避税地国家和地区，对非避税地国家和地区，尤其是急需资本发展本国经济的发展中国家，会造成灾难性的后果。

此外，各个避税地为了吸引更多的跨国公司和外来资金，都竞相提供更加优惠便利的税收政策，而非避税地国家和地区为了保障自己的税收权益，保护本国资金不外流，也会参与到这种争相增加税收优惠的竞争中来，从而形成国家间的恶性税收竞争。这种恶性税收竞争的一个严重后果，就是造成国际资本流动的游荡性，使得有限的跨国投资和营业活动过度分散，大量资本为了追逐更低的税收优惠而在各个国家和地区间频繁的流动。资本频繁的、大规模的转移使得资本在任何国家和地区都无法实现有效配置，这无论是对避税地还是非避税地国家和地区的经济长期稳定发展都是严重的损害，国际经济秩序的正常运行也会遭受严重干扰。

3. 使得非避税地国家和地区的税务当局无法准确、及时地获取情报。由于避税地国家和地区的税收制度缺乏透明度，缺乏实际情报交换，使得非避税国家和地区经常无法从国际避税地的税务当局获得有效情报,这会造成以下问题:一是导致经济犯罪活动的增加。那些实行严格保密法的国际避税地普遍被用来从事经济犯罪活动,如"洗钱",因为公司保密这把保护伞会在很大程度上妨碍有关国家和地区的执法部门阻止和打击这类经济犯罪活动。二是使得非避税地国家和地区无法获取与商业交易有关的情报。缺乏足够的商业交易情报会妨碍税务当局实施有效的税务稽查并在必要的时候对公司内部商业交易进行调整。

二、对国际避税地的总体评价

目前,国际上对避税地的评价并不一致。由于不同国家的客观经济条件不同,崇尚的经济理论和奉行的方针、政策不同,对避税地也往往给予肯定和否定两种完全不同的评价。

(一)持肯定态度国家的观点

除了本身就是国际避税地的国家以外,还有一些国家(如墨西哥等)对国际避税地的存在持肯定态度。他们认为:一个国家和地区行使什么样的税收管辖权,完全可以由一个主权国家自行决定。一些国家采取低税政策,同一些国家采取高税政策一样,都是这些国家自己的选择,任何其他国家都无权干涉。避税地的出现,是世界经济发展的必然结果。从跨国投资者的资本投向看,无法回避自由竞争规律和价值规律的约束,必然是将资本投向能够产生最大利润的地方。在各国税收制度存在差异、税率高低不平、税负轻重不一的情况下,资本向低税负的地方流动完全是顺乎自然的。这样看来,跨国投资者从避税地获得税收利益也是无可非议的,这是一些国家和地区实行低税和无税政策带来的结果,但是不能把低税和无税政策看作是国际上逃税和避税的根本原因。因为在世界范围内,逃税和避税是一种普遍现象,只要国家与国家之间在税收制度与税收政策上存在差异,国际避税就是不可避免的。国际避税自产生以来,被国际投资者广泛利用,说明有其生存的环境和客观经济条件。它的出现可以说是国际经济发展到一定历史阶段的必然产物,不能靠禁止或反对就将其轻易地取缔,而只能根据跨国纳税人利用避税地从事国际经济活动的规律,采取相应的对策,进行有效的控制。

(二)持否定态度国家的观点

然而,正如前面所分析的,高税发达国家(如美国、德国等)对国际避税地的存在持完全否定的态度。他们认为:避税地的存在干扰了国际资本的正常流动,造成一些跨国投资者虽把资本投入避税地,却并不是为了从事真正的生产经营活动,而只是为了逃避有关国家的税收,这种行为妨碍了国际经济秩序的正常运行以及各国资源的有效与合理配置。与此同时,避税地的税收政策还影响了其他国家税收政策的有效实施,并大大地影响了这些国家的财政收入。一些国家为了对付本国纳税人的国际避税行为,需要花费很大精力来制定对策、采取措施,以减少本国利益的损失。正因为如此,美国等高税发达国家制定了一系列严密的反避税措施来抑制本国跨国纳税人利用国际避税地进行避税活动。

联合国和经济合作与发展组织也从维护税收公平原则的角度,反对避税地。例如,联合国为了解决国际避税问题,在1967年就成立了一个由一些发达国家和发展中国家的税务专家组成的专家小组,强调与国际避税进行斗争。专家小组还专门研究了避税地问题,把国际避税和逃税现象归咎于避税地的存在,认为只有当避税地不再存在时,国际上主要的避税和逃税问题才能得到解决。

第四节 利用国际避税地避税的主要模式

在前述章节中介绍了跨国纳税人国际避税的几种主要形式,本节结合避税地介绍一下跨国纳税人利用避税地逃避国际税收的具体手段。

跨国投资者利用国际避税地进行避税活动的形式多种多样,涉及课税主体转移避税和课税客体转移避税的各个方面,其采用的方法可以归纳为两种:一种是以避税地作为基地,建立象征性的外国基地公司,虚构避税地营业进行避税;另一种是虚构避税地信托财产进行避税。现分别对它们进行介绍。

一、虚构避税地营业避税

跨国纳税人利用避税地从事避税活动的一个常用方式就是虚构避税地营业。某些设在避税地境内的公司,其经营活动很少甚至完全没有真正在避税地内进行。虚构避税地营业的基本途径是通过总公司或母公司将销售和提供给其他国家和地区的商品、技术和各项劳务服务,虚构为设在避税地受控公司的转手交易,从而将所得的全部或一部分滞留在避税地,或者通过贷款和投资方式再重新回流,以躲避原应承担的高税率国家的税收负担。

在虚构避税地营业中起中介作用的,是以避税地为基地的各种性质的基地公司。

(一) 基地公司的概念和特征

所谓基地公司(Base Company),是指跨国公司出于避税的目的,在低税国或无税国建立的受其股东控制的子公司。这里的低税国或无税国也称为基地国，一般是对本国公司的境外所得和财产免税或课以低税的国家。

基地公司一般具有以下几个基本特征：第一，基地公司具有避税地的法人资格或居民公司地位，是一个独立的纳税实体，不受高税国无限纳税义务的制约；第二，基地公司是一个受控实体，由基地公司所在国或地区之外的某一居民公司或个人所控制；第三，绝大部分基地公司在基地国没有实质性的经营活动，实质性的经营活动通常发生在母公司居住国或者基地国和母公司居住国之外的第三国，基地公司只是被跨国公司利用来规避税收的工具。所以，大多数基地公司在避税地只是完成必要的登记注册手续，然后租用一间办公室或一张办公桌，甚至仅仅挂一张招牌就成立了，因此国际上通常也称基地公司为"信箱公司"或"纸面公司"。

（二）基地公司的避税功能

基地公司的基本职能是充当资金的积累中心和中转站，使母公司可能在承担较低税负的情况下在各国进行经营活动。

跨国公司在避税地设立基地公司开展避税活动，通常有两类做法：一是运用中介业务和转让定价等方式，将分布在全球范围内的子公司和分支机构获得的利润向基地公司转移，并利用避税地国家延缓课税的规定，将利润保留在基地公司，而不向高税国的股东和权益所有人分配，以达到避税的目的；二是基地公司利用积累起来的利润可向母公司或本集团内的其他公司进行贷款或再投资。

1. 通过基地公司开展中介业务。中介业务是指在所得或收益来源与最终获得者或受益者之间插入一个业务环节，在两者之间形成一个积累中心，从而在形式上造成所得或收益与其最终获得者或受益人之间的分离。通常，将通过避税地公司转手进行的业务，也称为中介业务。

开展中介业务的基本做法是：母公司将本应直接销售或提供给另一国子公司的原材料、产品、技术和劳务等，通过避税地中的受控基地公司转手进行，将本来涉及两方面的交易虚构为涉及三方的业务，从而将所得的一部分甚至全部转入并滞留在避税地，借以逃避在高税国应承担的税负。

跨国纳税人在中介业务中，若原原本本地按正常交易价格作价，就会使中介业务丧失意义。虽然避税地公司的介入会形成一些利润向避税地的转移，但在正常交易价格条件下，这种利润转移毕竟有限，而只有实行低进高出等的转让定价政策，才能充分发挥避税地的避税功能。因此，利用国际避税地避税，要与转让定价相结合，才能达到避税目的。

值得注意的是，在实践中，关联企业间许多商品买卖交易的中介业务，只是一种账面上的数字游戏,并不涉及货物的接受、保管、装配加工、仓储或发运等业务,不过是转手开一道发票,记录一下收支账,真正的业务活动实际上也许是在千里之外的其他国家进行的。

2. 通过基地公司进行贷款或再投资。通过种种途径流入基地公司的利润一般并不向母公司分配。因为一旦这些利润以股息的方式汇回母公司,母公司就必须向其居住国申报纳税,而在居住国采用抵免法(间接抵免)消除重复征税的情况下,这些利润的最终税负又会由母公司所在国的高税率所决定,已经采取的一系列避税措施的效果都会被抵消。因此,基地公司一般会把积累起来的资金直接向母公司或本集团内部的其他公司进行贷款或再投资,以继续在只需承担较低税负的情况下赚取利润。当母公司或本集团内部向基地公司支付利息时,还可以将其作为费用抵扣应税所得,减少应纳税额。

(三)基地公司的具体形式

由于跨国公司从事的跨国经营活动多种多样,从而产生了各种类型的所得,如股息、利息、特许权使用费、营业利润等。为了有效地规避各种不同类型所得的税收,需要建立相应的基地公司进行避税活动。基地公司的具体形式有以下几类:

1. 控股公司(Holding Company)。控股公司是指为了控制而不是为了投资的目的,拥有其他一个或若干个公司大部分股票的公司。在避税地建立控股公司是避税手段之一。这种公司在一个或多个子公司里控制着大量股份,并拥有举足轻重的表决权,它们参股可以拥有高达100%或低至50%以下的股本或表决权。控股公司的收入,主要是从子公司取得的股息和资本利得,也包括利息、特许权使用费等其他类似所得。由于在避税地对股息收入和资本利得等免税或只征收很轻微的税,因此,跨国公司可以将其控制的外国子公司所获得的利润,以股息形式向基地国控股公司账下转移,从而逃避母公司所在国对股息的征税。另外,如果股息支付国要对股息所得征收预提税,这种预提税也可能根据股息支付国和收入国之间的双边税收协定予以减少或退还。所以,控股公司所在国最好与其他国家签有国际税收协定,以便从其他国家取得股息时能够享受到股息来源国的预提税优惠。

例如:一家跨国公司的母公司设在美国,在日本有一子公司,该子公司要向美国母公司支付股息,根据日本税法的规定,美国母公司直接从日本子公司取得的股息要缴纳30%的预提税。现在美国母公司决定在荷兰设立一家控股公司,日本子公司改由荷兰控股公司所拥有,这样,日本子公司就不再向美国母公司支付股息,而是向荷兰控股公司支付。由于日本与荷兰之间有税收协定,日本子公司支付给荷兰控股公司的股息可以按5%的优惠税率缴纳预提税,而荷兰对控股公司收取的股息不征税,如此一来,美国跨国公司从日本子公司获得股息分配原应负担30%税率的预提税,通过荷兰控股公司就可享受到只按5%税率征税的好处。

2. 投资公司(Investment Company)。投资公司是指以从事有价证券投资为目的,主要持有其他公司优先股、公司债券或其他证券的公司。跨国纳税人将股票、债券等有价证券转移到避税港的投资公司,从而使这些有价证券的投资收益避免在居住国缴纳所得税,然后利用投资收益以该投资公司的名义再进行证券、不动产投资,取得利息、股息及其他投资收益。为避免汇回居住国所要承担的税负,这些收益一般累积在基地公司名义下。投资公司与控股公司的不同之处主要表现在:投资公司的证券通常是在证券交易所标价出售的,它们只构成某个公司很少或极少的股份,并不提供任何能引起重视的表决权。投资公司按投资性质可分为三种。

(1)公司集团建立的投资公司。这是跨国关联企业集团按照有关法律建立的投资公司实体。例如,一个高税国跨国法人在低税国建立一个投资公司,通过它向其他国家进行证券投资,就可以把投资所得转移到低税国。

(2)私人投资公司。这是私人按照有关法律建立的投资公司实体,如列支敦士登、荷属安第列斯群岛等国际避税地都是建立私人投资公司较多的地方。

(3)离岸基金。这是投资公司的一种类型,它集中许多投资者的资金,将其用于购买股票、债券或投向信托机构等实体,取得投资收益后向投资者分红,基金公司则以收取管理费等形式获得赢利。通常银行集团是离岸基金的母公司,当它们选择了一个适合建立离岸基金的国家并建立了离岸基金后,就会通过基金直接或通过中介机构间接地把资金投向公司、信托或其他实体。例如,荷兰的劳伦多基金就是建立在荷属安第列斯群岛的库拉索,把纳税客体转移出荷兰,以规避荷兰对投资公司可能分配给其成员的投资利益征收的股息预提税。

3. 金融公司(Finance Company)。跨国公司可以在避税地建立金融公司,作为贷款者和借款者之间的中间机构,或是向第三者筹措款项的公司。跨国公司在进行证券投资或购置不动产时,暂时需要的大量资金往往是通过其设在避税地的金融公司,而不是通过投资公司解决。另外,组建金融公司也可以少纳税或不纳税。例如,使利息收入不纳税或少纳税,或取得高税国对公司集团支付利息进行税收扣除的许可,或根据有利的税收协定使利息支付国不征或少征预提税。

建立金融公司的理想地点要具备以下三个特征:首先,与借款人的居住国签订了税收协定,协定规定对利息按低税率征收预提税或免征预提税;其次,对金融公司支付给贷款人的利息不征收预提税;再次,对金融公司取得的净利息等所得提供免税或低税待遇,比如,德国公司通常在列支敦士登和卢森堡建立金融公司，荷兰企业则愿意在荷属安第列斯群岛建立金融公司。这就意味着跨国纳税人往往需要将其与滥用税收协定的避税方法相结合，才能实现最佳的避税效果。

例如：甲国 A 公司向乙国 B 公司提供贷款，而甲乙两国的税率都很高，且对汇出的利息均征收较高的预提税，那么如何能使甲国 A 公司获取的利息收入承担最少的税负呢？首先，为了减轻或消除对利息征收的所得税，提供贷款的甲国 A 公司在避税地设立一家基地金融公司，先将款项以较低的利息率贷给该金融公司，该金融公司再将款项以正常市场利息率贷给乙国 B 公司，这样就减轻甚至消除了甲国 A 公司的所得税负担。如果该避税地与借款公司所在国乙国签订了免征或减征预提所得税的税收协定，则此时甲国 A 公司获得的利息收入所承担的税负即能实现最小化。

但是，如果该避税地与乙国没有签订该类税收协定，那么位于乙国的利息付出公司 B 公司就要面临较高的预提税，从而使该项金融交易的税后效益降低。为既减轻对利息征收的公司所得税又避免预提税，就需要在与许多国家签订有税收协定且免征预提税的丙国建立中介金融公司，即"导管公司"。建立了这样的公司以后，其业务运行路线就转变为：甲国 A 公司以较低利率贷款给避税地基地金融公司，避税地金融公司再以较高的内部利率贷款给丙国中介金融公司，最后才由丙国中介金融公司按市场利率贷款给实际的服务对象即乙国 B 公司。由于丙国对利息不征预提税，且与他国签订的双边税收协定也规定免征预提税，避税地一般也不征利息预提税；再由于通过利息率的内部安排，使丙国中介金融公司账面利润降到最低水平甚至出现亏损，从而减少或逃避丙国的公司所得税，那么整个交易过程不仅减轻甚至消除了对利息征收的公司所得税，而且也逃避了预提税。由于荷兰对金融机构支付给非居民的利息免征预提税，且与许多国家签订的双边税收协定也规定双方不征利息预提税，因此荷兰成为跨国公司建立中介金融公司的首选地。

4. 贸易公司（Trading Company）。贸易公司是指从事商品和劳务交易的公司，其主要职能是为购买、销售和租赁等业务开具发票，通过虚构的贸易活动，把高税国公司的销售利润和其他来源的利润，利用转让定价手段转移到避税地。也就是说，贸易公司经营的往往是虚构的贸易活动，它在避税地除了拥有办公场所外，没有任何不动产所有权方面的利益，所有真正的贸易活动都是在避税地外进行。避税地贸易公司的主要职能仅仅是开发票。

例如：日本 F 汽车公司，在避税地设立了一家贸易公司（子公司），在甲国也有一家子公司。现在，F 汽车公司有一批汽车要向甲国子公司销售，成本 9 000 美元，售价应是 15 000 美元，由于 F 汽车公司和甲国子公司都处于高税国，为了规避所得税，F 汽车公司可以先利用转让定价以 9 000 美元将汽车虚假卖给避税地的贸易公司,然后再由贸易公司利用内部转让定价以 15 000 美元转卖给甲国子公司。在这种虚假的销售业务中,通过转让定价,日本 F 汽车公司的利润就转移到避税地贸易公司的账上。而这批汽车实际上是由日本 F 汽车公司直接运送给甲国子公司的,在避税地贸易公司的账上,这只是一笔虚假的购销业务。如果避税地对销售利润不征税或只征收轻微的税,日本 F 汽车公司就可以达到避税的目的。

5. 航运公司(Shipping Company)。跨国纳税人躲避税收的另一种手段,是在避税地建立国际航运公司,包括国际船舶运输公司和航空公司等。由于这类航运公司的所有权和经营权可以不在同一国内,总管理机构可以位于第三国(通常是避税地),与此同时其运输工具还可以在别处重新注册,使船舶或飞机逃出高税国的管辖权,从而可以躲避或减轻所得税和资本利得税。

从历史的角度看,影响航运公司向避税地转移的因素有两个:一为避免限制性法规的管制,二为减轻税收负担。第二次世界大战刚结束时,美国、英国、荷兰和瑞典都是世界上主要的造船大国;当时,工业企业面临着来自强有力的工会委员会的压力,有关工作方式和生活条件的规定限制了营利能力,于是航运公司开始转移到巴拿马和利比里亚,这就是所谓的"方便旗"的起因。这些国家不仅仅是避税地,而且还为公司躲避各自原居住国法律和贸易工会对经营活动的限制提供了条件。以上面提到的利比里亚来说,该国是西非的一个小国,人口只有170万,生产橡胶。由于实行低税政策,吸引外国公司在那里办了许多种植园,目前橡胶产量居非洲首位。另外,该国还凭借西临大西洋的地理优势,对外国商船征税低微,国际商船悬挂利比里亚国旗的总吨位数居世界前列。

从减轻税负角度考虑,跨国纳税人往往还可以通过高税国船舶运输公司或飞机公司的大量亏损,或船舶、飞机等运输工具的租赁、出租和转租等,达到躲避所得税的目的。巴拿马、利比里亚、巴哈马、百慕大、开曼群岛、中国香港、荷属安第列斯群岛等避税地,都有许多国际船舶运输公司或航空公司;希腊、塞浦路斯等避税地也是国际避税者乐于前往建立航运公司的好地方。

6. 内部保险公司(Captive Insurance Company)。内部保险公司,也叫自保险公司,是一个由工业、商业和金融集团成立的,用于规避该集团成员企业风险的保险企业。这样的保险公司跟一般保险公司的不同之处在于,这类保险公司一般在国际避税地设立,其主要营业活动是向集团内部关联企业提供保险,很少经营集团以外第三者的业务。由于其专业化程度不高,没有更深的专业技术,因而无法和专门的保险公司竞争。跨国公司在避税地建立内部保险公司,由于企业付给自己的保险费可以作为费用扣除,这样就可以通过转让定价的方法,人为地提高保险费,使被保险的关联企业的利润转移到避税地所在的关联企业,而避税地通常对专门从事离岸业务的保险公司给予特别的税收优惠。因此，跨国纳税法人在避税地建立内部保险公司，并配以采用转让定价的手段，就可以达到减轻企业所有者实际居住国的税收负担的目的。同时，企业可以节省保险费，使保险费不落入别人的口袋。

对保险公司来说，可在避税地设立专门从事离岸再保险业务的内部保险公司，通过再保险，将保险公司在高税国经营的保险业务所得转移至避税地。一般情况下，保险公司会将超过自身承保能力的业务或是营业业绩比较差的业务和风险较大的业务进行再保险。但如果保险公司在避税地建立了内部保险公司或关联保险企业，那么保险公司就可能违背营业常规，将一般业务甚至有意选择经营效益好的业务通过设在避税地的内部保险公司进行再保险。如果这种保险业务再通过转让定价，以高于市场正常交易标准的价格向内部保险公司支付保险费，加大集团公司账面费用，将利润转移到避税港，就可以达到避税的目的。

7. 专利持有公司（Patent Holding Company）。专利持有公司是指专门从事专利、商标、版权、牌号或其他工业产权的取得、利用、发放使用许可、转发使用许可等项活动的公司。由于一些国际避税地与其他一些国家签订了税收协定，对特许权使用费的支付免征或少征预提税，这样，跨国纳税人为了实现特许权使用费的避税（预提税和所得税），就可以在具备上述特征的避税地建立专利持有公司，从事专利等的取得、利用或使用特许等项活动。

例如：甲国A公司拥有一项价值高昂的专利技术，并准备授权乙国B公司使用该项技术，但是甲国和乙国之间没有签订任何税收协定，使得甲国A公司从乙国B公司取得的特许权使用费要负担较高的预提税。在这种情况下，甲国A公司为了降低税负，可以选择在一个与乙国签订了免征或少征预提税的税收协定的国际避税地建立一家专利持有公司，由其授权其他公司使用这项专利技术，从而，A公司可以获得以下税收利益：一是享受国际避税地对外来特许权使用费免税或低税的优惠；二是利用该国际避税地与乙国签订的税收协定，享受乙国对特许权使用费的预提税优惠。

8. 服务公司（Service Company）。服务公司是指从事部分管理、卡特尔协定组织、离岸基金管理或其他类似劳务的公司，这种公司的作用相当于一个企业的总机构，有时也相当于一个持股公司。跨国公司往往通过在避税地建立服务公司，进行费用分配，即通过向避税地服务公司支付劳务费用等，把高税国公司的利润转移到避税地服务公司中去，从而可以逃避高税国的公司所得税。而高级管理人员还可以通过在避税港服务公司工作逃避个人所得税。

二、虚构避税地信托财产

信托是跨国纳税人利用避税地进行避税的另一种形式，其目的主要在于规避高税国对财产及财产所得的课税。我们在前文中已经详细介绍了信托的概念、起源,以下我们进一步举例说明跨国纳税人如何在国际避税地利用信托进行避税活动。

在大部分国家,信托都不具备独立的法人地位,并且对信托的法律关系(委托人、受托人和受益人)的存在也有一定的时间限制。但是在许多国际避税地,信托却可以作为法人存在,避税地对信托的法律关系也没有时间限制,允许一项信托长时间存在,而且避税地还在不同程度上为受托人提供法律保护。在国际避税地设立受托公司通常只需向当地政府缴纳一定的注册费用,无须公布委托人的财产情况,同时受托公司的财务状况也受到法律的严密保护。因此,高税国的跨国纳税人可以把其拥有的财产委托给国际避税地的信托公司或银行,由其代为管理财产和处理收益,这样不但可以避免或减轻财产所得和转让财产收益的税收负担,而且由于信托财产的保密性,还可以通过信托财产的分割,将其财产转移到受赠人或继承人的名下,借此规避有关国家的赠予税和遗产税。虚构避税地信托财产而规避税收负担的常用方法主要有以下三种。

(一) 建立个人持股信托公司

一个高税国的跨国自然人,可以在某个免征所得税和遗产税的国际避税地建立一个个人持股信托公司。所谓个人持股信托公司,是指消极投资收入占总收入60%以上,50%以上的股份被5个以下的个人所持有的公司。由于这种公司被5个以下的个人所控制,所以很容易被某个跨国自然人利用其亲属的化名来顶替,而实际上公司却是他一个人所控制的。在这种情况下,该跨国自然人就可以利用避税地不征所得税和遗产税的特殊条件进行避税活动。

例如:一个高税国的跨国自然人,通过一个国际避税地建立了一个个人持股的信托公司,把其在高税居住国的财产虚设为避税地的信托财产,委托给这家个人公司经营管理。然后,这个跨国纳税人逐步将其在高税国的财产及其经营所得转移到避税地。这样,首先可以有效地规避这部分财产的经营所得原应承担的所得税税负。接下来,该委托公司运用这部分转移来的信托资本在当地进行股票买卖等消极性投资活动来谋取投资收益,而这部分投资收益是可以免缴资本利得税的。此外,这个高税国跨国自然人去世后,该信托公司可以按照死者生前事先确定好的办法,把这笔信托财产分配给他指定的受益人,这样,还可以规避掉原应承担的巨额遗产税的全部或大部分。

(二) 订立信托合同

除了运用上述信托财产方式外,跨国纳税人还可以不迁出高税国,而运用订立各种其他形式的信托合同来逃避税收。例如,跨国纳税人可通过合同与银行建立起类似信托的关系,银行作为受托人,可以代信托人收取利息。如果银行所在国是个国际避税地,而且它和利息支付国还有减征预提所得税的双边税收协定,但是跨国纳税人所在国和利息支付国之间却没有这种税收协定,那么,跨国纳税人就可以利用这种信托关系来逃避一部分税收。像这种利用各种信托形式来逃避税收的现象,在现实生活中是大量存在的。

(三) 设立受控信托公司

建立信托财产不但可以被利用来从事消极的逃避所得税和遗产税的活动,也可以被利用来掩盖股东在公司的股权,从事积极投资的逃避税收活动。例如,高税国的跨国纳税人,可以在国际避税地建立一个银行或信托公司和一个持股公司,通过持股公司进行投资活动,然后通过将持股公司信托给那个银行或信托公司来逃避税收。这时,持股公司的股权即合法地归银行或信托公司所有,并由银行或信托公司管理持股公司。但是,这些公司财务利益的真正所有者却是信托人兼受益人的高税国跨国纳税人。这就是一种典型的虚构避税地信托财产的方法。

案例应用

1. 利用避税地控股公司避税。假设甲国 A 公司在乙国设立了一家子公司 B,B 公司每年需要向 A 公司支付股息 1 000(万美元),而该股息需在乙国缴纳税率为 30% 的预提税。

如果 B 公司直接把股息汇往 A 公司,则该笔股息将要承担预提税 300 万美元 (1 000×30% =300),汇回甲国的股息实际上只有 700 万美元(1 000 - 300 =700)。

如果 A 公司在某一国际避税地建立一家 100% 持有的控股公司去 100% 控制乙国 B 公司,而该避税地与乙国签订了税收协定——从乙国汇往该避税地的股息只征收 5% 的预提税,同时从该避税地汇往甲国的股息依照双方签订的税收协定不征收预提税,则该笔股息需承担预提税为 50 万美元(1 000×5% = 50)。于是实际汇往甲国的股息为 950 万美元(1 000 - 50 =950)。由此可以看出,在国际避税地成立控股公司然后再由控股公司在乙国设立子公司,比直接在乙国设立子公司节约税款 250 万美元(300 - 50 =250)。

2. 利用避税地金融公司进行避税。假设甲、乙两国的所得税率都为 40%,且都对汇出的利息征收 30% 的预提税。甲国 A 公司向乙国 B 公司提供贷款,而 B 公司每年须向 A 公司支付 100 万美元的利息。

如果B公司直接向A公司支付这笔利息，则A公司将承担预提税30万美元（100×30%=30），所得税40万美元（100×40%=40），则总税负为70万美元（30+40=70）。

如果A公司在某一免征所得税且与乙国签订了税收协议——对乙国汇往避税地的所得以5%的税率征预提税——的国际避税地设立一家100%持股的基地金融公司，A公司先将款项免利息贷给该金融公司，该金融公司再将款项以正常市场利息率贷给乙国B公司，此时，A公司将承担的预提税为5万美元（100×5%=5），所得税为0，则总税负为5万美元（5+0=5）。由此可以看出，通过在避税地建立金融公司可以使利息所得承担的税负减少65万美元（70-5=65）。

3. 利用避税地贸易公司进行避税。假设甲国A公司在乙国设立了销售子公司B，A公司每年需要向B公司销售一批成本为1 000万美元、售价为1 500万美元的商品，再由B公司以1 700万美元的价格向乙国市场出售。甲国和乙国的公司所得税税率都为40%，

如果由A公司直接销售给B公司，则：

$$A公司承担的税负=(1\ 500-1\ 000)\times40\%=200(万美元)$$
$$B公司承担的税负=(1\ 700-1\ 500)\times40\%=80(万美元)$$
$$总税负=200+80=280(万美元)$$

如果A公司在某一低所得税率（公司所得税率为10%）的国际避税地设立一个贸易子公司，采用转让定价的方法，先以1 000万美元的低价把商品销售给该贸易公司（这个过程往往是虚构的，实际上商品仍然是直接由甲国运往乙国），再由该贸易公司以1 700万美元的价格销售给B公司，最后由B公司以1 700万美元的价格在乙国市场出售，则：

$$A公司承担的税负=(1\ 000-1\ 000)\times40\%=0(万美元)$$
$$避税地贸易公司承担的税负=(1\ 700-1\ 000)\times10\%=70(万美元)$$
$$B公司承担的税负=(1\ 700-1\ 700)\times40\%=0(万美元)$$
$$总税负=0+70+0=70(万美元)$$

由此可见，通过在避税地设立贸易子公司并利用转让定价的方法，可以使总税负减少：

$$280-70=210(万美元)$$

思考与练习

1. 简述国际避税地的定义及类型。
2. 简述国际避税地产生的原因。

3. 成为国际避税地应具备哪些条件？
4. 国际避税地有哪些具体作用？请对这些作用进行评价。
5. 跨国纳税人如何利用国际避税地进行避税？请举例说明。

第八章 国际反避税

International Anti-tax Avoidance

学习要点

国际避税不仅减少了有关国家的财政收入，而且破坏了公平原则，造成纳税人之间的税收负担不合理。为此，研究反避税对策具有重要的现实意义。各国政府和国际社会应该采取相应措施，防止和杜绝跨国纳税人的避税和逃税行为。本章介绍国际反避税措施的具体规定及方法。通过本章的学习，应了解反避税的一般方法，重点掌握针对避税地的措施以及反对资本弱化的法规构建。

International tax avoidance not only decreases tax revenue of related countries, but also impedes international economic trans actions. It goes against the principle of taxation fairness, causing unfair tax burden for different tax payers. Therefore, the study of anti-tax avoidance is of great significance. All governments should take measures to prevent it. In this chapter, several measures of anti-tax avoidance will be introduced. Through the study of this chapter, we should understand the general methods of anti-tax avoidance. We focus on ways to deal with the international tax heavens, and the construction of regulation on preventing thin capitalization.

第一节　反避税的一般方法

国际避税的存在,不仅会严重损害有关国家的税收利益,破坏税收公平,扰乱经济生活秩序,而且还会引起国际资本的不正常流动。因此,各国政府对反避税工作大都给予了充分的重视,有关国家针对跨国纳税人进行国际避税所采用的各种方法,采取相应的措施加以限制,通过反避税斗争,以及整顿国家预算政策来强行收回损失的税收收入。下面结合各国政府反避税的措施,来介绍反避税的一般方法。

一、加强税务行政管理,防止税收转移

(一) 防止通过纳税主体国际转移进行国际避税的一般措施

各国政府通过加强税务行政管理,防止通过纳税主体国际转移进行国际避税的一般措施包括:

1. 对自然人利用移居国外的形式规避税收负担的限制。有的国家规定,必须属于"真正的"和"全部的"移居才予以承认,方可脱离与本国的税收征纳关系,而对"部分的"和"虚假的"移居则不予承认。

例如,加拿大税法规定,当居住于加拿大的个人移居另一国时,他所处置的财产不只是加拿大的应税财产,而是全部财产,这就涉及资本利得的实现和纳税义务的产生,为了防止个人移居他国可能导致的偷避税,税法规定,该纳税人必须在移居他国之际,办理好税收清缴手续,国家收入署享有严格的评定税额和扣留个人财产等广泛的权力。

又如,美国实行公民和居民税收管辖权。1986年以前,美国公民要缴纳的边际税率最高达到70%,而非居民外国人在美国的投资所得要缴纳的比例税仅为30%。这种税率的巨大差距促使很多美国人放弃美国国籍,成为非居民外国人进行避税。为了对付此种避税行为,美国通过了一项专门法案,其基本内容是:因避税目的而放弃美国国籍者,从其放弃美国国籍起的10年内,在税收上,美国政府依然将其视为美国公民,对其来源于美国的所得按对美国公民的征税规则征税,而不是按对非居民外国人的征税原则征税。

再如,德国规定,纳税自然人虽已失去本国居民身份,但仍有经济联系的,应连续对其征收有关的所得税,视其为特殊的"非居民"。荷兰政府也规定,本国居民到国外定居不满1年就迁回,尚未取得外国居民身份者,应连续视为荷兰居民征税。有的国家还规定,自然人只有到了退休年龄才准许移民国外。

2. 对法人利用变更居民或公民身份的形式规避税收负担的限制。有的国

家对法人的国际转移给予有条件的允许。荷兰曾规定,准许本国企业在战时或其他类似灾害发生时迁移到荷属领地,而不作避税处理,但对于其他理由的迁移,一般认为是以避税为目的,而不予承认,仍连续负有纳税义务。法人居民身份的改变目前多数国家已按照"主要管理机构所在地"的原则掌握,有的国家并对"主要管理机构"的具体标准作了较详细的规定,但由于没有统一的口径,仍有一些漏洞存在。

英国税法曾经规定,如果一家英国居民公司迁往国外变为非居民公司,或者将企业的全部或一部分转让给非居民,必须经财政部同意,否则视为非法,将受到两种惩罚:一是公司将继续负有在英国的纳税义务,如同根本未迁移出境一样;二是将可能受到刑法中附加条款的制裁。英国国会感到此项规定导致财政部的权力过大,也违反欧盟条约中关于企业可以在成员国之间自由迁移的规定,因此在1988年的财政法案中决定从1988年3月15日起停止执行此规定。但财政法案并没有放弃对公司或企业迁移的限制,而是用税收办法代替行政办法,规定对准备转变为非居民公司的英国居民公司征收未实现资本利得税以示限制。

(二)防止通过纳税客体的国际转移进行国际避税的一般措施

通过征税对象国际转移进行避税主要发生在国际关联企业之间。这些企业之间的财务收支活动、利润分配形式体现着"集团利益"的特征,因此,对这种避税活动给予限制,关键是应坚持"独立竞争"标准,即按照有关联的公司任何一方与无关联的第三方公司,各自以独立经济利益和相互竞争的身份出现,在相同或类似的情况下,从事相同或类似的活动所应承担或归属的成本、费用或利润来考察、衡量某个公司的利润是否正常,是否在公司之间发生了不合理的安排。凡是符合"独立竞争"标准的,在征税时就可以承认,否则,要按照这一标准进行调整,这样就可以达到防止避税的目的。然而,公司之间的各种交易往来内容十分繁杂,各国情况差异较大,目前尚无统一和公认的具体"独立竞争"标准,事实上也很难找到各国均适用的正常交易候选人和收费标准,有关国家都只是参照本国或其他国家一般独立公司的情况,做出了原则上的规定。

二、建立严密的税收管理制度

有效地防止或限制国际避税需要从税收立法到征收管理全过程的协调,仅靠行政管理的方法是不够的。近几十年来,随着各国税法的不断完善,跨国纳税人为进行国际避税采取了更加迂回、变通的方法,使国际避税行为更加复杂,这反过来又增加了国际反避税工作的难度。对此,许多国家从以下几个方面加强了税收征管,制定了比较严密的税收管理制度。

（一）纳税申报制度

所谓纳税申报（俗称"报税"），是指纳税人在发生纳税义务后，按照税法规定的期限和内容向所在地税务机关提交有关纳税的书面报告的法律行为。它是纳税人履行纳税义务的法定手续，也是依法治税的核心环节，对于税务机关加强税务管理，及时掌握分析税源情况，培养纳税人主动申报纳税的意识具有重要意义。

严格要求一切从事跨国经济活动的纳税人及时、准确、真实地向税务机关申报自己的所有经营收入、利润、成本或费用列支等情况，这是国际反避税的重要环节。许多国家在其立法中都特别规定纳税人对与纳税义务有关的事项，负有向税务机关报告和举证的义务，如果纳税人对税务机关的处理提不出相反的证据，就应按照税务机关的决定执行。

大多数西方国家都建立了全国性的税务登记号码，即纳税人鉴别号码（美国采用全国性的社会保险号码）。登记号码的建立不仅方便了税务机关进行登记管理，也为纳税人信息资料的计算机管理和进行税务审计奠定了基础。在纳税申报制度中，几乎所有西方国家在税法上都明确规定了纳税人必须按期向税务机关提交纳税申报表及有关的财务报表。这些申报表不仅按税种制定，在某些税种中还要按不同的纳税人和不同纳税事项制定。以所得税的申报为例，美国税法规定的涉及所得税的申报表多达25种；法国规定，公司企业在年度终了后的3个月内，必须向税务机关申报7种报表；德国规定，每年的5月31日前，公司企业必须报出上年度的所得税申报表，逾期不报的，最高可处以税款12%的罚金。这些西方国家对税收申报的法律规定都是既详细又严厉。

有些国家在税收申报上根据国情的需要，采取一些独特的申报方法。如日本在所得税申报上针对纳税人的会计制度情况，分别实行"白色申报"和"蓝色申报"。所谓"蓝色申报"，是指那些具有健全账簿文书，几年来被税务部门肯定为能正确进行申报的纳税人，经税务署长许可后，可使用蓝色申报表进行申报，而对会计制度不够健全的纳税人则使用白色申报表。蓝色申报者可享受一系列优惠待遇，如可扣除坏账、价格波动的损失，厂房和设备允许特殊折旧，净亏损可结转、冲减后3到5年的所得等，以鼓励建立健全会计制度和进行正确申报。

（二）税务检查——会计审计制度

税务检查是税务机关依据国家税法和财务会计制度的规定，审查和监督纳税人履行纳税义务和扣缴义务人履行代扣代缴、代收代缴税款义务情况的一项管理制度。它是税收征收管理制度的一个重要组成部分，也是税收征收管理的一个重要环节。

税务检查主要通过会计审计来进行。会计审计制度与纳税申报制度密切相关,是对跨国纳税人的会计核算过程及结果进行必要的审核,以检查其业务或账目有无不实、不妥以及多摊成本费用和虚列支出等问题。目前,许多国家都严格了对涉及外国公司会计业务的审计制度,一般都要求外国公司,特别是股份公司所申报的各类报表一律要经过公证会计师的审核,否则不予承认。

税务审计的形式通常有一般审计和特别审计。一般审计主要是对一般税收违章行为进行审计,基本采用抽查形式。例如,德国对中型企业每3～5年抽查一次,大企业一般1年一次,小企业30～40年抽查一次,各类企业平均12年被抽查一次。特别审计主要是对比较严重的税收违法行为进行审计,通常由计算机对申报表进行评分,以选出被审计对象。税务审计的方法有室内审计和现场审计。室内审计是在税务机关内部对纳税申报表进行审核,一般适用于小税种。现场审计是由税务审计人员到纳税人的经营场所进行实地查账,对其账簿、凭证、合同、营业函件等进行检查,现场审计一般适用于大公司或大税种。多数西方国家对现场审计都极为重视。

我国自2002年10月15日起施行的《中华人民共和国税收征收管理法实施细则》明确了税务检查的职责范围。税务机关有权进行下列税务检查:

1. 检查纳税人的账簿、记账凭证、报表和有关资料,检查扣缴义务人代扣代缴、代收代缴税款账簿、记账凭证和有关资料。

2. 到纳税人的生产、经营场所和货物存放地检查纳税人应纳税商品、货物或者其他财产,检查扣缴义务人与代扣代缴、代收代缴税款有关的经营情况。

3. 责成纳税人、扣缴义务人提供与纳税或者代扣代缴、代收代缴税款有关的义件、证明材料和有关资料。

4. 询问纳税人、扣缴义务人与纳税或者代扣代缴、代收代缴税款有关的问题和情况。

5. 到车站、码头、机场、邮政企业及其分支机构检查纳税人托运、邮寄应税商品、货物或者其他财产的有关单据和有关资料。

6. 经县以上税务局(分局)局长批准,凭全国统一格式的检查存款账户许可证明,查询从事生产、经营的纳税人、扣缴义务人在银行或者其他金融机构的存款账户,税务机关在调查税收违法案件时,经设区的市、自治州以上税务局(分局)局长批准,可以查询案件涉嫌人员的储蓄存款。税务机关查询所获得的资料,不得用于税收以外的用途。

(三) 所得核定制度

许多国家采用假设或估计的方法确定国际纳税人的应税所得。征税可以基于一种假设或估计之上,这不是对税法的背弃,而是在一些特殊情况下采取的有效办法。如在纳税人不能提供准确的成本或费用凭证、不能正确计算应税所得额时,可以由税务机关参照一定标准,估计或核定一个相应的所得额,然后据以征税。此举的目的多是为了避免跨国纳税人利用不准确的成本或费用避税,同时也可以简化征收手续。

三、反避税的渠道

谋求最大的经济利益是跨国纳税人避税的根本原因,但国际避税之所以成为可能,主要还是各国在税收上存在着差异,跨国纳税人就是利用各国间的税收差异来减轻或消除其纳税义务的。这些差异表现为在各国税制中纳税义务的概念不一致,各国间课税的程度和方式存在差异,各国的税率高低不同、税基各异,不同国家避免国际重复征税的方法不同。此外,各国税法实施的有效程度及运用的反避税方法也存在着很大差异。

面对跨国公司的全球性避税,国际反避税活动单靠一国政府及其税务当局单方面努力很难取得成效,只有通过各国政府与国际社会的广泛合作才可能有效遏止国际避税行为。经济合作与发展组织、联合国经社理事会分别制定的避免重复征税协定范本,以及我国与有关国家签订的税收协定中,都有关于情报交换的专门条款,目的是密切有关政府之间的配合与合作,防止和堵塞国际避税活动。合作的方式可分为单边、双边和多边几种,目前通用的有包括税收立法和加强税务行政管理等在内的单边措施,以及签订税收协定,加强各国政府之间合作的双边或多边措施。

(一)单边反避税法措施

单边反避税法措施,是指一国政府单方面采取措施,以立法形式限制与其他国家有税收联系的非居民纳税人利用本国的税收优惠和本国与其他国家签订的税收协定中的有关条款进行避税。

如在美国,税法规定对国外子公司的收益,实行递延纳税原则,即只有当母公司实际收到子公司汇来的股利时才申报纳税。但是,为了防止美国公司通过在避税地的子公司避税,美国税法又规定,递延纳税原则不适用于受控制的国外公司(Controlled Foreign Corporation)的附则F收益(Subpart F Income)。受控制的国外公司是指由美国股东持有50%以上拥有表决权股票的国外公司,美国股东是指至少拥有10%以上有表决权股份的个人或企业。受控制的国外公司的附则F收益是指除从事贸易或商业经营活动获得的积极收益以外的被动收益,共分为八类:①美国风险的保险收入;②国外基地公司私人控股公司收益;③国外基地公司的销售收益;④国外基地公司的劳务收益;⑤国外基地公司的运输收益;⑥国外基地公司的有关石油收益;⑦与联合抵制有关的收益;⑧国外贿赂。当然,对附则F收益的征税方法也有一种例外,即如果受控制国外公司的国外基地公司的收益低于总收益的5%或100万美元,则不作为附则F收益处理;而当国外基地公司的收益超过总收益的70%时,公司的全部收益均作为附则F收益处理。

除修订专门法律条款堵塞税法漏洞外,许多国家特别是发达国家在国内税法中都制定了一系列反避税的法令,如德国、英国、法国的税法中都有限制居民身份转移、限制延期付款、限制转让定价等类似的规定。同时,各国政府为使避税法令得以实施,也都加强了税收的征收和管理。

反避税法主要涵盖以下几方面内容:

1. 规定跨国纳税人负有延伸提供税收情报的义务。各税务国的税务当局一般不能直接得到跨国纳税人在国外活动的资料,也不能进行实地调查,因为这超出了它的管辖范围,因此各居住国当局规定跨国纳税人有向居住国政府延伸提供税收情报的义务。

各国规定反避税报告义务一般有两种做法:一种是在每一个税种的税法中分别规定具体的报告义务;另一种是作为一个国家整个税收制度的一部分,制定一个专门的报告义务总规定。提供移居纳税人情况的义务人,既可以是移居纳税人本人,也可以是其关联人或原扣缴义务人。非居民跨国纳税人,只要其资产或财产在一国境内,尽管可能不居住在国内,也必须承担提供情报的义务。此外,为了得到原居民纳税人移居国的帮助,有的国家还通过主动"通融咨询"以换取其所需要的外国税收情报。例如,原联邦德国1972年的《对外关系税法》第3节第117条单方面规定,允许法国、英国和美国单方面从联邦德国取得有关情报,以换取对方的必要帮助。再如,加拿大税法规定,居住于加拿大的个人应就其全球范围的所得缴税。因此,如果来自国外的股东居住于加拿大,那么他也应就其来源于全世界的所得按正常税率缴税,不过,这受制于国际税收协定。不在加拿大居住的个人也应向加拿大缴税,应税所得包括来自加拿大的经营所得、本年度或上年度就业于加拿大而获取的所得,以及处置加拿大应税财产而获取的所得和某些特定来源所得。

2. 制定反避税条款。各国制定的反避税条款通常包括四大类。

(1) 一般反避税条款。这种条款规定避税或不属于避税行为的形式。这种对避税行为和不属于避税行为的规定带有一定的概括性,优点是可以把某些方面已经发生和可能发生的逃避税收问题大体概括进去,缺点是不够具体,执行中难免存在不确定性。

(2) 具体的反避税条款。它具体规定了避税或不属于避税行为的形式,这是最为常见的反避税形式,它对各种征税对象、征税方法做出了极为明确的规定。其优点是用词具体、清晰、确定、执行便利，缺点是只能对过去和现在的税法漏洞加以弥补，而对将来可能出现的漏洞没有作用，所以，随着新避税方法的不断出现，需要不断地补充新条款。

（3）一般结合具体的反避税条款。这类条款是指在税法的某一条款里，对某一种交易行为加以具体描述，并同时附上一般性条款。

（4）全面的反避税税法。这种税法对所有主要的国际避税活动制定了全面而系统的反避税措施。

3. 规定跨国纳税人对某些交易活动必须申报。在某些国家的反避税规定中，跨国纳税人的某些交易和行为必须事先取得税务当局的同意，否则，一律视此种行为为避税。例如，英国曾经有一居民公司在没有事先征得英国当局同意的情况下迁往开曼群岛，英国就将这种行为判定为避税，责令其仍然要向英国就其全球利润缴纳公司税，还对此公司进行了相应的惩罚。这类法律规定是国际反避税活动中最极端和最严厉的立法方式。即凡是与有关条款规定的范围相符的活动，如某类交易或某种移居，纳税人必须经税务当局的同意，否则就是违法。加拿大也有类似的规定：当非居民出售加拿大应税财产时，财产出售者应进行申报，并获得税收清缴凭证，以表明他已缴税或准备缴税。为保证这一规定的实施，如果财产出售者在获得税收清缴凭证前就出售财产，那么财产的购买者将受处罚。

4. 规定对纳税人避税的处罚。这是一种对避税行为采取的一般措施，目前有越来越多的国家开始对避税进行处罚。比如，在加拿大，如果避税部认定纳税人的计划属于不正当避税，那么该部将为纳税人重新确定纳税义务，在某些情况下，纳税人将被处以罚款，其数额相当于不正当避税的 25%，并加付利息。如果纳税人以公开的方式进行交易，且没有隐瞒事实，那么在通常情况下，他可免于这一财政处罚。美国税法明确规定了"报告公司"制度，即凡美国直接或间接控股 25% 以上的公司，或与美国公司有其他特殊关系的公司均为报告公司，报告公司有义务向美国税务机关报告经营情况、与其关联公司的往来情况及税务机关指定的其他材料，否则，税务机关就要对其在美国的关联企业罚款 1 万美元，并限期 30 天内提供上述情况，如在限期内仍不提供再加罚 1 万美元，如此连续加罚，直至提供材料为止。

5. 规定跨国纳税人对国际逃避税案件有事后提供证据的义务。当国际避税案发生时，对有关国家来说，要证明当事人逃避税款无疑是一种并不轻松的任务。一些国家就通过税法规定，纳税人负有事后向当局举证其没有避税的义务。

比如，原联邦德国《对外关系税法》中就有这样的规定：当局对于纳税人的某些国际交易，规定其有向当局举证的义务。法国《税收基本法》的第 238 条也有类似的规定:除非纳税人能够提供相应的证据,否则,对它的某些支付,特别是对避税地的支付,将被认为是虚构的而不能从其应税利润中扣除。

我国也有类似的规定,我国《关联企业间业务往来税务管理规程》的第6章第24条规定:在主管税务机关对企业转让定价进行调查审计的过程中,企业必须对涉及关联企业之间业务往来转让定价的正常性、合理性提出详细的举证材料。

又如,加拿大《所得税法》规定:尽管收入署对税额的评定可能会有错误、不足或疏漏,但这种评定仍为合法、有效。这一法律假定意味着如果没有反证,那么收入署在税收争议中所举证的全部事实均属实,如果要推翻这一税收评定,那么纳税人应负举证责任。美国税法规定:纳税人必须向税务当局证实某些交易不是以避税作为交易的主要或唯一目的,或是证实他们有足够的商业目的。

美国税法中规定,在税务诉讼中,纳税人通常负有举证责任。一般而言,国内收入署(美国的税收机构)不承担这一责任。

反避税法的制定,把反避税的措施用法律形式固定下来,具体实施还必须依靠税务行政管理的加强与合作。不少国家,特别是一些避税地国家的银行有严格的保密制度,所以要争取其银行的合作与支持以共同对付国际避税行为。

(二)双边的反避税措施

双边合作方式是指有关国家通过谈判签订的国际税收协定或税收条款中包括有加强反国际避税和偷漏税合作的条款,由两国税务当局执行。这方面的合作内容主要是相互交换国际税务情报,包括交换防止居民和非居民逃避税收的情报,交换防止利用转让定价逃税避税的资料,相互为对方税务当局提供在本国进行税务调查的帮助。

1. 税务情报交换的起源。通过交换情报在国家之间相互提供援助的历史,可以追溯到1843年比利时与法国、1845年比利时与荷兰缔结的条约。第二次世界大战后,世界政治和经济形势发生了很大变化。1963年发表的《OECD范本》第26条"情报交换"中规定:缔约国双方主管当局应交换为实施协定的规定所需要的情报。此后,关于该问题的条款普遍出现在关于重复征税问题的条约或约定中。1977年,《OECD范本》经修改后,进一步完善了有关条款,并扩大了注释。该范本规定:缔约国有交换情报的义务;情报的范围可不受协定规定的缔约国免除国际重复征税的税种范围的限制,也不受居民纳税人的限定,可包括非居民纳税人的情况;情报交换的承诺具有约束力。

此外,条款还规定,对从另一国家获得的情报应当与从国内获取的情报一样给予保密。换句话说,国内的保密规定适用于从国外取得的情报。但这一保密义务对涉及征税过程的人不适用,例如税务人员、法官、纳税人及其顾问,在一个纳税欺骗案件中的证人和检察官。情报只能用于协定包括的税种所涉及的问题，不能用于其他任何目的。条款进一步规定，可以在公共法院诉讼或法院裁决中透露情报。注释补充道，不希望这一情况发生的缔约国必须在其签订的协定中说明这一点。

该范本条款设想的情报交换，不仅起到促进正确运用协定的作用，而且为缔约国就协定所涉及的税种进一步完善和补充国内立法奠定了基础。它是当今世界各国之间制定双边或多边反避税措施的重要蓝本之一。

2. 国际税务情报交换的种类。国际税务情报交换分两种：一种是日常交换，也称自发情报交换，指缔约国各方对从事国际经济活动的对方纳税人的收入和经济往来资料进行定期交换，通过这种信息交换，税务当局可以了解本国居民纳税人在对方国家的收入和经济往来方面的变化，正确核定应税所得，确保各方税收无遗漏。另一种是专门交换，指缔约国一方提出需要调整核实的内容，由另一方帮助调查。信息交换的内容主要有三个方面：交换为实施税收协定所需的信息；交换与税收有关的国内法律；交换防止税收欺诈和偷逃税的信息。

3. 税务情报交换的方法。在1977年的《OECD范本》的注释中，对情报交换提出了三种可供选择的方法。

(1) 函索即寄。这是就一个特殊案例的询问。

(2) 自动交换。这是就某些类型的所得（如股息和利息）达成协议时，系统地为有关国家传送有关情报。

(3) 主动交换。当缔约国一方获得它认为缔约国另一方将会感兴趣的情报时，不需对方要求就将这一情报传递给对方。

此外，注释中还要求缔约国各方必须以处理本国税收问题的同一方式去搜集对方所需要的税收情报，使用的方法可包括特别调查和对纳税人或其他人保存的营业账进行特别审查等。

目前，反避税及反偷漏税合作主要采取双边方式。多数税收协定，特别是经济合作与发展组织（OECD）、联合国经社理事会分别制定的避免重复征税协定范本，以及我国与有关国家签订的税收协定中，都有情报交换的专门条款，目的是加强有关政府之间的配合与合作，防止和堵塞国际避税活动，从而为国际反避税提供便利。

（三）多边反避税措施

多边合作是指两个以上国家通过多边税收协定或条约中的税务合作条款，或者通过国际性组织进行的反国际避税和偷漏税方面的合作。由于跨国纳税人的经营活动涉及两个或两个以上的国家，因此各国政府为了联手打击国际逃税行为,互相签订多边反避税条款,使各国的反避税工作更具有针对性。目前,国际上主要有以下几种多边税务合作形式。

1. 欧洲联盟。欧洲联盟的前身——欧洲共同体(简称欧共体)对国际避税进行了多年的研究。1976年,欧共体理事会通过了一项决议。该决议明确了偷漏税和避税的国际范围,强调需要加强成员国税务部门之间的密切合作。这些想法在1977年12月19日欧共体公布的关于《成员国主管当局在直接税领域中提供相互援助》的指示中得以实现。这一指令是继1977年重新修订的《OECD范本》第26条之后产生的,是旨在加强与跨越国境的偷漏税或避税或其他财政性欺骗行为做斗争的重要文件。指令尤其强调跨国公司的转让定价问题,认为这是最行之有效的国际避税手段之一,要特别予以防范。指令要求成员国到1979年1月1日使其国内立法根据本指令的规定在某些方面趋于一致,为在双方基础上实现成员国之间的情报交换奠定法律基础。当时,并非所有的欧共体国家都签订了双边税收条约或协定,例如卢森堡与丹麦、卢森堡与意大利,而意大利与荷兰之间虽有税收协定却不包含情报交换条款。

在这种情况下,指令为成员国实行现代化的新型合作提供了必要的法律基础。指令对成员国规定了某些义务,对大部分成员国来说,这是一些新义务。第一,在任何有助于对所得税作正确查定的事项上,需要主动交换情报,尤其在处于不同国家的企业之间可能存在一项人为的利润转移或为取得财政性收益而通过第三国的中介进行这类转移,或出于某些原因税务当局怀疑有避税或偷税行为存在的情况下,更应这样做。第二,对某些事项,如股息或利息的支付,需要自动交换情报。

指令也为成员国之间的合作提供了某些机会。例如,其第6条规定,每一成员国允许另一成员国的税务官员到本国领土上进行调查和交流经验,如在处理转让定价问题方面,但是调查的范围以及外来调查人员的权利等问题要在每一个事件中具体协商。

这一指令的适用范围包括直接税、农业税、关税等,1979年底欧共体通过发布的补充指令将1977年12月19日指令的适用范围扩大到了增值税。由于各成员国在法律、税制、惯例及传统文化方面的差异,使欧共体内部真正有效的合作遇到了不少障碍。因此,各成员国在税收事务上相互援助的形式,实际仍然停留在双边合作的水平上,而维护国家主权和经济利益的强烈愿望,使多边合作谈判中的讨价还价更为激烈。

欧盟自成立以来,采取了各种反避税措施。2000年,欧盟各国达成协议,决定从2003年起经过7年过渡期,到2010年,欧盟各成员国都要引入自动的银行信息交换系统,以使存款人母国政府了解本国居民在海外的存款利息收入,并对此征税,从而打击通过把钱存到国外银行而逃避本国税收的行为。但卢森堡、比利时和奥地利等国提出,如果让他们放弃目前实行的银行保密法,实行自动的信息交换,那么欧盟必须使非欧盟国家,尤其是瑞士和美国,也采取同样的做法。2001年10月23日,欧盟税收委员会发布名为《走向没有税收障碍的内部市场》的意见书,提出一项新战略,要求欧盟范围内的所有业务统一计算共同的所得税税基。这标志着直接税协调的进一步深化。

2002年1月21日,欧盟通过了新的储蓄税收法,目的是消除银行保密制度,保证欧洲各国政府能从自己公民的存款利息及投资收入中获得相应的税收。欧盟最初的设计是想促使瑞士放弃存款保密原则。然而由于瑞士掌握着1/3的全球私人储蓄,这些存款又主要是受瑞士的中立国地位与存款保密原则所吸引,放弃保密原则,必然对瑞士的银行业造成沉重打击,因此,双方的分歧一直未能得到解决。欧盟的另一"招数"便是主要国家对回流资金采取宽大处理的态度。2003年2月3日,欧盟就通过了制止资金外流的草案。该草案规定,从2004年起,除卢森堡、比利时和奥地利之外的欧盟成员国都必须采用银行信息交换机制,以使存款人居住国政府了解本国居民在海外的存款利息收入,并对此征税。作为回应,2003年2月19日,德国部长会议通过了一项新的税收赦免草案,规定从7月1日开始,将资金转移到国外的德国逃税者只要补缴25%的利息税,就可以在一定期限内将"黑钱"转回德国境内而不受任何惩罚。奥地利、意大利和西班牙也都推行了税收赦免措施。

2004年10月底,欧盟成员国签署了《欧洲宪法条约》,条约虽然规定在税收、国防、外交、司法和社会事务等方面的立法实行有效多数原则,但是该条约要25个成员国一致批准后才能生效,这一过程不会一帆风顺。由于世界各国政治经济发展的差异,在全球范围内的广泛性税制协调的时机还不成熟。但是由于以某个经济、政治或地域原因组合起来的区域共同市场的数量和规模将得到发展,毋庸讳言,在21世纪,区域共同市场的税收一体化趋势将成为税收国际协调的重要特征。

2. 北欧税收公约。北欧税收公约是瑞典、丹麦、芬兰、冰岛和挪威五个国家于1972年签署的税务行政协助的有关公约,同年12月获准通过,1973年1月1日起生效,1976年作了部分修订。公约内容包括24条,适用于5个签字国的领土范围。北欧税收公约是目前唯一的对签字国具有约束力的多边文件,而不单单是一种范本或对利益的陈述。它比迄今为止的基于《OECD范本》的一般双边协定更详细,而且走得更远。它包括了在税款查定和征收方面给予援助,也提供以文件发送形式的合作。合作的应用范围不仅包括各种税,像直接税和间接税、遗产税和赠予税,而且包括了社会保险税。在国际税务合作方面,合作范围大大超出了双边税收和其他多边援助方式的传统界限。如在第1条中,根据北欧税收公约提供的援助可以是:①文件的交换;②税收问题调查,像获得纳税申报或其他报表,没有其他特殊要求的情报或在特定案例中的应要求进行的情报交换;③对纳税申报表和其他表格的规定;④税收实施和税款的征收。第2条详细说明了公约包括的税种:①缔约国之间为避免对所得、财产、遗产或遗赠的重复征税而签订的协定范围内的税种;②赠予税;③机动车税,这是就缔约国之间根据第20条达成协议而言的;④增值税,情况与③同;⑤社会保险和其他公共收费,情况与③相同。

由此可见,北欧税收公约包括的税种范围格外广泛。根据《OECD范本》,大多数双边协定包括对所得和资本征收的税。欧共体成员之间1967年的多边协定,是针对在关税方面提供相互援助的,然而,对于多边协定甚至双边协定而言,将机动车税、增值税、社会保险税纳入规定,这是前所未见的。

又如,1976年生效的对北欧税收公约的修正案规定,每个缔约国都有权派遣官员去另一缔约国参加对那一国家的纳税人的调查,在程序上,请求国的财政部长将就获取其他国家的原始文件向有关国家提出请求。

总之,由于北欧税收公约为那些具有相似的语言、相似的法律制度的国家,展示了一种在某些领域中适用的最广泛的合作形式,因而引起了许多国家的关注。

3. 非区域性多边合作。非区域性多边合作是在由数个国家组成的国家集团之间进行的,其本质上是非地区性的和松散性的。目前,由美、英、德、法组成的"四国集团"之间的合作就属此类。这个合作最初是美国国内收入局与英国国内收入局之间达成的一项工作协定,后来逐渐规范化,形成了一个较正式的合作协议。协议规定,两国税务当局对涉及的跨国纳税人进行同步审查,并要求相互提供税务情报。后来协议扩大到德国和法国,而这两个新成员国也同意在朝着达到"国际财政平等"的目标上与美国和英国加强合作。这种国际税务合作方式虽然更为灵活有效,且合作范围不受限制,但是如果各合作方国家的政治制度及经济发展水平差距较大就难以普遍推行。

以上这些法律措施尽管未能完全消除国际避税行为,但对遏制国际避税行为的肆意蔓延起到了重要作用。相信随着各国税法及国与国之间税收协定的进一步完善,国际避税行为将受到进一步的限制。

第二节 防止滥用国际税收协定

国际税收协定滥用作为一种国际避税的常用方式,使得协定缔约国,特别是收入来源地国家的税收权益严重受损。因为对那些不在境内居住的外国自然人和未在境内设立机构、场所的外国法人从境内获取的各项投资所得,来源地国一般采用从源预提的征税方式。这种预提征税方式使得收入来源地国对投资所得的征税权处于优先地位,有时甚至具有独占性。为了缓解来源地国和居住国之间的利害冲突,来源地国与居住国双方通过缔结双边税收协定来对来源地国的优先征税权加以适当的限制,而这种限制又是以居住国做出某种让步和互惠原则为前提条件的,所以,第三国纳税人滥用税收协定优惠,使得来源地国的优惠限制不能从第三国取得补偿,这必然有悖税收互惠原则,造成来源地国税收利益的损失。

鉴于跨国纳税人不正当地使用或滥用国际税收协定所造成的不良后果,世界各国都十分注重采取相应措施来防止滥用国际税收协定现象的发生,以保护正当税收利益。

美国是最早制定防止滥用国际税收协定的国家。早在1945年美国就开始对滥用国际税收协定采取了对策。当年,美国和英国签订了一份《对所得税避免重复征税和反对偷、漏税的协定》。该协定第16条规定,缔约国一方居民公司支付利息给缔约国另一方居民公司,如上述公司关系的存在是以安排或提供低税待遇为目的,则所支付的股息不能按税收协定限定的优惠税率课征预提税。这里所说的"安排或提供低税待遇"的测定,便是对滥用税收协定的一种辨认。

防止滥用国际税收协定的措施,主要包括两种:一是防止非缔约国的纳税人,假借缔约国纳税人的名义,在缔约国购置资产、控制股权,以谋取税收协定提供的税收利益;二是防止缔约国的居民纳税人,在非缔约国投资,建立有"中介"性质的所谓居民公司,谋取税收协定给予的税收优惠。

就目前情况来看,在国际税收实践中,各国主要采取下列方法来判定外国公司的身份以制止第三国居民纳税人滥用税收协定。

一、禁止法(the Abstinence Approach)

禁止法是指一国政府禁止同国际避税地或那些实行低税制的国家或地区缔结双边或多边税收协定,以防止非缔约国的跨国纳税人利用这些国家和地区建立导管公司,通过税收协定来谋取各种原本不应享受的税收优惠待遇。因为,协定滥用现象的产生常常与在这些国家或地区设立导管公司的情况有关。正因为如此,大多数国家都不愿同巴拿马、摩纳哥、列支敦士登等国签订税收协定。目前有澳大利亚、奥地利、比利时、英国、美国、新加坡等15个国家采用这种方法。

二、排除法(the Exclusion Approach)

根据排除法,在一国和另一国缔结的双边税收协定中规定,对在另一国享受特别低税的居民公司(一般为控股公司)不赋予税收协定优惠。目前已有加拿大、法国、德国、西班牙等14个国家采取这一做法。如1985年原联邦德国与卢森堡订立的税收协定中明文规定该协定不适用于卢森堡的持股公司。

免税公司的大量运用可能会产生导管公司现象，因此，拒绝将税收协定优惠赋予上述公司可以防止税收协定的不当使用。其主要方法就是针对享受税收优惠的特定类型的公司，居住国给予其类似于非居民公司的法律地位，尽管本身这些优惠大多已规定在一国的商法或税法之中。因此，最有效的方法是将这类公司排除在协定的适用范围之外。例如，美国1962年与卢森堡签订的税收协定中就规定，在卢森堡注册成立的控股公司不属于该协定适用的纳税人，这样第三国居民就不能借助在卢森堡成立的中介控股公司来享受美国的预提税优惠。

另一个方法是税收协定中订立一项保障条款，诸如：本协定所赋予的减免税优惠规定不应适用于根据××法第××节规定或根据在本公约签字生效后为××制定的任何其他类似规定的公司所收取或支付的所得。所以，就公司支付的所得而言，这项规定的适用范围通过仅涉及某种特定类别的所得，诸如股息、利息、资本利得、董事费等得到了限制。根据这些规定，这类特定公司依然有权得到协定中非歧视条款的保护以及相互协商程序的好处，而且这类公司也受到情报交换条款的调整。排除法比较明确，简便易行，尽管在某些情况下它需要各国税务当局行政资助。排除法是一项比较重要的法律规定，当有关国家所缔结的税收协定遭到不当使用时，尽管一国的国内税法中规定有减免税优惠，该国仍可以拒绝将这些优惠赋予某些特别类型的公司。

三、透视法（the Look-through Approach）

根据透视法，仅对公司组建国的居民所拥有的公司给予税收协定优惠，也就是说，不是看名义股权者而是看实际股权者是否真正为缔约国一方的居民。因此，一家公司是否享受税收协定优惠，不仅取决于公司的居住国，还要视公司股东的居所地。采用这一方法的有丹麦、英国、美国、荷兰等九个国家。解决导管公司问题的方法是不允许将协定优惠给予该公司，只要该公司不为公司居住国的居民所直接或间接拥有。透视法一般可采用下列用语：缔约国一方的居民公司就根据本协定而取得的任何所得、利得或利润无权享受协定优惠，除非该公司不为最先提及的国家的居民直接或通过一个或一个以上的公司（不论是何国居民）所拥有或控制。采用这一方法的缔约国可以通过双边谈判以确定在什么情况下一公司可视为非居民纳税人所拥有或控制的标准。透视法对于同那些不征税或征很低税的国家以及同通常没有大量商业活动的国家所缔结的税收协定来说，具有合理的基础。即便如此，也需要进一步完善这类条款规定以保障真实的商业活动。

各国在税收协定中针对股息、利息、特许权使用费都引入了"受益所有人"（Beneficiary Owner）的概念。例如，美国《所得税条约范本》第16条指出，公司享受协定税收收益的条件是，该公司75%以上的股权为缔约国任何一方的居民或美国的公民所拥有，或者是缔约国任何一方证券交易所认可的股票公开上市的股份公司。荷兰同英国、澳大利亚、马耳他、新西兰、巴基斯坦、波兰、斯里兰卡等国签订或修订的税收协定中都包含有收款人最终应是受益所有人的限制性条款。再如，中国与新加坡的税收协定第10条第2款规定："如果收款人是股息受益所有人，则所征税收不应超过股息总额的12%。然而，如果收款人是直接拥有支付股息公司至少25%股份的公司或合伙企业，则所征税收不应超过股息总额的7%。"同样，为了防止中美税收协定中有关注册所在地等条款被滥用，倘若发现有第三国的公司为享受中美税收协定优惠而成为美国居民公司，应由中美双方主管当局进行协商，不给予协定优惠。根据中美两国1986年5月10日达成的税收协定议定书的规定，能够享受协定优惠的人必须符合下述条件：

第一，该人受益权益的50%以上是直接或间接由下列一个或几个人拥有：①缔约国一方的居民个人；②美国公民；③缔约国一方居民公司，并且其主要种类股票实质上和经常性地在公认的证券交易所交易；④缔约国一方、其行政机构或地方当局。

第二，在取得股息、利息、特许权使用费等项投资所得的情况下，其收入作为利息支付给上述①~④各项所述以外的人，不超过其全部收入50%的。

上述规定旨在防止第三国居民以美国居民的身份达到骗取协定优惠利益的目的。但透视方法的实际操作性不强，因为很难获取审核所必需的税收资料和情报。

四、征税法（the Subject to Tax Approach）

根据征税法，对来源于缔约国一方的所得在缔约国另一方应课以最低的税收。它旨在防止缔约国双方对公司的同一笔所得不征税情况的产生。除非在公司设立国征税，否则公司不能享受协定的税收优惠。该方法最能体现税收优惠原则，为一些经济发展水平高、有健全完善的税收制度的国家普遍采用。目前有英国、瑞士、意大利、德国等13个国家实行这一方法。在国际税收协定中，征税法一般可采用下列表述方法："在缔约国一方发生的所得为缔约国另一方的居民公司收取和一个或一个以上的非该缔约国另一方的人直接或间接，或通过一个或一个以上的公司（不论是何国居民公司），在该公司中以股权参与或其他方式拥有重大利益（Substantial Interest），和直接或间接、单独或共同行使经营管理或控制权的情况下，本协定有关的减免税优惠规定仅应适用于根据最后提及国家的国内税法的一般原则应依法纳税的所得。"

五、渠道法(the Channel Approach)

渠道法主要是针对脚踏石导管公司所采取的反滥用措施,即如果一家公司的一定比例的毛利润被用来支付不是缔约国任何一方的个人或公司的费用,则该公司所付的利息、股息、特许权使用费等不享受协定的税收优惠。这是旨在防止中介公司的所得,被以费用形式支付给关联公司。目前实行此法的有比利时、丹麦、美国、德国等9个国家。在税收协定中,渠道法往往可采用下述用语来加以表述:"在缔约国一方发生的所得为缔约国另一方的居民公司收取和一个或一个以上的非该缔约国另一方的人直接或间接,或通过一个或一个以上的公司,不论是何国居民,以参股或其他方式拥有该公司的重大利益,和直接或间接、单独或共同行使经营管理或控制权的情况下,如果该笔所得的50%以上为上述人员用来满足其主张(包括利息、特许权使用费、开发费、广告费、初期费用和差旅费、各种企业资产的折旧费等),则本协定所涉及的减免税规定不应予以适用"。这类规定可见诸瑞士与美国所缔结的双边税收协定中。瑞士大多采用这一规定以防止某些类型的瑞士公司从事税收协定的不当使用活动。

六、真实交易规定(the Bona Fide Provision)

上述防止国际税收协定滥用的方法仅具有一般性,仍有必要在税收协定中规定特别条款用以保证某些真实交易不被排除在税收协定优惠之外。是否给予税收协定优惠应视某些基本条件而定,诸如公司设立的动机,公司在居住国的经营额、纳税额,公司股份是否在证券交易所登记备案等。在双边税收协定中,真实交易规定可采用下述用语表述。

第一,一般真实交易条款规定(General Bona Fide Provision):前述规定不应适用于当公司的设立,其主要目的、业务活动和产生所得的股份或其他财产的取得或保有由良好的商业理由所激发,而不是以获取本协定的优惠为主要目的的情况。

第二,活动条款规定(Activity Provision):前述规定不应适用于当公司在其居民所属的缔约国从事大量的业务活动,而从另一缔约国所申请的减免税涉及与这些业务活动有关的所得。

第三,纳税额条款规定(Amount of Tax Provision):前述规定不应适用于所要求的减税额不超过该公司的居民所属国实际征收的税额的情况。

第四,证券交易条款规定(Stock Exchange Provision):前述规定不应适用于缔约国一方的居民公司,如果该公司的主要股份在一缔约国的证券交易所当局备案或如果该公司(直接或通过一个或一个以上最先提及的国家的居民公司)

为最先提及的国家的公司所完全拥有,且公司的大部分股份已在证券交易所登记备案。

第五,选择性救济条款规定(Alternative Relief Provision)。在反避税条款涉及缔约国一方的非居民的情况下,可以采用下述表述方法,即本规定不应被认为包括第三国的居民,而该第三国与申请减免税的缔约国缔结有所得税协定,而这些协定提供的减免税优惠不低于依据本协定所要求的减免税优惠。

例如,英国与瑞士缔结的税收协定中规定,如果拥有股权只是为了取得本协定中提供的税收利益而没有真实的商业原因,则凭借该股权得到的股息不能享受税收优惠。除英国外,澳大利亚、丹麦、荷兰、瑞典、瑞士和美国等国也采用真实交易规定。

第三节　针对避税地的措施

经济全球化的发展引起了"主体和客体"的流动,即货币、劳务、货物、人员跨越国家和地区边界的流动,对全球利益的关注使生产地点变得无关紧要,企业几乎可以在世界任何地方从事经营活动。正是世界经济的不断增长和国际贸易及投资的日益自由化赋予了企业地点决策的自由,从而使企业和投资者对避税地的依赖性急剧增长。互联网的快速应用和高级金融工具的扩散则更加速了这一趋势。跨国纳税人运用避税地进行国际避税,不仅使国家的税收权益不断遭到损害,税收收入受到影响,而且税收公平原则也相应遭到破坏。因此,许多国家,尤其是发达国家特别注意如何防止跨国投资经营者运用避税地从事避税活动。本节主要介绍有效防范避税地活动的方式与措施。

一、避税地对策税制

避税地(Tax Heaven),又叫避税港,通常是指实行低税或无税的国家或地区。许多西方国家的居民公司往往利用居住国的延期纳税规定(即对国外子公司取得的利润等收入,在未以股息等形式汇回母公司之前,对母公司不就其国外子公司的利润征税的规定),在避税地设立受控外国子公司,将其实现的利润既不分配也不汇回,而是以此为基地累积利润,达到摆脱母公司所在居住国税法控制的目的。有鉴于此,1962年美国率先制定、颁布了避税地对策税制——《国内收入法典》F分部立法,规定凡是受控外国公司利润,不论是否以股息分配形式汇回美国母公司,都应计入美国母公司的应纳税所得中征税,不准延期纳税。接着,德国于1972年,新西兰于1976年,日本于1978年,加拿大、法国于1980年,英国于1984年,澳大利亚于1990年,西班牙于1994年,相继建立起了避税地对策税制,由于这些国家多是以美国的《国内收入法典》F分部为范本制定本国的避税港对策税制的,因而其框架基本相同。

(一) 避税地的确定

西方各国对避税地的确定大多采用限定税率的方法,即凡是外国受控公司被课征低于一定百分比税收的国家、地区便被视为避税地。如日本规定为25%,英国规定为24.5%,法国规定为22%,西班牙规定为26.5%。但也有一些国家采用列举法,如美国1994年公布的《关于482节修订规则的暂行规定》列举的避税港有39个,而澳大利亚在其外汇管制法中也列举了一些避税港,其中包括巴拿马、利比坦克亚、百慕大、列支敦士登、英属维尔京群岛、卢森堡、开曼群岛、直布罗陀、巴哈马、格林纳达、瑞士、中国香港、马恩岛和瓦努阿图。

值得一提的是,多数国家的反避税地立法是自动生效的,不需要税务当局的特别指导。但英国例外,其法律规定税务当局必须对特定外国公司的所得加以指导,拥有外国公司股权的英国居民公司才产生纳税义务。

(二) 税法适用的纳税人

立法适用的纳税人是立法所要打击的对象。正是这些纳税人利用推迟课税的规定,逃避就外国公司的所得向本国纳税。而根据对付避税地的立法,这些纳税人从受控外国公司应分得的股息即使未分回也要就其向本国申报纳税。从各国的情况看,对付避税地立法所适用的纳税人一般既包括法人,也包括自然人,只有少数国家(如法国)对付避税地的立法只适用于法人。另外,立法适用的纳税人一般要在受控外国公司中拥有一定的股权比重。由于避税地对策税制主要是针对本国居民公司的受控外国公司所制定的,因而各国税法的适用范围都强调有控制因素的存在,而控制因素又是以国内纳税人在国外子公司的参股比例体现出来的。因此,各国税法普遍规定,本国居民必须直接或间接拥有国外子公司的选举权或所有权的50%以上,而且每个国内股东须直接或间接地拥有外国子公司10%以上的选举权或所有权,符合上述条件者便为该税法所适用的纳税人。

(三) 税法所适用的课税对象

一般来说,各国的避税地对策税制中所规定的课税所得,基本上是指受控外国公司的消极投资所得,如股息、利息和特许权使用费,而来自生产经营、商业活动的积极投资所得通常都不包括在内。美国的税法对此规定得比较详细,包括:受控外国公司来自所有国家的风险所得,外国基地公司所得,外国公司与国际合作经营被抵制项目的参与所得,通过不合法手段(如非法贿赂、回扣等)取得的所得,来源于未得到美国外交承认国家的所得。

（四）税法规定的制约措施

各国的避税地对策税制一致规定，凡符合该税法适用范围的，应按母公司在受控外国子公司中所占股份的比例将该子公司的有关所得并入母公司当年所得，一并征税，而不管这部分所得是否已作股息、红利分配给股东，在课税时该部分所得相应的外国税收可以抵免。

二、防止避税地活动的方式

（一）单边方式

1. 对流往国际避税地的税源采取事前控制。所谓避税事前控制，是指在避税行为还未发生时，对他进行管制和干预，以防某一后果的产生。避税事前控制的通常做法可以是：以许多烦琐复杂的规定，使跨国投资者在被允许进入避税地之前就付出许多费用，使其利用避税地获得的好处难以弥补这些费用的开支，从而阻止其避税行为。

2. 对流往国际避税地的税源，采取事后控制，即实施避税港税制。许多跨国公司和纳税人通过少分配股息或不分配股息，将所得留在避税地。针对这种情况，国家可以制定如下税法：本国总公司或投资人在避税地设立子公司或持有避税地企业一定比例以上的股份的，其在向本国税务当局申报年度所得时，必须将避税地企业保留利润中属于自己的那部分未分配的股息收入一起并入国内的应税所得中，申报计算应纳所得税。美国于1962年，日本于1978年就相继采取了上述措施，并在20世纪90年代的改革中进一步完善。

3. 加强海关对跨国公司内部进出口货物的监管。通关时，海关一旦发现这些货物的进出口价格偏高或偏低，海关有权对货物进行重估和补征关税。对发票开低价进口的做法，海关应根据市场价格而不是发票数额来确定关税。

（二）多边或双边方式

1. 建立共同体，对某些税种实行一体化政策。1946年，国际联盟《所得税、财产税、遗产税和继承税的查定和征收中建立相互关系的双边协定范本——伦敦草案》中体现了各国要交换一切有关所得税和财产税情报的精神。瑞典、丹麦、爱尔兰、芬兰、挪威5国于1972年签订的北欧税收公约，更加具体、广泛地讨论了这一精神。基于这一点，所得税、遗产税、财产税等直接税税负相同或相似的国家，可以建立共同体，统一确定避税港税制，这相对单边反避税方式中一国单独确定的避税港税制具有更大的可靠性，因为它在很大程度上减少了单边所带来的国际纠纷。

2. 加强国际税收合作,建立国家反避税信息系统。一些国家把拒绝提供税收信息或为提供信息设置障碍作为吸引外商投资的方式之一。通过"保护"投资者,不让其他国家的税务当局对投资者进行可能的调查,增加了投资者投资于该国的安全感。特别是对那些惯于采用欺诈和偷税方法的投资者来说,这种政策简直就是为他们步入"税收天堂"敞开了大门。如果各国竞相设立避税港或拒绝税收信息交换方面的合作,便会引发恶性的税收竞争。这种情况在20世纪90年代就初现端倪,并引起国际税收界的广泛重视。

加强各国税务机关情报资料的交换,主要交换的内容有外商投资企业的母公司及其所在地、开闭业日期、业务范围、金融活动、年度财务报表、资金来源与调拨、利润分配等,尤其是减免税的财务报表、涉外业务的开闭业情况,由各国税务机关统一管理、分析、预测,以便及时防止转让定价、逃避税收的情况。

三、防范避税地活动的措施

面对避税地对国际税收所可能造成的不良影响,有关国家并不是一味地消极观望,而是从几个方面做出了回应。

(一) 避税地立法

解决避税地侵蚀税基的对策是,采取立法的办法规定一国的母公司或控股股东居民从避税地公司取得的所得份额应该纳税。这样需引入两条基本的国际税收规则。

1. 有关"受控外国公司"制度。其立法的基本要点就是,要使避税地公司的母公司或其控股股东把该避税地公司赚得的特定"避税地所得"按一定比例计入其应纳税所得中纳税,而不论其是否实际收到这笔所得。这类特定所得包括从相关公司或个人手里收到的股息、利息和特许权使用费以及因向坐落在其他辖区的相关实体销售货物或提供服务而赚得的所得。

2. 关于"境外投资公司"(即主要赚取消极证券所得的公司)的规定。其要求境外投资公司的居民股东必须就其取得的该类所得份额在当期纳税,或者递延纳税但应对迟付款部分缴纳一定利息作为补偿。如果上述规定得以执行,就使得企业利用避税地隐匿所得的目的落空。

需要指出的是,目前发达国家中还有一些国家没有颁布对付避税地的立法,但其中有一些国家有严格的外汇管制,限制本国居民在避税地投资,或规定投资利润必须汇回本国,这实际上也起到了限制那些跨国公司以避税地公司为基地进行国际避税的作用。目前的趋势是,取消外汇管制(如英国、澳大利亚、新西兰等过去都有外汇管制),同时强化对付避税地的立法。

(二) 转让定价管理

防范避税地问题的第二个措施就是监控与避税地关联实体之间的交易,并在必要时按公平交易原则来调整这些交易的条件。对转让定价的监管已成为几乎所有国家税务当局关注的重点,而避税地交易则是税务当局监控的重中之重。

为增强美国国内收入署对"转让定价"交易的监控能力,美国要求一切股份在25%以上为美国人所有的美国公司详细报告其与外国所有者或任何有关人员参与的全部交易活动。此外,还要求美国公司保存完整记载其与外国所有者和有关实体之间的关系,以及他们所参与的全部交易的性质和条件的账簿和记录。这些文件不仅必须揭示美国公司参与交易的财务结果的有关信息,还必须提示外国参与者的交易财务结果的有关信息。因此,美国国内收入署被赋予了较大的权力,从而有利于其对转让定价的交易的监督和管理。

(三) 避税地交易情报的获取

针对避税地实施的银行保密法,非避税地国家税务当局可采取以下手段获取其所需的资料情报。

1. 利用税收协定。在"选择性"避税地情形中,税务当局在多数情况下应能够根据所得税协定关于情报交换的条款规定获取情报。例如,比利时、爱尔兰和荷兰都以《OECD范本》为蓝本对外签订了许多双边所得税协定,其中就有这样的规定:为使缔约国对方能够执行本国的税法,在必要时缔约国一方的税务当局有义务同缔约国对方的税务当局交换有关情报。

2. 同避税地国家签订提供情报的协议。尽管同避税地国家签订一个全面的税收协定是不大现实的,但仅就情报交换问题达成一个互惠的协议还是有可能的。美国在这方面的经验值得借鉴:首先,其给予避税地以某种形式的激励以促成其与避税地情报交换协议的签订,如美国规定,若位于加勒比海地区的国家未与美国缔结情报交换协议,美国纳税人在这些国家参加任何会议的费用都不允许扣除;其次,对于旅游业在本国经济中所占比重较小的避税地而言,仍有可能签订一个与可能的犯罪行为有关的有限情报交换协议,如开曼群岛的税务当局已同意向美国提供有关刑事诉讼包括税务诉讼在内的情报。

3. 与其他非避税地国家合作。如果两个或更多的非避税地国家税务当局同时对一个或有关的纳税人实施纳税检查和交换行业范围内的有关情报,则可很容易地确定避税地利润额。同时,这种方法不仅适用于销售货物的情况,而且也适用于全部转让的特许权使用费或保险协议及其向连属公司第三方提供劳务服务的情况。

4. 自行收集信息情报。这一方式实行的成功与否在一定程度上将取决于各国的国情,包括税种的性质、税收管理能力和总体法律制度。但是,美国已采取的措施仍有其显著的代表性。具体看来,这些措施的涉及面相当广泛,主要涵盖了以下来源:

第一,向美国公司收集其拥有财产的所有文件或信息,包括在美国境外保存的记录,这就要求美国母公司向美国国内收入署提交其外国子公司保留的记录。

第二,可以要求纳税人的开户银行将其分支机构(分行)所掌握的客户账户信息提交给美国国内收入署。

第三,可能通过在美国境内设立子公司从事经营的外国母公司获得信息,美国就曾经成功地要求自身并不在美国从事经营的日本丰田公司提供其以转让定价交易方式转移给其美国子公司的有关汽车利润的信息资料。

第四节 资本弱化法规

除转让定价税制和避税港对策税制外,资本弱化税制是西方国家系列化反避税税制的又一重要组成部分。资本弱化税制把企业从股东特别是国外股东处借入的资本金中超过权益资本一定限额的部分,从税收角度视同权益(资本),并规定这部分资本的借款利息不得列入成本,这是西方国家针对跨国公司国际避税采取的又一重要举措。

在跨国投资活动中,跨国公司为了达到避税的目的,往往采用贷款方式代替投资来虚增利息支出,以此加大费用而减少应纳税所得额,这也是各国征纳双方避税与反避税斗争的一个焦点。近十几年来,许多西方国家对资本弱化避税已引起高度的重视,并采取了相应的措施。1987年OECD推出《资本弱化政策》,1992年在重新修订的《OECD范本》中,又对联属企业条款注释中的"资本弱化"作了详尽的补充,为缔约国在其国内法中规定债务/股本比例提供了依据。相应地,从20世纪80年代后期开始,美国、英国、德国、法国、加拿大、日本、澳大利亚和新西兰等国便相继建立起了资本弱化税制。

一、资本弱化对税收的影响

资本弱化(Thin Capitalization)又称资本隐藏、股份隐藏或收益抽取,是指跨国公司为了减少税额,采用贷款方式替代募股方式进行的投资或者融资。当跨国公司考虑跨国投资并需确定新建企业的资本结构时,它们往往会通过在贷款和发行股票之间的选择,来达到使税收负担最小的目的。

收入来源国对非居民征税时,一般依据收入类型的不同而采取不同的政策,非居民取得的利息收入与商业经营利润相比,往往按较低的税率纳税。这促使跨国企业将商业利润转变成支付给关联方的利息,以资本弱化的方式避税。资本弱化给跨国投资者带来的好处包括:①减少了子公司的经营利润,从而少缴纳税率较高的企业所得税;②避免由外国子公司支付给母公司的股息所缴纳的预提税;③避免外国对公司利润的重复征税,如对公司利润征收的所得税和对支付给母公司股息征收的预提税;④若子公司利息支出过高而造成亏损,还可以获得别国其他子公司的抵补;⑤在不同税收管辖权间转移纳税义务,以减少在全球的应纳税额,如使得归集股息抵免最大化、外国税收抵免最大化等。

下面以表8-1为例,说明如果不存在反资本弱化方面的法规,在公司资本结构中,以贷款替代募股方式进行融资在实际负担税率方面得到的好处。假设直接募股投资和直接贷款投资均为200万美元。

表8-1 直接募股投资与直接贷款投资的比较

	直接募股投资(万美元)	直接贷款投资(万美元)
总收入	200	200
利息	0	100
应税所得	200	100
所得税(30%)	60	30
净利润	140	70
预提税(20%)	0	20(100×20%)
外国投资者收益	140	150(70+100-20)
实际税率	30%	25%

从表8-1的例子可见,在没有特殊的相关法规时,子公司向母公司汇回的利润分别为140万和150万,可见子公司将会尽可能地以贷款方式组建资本结构,因为此时跨国公司直接贷款投资取得总收入的实际负担税率(25%)比直接募股投资所得的实际负担税率(30%)低。由于债务/股本比例高(贷款和募股的比率),利息可以取得税前扣除,子公司可能将经营利润的大部分以利息而不是以股息的方式进行分配,这将刺激纳税人在国外投资经营的增加,导致所涉及国家税收收入的减少,并扭曲了投资和融资方式。

二、资本弱化法规的运作

利用资本弱化进行避税的问题,已引起各国税务当局的密切关注,许多国家都采取了特殊的反避税规定。各国实行的资本弱化法规有以下几个共同特点：第一，只适用于本国的法人实体，不适用于外国居民公司在本国的分支机构以及具有本国居民身份的合伙企业。第二，受限制的利息扣除一般为支付给境外的、在本国企业中拥有一定比例（15%）以上股权的非居民贷款人。第三，本国公司支付给非居民贷款人的超限额贷款利息一般要依据股本金额的大小来确定，即所谓的"债务/股本比例"，也就是说，只有超过该比例的贷款利息才不允许在税前扣除。但各国有关这方面的法规尚不统一，经合组织提倡采用两种方法对付资本弱化，即正常交易法与固定比率法。目前发达国家税务当局在实践中采用的方法与OECD提倡的这两种方法一致。澳大利亚、加拿大、新西兰、美国等大多数发达国家采用正常交易法，英国等少数发达国家采用固定比率法。本文以澳大利亚和英国为例，分析这两种方法的运作。

（一）正常交易方法

利用正常交易方法，则在确定贷款或募股资金的特征时，要看关联方的贷款条件是否与非关联方的贷款条件相同，如果不同，关联方的贷款可能被视为隐蔽的募股，要按有关法规对利息征税。

澳大利亚在对付资本弱化问题方面的经验丰富，其法律基础是在1936年实行的所得税征收法第3部分的第16F部分。法规提出，不允许澳大利亚纳税人将支付给外国控制方的"超额利息"作为商业经营费用扣除。"外国控制方"是指在居民公司拥有15%以上的股权，或者有权直接或间接地获得15%以上股息或资本分配的非居民公司。

"超额利息"是指外国控制方提供的贷款超过了股份投资的一定系数时，居民公司向外国控制方支付的贷款利息。澳大利亚自1997年7月1日起，将金融机构以外的外方控制居民公司的系数定为2:1（1997年7月1日前为3:1），金融机构的系数为6:1。澳大利亚公司获得外国控制方的贷款，不能超过该外国控制方拥有该居民公司股份的2倍（金融机构为6倍）。如果在一年中居民公司日平均外国债务超过外国股份的2倍（金融机构为6倍），则该公司就外国债务支付的利息超过比例的部分不允许扣除。该规定可由下面的公式表示：

$$A = B \times (C - D)/E \times F/365$$

式中：A是不允许扣除的利息支出；B是就外国债务全年支付的总利息；C是在发生外国债务超额日期日的平均外国债务；D是居民公司的外国股份乘积，若是公司，该数额为外国股份的2倍（金融机构为6倍）；E是全年的日平均外国债务；F是超比例债务存在的日期。

例如：某澳大利亚居民公司，该公司由外国控制方掌握80%的股权。

当年就外国债务支付的利息　　　　　　　　　40万美元

当年外国股份	70万美元
外国债务超过外国股份乘积的日期	91天
超过日期日平均外国债务	200万美元
全年日平均外国债务	180万美元

不允许扣除的利息支付计算如下：

$$40 \times (200 - 70 \times 2)/180 \times 91/365 = 3.32（万美元）$$

即不允许扣除的利息为3.32万美元。

（二）固定比率方法

运用固定比率方法，则如果公司资本结构比率超过特定的债务/股本比例，则超过的利息不允许税前扣除，并将超过的利息视同股息进行征税。

与一些发达国家不同，英国有关应对资本弱化的规定以正常交易法为基础。英国公司向关联方贷款时，如果没有按照正常交易支付利息，英国有关法规则规定不允许扣除过量利息，并将不允许扣除的这部分利息视为股息，按照股息的规定征税。其核心是确定以下几点：

1. 借贷款的两公司是否为关联企业。英国法律规定了一个标准，如果超过该标准为关联企业，适用有关反资本弱化的法规。界定关联企业的标准是：①提供贷款的公司对英国公司的贷款占该公司贷款总额的75%；②英国公司被一非居民公司持股75%以上，或者双方被另一非居民公司持股75%以上，但后者情况中英国的借款公司其股权90%或以上直接由一个英国公司所持有的除外。英国有关的法规规定不区别对待居民和非居民关联方，即给英国公司提供贷款的企业无论是设在英国境内的居民公司，还是设在英国境外的非居民公司，只要符合上述标准，都要受有关法规的限制。这是英国与其他一些国家在法规方面的区别。

2. 利息支付是否遵循正常交易原则。税务当局必须逐一检查借贷双方是否存在以下问题，找到关联方之间的特殊联系：①英国公司全部债务的适当水平或程度；②该公司从关联贷款处获得债务的水平或程度；③如果没有特殊关系，是否能取得与预期相差无几的贷款；④贷款是否以与市场利率相同的条件取得。

3. 不允许扣除的利息为过量支付的利息。英国税务当局要确定，如果公司之间没有关联，那么在已经支付的利息中有多少是不该被支付的。因此，过量利息是指英国借款公司实际支付的利息与按照正常交易原则应该支付的利息之差。过量利息被确定为股息进行分配，要按照25%的税率缴纳预提税。

固定比率法由于是根据债务/股本比例来确定不允许税前扣除的利息，相对于正常交易方法而言，它具有刚性强、透明度高、操作容易等优点，对税务当局和打算向外国子公司提供贷款的跨国公司来说都有较强的确定性。

三、部分发达国家与资本弱化相关税收法规的比较

如前所述,主要发达国家大多采用固定比率法应对资本弱化,凡是居民公司债务/股本比例超过一定系数的,就不能扣除超额利息,因此,对债务/股本比例的确定很重要。

各国对债务/股本比例的规定各不相同。美国采用了最保守的1.5∶1的比率,加拿大则与之相反,采用了最宽松的3∶1的比率,澳大利亚在1997年7月1日以前采用的比率为3∶1,此后降低为2∶1。

为了保证有关法规的运作,各国对外国控制规定了最低标准,即居民公司的资产或股份被跨国公司控制的比例达到最低标准时,才适用反资本弱化法规,达不到此比例则不适用该法规,不必对跨国公司的股息和利息进行税务调整。表8-2显示了部分发达国家对跨国公司所要求的最低控制水平。

表8-2　　　　　　　　部分国家最低控制水平

国家	最低控制水平	直接或间接控制
美国	50%	同时采用
澳大利亚	15%	同时采用
加拿大	25%	同时采用
英国	75%	同时采用

如表8-2所示,这些国家确定的最低控制水平各不相同,澳大利亚的要求最苛刻,其最低水平只有15%,英国最高为75%,其他国家如美国,确定跨国公司达到50%的控制后才对该公司施用有关的法规。此外,在提及的国家中,各国法规都将直接和间接(通过中间者)的股权考虑在内。

案例应用

福州某有限公司系中外合资经营企业,主要生产销售各种冷粘鞋,该企业的生产设备、原材料供应、产品销售均由香港外方关联公司控制,产品80%以上外销。开业以来,利润微薄,2018年出口产品自报亏损600多万元,但内销产品的毛利率却高达50%左右,违背了正常交易原则。这家公司2018年利润表中

的各项指标如表8-3所示。

表8-3　　　　　某有限公司2018年利润指标表　　　　　单位：万元

项目	金额
产品销售收入	10 387
产品销售成本	9 388
产品销售税金	14
销售费用	236
管理费用	364
财务费用	210
产品销售利润	175
产品销售收入	10 387
营业外收入	253
营业外支出	14
利润总额	414

首先，从公司内外销产品的销售情况分析：2018年公司共生产销售冷粘鞋280万双，其中，出口255万双，销售收入8 662万元。外销比例 = 255 ÷ 280 × 100% = 91%；内销比例 = 25 ÷ 280 × 100% = 9%。在分配内外销产品的成本费用时，必须考虑以下一些因素：

(1)2018年为生产内销产品缴纳海关进口税25万元，应由内销产品负担；

(2)产品销售税金14万元，也是内销产品负担；

(3)进项税额不得抵扣193万元，应计入出口产品成本；

(4)销售费用236万元是出口产品发生的费用。

据此：

出口产品销售成本 = (9 388 - 193 - 25) × 91% + 193 = 8 538(万元)

出口产品销售费用 = 236(万元)

出口产品管理费用 = 364 × 91% = 331(万元)

出口产品财务费用 = 210 × 91% = 191(万元)

出口产品销售利润 = 8 662 - 8 538 - 236 - 331 - 191 = -634(万元)

即出口产品亏损达634万元。

内销产品销售收入 = 10 387 - 8 662 = 1 725(万元)

内销产品销售成本 = (9 388 - 193 - 25) × 9% + 25 = 850(万元)

内销产品销售税金 = 14(万元)

内销产品管理费用 = 364 × 9% = 33(万元)

内销产品财务费用 = 210 × 9% = 19(万元)

内销产品销售利润 = 1 725 - 850 - 14 - 33 - 19 = 809(万元)

内销产品销售利润率 = 809 ÷ 1 725 × 100% = 47%

从以上分析我们可以看出：公司内外销产品的销售利润率存在如此之大的差距是极不正常的，其中存在转让定价转移利润问题。

其次，从内外销产品平均单位售价与单位成本的角度分析：

外销产品单位销售成本 = 8 538 ÷ 255 = 33.5(元/双)

内销产品单位销售成本 850 ÷ 25 = 34(元/双)

外销产品单位售价 = 8 662 ÷ 255 = 40.0(元/双)

内销产品单位售价 = 1 725 ÷ 25 = 69(元/双)

从以上分析我们可以看出：公司内外销产品销售成本基本相同但销售价格相差较大，出口产品明显存在转让定价问题。根据当年市场同行业利润水平，确定该公司2018年度的成本费用利润率为5%。调整出口产品销售收入为：

出口产品销售收入 = (8 538 + 236 + 331 + 191) ÷ (1 - 5%) = 9 785(万元)

调增所得 = 9 785 - 8 662 = 1 123(万元)

2018年是该公司所得税减半期的最后一年，调整前应纳税所得额为414万元，应缴所得税50万元，调整后应纳税所得额为1 537万元，应缴所得税为184万元，追缴所得税134万元。

思考与练习

1. 国际反避税有哪些一般措施？
2. 如何确定关联企业？怎样防止关联企业利用转让定价进行避税？
3. 防止跨国纳税人滥用纳税协定有哪些方法？
4. 简述防范避税地活动的措施。
5. 简述资本弱化对税收的影响以及资本弱化法规的运作。

第九章 针对转让定价的调整措施

Adjustment Measures of Transfer Pricing

世界各国针对跨国关联企业利用转让定价避税的行为,制定了专门的转让定价税制。转让定价税制是指各国在实践中针对关联企业转让定价所采取的种种税收措施。本章介绍调整转让定价的立法与基本原则,转让定价的调整方法,及转移定价的检验、调整与附属调整。本章还对近年提出的调整转让定价的新方法——预约定价协议进行了概述。

学习要点

Since associated enterprises avoid taxation by transfer prices, many countries in the world establish their special tax systems for transfer pricing. Transfer pricing tax system includes all kinds of policies formulated in practice to control transfer pricing of associated enterprises. In this chapter, we introduce the law and basic principle of adjustment for transfer pricing, adjustment methodologies of transfer pricing, and examination, adjustment, corresponding adjustment of transfer pricing. This chapter also makes a description of the new adjustment method brought up in recent years—Advanced Pricing Agreement.

第一节 调整转让定价的立法与基本内容

跨国公司利用关联企业内部的转让定价,大量转移利润和减少其应纳税额,使有关国家的税源大量流失。为此,美国制定了转让定价税制,对转让定价避税采取了措施。经合组织对此也高度重视,自1972年以来曾多次开会研讨转让定价问题,发表了一系列专题报告,并对转让定价的基本问题,包括关联企业的认定、正常交易原则的建立、转让定价调整的基本方法、相关国家的初次调整与相应调整等都做了概括。在美国和经合组织的影响和带动下,20世纪70年代以后,许多OECD成员国和非成员国都先后引入了转让定价税制。在实践中,各国对该税制不断地进行了补充和修订,使之愈加完善和成熟。

一、转让定价法规的发展

转让定价税制创始于第一次世界大战期间,由于战争需要高额税收,转让定价税制便应运而生。英国于1915年率先颁布了有关转让定价税制的条例,美国尾随其后在1917年也颁布相关的法规。美国转让定价税制自1917年形成以来,获得了长足发展,成为世界各国中比较健全、操作方法比较具体并已取得一定成效的国家。

从1917年起,美国国会就注意到转让定价问题,并授权国内收入局局长决定关联企业和合伙公司间的资本投资,以及它们的应税项目是否合并申报。后来,美国在1921年的收入法案中就规定关联企业可以有选择地填写合并纳税报表,以"阻止子公司和外国贸易公司任意转移利润和关联经营业务",这种做法一直延续到1933年。此收入法案促使美国国内收入局正确计算国内或国外关联贸易或经营公司的应纳税义务。1928年收入法案对1921年法案进行了扩充,法典第45节授权国内收入局为了判定国内或国外关联企业的"实际纳税义务"可以重新确定收入。第45节的用语未有大的变动,成为现在的第482节。第482节是美国国内收入局掌握的用来重新推定关联企业交易的关键法律条款(1968年的"税制改革法案"加入了处理无形资产的"与所得相符"的标准)并于1935年正式颁布实行(一直到1968年前未作任何变动)。其中,对关联企业定价规定"各种交易都以独立企业间的正常交易为标准",如果关联企业的定价不符合标准,国内收入局有权重新分配其所得,但并未规定具体的调整分配方法。

美国国会、国内收入局从20世纪60年代起,把工作重点放在国际交易转让定价法规的简化和强制实行上。1962年收入法案中,国会众议院提议对第482节增加一个附节,要求美国母公司向国内收入局申报其向国外子公司销售无形资产的正常交易价格,否则将适用一个按其相应的经济活动确立的分配公式。众议院财税委员会最后放弃了这个提案,但要求财政部采取更加严厉的立法。1968 年美国财政部颁布的关联企业间转移利润的规定,标志着其转让定价税制的正式形成。该规定首次对"集团内部交易"做出界定,强调检查和调整关联企业转让定价的标准是正常交易原则,并对集团内部劳务以及无形和有形资产这些特殊的交易规定了处理准则。这些准则包括:对于缺乏正常交易可比标准的无形资产的定价提出一些参考因素,对于有形资产的内部交易规定顺次采用三种定价法,即可比非受控价格法、转售价格法和成本加价法。这些内容,对后来美国《国内收入法典》第 482 节的形成具有重要意义。

美国转让定价税制在 20 世纪 70 年代没有太大的变化。20 世纪 80 年代主要是对第 482 节做出补充修改。1984 年实施改革法令规定,跨国公司的最终技术转让或许可给外国子公司取得的收入,要与美国公司发生的研制开发费用相称。1986 年修改第 482 节,追加了所谓"超级特许权使用费条款",即要求"无形财产转让收入应与其形成的所得相匹配"的新思路。

20 世纪 90 年代初,转让定价在美国成为一个热门话题。当时,许多著名的日本跨国公司在美子公司的利润都很低,而这些公司在美国的经营业务却十分成功,因此美国国税局(IRS)怀疑这些日本公司在利用转让定价来逃避税收。美国通过了国内税法,对转让定价作了详尽的规定。1990 年颁布了《外国企业税收法令》,1991 年 5 月 1 日正式修正公布的《税收程序法规》,提出预约定价协议(APA),以解决转让定价调整工作中的难题,1992 年正式提出修订第 482 节的意见,在原先四种转让定价调整方法之外,引入"可比利润区间"概念,并提出了"最优法则"。1993 年 1 月,正式公布关于修订第 482 节规则的暂行办法,取消了"可比利润区间"的提法,代之以"可比利润法"。1994 年 7 月 1 日,国内收入局公布了关于转让定价的最终条例,该条例具有适用范围广、灵活性大的特点,条例中修改的内容主要包括:最优法则、非准确可比法规定、可比利润法规定、利润分配法规定和无形资产转让规定,1998 年第 482-8 节全球交易规则明确使用最优法则。可使用的方法包括:可比非受控价格法、转售价格法、成本加成法及利润分割法,可比利润法禁止使用。1999 年国内收入局宣布将公开预约定价协议,国会表示反对,因此,国内收入局采取妥协措施:对预约定价协议进行年度报告,相关个人信息则进行保密。2000 年再次强调可比非受控价格法、转售价格法、成本加成法、估算利润法、利润分割法,不排列顺序,但可比非受控价格法优先使用。正常交易结果有范围界限,超出界限的价格要进行调整。如果转让定价超出标准范围的 80%~120%,则对无形合同进行定期调整。法规的出台给美国国税局增添了新的动力,他们开展了一系列针对日本和其他外国公司的转让定价审计。审计对象中也包括一些在"避税港"(如英属维尔京群岛、百慕大等)设有子公司的美国公司,因为这些美国公司企图将利润(以及税收)转移到上述"避税港"中。

OECD 作为一个国际性组织至今已有 31 个成员国。这些国家大都以 OECD 转让定价准则为蓝本形成了自己的转让定价税制,而且各成员国在转让定价税制方面都有不同程度的发展,一些非 OECD 成员国也很多以其转让定价准则为蓝本,所以 OECD 在世界转让定价税制的形成和发展中起了不可磨灭的作用。

税收是 OECD 业务范围内的一个方面,其所设立的财政事务委员会主持国际税收中各项重要问题的研究,并公布官方研究报告。OECD 还曾拟订了《OECD 范本》,在 20 世纪 70 年代 OECD 对所谓的"经济活动的日益国际化"做出了反应,对转让定价问题进行了深入研究。2018 年以来,OECD 主导的 BEPS 行动计划也将转让定价作为重要研究课题。

2013 年 7 月,OECD 主动出击推出"税基侵蚀和利润转移行动计划"(BEPS),转让定价在其中扮演了核心及关键的角色。在 15 项行动计划中,有 4 项是转让定价方面的项目。虽然 OECD 主要代表的是发达国家,但是包括中国在内的发展中国家也相当重视 BEPS 的倡议,二十国集团(G20)于 2013 年 9 月正式批准采纳 BEPS。BEPS 第 8、9、10 项行动计划试图对"收入是在哪里合理取得的"这个问题做出回答。行动计划是这样回答该问题的:确保转让定价的结果与价值创造是一致的。

汤森路透 2015 年和 2016 年关于全球 BEPS 准备情况的调查报告显示,转让定价及其资料披露和国别报告制度的受关注度十分突出,具体见图 9 - 1 所示。

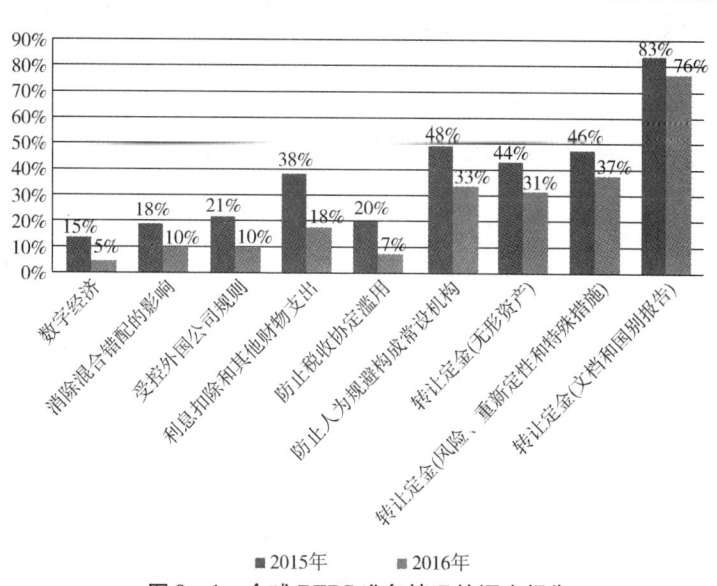

图 9 - 1　全球 BEPS 准备情况的调查报告

此外，其他国家也纷纷效仿，陆续颁布了相应的法规。例如，日本税务局（NTA）开始对在本国设有子公司的著名美国企业进行转让定价审计，并进行了大幅度的利润调整。其他国家，如韩国、英国、加拿大和澳大利亚也陆续加大了对转让定价的监督力度。中国、印度和其他国家也加入了这个"全球征税战争"，以确保本国利润不通过转让定价流向国外。由于美国在转让定价上的经验较其他国家丰富，因此美国的相关法规就成为其他国家效仿的标准。中国的转让定价法规与美国有相似之处，这主要表现在两个方面：一是都遵守公平交易原则，即把关联方交易视同与独立第三方的交易；二是都采用非受控可比价格法、成本加成法及再销售价格法。

二、我国的转让定价法规

中国在1991年颁布的《中华人民共和国外商投资企业和外国企业所得税法》中首次提出关联企业之间的业务往来应当按照独立企业之间的业务往来收取或支付价款和费用，此后，在《中华人民共和国税收征收管理法》及其实施细则中对此也有涉及。1992年国家税务局颁布的《关联企业间业务往来税务管理实施办法》和1998年国家税务总局颁布的《关联企业间业务往来税务管理规程》，在借鉴国际上通常的做法并结合中国税收征管工作具体实践的基础上，对转让定价问题做出了比较详细的规定。

中国要求关联企业的交易做年度申报，并会对未按非关联企业作价的情况提出质询。根据中国转让定价的规定，两家公司很容易被视作"关联企业"，而在其他国家的法规中，相同的公司则不会被视作有关联。由于中国的税务制度并不是非常完善，所以大部分纳税人尽量避免税务争议而导致税务行政复议。有鉴于此，企业应对其在中国业务的转让定价风险进行评估，并适当地记录其转让定价政策。

我国转让定价立法亦有较大发展。2001年5月1日实施了新的《中华人民共和国税收征收管理法》，2002年10月15日实施了新的《中华人民共和国税收征收管理法实施细则》。新的税收征管法及其实施细则进一步补充、完善了转让定价税收管理规定。一是明确"纳税人有义务就其与关联企业之间的业务往来，向当地税务机关提供有关的价格、费用标准等资料"，并授权国家税务总局制定具体办法。二是明确了"预约定价制度"，即"纳税人可以向主管税务机关提出与其关联企业之间业务往来的定价原则和计算方法，主管税务机关审核、批准后，与纳税人预先约定有关定价事项，监督纳税人执行"。三是明确了转让定价的追溯调整期限，即"一般可向前追溯调整三年，有特殊情况的可向前追溯调整十年"。

2008年1月1日起开始实施的《中华人民共和国企业所得税法》中强化了

对关联企业纳税的调整。该法特别设立了一章,即第六章"特别纳税调整",具体从第 41 条至第 48 条对关联企业间的业务往来的税务处理作了明确的原则性规定;在同时开始实施的《中华人民共和国企业所得税法实施条例》中的第六章"特别纳税调整"中,从第 109 条至第 123 条对关联企业间的业务往来的税务处理又作了详尽的、具体的规定。

近年来,中国税务当局在开展反避税方面做了大量的工作,2009 年国家税务总局印发《特别纳税调整实施办法》为特别纳税调整提供了专项依据。在与企业协商解决转让定价问题方面,被各国广泛运用的预约定价协议在中国也有了成功的先例。

2016 年 6 月 29 日正式出台《国家税务总局关于完善关联申报和同期资料管理有关事项的公告》,回应 BEPS 第 13 项行动计划所建议的转让定价信息披露和国别报告措施。

2017 年 3 月,国家税务总局发布《特别纳税调查调整及相互协商程序管理办法》(以下简称《办法》)。税务总局曾于 2015 年 9 月发布《特别纳税调整实施办法(征求意见稿)》(以下简称 2 号文),结合 BEPS 行动计划进行了通篇修订。《办法》结合国内国际经济环境及特别纳税措施的工作经验,对 2 号文进行了补充、修改和细化,进一步明晰了调查调整程序及方法,进一步规范了特别纳税调整相互协商程序,根据 G20 倡导的"利润在经济活动发生地和价值创造地征税"原则,充分借鉴了新的国际税收规则和 G20 税改成果。其中,在转让定价规则制定中吸收应用 BEPS 建议措施,突出"价值贡献"作为无形资产收益分配的核心因素,强调关联劳务要体现受益性原则和独立交易原则,要求在进行可比性分析时应确定成本节约、市场溢价等地域特殊优势对利润的贡献,体现了"利润在价值创造地课税"的核心精神,反映了中国和广大发展中国家在争取建立公平合理的国际税收规则秩序方面的主张要求,亦进一步提升了我国转让定价税制的现代化水平。

第二节　调整转让定价的基本原则

一、转让价格的确定原则

跨国关联企业之间转让价格的确定,直接关系到收入和费用在跨国关联企业之间分配的问题。反过来说,跨国关联企业之间收入和费用的分配是否合理、依据什么原则,也必然影响它们之间的转让定价,从而影响它们之间的利润分配,也会影响有关国家的税收利益。防止跨国纳税人通过转让定价从事国际避税活动,必须依照能为各国政府与跨国公司接受的国际收入和费用的分配原则和标准。目前,世界各国普遍遵守以下三项原则。

(一) 正常交易原则

正常交易原则,也称独立核算原则、独立竞争原则。该原则的含义是指跨国关联企业之间发生的收入和费用,应按照没有关联关系的企业之间进行交易所体现的独立竞争的精神进行分配,企业之间的关联关系不能影响利润在二者之间的合理分配。正常交易原则要求把跨国关联企业视为相互独立的企业,因而二者之间的每一笔经营业务都要按照市场竞争的原则正常地计价收费。如果跨国关联企业从集团的利益出发,有意压低或抬高交易价格,国家税务部门有权按照独立企业之间的正常交易价格,对他们之间的收入和费用分配状况予以重新调整。

1. 正常交易原则的优点。正常交易原则以市场竞争条件下产生的价格,作为解决国际收入与费用分配的依据,其优点是:

(1) 公平、合理。以客观的公开市场价格或无关联方之间的相似交易价格,来分配国际收入与费用,矫正了转让定价人为因素造成的价格扭曲,在征纳双方之间或各国税务当局之间可以达到最大限度的公平。

(2) 理论依据充分,有说服力。正常交易原则着眼于以客观标准衡量关联企业之间的内部交易定价,矫正具体交易中产生的价格偏差,而不是去调整分配整个企业集团的全部经营成果。因此,与其他原则相比更加切实可行,易于为各国税务当局和跨国纳税人所共同接受。

(3) 已存在可行的操作方法。目前世界各国根据正常交易原则所确定的一些方法虽然存在这样或那样的问题,但其在实践中已发挥很大的作用并已达到一定的效果。

2. 正常交易原则的不足。正常交易原则虽有很多优点,但也存在不足,主要包括:

(1) 正常交易价格难以确定。正常交易原则的核心是比较,即用关联企业之间内部交易的转让定价同非关联企业在相同或类似情况下的交易价格进行比较。正常交易价格并非单一的价格,它受到很多变量因素的影响,如竞争因素、环境风险、交易的数量、支付条件等,因而是在一定幅度内波动的一系列的价格,而且这些价格经常处于变化之中,很难找到一个公平合理的正常交易价格。

(2) 可比交易难以找到。随着跨国公司规模的不断发展,跨国关联企业内部交易的量在不断增大,大量交易活动只发生在集团内部。特别是日益增多的特殊专利、专有技术转让,在公开市场上找不到对这类专利、专有技术的外部价格。对于只供给关联企业而不售给无关联企业的原材料或零部件,也无可供比较的市场价格。此外,市场上往往缺乏完全的独立竞争价格,只能找到垄断买主价格或垄断卖主价格,而且价格又处于经常变动之中,这就给判断什么是正常交易价格带来了一定的困难。同时,在国际经营中存在大量的商业秘密、行业秘密和银行秘密的情况下,各国税务当局要想掌握所有有关交易发生时的国际市场价格,以便找到一个可比的客观依据,并非易事。

(3) 在一定程度上需要依赖于国际合作。跨国公司的内部交易基本上发生在国与国之间,需要按照正常交易原则加以分配调整的正是这些跨国交易。然而,由于每项具体跨国交易中的转让定价在税收上会产生惠及一国而损及另一国利益的效果,对之调整必然涉及有关国家的税收利益,因此,要求在各国间做到真诚合作,这必然会有一定难度。如果缺乏国际合作而单方面进行调整,则可能导致国际重复征税。

(4) 工作量较大,执行起来有困难。跨国企业为数众多,经营网络遍布全球,其内部交易频繁,数额巨大,而每笔交易又可能各具特色。正常交易原则一般要求逐笔审核跨国关联企业之间每一项交易的价格,工作量很大,这也增加了具体执行中的技术难度。

尽管正常交易原则有其不足之处,但总的说来,它的相对合理性和可行性的特点还是比较突出的。国际社会仍认为,尽管它并非总可以在实践中直接加以应用,但该原则应制约对关联企业间转让定价的评估。因此,美国、德国等不少国家,早就在处理转让定价问题上采用了正常交易原则。OECD 于 1979 年公布了《转让定价准则》,其后又作了几次修改,其核心是要求税收征纳双方都遵循正常交易原则,转让定价应基于可接受的市场价格。1995 年,OECD 在总结多年实践经验特别是美国经验的基础上修订发布了《关于跨国公司和税务当局的新转让定价准则》(简称 95 准则),其后又增加了无形资产、费用分配、预约定价程序等相关内容。OECD95 准则主张转让定价的判断和调整都必须遵循正常交易原则,反对按全球化公式分配方法来解决转让定价问题。

(二) 总利润原则

总利润原则,又称全球方法或整体方法,是指按照一定标准将跨国公司的总利润分配给各关联企业。按照这一原则,相关国家的税务当局并不直接审核关联公司之间发生的每一笔收入与费用,而是在年终把该集团公司内各关联企业的利润汇总相加,然后按照相关国家税务当局采取的标准,重新分配各关联企业的利润,据以征税。总利润原则的理论依据是制定国际收入与费用分配原则的目的无非是为了求得国际所得在有关国家之间的公平合理分配,而通过汇总划分关联企业的总利润可以实现这一目的。

1. 总利润分配法。总利润原则关于重新分配利润的计算方法和公式,主要是从影响企业利润的诸因素中选定某个关键性的因素,来决定总利润在各企业之间的分配。一般说来,影响跨国关联企业利润的有如下一些因素:①企业组织机构、资本结构、规模和主要经营业务,包括各关联企业之间相互参股的比例;②各企业主要经营活动的地域分布;③各企业主要经营业务的销售情况和经营成果;④各企业的雇员人数;⑤关联企业内部定价的有关标准;⑥编制财务报表所遵循的会计准则等。

《OECD范本》第七条的注释中,把总利润分配的计算方法按照企业收入和费用比例或企业资本结构等划分为四大类。

(1)以各国企业营业额或手续费收入占关联企业营业总额或手续费总额的比例,来对关联企业的总利润进行分配。

(2)以各国企业人员工资额占关联企业全部人员工资总额的比例,来对关联企业的总利润进行分配。

(3)以各国企业流动资金额占关联企业流动资金总额的比例,来对关联企业的总利润进行分配。

(4)以各关联企业的营业额、工资额、资产额占整个集团公司相应项目的比例的平均值,来分配各关联企业的利润。

在此需要指出的一点是,《OECD范本》第七条注释中讨论的总利润分配法,是为了解决对常设机构利润的确定,实际上是运用于跨国总、分支机构之间的利润划分,而并不是用来解决跨国母、子公司之间的利润划分。

2. 总利润原则的优缺点。总利润原则力图避开复杂的转让定价问题,从最终经营成果入手,按一个事实上的公式去分配跨国公司的总利润,以此来解决有关联关系各企业的国际收入与费用分配问题。

(1)总利润原则的优点是:

第一,简化税收征管工作,减少工作量,降低征管成本。采用这种方法可以避免逐笔审核关联企业之间的交易定价,逐笔分配国际收入与费用的复杂而繁重的工作,简化了税务管理,而且非常简便地解决了各国征税的依据——利润,即应税所得。

第二,在一定程度上可以纠正由于各种因素造成的国际收入与费用分配的不公允,解决各国税收利益分配和跨国纳税人的逃税、避税问题。

(2)总利润原则的缺点大大多于其优点,有些缺点甚至被认为是致命的,主要有:

第一,适用范围狭小。一般仅适用于只涉及两个国家之间同等或同类的关联企业(特别是总、分支机构)之间的利润分配,比如,关联银行或信贷机构。如果各关联企业经营的业务性质完全不同,机构规模相差悬殊,那就很难找到一个合理的利润分配公式。而一旦使用的公式不当,计算出来的各个企业的利润就很可能出现更大的不公允。

第二,反映出来的各个企业的利润可能与真实情况差距很大。虽然就一个跨国集团中每个企业的实际情况来说,有的营利,有的亏损,这是非常正常的事,可是,当按照总利润原则进行分配时,只要整个公司集团汇总是有赢利的,那么其各个企业就都有赢利;若整个公司集团汇总是亏损的,那么其各个企业就都会亏损。显然,这既不符合实际情况,更难以被有赢利的公司所在国接受。尤其对那些各自从事不同营业活动的跨国关联企业而言,按总利润原则分配的利润可能与现实差距更大。

第三,技术操作上有难度。利润是一项综合性指标,影响因素很多,不论采用哪些因素和相应公式来作为分配标准,都可能带有主观任意性,缺乏客观依据。在采用总利润原则时,为了减少分配结果的任意性,必须对各关联企业履行的不同职能作复杂的分析,并仔细权衡生产、运输、销售等不同环节上的不同风险和营利机会。作这样的评估所需的资料并非唾手可得,因为它需要整个跨国公司集团经营活动的资料。尤其是面对一个经营活动遍及十几个或几十个国家的大型跨国公司集团时,一国税务当局要掌握该公司集团的全面情况谈何容易。退一步说,即使能搜集到这些资料,把按不同的会计制度和法律要求而产生于不同国家的数字加以分析比较时,由于可比口径不同,对差异的调整又是一桩很难的事。

第四,难以制定能为各方接受的统一的分配标准。当面对大型跨国公司时,由于没有一个超国家的机构来执行重新分配的任务,总利润原则将处于束手无策的境地。因为许多跨国公司的子公司和分公司分布在众多国家中,按什么标准、由谁来汇总年终利润并主持分配,有关国家能否接受触及本国税收利益的分配结果,都是目前无法解决的一系列难题。

第五,可能会造成重复征税。由于利润是一个综合性指标,影响利润的因素很多,所以在确定用什么主要因素和公式来决定总利润分配时,各国税务当局都会强调对自身有利的因素。如果各国不协调运用总利润原则,自定标准、各行其是,则将对跨国纳税人的所得造成严重的国际重复征税。

正是由于总利润原则存在上述缺点,OECD并不推崇这一原则,大多数国家没有接受这一原则,许多跨国公司也反对这一原则。除了在涉及两个国家之间总、分支机构利润和费用的划分时,有些国家习惯采用总利润分配原则外,该原则并没有成为指导母子公司之间、子公司与子公司之间国际收入与费用分配的普遍原则。

(三)创造价值和转让定价结果相一致原则

在历史模式下,税务筹划专家通常认可企业本身不一定要有经营实质,也不需要行使重要的功能,而是可以通过合同将相关功能外包给其他公司。最重要的衡量标准是有足够的资本来承担包括研发和技术专利诉讼等成本。

BEPS 行动计划对这种模式提出了质疑,指出这种所谓关联企业之间没有实际经济活动来管理或控制的合同指定的风险是不能接受的。从 BEPS 行动计划来讲,仅仅对研发项目提供资金支持和承担合同规定的风险是不能构成"价值创造"的。

BEPS 项目的无形资产草稿和风险草稿对传统的转让定价模式提出了挑战,为转让定价引进了新模式。在 BEPS 行动计划的无形资产草稿中,虽然对合同的重要性仍予以承认,但同时警告合同只是有关无形资产转让定价分析的"起点"。无形资产草稿认可承担研发成本的关联企业应当获取付出研发投资而得的利润,但是质疑是否应当获取全部剩余利润。风险草稿重复了这一观点,不支持合同规定的投资风险比实际管理功能的风险更重要。无形资产草稿要求对转让定价分析时考虑哪些功能是"更重要的功能",从而确定无形资产为企业带来的超额利润的分配去向。那些"更重要"的功能一般是指具有"控制"行为的功能,就是说,在确定无形资产所带来的利润走向时,至少要将控制风险的功能与投资本身的功能视为同等重要。无形资产草稿认为,如果跨国公司将无形资产的投资和控制功能分割在不同的关联企业,那么承担这两类功能的企业应当共同分享无形资产开发带来的利润。从根本上来说,无形资产草稿对上述这种安排所做出的利润分割法的建议是与风险投资安排相比较而得出的,因为风险投资者一般都是由投资人和管理团队通过各自股权份额来分享利润的。讨论草稿还指出,如果一个机构(企业)只对无形资产的开发提供资金,没有任何其他的功能,这个机构(企业)不应当获取任何利润。

二、可比性分析与正常交易价格范围的界定

(一)可比性分析

正常交易原则的应用,通常以受控交易的条件与独立企业之间交易的条件进行比较为基础,所以说,可比性分析在各类转让定价调整方法中至关重要。所谓可比,根据 OECD 的明确说法,是指在进行比较的情况之间存在的任何差异都不应对该方法所审查的条件造成实质性影响,或可通过合理的精确调整来消除这些差异所造成的影响。可以说,可比性是转让定价调整的核心。无论是判断关联交易结果是否符合正常交易原则,还是对关联交易结果的调整,都需要以可比非关联交易作参照,且关联交易与非关联交易的可比性程度高低又会直接影响转让定价调整的可靠性。现实经济环境的复杂性与经济行为的多样性使关联交易很难找到一个与之完全相同的非关联交易。因此,判定并调整关

联交易的结果并使之符合正常交易原则,只需要找到一个足够相似于关联交易的非关联交易即可。一般而言,衡量非关联交易是否适合做关联交易的参照物,主要看二者的可比性程度。

为了进行这样的可比性分析,需要考虑能够影响正常交易的价格或利润的全部因素(可比性因素)。虽然某个特定的可比性因素在运用某种方法时显得极为重要,但所有方法都要求对影响该方法可比性的全部因素进行分析。美国规则和OECD的95准则列举了大同小异的可比性因素。美国规则列举的可比性因素包括:①职能或功能;②合同条款;③风险;④经济情况;⑤财产或劳务。OECD95准则规定进行可比性分析时要考虑如下因素:①财产或劳务的特性;②功能;③合同条款;④经济环境;⑤商务策略。以下从功能、合同条款、风险、经济环境、财产或劳务特性、商务策略6个方面对可比性分析的内容作全面阐述。

1. 功能分析。所谓功能,是指企业在生产或经营被作为转让定价审查的产品或劳务时做了什么样的事情或采用了什么样的资源。两个独立企业之间的交易,其价格或报酬往往反映各方所发挥的功能和作用。因此,在确定受控与非受控交易之间的可比性程度时,需对纳税人在每一项交易中所发挥的功能以及所使用的相关资源进行比较,即确认和对比纳税人在受控与非受控交易中所承担或将要承担的重要经济活动,以及与这些经济活动相关的已使用或将使用的资源,包括所用资产的类型(如厂房、设备),或无形资产。在确定两项交易的可比性时,需要考虑的功能包括:①研究和发展;②产品设计;③制造、生产和工序的设计;④产品的制造、提取和装配;⑤原材料购买及管理;⑥市场营销与发送功能,包括存货管理、产品保证实施和广告活动;⑦运输和仓储;⑧经营管理、法律、会计和资金融通、信用和收款、培训及人事管理服务。受控交易和作为参照的非受控交易应当具有充分的相似性。如果受控交易与作为参照的非受控交易在上述各个方面存在差异,这种差异应能合理地加以调整,如果差异不能调整,那么可比性也就无从谈起。

2. 合同条款分析。确定受控与非受控交易之间的可比程度时,需要对影响两项交易结果的重要合同条款进行比较。这些条款包括:

(1)索取或支付报酬的形式。例如,现金交易与转账交易下的价格往往有差异,如果以非受控交易转账条件下的价格作为参照来衡量现金交易条件下受控交易的定价是否符合正常交易原则,它们之间的差异必须能够加以调整。

(2)销售量或购买量。

(3)提供保证的范围和条件。例如,一项交易提供3年保修保证与另一项交易只提供1年保修保证,它们之间的价格必然存在差异,只有在这种差异可以合理地加以调整的情况下,才能作为比较的参照对象。

(4) 更改、修订或修改的权利。

(5) 相关的许可证、合同或其他协议的持续时间,以及终止或重新协商的权利。

(6) 买方和卖方之间的附属交易或关系,包括提供辅助或附属劳务的安排。

(7) 信贷提供和付款条件。例如,若一项受控交易付款时间不同于非受控交易的付款时间,并且这样的差异会对价格产生实质性影响,那么就要对付款条件方面的差异进行调整。

由于现实经济生活中合同条款有时会与实际的交易结果不一致,甚至有些交易并没有书面合同,因此在进行合同条款的可比性分析时,还必须确认合同条款与实际交易结果是否一致。如果合同条款与实际交易的经济内容不一致,或者不存在书面合同,那么只能以交易各方的实际行为和各自的法律权利作为可比性分析的素材。

3. 风险分析。确定受控与非受控交易之间的可比程度时,必须对两项交易中会影响价格或利润的主要风险进行比较。

美国规则提出要考虑的相关风险包括:①市场风险,包括费用、需求、价格和存货水平的波动;②与研究和开发活动的成败相联系的风险;③金融风险,包括外币汇率和利率的波动;④贷款和收款风险;⑤产品责任风险;⑥与财产、机器和设备所有权相关的一般经营风险。

OECD 95 准则将风险分析作为功能分析的一个内容,提出风险分析要考虑如下一些内容:

通常情况下,非受控交易各方之间的风险分配与其合同是一致的,或者说是明确的。但在受控交易情况下,风险由谁承担需要经过分析才能确定,从而才能就受控交易和非受控交易在风险承担上做出合理准确的可比分析。在进行此项分析时,要考虑两种情况。一种情况是合同条款中关于风险分配的条款与其实际的交易结果相一致,那么应根据合同条款的规定来确定哪一个纳税人承担了特定风险。第二种情况是签订的合同所涉及的风险条款与实际交易情况不一致。在这种情况下,判断哪一方承担了风险就不是根据合同条款,而是根据实际交易情况来确定。这时应当着重考虑如下事实:①是否受控纳税人的行为模式一直与受控纳税人之间所声称的风险分配一致,或者当模式改变时,是否相关的合同安排也相应地作了修改;②在风险发生时,是否受控纳税人具有承担相应损失的财务能力,或者是否受控交易的另一方会像在正常交易中那样最终承担起这些损失;③每一受控纳税人对直接影响收益的营业活动进行管理或控制的程度,在正常交易中,如果某一方相对更能控制某种风险,则其通常会承担该风险的更大份额。

4. 经济环境分析。确定受控与非受控交易之间的可比程度,必须对每一项交易中影响价格或利润的重要经济环境进行比较。所谓重要经济环境,就是影响交易价格或利润的外部状况,特别是交易所处的市场情况。具体来讲,要进行可比性分析的经济环境包括下列一些内容:

(1)地区性市场的相似性。
(2)每一市场的相对规模和综合经济发展程度。
(3)市场层次(如批发、零售等)。
(4)转让或提供产品、财产或劳务的相关市场占有率。
(5)生产和经销要素处在特定地点所发生的费用。
(6)作为考察对象的财产或劳务在每一市场上的竞争程度。
(7)特定行业的经济情况,包括市场是收缩的还是扩张的。
(8)买方和卖方实际可得到的替代产品。

OECD95准则也明确指出,在进行可比性分析时,即使其他条件(如功能分析、合同条款等)具备了,也还要考虑非关联企业和关联企业进行交易的市场是否具有可比性。与确定市场可比性有关的经济环境包括:地理位置、市场规模、卖方间以及卖方与买方相对的竞争地位、可得到的替代商品和劳务(包括进行替代的可能风险)、整体的和区域的供求关系走向、顾客购买力、政府对市场的管理情况、生产要素(土地、劳动力、资本)的价格、运输成本、市场层次(批发还是零售)、交易时期等。

之所以要将上述各项因素列为进行可比性分析的重要因素,是因为即使是同一项商品、财产或劳务的交易,正常交易价格也会因市场的不同或市场层次的不同而不同。不能不顾不同地区市场的发达程度或同一市场的不同时期所导致的竞争状况差异,而简单地选择任意的非受控价格作为判断受控交易的结果。正是由于不同市场的经济情况存在重大的差异,最好选择与受控纳税人进行交易的同一个地区市场的可比非受控交易作为参照。如果无法得到来自同一市场的资料,并且可以对两个市场间存在的差异进行调整,那么来自不同地区性市场的可比非受控交易也可予以采用。出于这一目的,地区性市场是相关产品或劳务在经济情况上实质相同的任何地区,也可是多个国家,应视具体经济情况而定。但是依据最优法原则,应当尽量选择差异程度较小的市场来进行可比性分析,以确保所采用方法的可靠性。

在使用与受控交易不同地区或国家的市场上的非受控交易作为参照时,首要的工作之一是对取得的数据在这两个不同地区或国家的市场存在的差异进行调整,然后使用调整后的数据来检验关联企业之间的交易(受控交易)的定价是否符合正常交易原则。不仅不同地区市场的出售价格差异要调整,而且成本上的显著差异也要进行调整。因为在出售价格已定的情况下,成本差异对利润水平是否符合正常交易原则有重大影响,而对成本差异的调整则要基于对市场中的各种竞争状况的对比分析。

首先，必须分析生产要素买卖双方是否处于充分竞争的状态。如果说一个市场中生产要素的买卖双方处于充分竞争状态（这意味着生产要素的交易价格由市场的供求平衡点来决定），而作为比较对象的另一个市场中生产要素买卖双方不是充分竞争的，那么成本水平就存在不可比性。这又可分两种情况来进行分析。第一种情况是，生产要素市场处于买方市场，那么意味着生产要素供过于求，成本水平可以降低；否则，若生产要素处于卖方市场，成本水平就要提高。生产要素包括土地、劳动、资本等，需要一一加以分析。

其次，要分析生产或提供具有替代性质的商品和劳务的不同企业之间的竞争状况。如果关联企业的受控交易面对着充分的竞争，即使所处的市场与另一个作为参照对比的市场相比成本水平较低（如经济较不发达地区人均收入水平较低的市场与发达地区人均收入水平较高的市场比较，劳动力、土地成本较低），也并不能由此推论受控交易所在市场的利润水平一定高。因为在提供或销售可替代商品或劳务的情况下，充分的竞争会导致价格的降低，从而低成本不一定带来高利润。只有当一个可比非受控企业以正常交易价格经营会因地区市场不同而增加利润时，才可以认为一个受控企业也会由于在该市场中的总成本低于另一市场而获得较高利润。这一方面的认识对使用另一个市场的资料来进行可比性分析显得十分重要。

5. 财产或劳务特性分析。评价受控与非受控交易之间的可比程度，必须对交易中转让的财产或劳务的特性进行比较。所谓财产或劳务的特性，在转让有形财产和劳务的场合，包括功能作用、品质、质量、可靠性、包装、体积、重量等会影响价格的各种内在物理、化学和生物特征；在转让无形资产的场合，包括交易的方式（如授予许可证还是销售）、资产的类型（是专利、商标、专有技术还是其他）、有效期和保护程度、对该资产使用的预计利润等。财产或劳务的具体特性的不同往往是导致价格差异的一个重要因素，因此在对受控交易和非受控交易进行比较时，要分析上述各种特性的共同点和不同点，对不同点而导致的价格差异必须做出适当调整。

6. 商务策略分析。跨国企业应用转让定价有时是作为实现商务策略的一个手段，而不是为了避税。企业的商务策略涉及企业的方方面面，包括新产品开发、市场拓展、风险避免等。商务策略与避税或逃税的区别在于，商务策略下转让定价虽然也会引起利润额的改变或转移，但纳税人不会从中获得减少税收的好处。例如，为了避免风险通过转让定价将利润从低税国（风险较高的地方）转移到税负较高的地方。再如，纳税人为了进入新市场或提高其产品或服务在某一市场内的份额，往往采取两种互相联系的策略，即以低于市场一般交易价格销售，通过增加开支来实施更有效、更大规模的市场营销活动（如加大广告宣传力度)。这虽然与以避税为目的的转让定价在形式上、措施上都有类似之处,会导致一定时期利润的减少,但纳税人不能从中得到因税收节约而产生的利益。商务策略往往牺牲眼前利益但着眼于取得长期的更大的利益,这眼前利益的牺牲相当于取得更大的将来利益的成本,着眼点不在于税收的节约,因此这在税收上应视为合理行为。这样,在进行可比性分析时就需要区分商务策略的转让定价与以避税为目的的转让定价。一方面,不能把为了实施商务策略而采取的转让定价的交易结果作为评价或调整受控交易的依据;另一方面,通过可比性分析能认定受控交易的定价基于商务策略,就应当认为其是合理的、不受调整的。美国规则和OECD95准则均提出了进行此种界定的思路,其基本原则相同,都认为应当撇开形式而从实质看问题。美国规则规定是否在转售价格中会反映出这一策略取决于受控交易中的哪一方承担了定价策略的成本。在任何情况下,只有当一个非受控纳税人在可比情况下,在可比时期中,运用可比策略,并且该纳税人提供证实以下三点的文件时,受控交易中市场份额策略的影响才要考虑。

其一,实施市场份额策略所发生的成本由未来将从这一策略中获得利润的受控纳税人承担,并且存在一种合理的可能性,即这个策略会产生未来的利润,该利润反映实施策略的成本与相对应的合理收益。

其二,对审查中的产业和产品,市场份额策略仅在一段合理的时期内使用。

其三,市场份额策略、相关成本和预期收益及受控纳税人之间分摊相关成本的任何协议,都要在策略实施之前建立。

OECD95准则提出与美国规则精神实质相似的识别方法,同样着眼于从实质上考察商务策略的影响,如果转让定价的结果确实是由实施商务策略引起,在评价受控交易时要视为合理,在可比性分析时不能忽视。OECD95准则要求税务机关首先应对交易各方的行为进行分析判断以确定是否真的存在纳税人所声称的商务策略。判断的标准有三:

其一,在关联企业集团内,任何一方降低价格是否以其他方同样降低价格或以市场营销成本的增大加以反映。例如,一个制造商为了增大其在某一市场的占有份额,采取向其关联的批发商降低价格的办法,如果该批发商同样也降低价格出售给无关联的客户,或者虽然以市场正常交易价格出售但将制造商降价所得用于市场拓展费用并反映在账簿上,那么就说明转让定价与实施商务策略有关,而与税收的节约无关。

其二,从商业惯例看谁负担了商务策略的成本。一个企业自行开发产品并通过市场营销活动来扩大影响,显然商务策略成本的负担者即本企业,说明商务策略的存在,导致增加成本、减少利润,没有税收的流失,其结果是合理的。但如果一个独立地位的销售代理人对某一产品或劳务展开拓展市场的行动,且成本由其负担，则对制造商而言可能不是真实的商务策略，而是通过加大代理商的成本间接地减少税收负担，因为按商业惯例，独立地位代理商不会承担本应由制造商承担的产品或服务的市场拓展费用。

其三，纳税人是否有足以弥补商务策略成本的未来收益预期。营业活动的成本与利益是对应的，正常的经营不应当出现无缘无故增加成本而不考虑更大利益的获得，为了将来能够通过市场拓展或风险避免等而产生更大的利益，目前增大开支属于正常的营业过程。

此外，美国规则还明确规定两种情况下的交易价格即使经过分析具有可比性也不能作为评价或调整转让定价的依据：第一种情况是交易不是在经营的正常过程中进行的，如倒闭破产的清算价格不能作为可比价格；第二种情况是非受控交易的主要目的就是建立一个正常交易结果，作为受控交易的参考。

(二) 正常交易价格范围的界定

关联企业之间销售货物或财产的转让定价问题的一个关键环节是确定公平价格，以此作为衡量纳税人是否通过转让定价方式压低或抬高价格，规避税收。美国税法在这方面有较详细、明确的规定，已为许多国家所仿效。美国在其国内收入法典中规定，关联企业或公司彼此出售货物或财产时，财政法规规定的公平价格就是比照彼此无关联各方在同等情况下出售同类货物或财产付出的价格。

转让定价不是一门精密学科，并非所有用于比较的交易都具有相对均等的可比性。因此，直接运用正常交易原则，得出一个能够准确判定某项受控交易是否公平独立的简单数据（即正常交易价格），显然较为困难。为了使正常交易原则更具可行性，美国准则提出了对正常交易价格的改进——"正常交易值域"的概念，即通过适当的方法，推算出一组全部相对均等可靠的数字，形成一个数字值域。也就是说，正常交易价格不应简单理解为一项固定的价格，而是一个适当的价格范围或幅度，即所谓的正常交易值域。美国准则指出"如果受控交易的相关数值如价格或利润处在正常交易值域以内，则无须进行调整"；相反地，如纳税人（跨国公司）的相关数值超出正常交易值域，税务当局可认定该企业存在转让定价行为，并将该项受控交易数值调整到正常交易值域内。

并不是所有选择来进行可比分析的非受控交易的数据都可以用来建立正常交易价格范围。能进入正常交易价格范围的数据，只能是那些按照可比性分析原则，具有一定可比性、也具有可靠性的非受控可比交易的数据，即有关受控与非受控交易的资料是充分完整的，从而全部实质性差异已被确定。这些差异中的每一个因素都对价格或利润产生明确并可以合理确定的影响，从而使差异可以得到合理调整，使分析结论建立在严格可比的基础之上。而那些可比性和可靠性明显较低的非受控交易不能用于建立正常交易价格范围。

相对而言,使用正常交易价格范围判定跨国公司是否存在转让定价行为比较公正、客观、合理和正确,可避免主观判断的失误。其操作具体可分为四个步骤。

步骤一:收集背景资料。这是指关于跨国公司母公司及子公司的组织结构,所分布的东道国概况、公司的主要产品和业务,以及相应关联业务的财务报表。

步骤二:汇总可比信息。这是指关于市场、行业经济环境的信息、可比公司的财务数据(主要是计算当期利润的损益表),以及所考察的跨国公司进一步的各项资料,如纳税申报表、完全财务报表、销售计划与合同、产品批零售价格等。

步骤三:实施功能分析。这一步是关键性的,它既是建立可比性的基础,也是调整转让定价的依据。它包括对实质性功能差异进行分析,涉及存货风险、汇率风险、广告费用等。

步骤四:进行调整计算。此即在功能分析的基础上,逐项调整,并确定公平交易价格范围,在进一步征求纳税人意见的基础上,确定转让定价。

三、转让定价的调整标准

由于正常交易原则要求关联企业之间的交易往来按照无关联企业之间的方式进行,而关联企业间内部交易往来的种类繁多、性质各异,因此,有必要对在正常交易原则下种类不同业务的分配标准作进一步具体化的规定。目前,各国的实践中所采用的跨国收入和费用分配标准还存在着某种差异。尽管如此,在OECD、联合国税收协定小组以及一些发达国家(如美国)的影响和带动下,各国掌握的关于衡量跨国关联企业间收入和费用分配是否合理公平的标准基本上还是一致的。这些标准包括:市场标准、比照市场标准、组成市场标准和成本标准等。

(一) 市场标准

市场标准要求以非关联的独立竞争企业在市场上进行同类交易的市场价格,作为关联企业之间进行交易所应使用的价格。它包含有利润因素,适用于跨国关联企业之间的有形资产的交易、贷款、劳务提供、财产租赁和无形资产转让等交易。如果关联企业之间交易的作价不符合这一标准,税务部门有权按照这一标准加以调整。根据市场标准调整不合理转让定价的方法称为"可比非受控价格法"。

使用市场标准必须注意关联企业之间的交易与用于比较的交易一定要尽可能相似。因为只有当交易的环节、成交数量、交货条件、付款条件、售后服务等方面的因素都相同时,交易的价格才具有可比性。

(二)比照市场标准

比照市场标准是指在无法得到关联企业之间进行交易的市场价格的情况下,以购入方的关联企业将该物品再售给非关联企业时的市场销售价格,减去这笔再出售应得的合理销售毛利后的余额(比照市场价格),作为关联企业之间该项交易应使用的价格。比照市场价格的计算方式是:

$$比照市场价格 = 购入企业的市场销售价格 \times (1 - 合理毛利率)$$

其中,合理毛利率应按购入企业所在地,非关联企业间销售同类物品的销售毛利率计算。

这种按照比照市场价格调整跨国关联企业间转让定价的方法称为"转售价格法",它一般只适用于跨国关联企业之间工业产品的销售转让。它适用的范围是转售企业不对购入产品进行加工、处理等,如果转售企业对产品进行了加工或改制等,则应考虑再给予适当的费用扣除。

(三)组成市场标准

组成市场标准是指用成本加上利润计算出的组成市场价格作为关联企业之间交易的正常价格依据。

组成市场价格运用的是计算出来的市场价格。它要求企业遵循正常的会计制度规定,记录有关成本费用,然后加上合理的利润作为其对外销售的正常价格。其中,合理利润率是从国内和国际贸易的情报资料中取得的。

组成市场价格标准一般适用于既无市场标准又无比照市场标准的情况,关联企业之间缺乏可比对象的工业产品销售和特许权转让的交易定价。由于商标、专利或专用技术等无形资产种类繁多,所涉及的性能、技术、成本费用和目标效益的差异比较大,常常缺乏有可比性的同类产品市场价格或比照市场价格作为定价依据,也很难对其收费依据做出统一的规定,因此,对这类交易必须更多地采用组成市场标准。其计算公式为:

$$工业产品的组成市场价格 = (转出企业生产该产品的直接成本 + 间接成本) \div (1 - 合理毛利率)$$
$$无形资产的组成市场价格 = 转出企业研究和生产的成本费用 \div (1 - 合理利润率)$$

(四)成本标准

成本标准是指按实际发生的费用作为分配标准。这是一种不同于前三种标准的分配标准,它不包括利润因素在内,反映了跨国关联企业之间的某种业务结果关系,而不是一般的商品交易关系。所以,成本标准一般只适用于跨国关联企业间非主要业务费用的分配,以及一部分非商品业务收入的分配。非商品业务包括贷款、劳务提供和财产租赁等,它们的相应收入是利息收入、劳务收入和租赁收入等。关联企业之间主要业务收入的分配,以及商品销售收入和与商品生产有密切关系的特许权使用费等收入的分配,不适用成本标准,而只能适用市场标准、比照市场标准或组成市场标准等包含利润因素的分配标准。

成本标准要求转出企业必须把与该项交易对象有关的成本费用正确地记载在账册中,并以此为分配依据。而该项交易又必须是与转入企业的生产经营有关并使转入企业真正受益的交易。

但对总公司或母公司的一般跨国管理费用可否按照成本标准分配给它的外国分公司或子公司承担的问题,有关国家政府的观点不尽一致。因为跨国管理费用包括公司的董事和监事的酬金和差旅费、公司职员的薪金工资和差旅费以及科研支出等。总公司或母公司所在国政府认为这些管理费用的受益者不仅限于总公司或母公司本身,而且还包括它的外国分公司或子公司在内,从而应由总公司或母公司与其外国分公司或子公司共同承担。而分公司或子公司所在国政府则认为,这些管理费用与分公司或子公司并无直接关系,应由总公司或母公司单独承担,而不应分摊给分公司或子公司。所以,对于跨国管理费用,大多都是通过有关国家政府之间协商,或由转入国政府单方面作出规定,在明确应该符合的一定条件后,准许按成本标准进行分配。对此,联合国税收协定专家小组也曾指出:对于母公司或总公司的一般跨国管理费用,一般只能按成本进行分摊,但必须满足下列3个条件:①转出管理费用的母公司或总公司应纯属管理性质机构,而不是直接对外营业的机构;②转出的管理费用必须与转入企业的生产经营有关;③其他单独为转入企业提供服务所发生或摊付的管理费用。

对于母公司作为整个企业集团的控制机构,以及对外国子公司有控制权的股东所进行的与其职能有关的活动而产生的费用,应属母公司的费用,不得向其子公司计取劳务收入,也不得以补偿成本为名把费用分摊给子公司。对于母公司向其子公司提供某项劳务而计取劳务收入后,要防止它在向其子公司销货时把此项费用再次重复分摊给子公司。对于母公司从事的有利于关联企业集团和各个单位的一些劳务,如母公司的研究和开发活动,或母公司对整个企业集团的财务、生产、销售以及当地居民和政府等相关方面的研究和计划工作所花费的劳务费用,由于各关联企业集团的组织结构不同,企业之间的关系不同,以及各企业集团内部所采用的费用分摊方法不同,所以,应由各有关国家税务当局协商解决。至于对跨国关联企业之间所发生的某些非商品业务往来的收入,则需区别不同情况,以确定是否适用成本标准进行分配。

第三节 调整转让定价的方法

转让定价是关联企业之间在交易往来中人为安排的价格,不是在独立竞争的基础上按正常交易原则所确定的价格。跨国公司往往通过在母、子公司之间或总、分公司之间,利用物资购销、转让技术、提供贷款或劳务以及转让财产等途径,人为地操纵价格及收费标准,把利润转到低税或无税的国家或地区,从而达到避税的目的。根据转让定价税制的基本原则——正常交易原则及相关分配标准,要对转让定价进行合理调整,将不合理的转让定价调整为正常交易价格。经过多年的实践探索,美国已总结出了18种调整转让定价的方法,这些转让定价的调整方法(除预约定价制法外),从价格与利润之间的关系分析,基本可以分为三类:一是"比较价格法",即从审查具体交易项目的价格入手,把不合理的价格调整到合理的市场正常交易价格,从而调整应税所得,属于这类方法的有独立市场价格法(也称可比非受控价格法)、再销售价格法、成本加利法等。二是"比较利润法",即从利润比较入手,推断转让定价的不合理,把不正常的应税所得调整到正常的应税所得上来,属于这类方法的有可比利润法、利润分割法、交易净利润法等。三是其他调整方法,如价值贡献分配法、资产评估方法等。

一、比较价格法

(一)独立市场价格法

独立市场价格法(Comparable Uncontrolled Price Method,简称CUP法),也叫可比非受控价格法,或不被控制的价格法,即比照没有任何人为控制因素的卖给无关联买主的价格来确定,是指以税务部门掌握的非关联的独立竞争企业在国际市场上进行同类经济交易的价格,来确定跨国关联企业之间的交易价格。独立市场价格法被各国广泛应用于对商品销售、劳务提供、无形资产转让、贷款提供等方面转让定价的调整,它实际上是市场标准在转让定价调整过程中的具体应用。

如果能够找到可比的非受控交易价格且有关数据非常完整,那么可比非受控价格法将是确定正常交易价格的最佳选择,因为它可以通常提供对转让有形资产的正常交易价格最准确的衡量。概括而言,可比非受控价格是与内部交易产品的物理性能和交易环境主要一致的非受控交易产品的价格。若两种价格有所差别,就说明关联企业之间的业务往来关系不正常,需要用非受控交易中的价格来代替受控交易中的价格,从而确定正常交易价格,调整其计税收入额或所得额,核定其应纳税额。由于可比非受控法要求找到最具可比性的交易,因此被认为可以提供最可靠的正常交易信息。在使用中,只要独立市场价格法有把握,那么首先应尽量使用此方法,而不用其他调整方法。

应用独立市场价格法的核心问题是受控交易和非受控交易是否具有可比

性。因此,只有在受控交易与非受控交易之间的差异对价格仅有较小的影响时,才可能通过调整以消除此种差异,适用可比非受控价格法。针对有形资产的购销或转让,应用可比非受控价格法时,需要考虑的受控交易与非受控交易的可比性因素有以下四个方面:①货物可比,包括规格、型号、性能、结构、外形、包装等;②过程可比,包括交易的时间与地点、交货条件与方式、交易数量、售后服务等;③环节可比,包括出厂环节、批发环节、零售环节、出口环节等;④环境可比,包括社会环境(如民族风俗)、消费者偏好、政治环境(如政局的稳定程度)、经济环境(如财政税收)、外汇政策等。在实际操作中,可比性因素不能过分僵化,对可比性因素不同而产生的成交价格差异,应在核定正常交易价格时予以调整,并以调整后的价格为正常交易价格。

(二) 再销售价格法

在无法得到具有可比性的非受控价格的情况下,可以采用再销售价格法(Resold Price Method,简称 RP 法)。再销售价格法是指以关联企业间交易的买方将购进的货物再销售给非关联企业时的销售价格扣除合理利润后的余额为依据,来调整关联企业之间不合理的转让定价。这种方法实际上是比照市场标准在转让定价调整过程中的具体应用,它主要用于商品交易转让定价的调整方面。

应用再销售价格法时,必须满足以下四项条件:①无法找到可比非受控价格;②可以找到在内部交易之前或之后的合理时间内发生的转售价格;③转售方在转售有形资产之前没有对资产的物理性质加以改变,导致其财产价值显著增加;④转售方在转售之前没有利用无形资产来改进该有形资产,显著增加其价值。其中第③和第④项条件是适用转售价格法所必须满足的前提,照此条件,包装、贴上标签甚至简单的组装是符合条件的,但较大程度的加工或贴上转售方所有的著名商标则不能满足该两项条件。

正确应用再销售价格法的关键是销售毛利率的合理确定,因此,从这个意义上讲,再销售价格法是一种价格和利润相结合的方法。从内部交易购方的角度出发,可通过扣除其转售的合理毛利润还原出售方的正常交易价格。销售毛利率是否合理,同样需要通过关联企业和非关联企业之间的比较求得。因此,应用再销售价格法,必须着重考虑以下两个方面的问题。

1. 构成转售价格的交易因素必须与内部交易的同类因素基本一致,才能满足可比性的要求。为此,需要考察主要合同条款、经济背景、销售折扣、销售折让与退回、运费、保险、包装等各方面因素。其中,经济背景包括买卖双方可供选择的其他商业安排、区域市场的相似性、市场规模和发展程度、营销等级、相关产品的市场份额及市场竞争程度等有关条件,它们是分析可比性时需着重考虑的环节。

2. 转售价格法通过从转售方的转售价格中扣减其合理的转售毛利润而得出正常交易价格,其实质是一种对毛利润的核定。转售价格应包括三个组成部分,即货物成本(即从内部交易售方处购得的货物价格)、营业费用和利润额。尽管传统意义上的转售价格法只考虑货物成本和毛利润两项因素,但近年来的美国税务实践更倾向于将营业费用考虑进去,这样,转售价格扣除营业费用和货物成本之后所得到的是净毛利润(net margin),而非毛利润(gross profit)。这样处理的目的是通过扣除营业费用,可以帮助消除内部交易与转售交易中不同出售方企业管理方面差异的影响。在计算应扣除的毛利润或净毛利润时,必须从转售方企业的功能分析和风险分析出发,考虑确定其在此类转售活动中应赚取的毛利润或净毛利润比例。如果能够找到可比非受控交易的上述利润水平,则更有助于确定合理的水平。

合理的销售毛利是指关联企业购方所在地不受控制转售的销售毛利率。其可用以下公式进行计算:

$$\frac{\text{关联企业卖方的销售}}{\text{价格(正常交易价格)}} = \frac{\text{关联企业买方的}}{\text{销售价格}} \times (1 - \text{合理销售毛利率})$$

$$\frac{\text{合理销售}}{\text{毛利率}} = \frac{\text{关联企业买方所在地无关联}}{\text{企业同类产品销售毛利}} \div \frac{\text{关联企业买方所在地无关联}}{\text{企业同类产品销售价格}}$$

(三) 成本加利法

对于无可比照的价格,而且购进货物经过加工有了一定的附加值,已不适用再销售价格法的情况,则采用以制造成本加上合理的毛利,按正规的会计核算办法组成价格的方法。成本加利法(Cost Plus Method,简称 CP 法)是指按照转出关联企业的产品的生产成本,加上按合理的毛利率计算的合理利润,来确定跨国关联企业之间的交易价格。这种方法主要适用于在市场上无可比交易的某些独家产品。成本加利法实际上是组成市场标准在转让定价调整中的具体应用。成本加利法除了被各国广泛用于特制商品销售的转让定价外,尤其被广泛用于提供劳务、无形资产转让、研究开发费用分摊等转让定价的调整方面。在使用成本加利法定价时,关键在于确定合理的毛利率。在确定毛利率时,应考虑市场的状况、货品的种类、无形资产的影响、卖方履行的职能等因素。

实际上,成本加利法存在着以下缺陷:①它过分强调历史成本,不能充分反映竞争条件;②在现实生活中会存在商业无利润或亏损的情况,所以要确定一个合适的利润率会遇到一定的困难;③难以找到一种令人满意的方法将成本分配给特定产品。正是由于成本加利法存在以上缺陷,使其应用存在一定的局限性,一般只有在既无市场价格可供比较,又无法采用再销售价格法的情况下,才可以采用成本加利法。而且在使用成本加利法时,要注意在可比成本的基础上使用可比的加利。

在使用成本加利法时,最重要的是看买方企业所发挥职能作用的相似性。当作为比较对象的交易与该关联交易的买方企业在职能作用方面存在差异,从而影响成本利润率的构成时,应进行必要的调整,并以调整后的成本利润率作为合理成本利润率。

成本加利法可用以下公式进行计算:

正常交易价格 = 制造或购入关联交易中货物的销售成本 × (1 + 合理成本利润率)

在实务操作中,此公式常被以下两种公式取代:

1. 销售收入 = (销售成本 + 合理费用) ÷ (1 - 成本利润率)。采用该公式调整的结果是使企业利润水平达到规定的利润率,并保持与核定利润率相吻合,但会使销售收入虚增。

2. 销售收入 = 销售成本 + 销售成本 × 成本利润率 + 合理费用。采用该公式比较符合税法规定的"按成本加上合理的费用和利润",但计算结果使调整的所得往往被费用抵消,企业所应体现的利润不能保持与核定利润中的利润相同。

二、比较利润法

比较利润法又称交易利润法(Transactional Profit Methods),它是从比较具体交易项目的利润入手,反证交易定价的不合理,并将不正常的应税所得调整为正常的应税所得,以合理的利润来体现正常交易原则的一种转让定价调整方法。比较利润法主要可分为:可比利润法、利润分割法和交易净利润法。比较价格法被人们视为调整转让定价的以交易为基础的传统交易法,是确定关联企业之间关系是否符合正常交易原则最为直接的方法,比其他方法更可取。但是,现实经济生活的复杂性,会给传统交易方法的运用带来很多现实困难,如没有可比数据可供利用,或可供利用的数据在质量上缺乏保证,此时就需要借助比较利润法。比较利润法以净利润作为比较基础,与以价格或毛利作为比较基础的比较价格法相比,由于能排除职能等差异对可比性的影响,因而更加容易被接受。

(一)可比利润法

可比利润法(Comparable Profit Method,简称 CPM),是指把关联企业的账面利润与经营活动相类似的非关联企业的实际利润相比较,或者将关联企业的账面利润与其历史同期利润进行比较,得出合理的利润区间,并据以对价格做出调整。

1. 可比利润法主要具备两方面的优点:

(1)该方法以营业利润作为比较对象与衡量正常交易的指标,可以允许独立企业与关联企业之间存在更大的差异,换言之,其对"可比性"的要求更加具有弹性。这主要是由于营业利润是从毛利润中扣除营业费用而得到的结果,不同企业之间的功能差异可以从其不同的营业费用水平上得以体现,因此,存在功能差异的不同企业可能获得不同的毛利润水平,但在扣除营业费用之后所得到的营业利润水平却可以达到相似的程度。这样,可比利润法要求的关联企业与独立企业之间的功能相似性程度(即可比性要求)将大大低于其他方法,使其适用范围更加灵活。

(2)独立企业的行业分类、业务描述和营业利润比率可以相对容易地获得,尤其在独立企业是上市公司或有发行股票、债券的情况下,此类资料的来源及可靠程度均有保证。这样,从税务行政的角度而言,税务官员可以借助这些公开资料计算独立企业的营业利润水平,进而与关联企业的内部交易结果相比较,而不必费尽心机地去寻找相似交易的可比价格,有助于高效率地处理转让定价问题。

2. 可比利润法也存在一些缺陷,主要体现在:可比利润法以独立企业的营业利润水平指标衡量关联企业内部交易的营业利润,固然可以克服独立企业与关联企业之间较大的功能性差异以及难以寻找信息与数据的弊病,但在理论上却存在着一个难以自圆其说的缺陷,即独立企业的营业利润水平并不必然代表了内部交易双方也能够达到此等水平及其他比例分配。因此,美国有的学者认为,可比利润法尽管在绝大多数情况下可以适用,但并不能保证其是最佳的调整办法。

既然可比利润法的核心是独立企业营业利润水平与关联企业内部交易营业利润水平的比较,那么必须设计出一套"利润水平指标"(Profit Level Indicator)作为衡量营业利润的标准。通常可以采用以下四种指标:资本回报率、营业利润与销售收入比率、营业利润与营业费用比率、营业利润与销售成本比率。其中,资本回报率是使用最广泛的一种指标,另外三种指标在使用时对独立企业与关联企业之间的可比性要求更高。

(二)利润分割法

利润分割法(Profit Split Method,简称PSM),是指对由若干个关联企业共同参与的销售交易所产生的最终合并利润,依照各企业履行的职责和贡献,并参照外部市场对同类利润分配比例的标准,在有关企业之间加以分配。使用利润分割法需要具备以下三个前提条件:

第一,各受控纳税人的营业活动性质必须是同等或同类的才可以进行利润或亏损的合并。因为这时才可以获得受控交易(或关联企业活动)的有关数据。

第二,关联各方对关联企业活动赢利的贡献份额必须按一定标准来衡量,而这一标准必须能够反映关联交易中各方所履行的功能、预期的风险以及所运用的资源等与可比性条款(即功能分析、合同条款、风险、经济环境、资产和服务等方面具有可比性)保持一致。当受控纳税人所履行的功能类似于受控纳税人在关联交易中所履行的功能时,按该法进行的分配会与非受控纳税人之间的利润或亏损的分配一样。

第三,分配给一个集团公司内某一特定成员的利润不一定只局限于来自关联企业活动的集团总营业利润。例如,在某一纳税年度集团内某一成员产生赢利而另一成员则发生亏损,就要对它们的营业利润与亏损进行合并再予以分配。而且,来源于关联企业活动的合并营业利润或亏损不一定要平均分配或以任意比例进行分配,而是要按特定分配方法进行分配。

1. 利润分割法的优点有:

(1)利润分割法与其他正常交易原则下的调整方法一样,都适用公开市场价格,或客观市场条件下所形成的各种价格作为分配国际收入与费用的依据,采用矫正转让定价这一人为因素造成的价格扭曲,可以在征纳双方之间以及各国税务当局达到最大限度的公平。

(2)可以避免逐笔审核关联企业之间交易定价、逐笔分配国际收入与费用的复杂而繁重的工作,只要找出相同或相似参照物的平均市场利润率及对无形资产可作的贡献依据一定的财务比率进行确认即可,从而可以简化税务管理。

2. 利润分割法的缺点有:

(1)作为客观依据的市场价格有的难以找到或缺乏可比性。由于关联企业之间的特殊关系,使得无形资产转让在公开市场上找不到外部市场价格。

(2)技术操作上有难度。由于要对无形资产带来的超额利润进行分割需依据一定的比率,而各国税务当局都会强调与已有利润的比率,如果各国不加以调整,自定标准各行其是,则会对跨国纳税人的所得造成严重的国际重复征税。

(3)运用利润分割法要求集团公司内部保持会计方法的一致,而一个经营活动遍及全球十几个或几十个国家的大型跨国公司要做到这一点较为困难,且由于可比口径的不同,对差异的调整也就较为复杂。

因此,利润分割法的运用要依据最优法原则判定是否采用。它特别适用于在无形资产带来高于平均市场利润率的超额利润时对无形资产转让定价进行的调整。

利润分割法又包括可比利润分割法和超额利润分割法。可比利润分割法是指当受控纳税人的交易活动与非受控纳税人的交易活动相类似时,可以按在非受控交易中的合并营业利润或亏损中每一非受控纳税人所占的比例,对关联交易的合并营业利润或亏损在有关各方之间进行分配。超额利润分割法是指按两个步骤进行合并营业利润或亏损的分割。

（三）交易净利润法

交易净利润法（Transactional Net Margin Method，简称 TNMM），是指以独立企业在一项可比交易中所能获得的净利润率为基础来确定转让定价的方法。这里的净利润率通常用销售利润率（净利润/销售额）、成本利润率（净利润/总成本）和资产收益率（净利润/营业资产）表示。

1. 交易净利润率法的优点有：

（1）净利润与可比非受控价格法中的价格相比，受交易性差异的影响较少。因为企业间履行职能中的差异常常反映在营业费用的不同之中，结果是各企业可能在毛利额上相差幅度很大，但赚取的净利润水平却非常相似。

（2）它不必分别确定由一个以上的关联企业所履行的职能和承担的责任，也不必在共同基础上核实所有参与特定经营活动企业的账簿和记录，或者将成本分配给所有的参与企业。

2. 交易净利润率法的缺点有：

（1）其最大的缺点，是有些因素对价格或毛利没有影响，但是对纳税人的净利润倒有影响，这些因素使得要精确、可靠地确定正常交易净利润变得比较困难。另外，纳税人可能由于无法获得有关非受控交易利润的充足的具体信息，而无法有效地运用这种方法。

（2）交易净利润率法所存在的另一个问题，是这种方法只能适用于关联企业中的一方。虽然转售价格法和成本加利法也有这个方面的特性，然而，与转让定价无关的许多因素都可能影响净利润，从而降低交易净利润率法的可靠性。单面性的分析，潜在地将一定的利润水平归属于跨国企业集团中的一个成员，这就使得集团的其他成员出现难以置信的低（或高）利润水平。

两大原因会使净利润把较大的不稳定因素引入转让定价的确定之中：第一，由于营业费用的差异，净利润会受到某些对毛利没有影响或影响较小的因素影响；第二，净利润会受到一些能够影响价格和毛利的相同因素的影响，而这些因素的影响并不易于消除。价格可能会受产品差异的影响，毛利可能会受职能差异的影响，而营业利润则很少受到这些差异的不利影响。如净利润可能直接受到产业中下列因素的影响：新竞争者的威胁；竞争地位、管理效率及各自战略、替代性产品的威胁；成本结构的变化；资本成本中的差异以及经营经验等。在传统交易法中，作为坚持较大的产品和职能相似性的结果，这些因素影响可以被消除。

三、其他调整方法

其他方法包括价值贡献分配法、资产评估方法等。

（一）价值贡献分配法

价值贡献分配法通过分析价值创造因素对跨国集团利润的贡献，将其合并利润在位于不同国家的关联企业之间进行分配。分配时应当考虑与价值贡献相关的资产、成本、费用、销售收入、员工人数等某一个或者某组要素组合。

价值贡献分配法通常适用于难以获取可比交易信息但能合理确定合并利润以及价值创造因素贡献的交易。

（二）资产评估方法

资产评估方法包括成本法、市场法和收益法等方法。

成本法是以替代或者重置原则为基础，通过评估在当前市场价格下创造一项相似资产所发生的支出确定被测试对象价值的评估方法。成本法适用于能够被替代的资产价值评估。

市场法是通过利用市场上同样或者类似资产的近期交易价格，经过直接比较或者类比分析以评估被测试对象价值的评估方法。市场法适用于在市场上能找到与被评估资产完全相同或者相似的可比交易信息。

收益法是通过被评估对象的未来预期收益现值来确定其价值的评估方法。收益法适用于企业整体资产和可预测未来收益的单项资产评估。在运用收益法评估无形资产价值时，应当合理确定无形资产的有限经济年限。

四、关联企业涉及的其他调整

（一）关联企业间利息的调整

关联企业之间融通资金所支付或收取的利息，超过或者低于没有关联关系所能同意的数额，或者其利率超过或低于同类业务的正常利率的，税务机关可以参照正常利率进行调整。"没有关联关系所能同意的数额"，是指无关联关系的独立企业之间可以接受的融通资金时的利息；"正常利率"是指根据融通资金项目的不同形式、不同数额的具体情况，在中国或国外金融市场相同或类似条件的商业信贷的利率。

（二）关联企业劳务费用的调整方式

关联企业之间经常发生互助提供劳务的业务，通过收取劳务费，关联公司就可以利用收费标准的高低来调整利润，以达到少缴税款的目的。因此，我国税法规定：关联企业之间提供劳务，不按照独立企业之间业务往来收取和支付劳务费用的，当地税务机关可参照类似劳务活动的正常收费标准进行调整。

(三) 对关联企业之间转让财产、提供财产使用权等价格的调整

财产包括有形资产和无形资产。关联企业之间经常发生转让固定资产、转让专利和专有技术等业务,通过对这些业务的收费调节,可以达到避税的目的。如关联公司利用机器设备租赁避税的方法就多种多样。而专利和专有技术知识具有独此一家的特点,缺乏可比性,更难确定其真实价格,因此,其反避税工作比较复杂。对此,反避税的措施主要有:

1. 在财产收益和所得方面,对关联企业之间转让财产、提供财产使用权等业务往来,不按照独立企业之间业务往来作价或者收取与支付使用费的,当地税务机关参照没有关联关系的企业交易时所能同意的数额进行调整。

2. 在关联企业之间的特许权使用费上,在我国的许多企业往往与固定资产、商品的转让以及与咨询费、培训费、检测费等费用结合在一起,从而逃避部分预提税,这是税务机关在检查关联企业之间的特许权使用费时应注意的。

(四) 关联劳务

企业与其关联方发生劳务交易支付或者收取价款,必须为受益性劳务,且支付或者收取价款符合独立交易原则。

受益性劳务是指为劳务接受方带来直接或者间接经济利益,且独立方在相同或者类似情形下,愿意购买或者自行实施的劳务活动。受益性劳务的定价应当结合劳务的具体内容和特性、劳务提供方的功能和成本、劳务接受方的受益情况、市场环境、交易双方的财务状况,以及独立方提供类似劳务的定价情况等因素,选择合理的定价方法,并遵循以下原则:

1. 劳务提供方向关联方提供的劳务,能够分别按照各劳务接受方、劳务项目为核算单位归集相关劳务成本费用的,应当根据合理成本支出加合理利润,确定交易价格。

2. 劳务提供方向关联方提供的劳务,不能分别按照各劳务接受方、劳务项目为核算单位归集相关劳务成本费用的,应当根据该劳务发生的总成本支出加上合理利润,采用合理标准和比例向各劳务接受方分配,确定交易价格。不属于受益性劳务的相关成本支出不得计入分配基数。分配标准应当根据劳务性质合理确定,可以采用营业收入、营运资产、人员数量、人员工资、设备使用量、数据流量、工作时间以及其他合理指标,分配结果应当与劳务接受方的受益程度相匹配。

企业向关联方支付不属于受益性劳务的价款,税务机关有权实施特别纳税调整,在计算企业应纳税所得额时不予扣除。

企业向关联方支付或者收取属于受益性劳务的价款不符合独立交易原则

的,税务机关有权选用合理的转让定价方法予以调整。

第四节 转让定价的检验、调整与附属调整

一、转让定价的检验

对跨国关联企业内部转让定价的检验,涉及一国税务人员的素质、征管制度的严密性以及对国际税务情报的掌握能力,而这又往往与一国的经济、社会发达程度密切相关。目前,各国在这方面尚未总结出成熟的经验和形成一套行之有效的方法。从一些欧美国家的经验来看,主要应重视以下两方面的工作。

(一) 掌握关联企业的基本情况

关联企业的基本情况具体包括:①企业结构,包括各关联企业的名称、地点、主要联营机构,以及相互持股的比例、规模;②公司营业活动的地区分布;③公司主要经营业务的销售情况和经营成果;④重大投资项目的地区和行业分布;⑤企业资金来源和资金运用情况;⑥各企业的雇员人数;⑦企业的研究与发展支出;⑧内部转让定价的有关标准;⑨编制财务报表所遵循的会计准则。

有关国家税务当局根据这些资料,可以了解、掌握关联企业的基本情况和经营目标,从而考虑如何对其交易的定价作进一步的检验。一些国家采取有重点地选择一些与本国有着重要联系的跨国公司集团作为连续跟踪调查的对象。例如,20世纪80年代初,美国税务当局曾选择1 200个跨国公司作为经常分析的对象;巴西、墨西哥等国税务当局也曾选定一些大型跨国公司,对其经营、成本和交易情况进行系统、长期的分析。

(二) 有选择地采用不同的审核方法

为了降低税务成本和注重实效,一些发达国家的税务当局十分重视区别不同情况采用合理的审核方法,对关联企业的内部交易进行审查,其采用的方法有三种。

1. 精查法。精查法即对纳税人的内部交易往来从原始凭证、会计分录、账册直至会计报表逐笔审核。由于精查工作量大,在税务人员力量有限的情况下,难以对所有关联企业的内部交易都采用这种方法审核。在实际工作中,通常是仅对交易数量很大的少数大型跨国公司,或转让定价问题严重的关联企业采用此法。

2. 分析法。分析法即对纳税人的内部交易往来通过选择其中的关键项目分析比较来进行审核。其步骤大致分为三步。

（1）进行利润总额比较分析，即根据企业的经营特点将纳税人的利润率与类似的无关联企业的利润率相比较，或者将纳税人及其关联企业各自的营业额和利润占整个跨国公司集团营业总额和利润总额的比重进行比较，以此来考察关联企业的利润分配是否正常。

（2）在发现问题后，则作进一步的收支分类分析。通常将关联企业的内部交易分为有形资产销售、无形资产销售、贷款、租赁、劳务五大类，分别审核有关的价格、利率、费率是否符合独立核算原则。

（3）进行重点收支项目比较分析。对其中的重点收支项目，如数额较大、价格或费用过高或过低的项目进行单项重点审核。

3. 抽样法。抽样法即对关联企业之间的内部交易往来项目，运用随机抽样、重点抽样或判断抽样方法选择若干项目进行审核。如果从中发现问题，则可采用精查法或分析法做进一步审核。由于抽样法工作量较小，而且对纳税人也能够起到一定的警戒作用，故成为各国税务当局目前采用的主要检验方法。

二、转让定价的调整

税务当局对关联企业之间的内部交易进行检验后，对违反独立核算原则的内部转让定价则要进行相应调整。从征纳双方的矛盾来看，导致跨国关联企业之间内部转让定价的原因是多方面的，在大多数情况下，跨国公司集团进行内部转让定价是对各国税收、国际投资、国际贸易、国际金融、国际政治等多种因素综合考虑的结果。从税收方面讲，除了降低所得税负因素之外，往往还考虑降低某些流转税，如进出口关税。因此，在涉及对内部转让定价的调整时，纳税人往往矢口否认价格制定中的税收动机，而强调非税收动机，特别是在市场上同类交易存在着多种价格或内部交易价格不具有可比性的情况下，对内部转让定价的调整往往是征纳双方争执的焦点。

为了缓和征纳双方的矛盾，除了重视提高税务人员素质以及在确定合理的价格标准方面保持一定的灵活性之外，一些国家还授权税务当局通过与纳税人的谈判，签订税收协议来解决上述矛盾，即所谓"税收妥协"。采取这种做法主要见于实行判例法的英美法系国家。比如，美国政府允许税务当局结合从事各类业务的跨国公司的经营特点，并结合有关国家的外汇管制、利率、投资管制情况以及本国政府的对外经济政策进行全面考虑，在保证纳税人正当权益的基础上做出合理和妥善的处理，经谈判与纳税人签订税收协议来解决有关内部交易的定价问题。这种协议可以仅在一个税收年度内有效，也可在更长的时间内有效。从美国的实践来看，这种做法对于解决内部转让定价调整问题所引起的税务争端能够起到较好的作用。

对转让定价进行调整时，要合理有据，充分考虑以下8个方面的实际情况。

（一）分析企业职能

检查转让定价，要分析有关机构的职能，熟悉公司集团的结构和组织形式，了解经济实体为各种活动承担的风险和负有的责任。这些都有助于税务当局估计企业何时产生利润和产生的利润属于哪种类型，以及相关企业在实现这类利润中的地位和作用。

（二）明确活动的受益人

跨国公司可能以间接的方式安排某些交易，这样做可能是出自纯粹的商业原因，也可能是避税方法的一部分。税务部门应该注意以下三个问题：①相关联企业付费一方在多大程度上获得真正的受益；②这种交易对另外一方的影响程度怎样；③会不会发生一方出钱、对方受益的情况。

（三）一揽子交易

跨国公司经常在内部搞一些融各类交易为一体的一揽子交易。在这种交易中，对各种不同类型的受益按统一标准收费。在税务工作中，为了便于分析和处理由集团内部转让定价带来的问题，往往要对不同类型的集团内部交易分别加以考虑，并根据不同类型交易的不同特点制定不同的处理规则。税务当局有必要坚持对一揽子交易中的不同项目分别估价。

（四）往来项目抵消

当有关联企业一方提供给集团内部某一企业的受益在某种程度上被该企业回报提供的不同受益结平时，企业宣称应当以其收到的受益抵消其对外提供的受益，从而在确定企业的纳税义务时仅应对交易的净收益或净损失加以考虑。税务部门原则上应承认这种安排，但抵消可能在规模和复杂程度上不同。面对不同形式的抵消，税务部门有必要对其安排和交易加以分析后，做出最终判断。

（五）对实际支付和交易的确认

调整实际交易价格，又不要对相关联企业产生税收歧视，对发生的每一笔支付都应判明其真实性质。特别是利息支付，税务部门要确认其真实性，以免它是以利息形式支付的股息或其他形式的利润分配。

（六）集团内部的计划

相关联企业之间能够签订更多类型的合同和做出更多的安排，这是因为它们具有一致的利益和组织结构。跨国公司的内部合同可因整体利益而变更、中止、限期或终止,税务部门在考虑适当的正常交易价格时,必须认定在其背后的真实动机。

(七) 企业连续长期亏损

由于集团内部转让定价可能造成某一关联企业处于长期亏损状态。如果一个关联企业在一段时期持续不停地发生亏损,税务部门应考虑这些亏损是否因向另一国家中的关联企业转移应税利润,或为了集团的整体利益而非该企业自身的财务利益而发生。这时,通常要对集团的整个经营活动作一次细致的审计。

(八) 转让定价与关税

转让定价对关税的影响在进口方面表现得更为突出,因而各国海关当局也要运用正常交易定价原则来将相关联企业进口货物的价格与第三方进口的相似货物的价格进行比较,提供一定的中性标准。税务部门与海关当局的合作将有助于减少在征收所得税时发现不能接受报关价值,或在征收关税时不能接受征收所得税时确定的价格等类似情况的发生。

以上仅是转让定价调整时的一般性考虑。在调整具体的不同形式的转让定价时,则还应结合具体情况,具体考虑相关因素的影响。

三、转让定价的附属调整

税务当局按正常交易原则对纳税人的转让定价进行调整,改变了账簿上的各项指标,如果不进行对应的调整,会使纳税人的信息系统发生混乱。另外,关联企业一方被调高了纳税责任,如果另一方不进行对应调整,就关联企业整体而言、会出现重复征税问题。对转让定价调整进行适当的附属调整是必要的。适当或合理的附属调整包括对应调整、一致性调整以及债务的抵消。

(一) 对应调整

当税务局依据正常交易原则对关联企业一方进行调整(称为初始调整)时,对受该调整影响的关联企业集团中其他任何一个成员也要进行适当的相关调整,即对应调整。关联企业一方被调增了利润,而交易对方已就此被调增的利润向所在国缴了税,如果对交易对方的账面利润不调整,就产生了对被调增的这一部分所得的重复征税。这种情况下重复征税如果发生在跨国公司,就涉及不同的税收管辖权,即不同国家的税务当局。

当一个国家的税务当局对某一纳税人的国际收入或费用进行调整时,如调高其收入或降低其费用,与此相关的另一方关联企业势必要相应调低其收入或提高其费用。由于这种调整将直接影响关联另一方所在国的税收利益,加之不同市场价格的存在或价格的不可比性以及各国采用的计价标准之间的差异,这种调整往往不能得到承认或不能得到完全承认,而这必然会引起两国之间的税务争执并导致国际重复课税。目前,这一矛盾的解决还只能依赖于有关国家之间的税务协调,其协调方式主要有两种。

1. 单边协调。对于对同一笔转让定价的调整,有关国家出于对本国税收利益的考虑往往会各执一词,因此,各国税务当局对跨国关联企业的内部转让定价的管理重点大都放在防止本国纳税人的利润转出方面,而对利润转入一般不加以干预。在纳税人因一方关联企业所得的调整而要求相应调低另一方所得时,另一方所在国政府通常会加以限制或者根本不予调整。一些国家为了保证对本国纳税人课税的合理性,并为了减少与有关纳税人以及有关国家税务当局的矛盾,也单方面采取一些权宜性的措施以避免因对方国家不予调整而可能产生的重复课税。比如,美国有关法规规定,在一定条件下,允许调整结果对冲或延期纳税。然而,从总体上讲,单边协调方法的效果是相当有限的。

2. 双边协调。双边协调即通过有关国家的税务当局进行协商来解决对有关企业的国际收入与费用的调整所引起的税务矛盾。双边协调一般需要在国与国之间签订的国际税收协定中以特别条款做出明确规定,对有关问题通过缔约国双方执行协定中的相互协商程序条款经协商加以解决。《OECD 范本》和《联合国范本》中对此提供了示范性的规定。当缔约国双方对国际收入与费用的分配发生矛盾时,一般可以通过如下程序协商解决:①如果缔约国一方的税务当局认为本国纳税人的某项收入或费用分配背离了正常交易定价原则,则可将该纳税人的应税所得调整到符合正常交易原则的水平;②如果该纳税人认为缔约国一方税务当局的初次调整不符合正常交易原则,则其有权要求缔约国双方税务当局进行相互协商;③给予缔约国税务当局足够的权力以保证相互协商程序的实行。根据双方协商达成的协议,缔约国税务当局对纳税人的应税所得做出相应的调整或修改初次调整,并明确提出当缔约国一方把缔约国另一方已征税的关联企业的利润划为本国企业的利润并加以征税时,缔约国另一方应对这部分利润所征收的税款加以适当调整。

但是,对于有关纳税人的国际收入与费用的调整问题,国际税收协定只是规定了相应的协调程序和原则,当有关国家双方都坚持自己的看法时,缔约国一方不能强迫另一方接受自己的定价标准,也不承担必须进行调整的义务。目前世界上不少国家认为,内部转让定价是跨国公司用来逃避税负的一个重要手段,如果允许调整,则无疑是对这种行为的宽容和鼓励。因此,这些国家主张,在任何情况下都不同意对跨国关联企业之间的内部交易所得予以调低。

此外，相应调整的实施过程中，可能出现以下几种情况：

其一，限于解决重复征税而调整税额。例如，甲国 A 企业被调增了利润额，其在乙国的关联企业 B（即交易对方）已向 B 国缴纳所得税。为了避免对被调增的这部分所得的重复征税，乙国同意计算 B 公司被重复征税的相应利润额，并调减 B 公司应纳税所得额和税额，若征税已发生则予以退回或留待下期抵扣。还可以采用另一种办法，即将 A 企业因转让定价调整而必须多缴的税额，视同 B 企业一部分利润已在 A 国缴纳了税收，准予从本国应纳税额中抵扣。无论采用什么办法，在这种情况下，关联企业的利润分配格局没有发生变化，即 B 公司不必将因为转让定价而多分到的利润退回 A 公司。

其二，对利润额或亏损额或其他影响利润额的因素（如折旧额）进行相应调整。例如，乙国 B 公司采用转让定价办法，没有按正常交易标准收取其在甲国 A 公司的租金，需要调增 B 公司利润，而相应调减 A 公司利润。如果当年 A 公司出现亏损，由于亏损可转回以前或结转以后年度弥补，因此就需要调增 A 公司当年净亏损额，以利于确定 A 公司当年和来年在甲国的纳税义务。再例如，1995 年，在建造乙国 B 公司工厂的过程中，作为关联企业的甲国 A 公司向其提供工程劳务。在 1997 年，税务当局断定 B 向 A 支付的劳务费用不符合正常交易费用的收取标准，偏低了，并因此调增了 A 的所得。由于 B 向 A 支付的工程劳务费用合理地构成资本支出，而直到 1998 年，B 才将工厂投入使用。虽然对 B 作相应调整即增加资本支出并没有影响 B 当年的所得税纳税义务，然而，必须在 B 所保有的与所得税有关的账册和记录中进行相关调整，以便于 B 在工厂投入使用以后能够正确计算准许计提的折旧、收益或亏损额。

其三，对应调整的期限。甲国对关联企业的利润进行了调整，其交易对方所在国乙国的相应调整义务是否应当有期限的限制？如果有期限（例如交易发生后的 5 年内），那么对于超过这一期限甲国才对企业的转让定价进行调整的情形，乙国可不必对交易对方作相应调整。如果没有期限，即使交易发生后许多年甲国才发现企业转让定价问题并对其进行调整，乙国也必须对交易对方作相应调整。无限期责任在实际管理中是不适当的，许多经济和财务活动都有期限（如亏损结转、偷漏税法律责任的追溯等），因此，对应调整不应当是无期限的。各国税务当局可根据两国之间经济交往的特点，通过谈判来确定对应调整的期限。

（二）账户的一致性调整和债务的抵消

账户的一致性调整，就是当纳税人因转让定价问题有关账户被调整以后，为了使账户重新平衡而进行的相应调整。这些调整包括将已调整金额适当地作为股利或资本分摊额，或者采取其他适用的收入方法，使账户平衡并且不再影响所得税的纳税义务。例如,税务当局确定正常交易价格会使 A 公司的应税所得增加 500 万元,因此税务当局调整 A 公司的所得以反映它的真实应税所得。为了使其现金账户与税务当局所进行的调整相一致,A 公司将 500 万元的调整额看作是来自于其外国关联企业 B 公司的应收账款。

关联纳税人之间交易,如果发生这样的情况,即某一支付项目违反了正常交易作价原则,需要进行调整,但实际上该项目的少付或多付部分是通过其他项目的支付进行抵消的,此即债务抵消。在转让定价调整时,要考虑这样的债务抵消。例如,甲国 A 公司向它在乙国的子公司 B 公司提供与 B 工厂的建造相关的劳务。A 开了 125 000 美元的账单。依据正常交易原则,确定已提供的这些劳务的正常交易费用是 100 000 美元。在同一纳税年度中,A 公司还租给 B 公司一台机器,供其在建造工厂中使用,该机器的正常租金是 25 000 美元。但是没有向 B 收取使用机器的费用。这样两项交易均被税务当局认定为违反正常交易原则。在 A 接到税务当局的有关调整文件之后若干天内,如 A 公司能告知税务当局,没有因为使用机器而向 B 索取租金是为了抵消多支付的劳务账单,且对劳务索取的超额费用相当于使用机器的正常租金,A 公司的应税所得没有被歪曲,因此上述款项支付情况属抵账行为,税务当局不应对 A 公司进行转让定价调整。

第五节 无形资产转让定价

一、无形资产转让定价概述

无形资产转让定价旨在解决日益严重的跨国公司通过集团内转移无形资产来侵蚀税基和转移利润的问题。和有形资产相比,无形资产具有价值难以评估且所有权容易转移的特点,而传统的通过法律所有权和经济所有权来判定无形资产相关利润归属的分析方法,已不能有效解决跨国公司利用无形资产来侵蚀税基,以及国与国之间在判定无形资产相关利润归属方面存在的越来越多的争议。因此,无形资产转让定价行动计划的任务,就是通过建立一个全新的分析框架,研究解决无形资产的利润贡献及归属问题。

二、无形资产转让定价内容

为了达到"经济活动与经济实质相一致"的目标,无形资产转让定价所遵循的原则就是从全球价值链分析和价值贡献的角度,研究无形资产对企业盈利的贡献及利润归属,以此解决税收收入与实际经济活动相分离的问题。

一般所称无形资产是指纳税人在经营活动中拥有或者控制的没有实物形

态的非金融资产,并且第三方在可比交易条件下愿意为获得该资产的所有权或者使用权付费,通常包括:与技术有关的无形资产(如专利、非专利技术、商业秘密等),与市场有关的无形资产(如商标、品牌、客户名单、销售渠道、市场调查成果、特许经营权、政府许可等)。

无形资产收益包括使用无形资产、转让无形资产使用权或者所有权获得的收益。无形资产收益分配应当与经济活动和价值贡献相匹配,根据各关联方在无形资产开发、价值提升、维护、保护、应用和推广中履行的功能,使用的资产,承担的风险以及投入的必要资金、人力及其他资源,考虑无形资产价值的实现方式,判定各方对无形资产价值的贡献程度,在各方之间进行分配。

确定无形资产收益时,应当全面分析企业所属集团的全球营运流程,无形资产与全球业务的其他功能、资产以及风险的相互作用,市场溢价、成本节约等地域性特殊因素,以及企业所属集团内部的协同效应等价值创造因素,进行合理分配。

计量无形资产为关联各方带来的收益,可以采用可比非受控价格法、利润分割法及其他合理方法,包括价值贡献分配法和资产评估方法等。

三、无形资产调整方法

关联方之间受让无形资产使用权所支付的特许权使用费,应当根据以下情形对其支付金额进行适时调整:①无形资产价值发生根本性变化;②按照营业常规,交易合同存在特许权使用费调整机制;③在使用无形资产中,交易各方履行的功能、使用的资产和承担的风险发生变化;④无形资产受让方对无形资产进行后续开发、价值提升、维护、保护、应用和推广。

关联方之间受让无形资产使用权所支付的特许权使用费,应当与该无形资产为使用方带来的经济利益匹配。企业对不能为其带来经济利益的无形资产所支付的特许权使用费,税务机关有权实施特别纳税调整,在计算企业应纳税所得额时不得扣除。

设立在低税国家且没有经济实质的控股公司,以其持有的中国境内企业股权作为对价购买无形资产,该无形资产的经济所有权应当归属于中国境内企业,交易中发生的相关费用可以在中国境内企业列支。中国境内企业就该无形资产向控股公司支付的特许权使用费,税务机关有权实施特别纳税调整,在计算企业应纳税所得额时不得扣除。

无形资产所有权转让收益为无形资产所有权转让价格减去无形资产相关成本以及转让过程中发生支出的差额。确定无形资产所有权转让价格,可以采用收益法、市场法、成本法等资产评估方法。

第六节 预约定价协议

对转让定价的调整,各国一般采用前文所述的独立市场价格法、再销售价格法、成本加利法等传统的方法,以及由此发展起来的可比利润法、利润分割法、交易净利润法等,但它们在实践中暴露了许多弊端。为找到一种征纳双方都能接受的调整方法,以协调税务当局与纳税人之间的关系,美国率先采用了"预约定价协议制"。1991 年 3 月,美国正式公布了国内收入署关于预约定价协议的程序(IRS Revenue Procedures 91 – 53),以下简称美国 APA 程序。OECD《关于跨国企业和税务当局的转让定价准则》第四章第 F 节提出了预约定价的指导性意见,1999 年 10 月又在其中增加了一个附录称为《相互协商程序下处理预约定价协议指南》(Guidelines for Conducting Advance Pricing Arrangements under the Mutual Agreement Procedure, 简称 OECD MAP APAs Guidelines)就具体操作问题做了详细指导,以下合并简称为 OECD 的 APA 指南。本节主要阐述美国 APA 程序的主要内容,也就 OECD 的 APA 指南的特色部分作对比说明。

一、预约定价协议的定义及指导原则

(一)预约定价协议的定义

预约定价协议(Advance Pricing Agreement,简称 APA),是指纳税人和至少一国税务部门之间,就适用于同一利益主体所直接或间接拥有、控制的两个或两个以上的组织、贸易商号、企业之间,对收入、扣除、抵扣、优惠或折让进行分配(分担)时,彼此对该交易有关转让定价的计算方法,共同达成一种具有约束力的协定。

美国的预约定价协议,即纳税人预先将其与境外关联企业之间进行交易所采取的转让定价方法向税务机关报告,以确定该转让定价方法是否符合正常交易原则并为税务机关所接受。协议内容一般包括该企业及其关联企业之间的经营和交易情况,其收入和费用等的分配或分摊,双方共同认可的转让定价和合理的交易价格,以及期限、法律责任等,协议一经达成,纳税人和税务机关都将共同遵守。预约定价协议把以往对转让定价的事后调整变为预先约定,相对于其他方法更为积极和主动。正因为如此,预约定价协议已成为目前世界各国积极倡导的调整转让定价的方法,也是当今世界许多国家,如美国、日本、澳大利亚、英国、新西兰、韩国等普遍采取和提倡的方法。2002 年 10 月 15 日开始实施的《中华人民共和国税收征收管理法实施细则》第 52 条,对关联企业间的业务往来提出了预约定价制度:"纳税人可以向主管税务机关提出与其相关联企

业之间业务往来的定价原则和计算方法,主管税务机关审核、批准后,与纳税人预先约定有关定价事项,监督纳税人执行。"

预约定价将税务机关事后单方调整的不确定性变为相对确定性,既有利于增强纳税人对跨国交易税务处理的预测,适时做出经营决策,避免税收对经济的干扰,又有利于协调国与国之间、税务机关与纳税人之间的矛盾,使其在一种沟通和平等的环境中进行协商和合作,同时还有利于降低管理费用,减少纳税人和税务机关在转让定价问题上耗时费力的检查和诉讼。但同时 APA 也存在一些不足:APA 对管理手段要求较高,执行中存在一定难度;评审程序多,缔结成本较高,且适用范围窄,仅有助于解决大宗的转让定价案件;存在对纳税人商业秘密保护与信息披露的矛盾;在一定程度上可能造成税收流失等。

根据美国和 OECD 国家的相关规定,APA 的缔结与实施一般经过以下步骤:

1. 预备会议。即征纳双方接触,确定 APA 订立的可行性。

2. 申请。由纳税人向一国税务机关提出 APA 申请,并附上相关材料。

3. 主管当局受理并评审。在受理和评审期间,双方会多次联系,要求申请人补充资料。纳税人需要提供详细的资料,如关联企业的组织结构和经营情况、财务情况、关联企业交易类别与定价方法、与纳税相关的问题等。但除有关预约定价协议应举证的资料与信息外,当局不能随意对纳税人的每一件事情或决定都要求提出证明。受理后一定期限内,税务机关须组成 APA 小组负责谈判并列出时间表。由纳税人提供转让定价方法和相关资料后,由税务机关进行评审。评审过程实际上也是 APA 的谈判过程,通过若干次谈判达成协议,从而完成预约定价的制定过程。若涉及双边、多边 APA,各当局之间还需进行协调。

4. 实施。APA 有效订立之后,双方遵照执行。APA 的执行期限,一般在谈判中予以明确。美国税务机关认为规定三年的期限比较合适,但具体到各特殊产业、产品或交易还会有所不同。

5. 监控。APA 实施之后,税务机关要进行跟踪管理。纳税人每年要向税务机关报告 APA 的实行情况,并允许提出补充调整的要求,税务机关负责检查并保存账簿和有关记录。

6. 续展与调整。当执行期满需要续订时,一般应由纳税人在不早于现行 APA 期满前 9 个月内提出,然后重新经过申请和审定程序。当 APA 尚未期满,所规定的一些关键问题需要变动时,纳税人在不迟于填报当年年度报告的日期内将变动请求报税务机关,由纳税人与税务机关谈判修正。

(二)预约定价协议的指导原则

美国 APA 程序提出实施 APA 必须遵循以下几个原则:

1. APA 程序是一个弹性的解决问题的程序,是为纳税人 APA 的要求提供适当和公平的解决办法,使纳税人在税收对待上处于确定状态,因此 APA 的处理过程要基于税务当局和企业的合作和有原则的谈判。除非 APA 所依据的经济环境发生了重大变化,协议一旦签订,税务当局和纳税人都必须遵循。如果 APA 所依据的经济环境[即后文所要谈及的关键设定前提(critical assumptions)]发生了重大变化,APA 就要随之更新或取消,但同样要基于税务当局和纳税人之间的平等讨论。

2. APA 必须与转让定价法规所规定的精神相一致。APA 不能采用与转让定价法规相违背的方法。实际上,APA 是对转让定价规章的事先应用,因此 APA 在内容上要遵循转让定价规章所确定的正常交易价格准则和最优法原则,必须进行可比性分析,也要提供可比非受控方的交易资料作为参照,为其提出的预约定价方案建立根据。

3. APA 所规定的转让定价方法可适用于以前年度,此即转回原则(Rollback of the TPM)。只要可行,当年订立的 APA 中所确定的转让定价方法也可适用于纳税人以前年度的所控交易。当然,以前年度的情况与当年的情况有不同时,如事实、经济条件和适用的法律规则有差异时,需要做出调整。

4. APA 的办理过程应尽量方便纳税人。纳税人有提供与 APA 申请有关的详尽资料信息的义务,但税务当局对内部各部门要进行协调,避免对纳税人有关信息的重复要求。税务当局对纳税人提供的资料信息凡涉及商业秘密都有保密的义务。对纳税人提出的 APA 申请要及时处理,不得拖延不办,程序应尽量简化。

OECD 的 APA 指南对 APA 也提出了原则性的要求,特别强调了对纳税人未来交易和利润的预测要科学合理,要有较大的可信度。而要保证较大的可信度,就必须注重对事实和背景的考察,注重所选择的转让定价方法赖以存在的经济环境(此即后文所谈到的关键设定前提)。APA 的成功取决于关联企业的良好合作。关联企业所提出的转让定价方法应当是与其具体交易最相适应的方法,并且有十分可靠的资料作为佐证。要做到这一点,就必须按照前述转让定价的一般规则进行可比性分析。一旦 APA 订立,只要纳税人遵守 APA 条款,关联企业的转让定价就不受调整。OECD 的 APA 指南还强调双边或多边 APAs 优于单边的 APA,双边或多边的 APAs 将降低纳税人的风险,有利于消除重复征税。

二、预备会议

订立 APA 是一个相当复杂的过程,要耗费不少的人力、物力和财力,纳税人应就订立 APA 的成本和效益进行比较。为了方便纳税人,美国程序规定了预备会议制度，OECD 的 APA 指南虽然没有明确说明订立这样的制度，但从上下文看也包含这样的精神实质。这一制度起两个方面的作用。

其一是了解纳税人的交易是否能达成一项 APA，也就是说通过预备会议弄清在转让定价方法的选择上，税务当局和纳税人有没有可能找到均可接受的方案。如在某些情况下，税务当局对关联企业的交易定价已建立一种特定的方法，而这一方法纳税人认为不能接受，在这种情况下，纳税人不会选择按照税务当局所要求的方法来订立 APA。在某些情况下，如交易很复杂而且罕见，税务当局即使原则上同意与纳税人达成一项协议，也不太可能在一个合理的时间内达成一项协议。

其二，即使能达成协议，纳税人还要考虑，达成协议可能得到的利益是否超过了订立 APA 而要花费的成本，如收集分析各种数据、资料、信息、所采用的方法等方面的费用，聘请独立的专家来帮助的费用。如果得益超过成本，APA 的申请就可付诸实施，否则就放弃申请。通过预备会议，纳税人还能了解到订立 APA 的具体要求，以及纳税人能否满足这样的要求。纳税人可隐名也可显名要求召开预备会议。纳税人如要求召开预备会议，至少要提前一周提出申请。

三、APA 申请要注意的事项和应包含的具体内容

APA 申请最核心的事项是对所提出的转让定价方法进行解释和证明。为此，需要纳税人提供相关资料：首先是一般性资料，不论 APA 的目的是费用分配安排（cost sharing arrangement）还是其他，均必须提供这些资料；其次是费用分配安排目的以外所有的 APA 申请要特别提供的资料；再次是以费用分配安排为目的的 APA 申请要特别提供的资料。除此之外，还有其他方面的要求或注意事项。

（一）一般性资料要求

纳税人申请 APA，不论什么目的的，均要提供下列资料或信息、数据：

1. 与 APA 有关的受控纳税人各方，包括所有组织和个人的名称、地址、电话、纳税人登记号等基本信息；参加 APA 商谈的本企业代表人或中介机构代表人的情况说明及授权证明书；对纳税人有关营业活动，包括经营历史、全球组织结构、所有者、资本额、金融安排、主营业务、营业活动地点、受控纳税人间的主要交易等做简要描述。

2. 对所提出的转让定价方法的详细描述，支持这一方的详细信息和分析依据；前三年有关数据，如果没有前三年的资料，应当对设想中的（即未来交易）数据做出解释。

3. 数据资料应包括相关的税收申报表、财务报表、年度报告、政府要求的其

他报告和表格、市场条件和市场营销、现存的定价方法、费用分配情况、企业会计程序和方法、预算、商务报告、规划和计划、阶段性营利报告等。

4. 纳税年度和 APA 的期限；基于所提出的转让定价方法的关联各方采用的重要财务会计方法；本国和外国在财务会计和税务会计上存在差异的说明；受控纳税人各方的功能及与 APA 的关系。

5. 所提出的转让定价方法的法律依据，包括国内法、法院判例、国际税收协定、财务规章及其他实施性规章，如有必要还要包括所涉及的外国税法规章和其他信息。

6. 过去和现在对所提出的转让定价问题处理的方法陈述，包括对这一问题的检查、申诉、审判，纳税人和政府就这一问题所处地位的说明，还可以包括外国税务当局处理类似问题的方针办法。

(二) 费用分配安排目的以外所有的 APA 申请要特别提供的资料

如果 APA 的目的不仅仅是为了在关联企业之间分配营业费用(特别是无形资产开发费用)，而是为了其他目的，像货物销售、贷款提供、特许权转让等，纳税人为申请 APA 和说明所提出的转让定价方法符合正常交易价格原则，除了提供上述一般性材料外，还要特别提供如下信息或资料：

1. 赢利和投资回报的衡量办法(如毛利率、毛收入与经营费用的比率、净利率或资产回报率)。

2. 关联各方在所进行的经济活动中承担功能的分析，受控交易活动所使用的资产，所发生的经营费用以及所设想的风险。

3. APA 覆盖的市场和地理区域内的一般产业定价实践和所扮演的经济功能情况。

4. 纳税人竞争对手的清单，与本申请所涉及交易可比或类似的非受控交易情况(包括行业和商业类型)。

5. 详细申述与所选择的转让定价方法有关的可比对象和可比因素，如果需要调整，则申明调整的依据等，进一步解释所提出的转让定价方法的客观性和准确性。

(三) 以费用分配安排为目的的 APA 申请要特别提供的资料

纳税人要按照转让定价规章规定的费用分配规则来考虑费用分配(特别是无形资产开发费用分配)方面的预约定价协定。在进行此类 APA 申请时，除了提供前述一般性资料外，还要提供如下特别资料：

1. 关联各方经营商务的历史、地理位置、主营业务、相关的档案资料(包含对问题的解释和发生的日期等)。

2. 关联各方加入的时间、对费用分配安排的贡献、所涉及无形资产的利益；关联各方如何合理预计其在无形资产使用中所获得的利益，是否已经或将要转让无形资产给其他纳税人，转让时如何估价。

3. 计算无形资产费用的办法，无形资产费用的规模和范围；计算关联各方各自承担无形资产开发费用的方法及其采用此方法的理由。

4. 有关无形资产预期利润的计算方法及理由；用于决定无形资产开发费用和利益的会计方法，如果与通常的会计准则有不同，则要解释不同之所在及原因；无形资产开发的前期费用的计算办法。

5. 有关无形资产支出或收入方面的税收政策，以及为实施无形资产开发费用分配方案而准备的年鉴、指南、手册或类似文献(在这些文献中具体说明研究开发的具体方案、市场研究、经济影响、资本性支出预算、工程研究、产业趋势和营利潜力的研究、有关财务和现金流量方面的财务分析等)。

6. 前六年和今后两年参加的关联各方从此项无形资产中获得的毛利和净利实际数和预期数。

(四)其他事项

纳税人提出的 APA 申请除了要提供上述许多资料外，还要阐明以下一些事项：

1. 由实行 APA 涉及的间接性所得税问题的讨论(如外国税收抵免)。

2. 关键设定前提(critical assumptions)。所谓关键设定前提，是指实质地作用于所提出的转让定价方法的所有作为前提的有关纳税人、第三者、产业状况、商务和经济条件等的事实。所采用的转让定价方法总是与特定的交易方式及其所处的经济条件相联系的。在这些大的经济环境发生变化的情况下，所提出的转让定价方法是否还符合正常交易原则，这是需要认真对待的事情。例如，根据目前情况选择了转让定价方法并签订了预约定价协议，但交易发生时市场出现了重大变化，如新技术的采用、政府规章作了修改、消费者对纳税人进入交易的产品或服务的接受程度有所降低或提高等，在这种变化的情况下，原先选择的转让定价方法和订立的协议可能不再符合正常交易原则，需要修改甚至取消。因此，在申请 APA 时需要就所提出的转让定价方法依已存在的经济环境(即关键的设定前提)做出说明。这里，需要说明的关键设定前提主要包括：相关的国内税法和国际税收协定条款，关税和进口政策，经济市场条件，市场份额，销售规模，关联各方在交易中承担的功能和风险，汇率、利率和资本结构，商务模式，管理和财务会计情况等。这些事实虽然对转让定价方法选择是间接的因素，但往往作为大的环境会实质地影响转让定价方法实施的实际结果，因此，在申请 APA 的有关文件中也要适当地阐明这些事实。

3. 年度报告。APA 往往在几年内有效，在 APA 实施的期限里，要求每年就实施情况提出年度报告。年度报告包括的内容有:转让定价方法在当年的实际运行情况,描述与前述设定前提缺乏实质性吻合的情况及原因,分析由于 APA 的实行关联企业中一个单位向另一个单位进行补偿调整支付的情况和方式。

4. 期限。申请 APA 时要提出期限,期限要根据产业的特点来定。

5. 涉及外国税务当局时的考虑。APA 是跨国商务的产物,通常不仅涉及纳税人与本国税务当局的关系,还涉及外国税务当局。APA 也同时分为单边协议、双边协议和多边协议。在双边和多边协议情况下,要按照所签订的税收协定中有关相互协商程序的规则,正确处理纳税人与相关税务当局的关系,以及各国税务当局间的相互关系(包括相互合作和情报交换等)。

6. 伪证受罚陈述。纳税人要声明如果所申报的材料有不实之处愿意接受处罚,以确保所提出的转让定价方法和相关证明材料正确、真实和完整。

7. 签名。申请书必须由纳税人或其授权代表人签名。

8. 收费。办理 APA 需要缴费。如美国的 APA 程序规定总收入 10 亿美元及以上的纳税人,办理 APA 要缴纳 25 000 美元的费用,总收入在 1 亿至 10 亿美元的纳税人要缴纳 5 000 美元的费用。

四、APA 的内容

OECD 的 APA 指南明确规定经过谈判达成的 APA 要表现为书面文档形式并至少包含下列信息:①该协议所包含的所有企业的名称、地址;②协议年限内交易、协定、安排、纳税年度和会计期限;③达成一致意见的转让定价方法以及诸如可比或预期经营结果范围等相关事项;④作为转让定价方法应用和计算基础的相关术语的解释(如销售额、销售费用、毛利等);⑤作为转让定价方法存在基础的关键设定前提,如果违背了这些前提,将导致协定的重新谈判;⑥事实发生变化但还达不到需要重新谈判协议的各种情况的处理程序;⑦如果需要,就转让定价以外的税收待遇问题达成的一致意见;⑧纳税人必须履行协议和相关程序的条件、期限;⑨纳税人对国内税务当局为实行该协议所承担的责任,如年度报告、档案的保存、在关键设定前提发生变化时及时通知税务当局等;⑩依法确保信息交换过程中不泄露商业秘密。

美国国内收入署也颁布了 APA 样板文档,列举一项 APA 要包含如下各节(sections)和附录(appendices):①协议各方身份等基本信息(Identifying Information);②协议所覆盖的交易(Covered Transactions);③法律后果(Legal Effect);④期限(Term);⑤财务报告书和 APA 记录(Financial Statements and APA Records);⑥关键设定前提(Critical Assumptions);⑦年度报告(Annual Report);⑧争议的解决(Disputes);⑨节的说明(Section Captions);⑩注意事项(Notice);⑪生效日期(Effective Date)。

五、APA 申请的受理与实施

（一）APA 申请的受理程序

收到纳税人的 APA 申请书以后，税务当局的 APA 主管人员要与纳税人联系，讨论有关问题，如果需要补充资料，应要求纳税人在规定的时日提供。在这之后，税务当局 APA 主管人员会同税务局其他有关部门（包括负责国际事务的副主任法律顾问办公室），对纳税人提出的 APA 申请进行研究和审查，并与纳税人作进一步讨论，验证纳税人所提供的资料，如果需要可要求进一步补充材料。在进行了此项工作之后，税务当局要在收到纳税人 APA 申请和费用后的 45 天内组成一个 APA 小组，具体负责 APA 的谈判（包括草拟协议书草案），其领导人要在参加预备会议的税务当局官员中选择（如果已经举行了预备会议的话）。

APA 小组要在收到纳税人 APA 申请和费用后的 60 天内与纳税人举行首次会议，确定谈判的内容（特别是所要解决的关键问题），列出关键问题谈判计划和时间表。完成谈判的时间取决于谈判对象的复杂程度，但时间表和关键问题谈判计划一旦确定，纳税人和税务当局都必须遵守，并要尽可能迅速地完成。经过谈判达成的协议由纳税人和负责国际事务的副主任法律顾问（Associate Chief Counsel International）签署。

如果纳税人申请的 APA 属于双边或多边 APA，那么就需要动用国际税收协定的相互协商程序。国内税务当局应尽可能快地与有关国家税务当局进行磋商。纳税人也应积极配合，给予协助。

（二）APA 的实行和管理

APA 签订并付诸实施后，还要加强管理，确保准确、完整实行。这就需要做好如下工作：

1. 年度报告。在 APA 覆盖的各个年度，纳税人都必须提出年度报告。此年度报告主要描述纳税人的实际经营结果，重点说明对 APA 的遵守情况。如有未决问题或将要发生的问题，也必须提出，以便与税务当局协商是否更改、修订或终止协议，此外，还要阐明将要谈到的补偿调整情况。

2. 补偿调整（compensating adjustments）。如果纳税人的实际经营结果与 APA 的预期结果有出入，例如，APA 定的纳税人合理毛利率范围为 5%～9%，而实际经营结果是 10%，就要将实际结果调整到 APA 所规定的范围，与此同时，与该纳税人交易的关联方（包括地处国外的关联方）也必须进行相应调整。因账面应税所得发生了变化，外国税收抵免额也必须作相应调整。

3. 检查。主管税务当局可对纳税人对 APA 的履行情况进行常规或专项检查。检查的主要内容是:纳税人是否遵守 APA 当年的各项条款和条件;为 APA 而提供的材料和年度报告是否反映了纳税人的实际经营情况;转让定价方法所依据的材料和计算方法是否正确;在 APA 中所描述的关键设定前提是否仍然有效;纳税人对转让定价方法的运用是否与关键设定前提一致。

4. 账簿和有关记录的保存。要求纳税人保存与 APA 有关的资料包括账簿和有关记录,以方便税务当局检查。

5. APA 的失效或取消。如果纳税人在涉及 APA 的任何事件上采取了欺诈、违法的做法,或未能诚实地遵守 APA 的规定,或在提供有关资料、信息上出现失误,税务当局可宣布 APA 失效或取消 APA。

6. APA 的修订和续签。如果关键设定前提发生了变化或法律、国际税收协定条款被更改,APA 应当随之修订;如果修订不成或纳税人不接受修订结果,则应当取消 APA。如果关键设定前提继续有效,纳税人也可在协定到期前(美国的 APA 程序要求必须提前 9 个月)提出续签协定的要求。

案例应用

案例一

现有一制造与销售高级专用自行车的跨国公司,其母公司 Y 设在 C 国,子公司 X 为设在中国的分销商。我国税务当局通过 X 的申报,获知 X 公司与 Y 公司的关联关系及业务往来,选取三年的损益表数据列示如表 9-1 所示。

表 9-1　　　　　　X 公司 2016~2018 年损益表数据　　　　　　单位:元

项目	2016 年	2017 年	2018 年
销售收入	560 000	650 000	800 000
销售成本	440 000	510 000	660 000
(存货损失)	(1 000)	(2 000)	(30 000)
毛利润	120 000	140 000	140 000
毛利率	21.4%	21.5%	17.5%
经营费用	110 000	130 000	160 000
纯利润	10 000	10 000	-20 000
利润率	1.8%	1.5%	-2.5%

由初步分析可知,X 公司三年的利润率呈下降的趋势。2018 年亏损突然增大,可能是由存货损失突增造成的。

我国税务当局将 X 公司列为调查对象,判定其在进口 Y 公司自行车时,是否因 Y 公司转让定价偏高而将公司应赚取的利润转移到了 Y 公司所在的 C 国。为此,我们准备运用公平交易值域,判定此项交易是否符合公平交易原则。如果不是,则按利润归属原则,将应体现在 X 公司账上而已被输送到 Y 公司的利润,调整回 X 公司并进行征税。

1. 可比信息。我国税务当局对 X 公司实施公平交易原则的调查,并通过纳税人数据库、国际互联网、股票交易市场的公开数据库、同业商会的公用数据库以及本局平时建立的纳税人数据库,筛选出两家与 X 公司经营规模相似的自行车独立经销商 A 与 B 公司,作为 X 公司的可比对象,在以后的步骤中通过分析、计算与调整,得到公平交易值域,并比较 X 公司的转让定价是否在该值域内,如果不是,则说明 X 公司违反了公平交易原则,应做出调整。

A,B 公司的历年数据资料分别如表 9-2 和表 9-3 所示。

表 9-2　　　　　　　　A 公司历年财务数据　　　　　　　　单位:元

A 公司	2013 年	2014 年	2015 年	2016 年	2017 年	2018 年	平均数
销售收入	350 000	500 000	520 000	400 000	450 000	540 000	460 000
销售成本	250 000	370 000	380 000	290 000	330 000	390 000	336 000
(存货损失)	0	0	0	0	0	0	0
毛利润	95 000	130 000	140 000	110 000	120 000	150 000	124 000
毛利率	27.1%	26.0%	26.9%	27.5%	26.7%	27.8%	27.0%
经营费用	83 000	115 000	120 000	95 000	105 000	130 000	108 000
其中:保修费	6 000	8 500	9 000	7 000	8 000	9 000	—
广告费	0	0	0	0	0	0	0
纯利润	12 000	15 000	20 000	15 000	15 000	20 000	16 000
利润率	3.4%	3.0%	3.8%	3.8%	3.3%	3.7%	3.5%

表 9-3　　　　　　　　B 公司历年财务数据　　　　　　　　单位:元

B 公司	2013 年	2014 年	2015 年	2016 年	2017 年	2018 年	平均数
销售收入	240 000	340 000	350 000	270 000	310 000	400 000	318 000
销售成本	180 000	260 000	260 000	200 000	230 000	300 000	238 000
(存货损失)	0	0	0	0	0	0	0

续表

B公司	2013年	2014年	2015年	2016年	2017年	2018年	平均数
毛利润	60 000	80 000	90 000	70 000	80 000	100 000	80 000
毛利率	25.0%	23.5%	25.7%	25.9%	25.8%	25.0%	25.2%
经营费用	52 000	70 000	78 000	61 000	70 000	87 000	70 000
其中:保修费	0	0	0	0	0	0	0
广告费	0	0	0	0	0	0	0
纯利润	8 000	10 000	12 000	9 000	10 000	13 000	10 000
利润率	3.3%	2.9%	3.4%	3.3%	3.2%	3.3%	3.1%

除此之外,税务当局还须对公司进行实地审计,获取进一步的资料,比如:X公司的其他纳税申报表、完全财务报表(资产负债表、明细损益表、现金流量表、收入与费用明细分类表)、产品分销合同、销售计划、产品目录、市场策略、定价磋商记录、详细价格和费用条件、分销活动相关的公司内部文件以及其他经济环境信息(如市场等级、经销商股份等)。其中,X,A,B公司所经销自行车的批零价如表9-4所示。

表9-4　　　　　　　　　X,A,B公司的自行车批零价　　　　　　　　单位:元

项目	X公司	A公司	B公司
批发价	565	445	445
零售价	720	610	610

X公司进一步的财务资料如表9-5所示。

表9-5　　　　　　　　　X公司历年财务数据　　　　　　　　单位:元

X公司	2013年	2014年	2015年	2016年	2017年	2018年	平均数
销售收入	500 000	710 000	730 000	560 000	650 000	800 000	658 000
销售成本	390 000	560 000	600 000	440 000	510 000	660 000	527 000
(存货损失)	(2 000)	(1 000)	(28 000)	(1 000)	(2 000)	(30 000)	—
毛利润	110 000	150 000	130 000	120 000	140 000	140 000	132 000
毛利率	22.0%	21.1%	17.8%	21.4%	21.5%	17.5%	20.0%
经营费用	100 000	138 000	145 000	110 000	130 000	160 000	131 000
其中:保修费	8 500	12 000	12 000	9 500	11 000	14 000	—
广告费	1 000	750	600	600	700	800	—
纯利润	10 000	12 000	-15 000	10 000	10 000	-20 000	700
利润率	2.0%	1.7%	-2.1%	1.8%	1.5%	-2.5%	0.1%

2. 功能分析。实施功能分析是建立可比性的基础,也是选择转让定价调整方法的依据。因此,我国税务当局根据上述的各项数据资料与信息,对 X,A,B 公司进行功能分析,并进行差异调整。

从进一步掌握的材料来看,X 公司与 A,B 公司经销的自行车,产品本身的确存在实质性差异,同时,在承担存货风险、提供保修服务及产品广告费用方面,其功能也有实质的差异。这些都是需要分析调整的。

首先,X 公司与 A,B 公司所经销的自行车,产品本身不存在导致价格差异的用料、结构、性能以及用途差异,只是由于环境的作用,如我国虽为自行车的超级消费市场,几乎家家拥有,但由于 X 公司的自行车是高档专用的,它是将以骑自行车作为一种流行运动的业余爱好者作为目标,这就使其与普通目标消费市场相区别,而可能定价偏高。其次,除了产品本身分析外,对比较双方的财务核算基础也要做出相应的分析,如是否选择同样的会计制度,原材料及成本核算、固定资产折旧等方法是否相同,以及税法规定的一致性,等等。这些如有差异,则须调整后再比较。

就本案例而言,具体的功能与风险分析如下:

其一,销售策略及存货风险。X 公司根据对中国自行车市场的预测和销售目标,制订了生产计划与经销协议条款,规定根据计划数量,X 公司从 Y 公司订购自行车,同时未被授权返还未销售存货;而 A,B 公司根据经销预测目标和市场情况所签订的合同则规定,有权返还未销售存货。因此,X 公司有存货风险,而 A,B 公司则无须承担。而事实上,X 公司的确蒙受了营销策略失败所造成的存货损失,但是,分销商承担存货风险也是取得自行车专营权的条件之一。

其二,提供产品保修服务。X 公司与 A 公司均为其顾客提供产品保修服务,而 B 公司不提供任何保修服务,因而支付的费用较少。

其三,支付广告活动费用。X 公司积极投入广告促销,使其所经销的自行车为中国消费者所知晓并认可,而 A,B 公司不支付任何广告费用。

3. 差异调整。转让定价的制定方法通常有成本法、市价法与协议法三种。不论选择其中的任何一种,运用公平交易值域,实际上不是在调查判定跨国公司不符合公平交易原则之后调整其价格或利润,而是在功能分析的基础上调整差异,使其符合可比性,并求出公平交易值域。

本例中,选用以市价为基础的扣减法:

$$正常价格 = 再销售价 - 再销售价 \times 再销售利润率$$

因此,我国税务当局必须测算目前市场条件下自行车经销商的行业利润率,但是事实上,要得到各行业的平均利润率也是很困难的,我们不妨通过对功能分析中得到的差异的分析来分项调整销售利润率。

其一,存货风险的调整。公司是通过承担风险而取得销售权的,即存货风险的承担由专营权得到有效回报,但弥补的程度如何呢?如果在中短期内存在风险,则若是正常交易的无关联企业,必以一定的利润幅度做补偿,具体数额与风险大小相关。为估计存货风险,我们需要考虑产品生命周期等历史数据。现有资料表明,该种自行车在3年周期中更新型号,使存货风险增加。通过市场调查可知,自行车存货的2%是过期的,在3年中必定报废一次。公司承担此项风险,将在每辆自行车的边际收益中获得额外的2%得以补偿。

其二,保修服务的调整。A,B公司销售自行车的购进价不同,使A公司取得高于B公司的毛利润,因此,A公司提供保修服务,而B公司不提供。如果B公司也像X公司、A公司那样提供保修服务,B公司的转售毛利就需提高。根据历史数据,A公司提供保修服务花费销售收入的1.7%,并通过赚取高于B公司1.8%的毛利润得到补偿。如果A公司与B公司之间没有影响毛利润的其他实质差异,A公司将取得额外毛利润的1.8%作为提供保修服务的补偿。

其三,广告费用的调整。X公司通过广告支出以维护其母公司——Y公司在中国的品牌价值,而A,B公司则无广告费用。因此,X公司应获得单独补偿。

其四,各项调整的计算。各项调整的计算公式、结果和比较如表9-6、表9-7和表9-8所示。

表9-6 调整公式

项目	调整后毛利
X公司	原毛利+销售额×2%(存货风险补偿)+广告费
A公司	原毛利
B公司	原毛利+销售额×1.8%(保修服务补偿)

表9-7 调整结果

项目	2016年	2017年	2018年
X公司	131 800	153 700	156 800
A公司	110 000	120 000	150 000
B公司	74 860	85 580	107 200

注:X公司调整结果:
 2016年 131 800 = 120 000 + 560 000×2% + 600
 2017年 153 700 = 140 000 + 650 000×2% + 700
 2018年 156 800 = 140 000 + 800 000×2% + 800
B公司调整结果:

2016 年 74 860 ＝ 70 000 ＋ 270 000 × 1.8%
2017 年 85 580 ＝ 80 000 ＋ 310 000 × 1.8%
2018 年 107 200 ＝ 100 000 ＋ 400 000 × 1.8%

表 9－8　　　　　　　　　　调整比较

毛利率	2016 年	2017 年	2018 年
A 公司	27.5%	26.7%	27.8%
B 公司	27.7%	27.6%	26.8%
X 公司	23.5%	23.6%	19.6%
范围内/外	外	外	外
A,B 平均	27.6%	27.15%	27.3%

通过上述调整计算与比较,可知 X 公司的经营毛利率在公平交易值域之外,因此须调整其转让定价。

4. 调整转让定价。调整转让定价后,X 公司 2016～2018 年的各项财务指标数据如表 9－9 所示。

表 9－9　　　　X 公司 2016～2018 年调整后数据　　　　单位:元

X 公司	2016 年	2017 年	2018 年
销售收入	560 000	650 000	800 000
销售成本	440 000	510 000	660 000
（库存损耗）	(1 000)	2 000	30 000
调整后售出商品成本	405 240	473 225	581 600
（偿还广告成本）	(600)	(700)	(800)
毛利润	120 000	140 000	140 000
调整后毛利润	154 760	176 775	218 400
毛利率	21.4%	21.5%	17.5%
调整后的毛利率	27.6%	27.15%	27.3%
运营费用	110 000	130 000	160 000
其中:(保修费用)	9 500	11 000	14 000
（广告费用）	600	700	800
运营所得	10 000	10 000	－20 000
调整后的运营所得	44 760	46 775	58 400

续表

X公司	2016年	2017年	2018年
净利润率	1.8%	1.5%	-2.5%
调整后的净利润率	8%	7.2%	7.3%

案例二 2018年对某制药企业的转让定价调查

1. 企业基本情况。A公司于1991年在北京成立,2009年9月,B公司正式拥有A公司100%股份。A公司的主营业务为药品的生产、销售,以及为B公司产品提供相关宣传、咨询和服务。A公司的办公机构位于北京中央商业区,承担其公司的总部职能,公司注册地点和制造工厂都设于北京。

(1)生产经营情况。A公司内销业务2003年至2016年平均息税前利润率远低于同行业制药企业利润水平。

(2)关联交易情况。A公司集团内主要交易如图9-2所示:

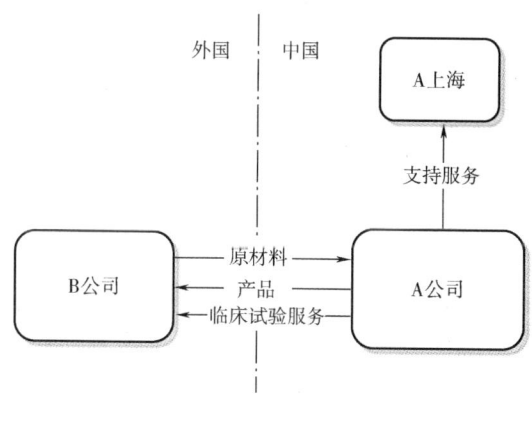

图9-2

A公司从B公司采购生产所需主要原材料(药物活性成分和原料药)生产药品,再销售给国内第三方企业。

A公司向B公司提供临床试验相关服务(包括已于2012年开始进行的四期临床试验和于2014年引入的三期临床试验),以及协助B公司申请新药批准而搜集和分析相关数据。

A公司与A上海的某些辅助部门的员工会同时为双方的药品销售提供支

持服务。例如，A 公司的人力资源部在主要服务于 A 公司的同时，也会根据实际需要为 A 上海提供类似服务。因此，A 公司人力资源部员工相关的费用需要根据其对 A 公司和 A 上海的贡献程度在两者之间进行分摊。

(3) 功能风险情况。A 公司负责根据其存货水平和预期销售状况制定采购计划。A 公司 70%~80% 的原材料采购来自境外 B 公司，而其他种类原材料采购来自国内外的非关联供应商。

A 公司承担生产环节的大部分职能，包括生产及技术开发和改良、组织生产活动、提供技术支持和质量控制。

A 公司的销售业务可以分为两部分：出口销售和国内销售。A 公司承担与国内销售相关的大部分市场营销职能，包括根据集团制定的全球市场产品战略，执行并推广中国区市场策略、广告宣传、商业展览和挑选雇佣销售人员等。由于大部分产品在国内市场销售，A 公司建立了独立的销售队伍，负责国内市场开发和销售业务。

综上所述，A 公司在其国内销售业务中为承担市场风险的药品特许制造商的角色，在其出口销售业务中承担合同分包制造商的角色。

2. 前期调查调整情况。A 公司初次调查调整案件于 2013 年 12 月立案调查，调整年度为 2003 年至 2012 年，2016 年 12 月结案。

(1) 案件主要疑点。A 公司 70%~80% 的主要原料由境外 B 公司提供，关联采购是 A 公司最主要的关联交易之一。A 公司的关联采购金额会在内销业务销售实现时结转到主营业务成本。

A 公司的国内销售对象全部是第三方批发商，即非关联销售。根据该企业提供的向境外 B 公司采购原料的定价原则表明，再销售价格法是主要的定价方法。

根据《OECD 转让定价指南》的定义，所谓再销售价格法，是指以从关联企业购进的产品再销售给一个独立的企业的价格为基础的一种转让定价方法。根据再销售价格法确定关联买方与关联卖方的正常交易价格时，一般要从关联买方的再销售价格中扣除其销售费用及正常利润。这种销售费用及正常利润就是关联买方的再销售利润，代表了关联买方通过销售收回其活动成本并获得一定投资和承担风险的回报。

然而通过对 A 公司的财务分析并结合该企业再销售价格法的定价原则，调查人员发现该企业从境外 B 公司采购原料的定价存在较大的转让定价避税疑点，其定价没有保证 A 公司的国内销售业务获得一个正常的利润水平，A 公司并没有通过其销售收回活动成本，也没有获得与其承担的风险相匹配的回报。

(2) 调整方法。采用交易净利润法对企业内销业务以及关联服务的息税前利润率进行调整。内销业务的目标利润为可比企业十年逐年息税前利润率中位值,药品销售服务目标利润为可比企业逐年息税前利润率中位值,四期临床试验服务目标利润率为可比企业逐年息税前利润率中位值。

3. 跟踪管理期调查情况。A 公司跟踪管理调查案件于 2017 年 12 月立案调查,调整年度为 2012 年至 2016 年,2018 年 12 月结案。通过审核 A 公司跟踪管理期间的基础数据以及对 A 公司的功能风险访谈,调查人员认为 A 公司与其境外关联公司 B 公司和境内关联公司 A 上海之间的关联交易存在的转让定价问题与前期调查调整期间一致,需进行调查调整。

根据《特别纳税调整实施办法(试行)》(国税发〔2009〕2 号)的规定,在跟踪管理期内调查人员重点关注了 A 企业投资经营状况、纳税申报额、经营成果以及关联交易等的变化情况。

在对 A 公司跟踪管理期内财务数据进行拆分的过程中,调查人员发现企业在 2013 年和 2014 年发生了两项特殊事项,在当年的同期资料中分别对这两项特殊事项进行调整。

2013 年 A 公司发生的 Siebel 项目(运营管理平台项目)费用,因其最终建设失败未使用,而作为特殊的一次性费用,从期间费用中剔除。调查人员通过对 A 公司 2013 年 Siebel 项目(运营管理平台项目)的立项目的、项目参与部门、最终受益方等相关情况进行调查走访和分析取证后,最终判定该项目的开展与企业营销销售活动密切相关,属于公司在正常经营过程中为了公司发展壮大进行的合理业务决策,不属于特殊的一次性费用,故不接受该项费用的特殊因素调整。

2014 年 A 公司进行组织机构重组发生了大量的费用,母公司 B 公司对这次重组发生的费用向该企业支付了补贴款,在测算 A 公司国内销售利润水平时,作抵减期间费用处理。调查人员通过对企业各部门的功能访谈和实地走访,确认了 2014 年企业发生组织机构重组的真实性,并通过 2014 年度审计报告印证了此项补贴款确为 B 公司对企业重组费用的补贴,并已于汇算清缴时进行相应调整,缴纳了企业所得税,故接受企业 2014 年度的企业重组补贴调整。

对于 A 公司与其境外关联公司 B 公司和境内关联公司 A 上海之间的关联交易的调整方法与前期调查调整期间一致。

4. 案件启示。

(1)通过功能风险分析,发现企业转让定价疑点。A 公司既有内销业务也有外销业务。通过对该企业的初步功能风险分析,调查人员发现 A 公司的内销、外销业务分别承担着不同的功能。其中:外销业务属于按照订单生产,获得的是稳定的利润回报;内销业务承担着除研发外的全部职能,风险完全不同于外销业务。对此,调查人员要求 A 公司将整体的财务数据按照内销、外销业务拆分开来,以此反映该企业内销、外销业务真实的利润回报。

通过拆分该企业报送的内销、外销业务数据,调查人员发现该企业内销业务的利润水平远远低于制药行业一般企业的利润水平,进而分析了该企业利润水平较低的原因,了解到该企业70%~80%的主要原料由境外B公司提供,该企业的关联采购金额在内销业务销售实现时结转到主营业务成本,关联采购交易在很大程度上影响了该企业内销业务的获利水平。调查人员抓住此线索,结合其他资料进行深入分析,进而发现了该企业的转让定价疑点。

(2)经过与企业、中介多方博弈,确定企业转让定价问题。在最初的数次谈判中,该企业始终认为其企业集团的关联交易不存在转让定价问题,并强调是营业费用过大等其他特殊因素影响了该企业内销业务的获利水平,又提出应该参考可比企业的毛利水平而不是净利水平来判断该企业的关联交易是否存在转让定价问题。

对于企业提出的观点,调查人员在充分调查掌握相关资料的基础上予以了反击。调查人员参照被调查企业营业费用占收入的比例,设置了可比企业的筛选条件,结果筛选出的可比企业的利润率水平远远高于被调查企业。之后,调查人员又引用《OECD转让定价指南》中的理论并列举了大量事实,驳回了企业提出的参考毛利水平的观点。经过数十次艰难的谈判,该企业最终承认了其关联交易不符合独立交易原则,存在转让定价问题。

(3)对于特殊因素调整不能"一刀切"。企业在生产经营过程中会遇到各类经济事项,对于一些特殊事项调查人员不应不做了解盲目给予否定。每个企业都有其特殊性,应该根据个案进行具体分析,对于能够提供证据材料并说明其合理性的特殊因素调整给予适当考虑。对于企业在跟踪管理期提出的Siebel项目(运营管理平台项目)费用和组织机构重组补贴两项特殊因素调整,调查人员不盲目否定企业的申请,而是通过功能风险访谈、实地调查走访等手段进一步摸清事实、搜集证据,最后做出合理判断,驳回了企业针对Siebel项目(运营管理平台项目)费用的特殊因素调整申请。

(4)突破固有思路,创新可比数据获取方式。在此次调查调整中调查人员突破了BVD数据库的数据限制,运用证券交易所的公开信息搜寻潜在可比企业的年报数据,并通过对企业年报数据中主营产品情况、按产品划分营业收入和成本的情况、销售费用支出情况、研发费用支出情况等BVD数据库中无法获取的详细数据进行深度可比分析,提高了可比信息获取的广泛性和全面性。

(5)积极应用外部信息,多方验证调整方案的合理性。调查人员在制定最终调整方案时积极应用外部数据信息,通过对该企业国外母公司网站披露信息的挖掘,获得被调查企业的集团合并财务报告,利用其中披露的集团全球制药业务的销售成本和研发费用水平等数据结合被调查企业实际发生的销售净收入以及销售、管理费用,计算企业各项功能在全球制药价值链中的分配比例。

同时,调查人员考虑到该企业将生产厂设立在中国可能享受的选址节约优势,因此对该企业制药总成本中的人力成本节约值进行了对应调整,最终将计算出的集团制药模块整体利润水平与跟踪管理调查调整的目标利润率进行比对,验证了调整方案的合理性,得到了企业的认可,成功完成跟踪管理调查调整工作。

思考与练习

1. 简述转让定价的确定原则及各自的优缺点。
2. 可比性分析的内容包括哪些?
3. 转让定价的调整标准有哪些?
4. 转让定价的调整方法包括什么?
5. 预约定价协议缔结与实施所经过的步骤是什么?

第十章 国际税收协定

International Tax Convention

广义的国际税收协定涉及的内容广泛,包括双边协定与多边协定、一般协定和特定协定等多种类型。现行的两个最重要的国际税收协定范本——《OECD范本》和《联合国范本》,是当前被世界各国普遍接受的两大税收协定范本。本章要求学生重点了解国际税收协定的分类、产生和发展,《OECD范本》和《联合国范本》的区别,以及我国对外签定税收协定的主要内容。

学习要点

The contents of the general international tax convention are extensive, which include bilateral tax convention and multilateral tax convention, general convention and special convention and so on. Nowadays, the two most important international model tax conventions—"OECD Model Tax Convention on Income and on Capital" and "United Nations Model Double Taxation Convention between Developed and Developing Countries", are generally accepted by all countries. This chapter requires students to study the sorts of international tax convention, the origin and development of it, the difference between the two important model tax conventions and the main contents of the International Tax Conventions signed by Chinese government.

第一节 国际税收协定概述

一、国际税收协定的概念

税收国际化是经济、贸易国际化的重要组成部分,其突出的特点是出现了跨国的纳税人和跨国的征税对象。在税收产生后几千年的发展历史中,税收征纳关系一直没有跨越国界。一国的纳税人全部是自己国家的国民或者居民,征税对象则是发生于本国境内的税收经济事项,国家之间的税收利益没有直接的关系。经济、贸易的国际化以及跨国公司的出现使得国家之间的税收利益发生矛盾和冲突,协调国家之间的税收利益、对国家的征税权加以约束,就成为各国政府必须面对和解决的问题。国际税收协定就是在国际经济环境下产生和发展的。

国际税收协定是一种以调节各国税收权益分配关系为对象的国际公法规范。具体来说是两个或两个以上的主权国家,为了协调相互间的税收分配关系和处理跨国纳税人征税事务方面的问题,本着相互尊重主权,按照对等、互利的原则,通过政府间谈判所签订的一种书面协议。这种协定或条约一般由有关国家政府之间谈判签订以后,还必须通过各自国家的正式批准,并经外交途径互换批准文件后方可生效。在协定有效期满后,只要原缔约国中任何一方经由外交途径发出终止通知,该协定即自动停止生效。在国际税收协定的整个有效期间内,缔约国有关各方都必须对协定中的一切条款承担义务,任何一方的原有单方面规定,如有与协定内容相抵触的,均必须按照协定的条款执行。

二、国际税收协定的分类

对国际税收协定进行分类一般有两种方式:一种是按照参加国家的多少,可以分为双边和多边两类;另一种是按照涉及内容范围的大小,可以分为综合与单项两种形式。凡由两个国家或者地区参加签订的相互之间的协定,称为双边国际税收协定,如中英、中日、中美等国间的税收协定。凡由两个以上的国家或者地区参加签订的相互之间的协定,称为多边国际税收协定,如北欧五国缔结的北欧税收条约。凡协定内容一般的适用于缔约国之间各种国际税收问题的,称为综合国际税收协定(或者称为一般税收协定)。凡协定内容仅仅适用于某项业务的特定税收问题的,则称为单项国际税收协定(或者称为特定税收协定)。此外,在一些国家之间签订的非税收条约,如友好条约、商务条约和航海条约,有时也会包括若干处理有关国际税收问题的条款在内,这就不属于我们这里专门讲的国际税收协定了。

（一）双边税收协定和多边税收协定

根据参加国数目的多少，国际税收协定可分为双边协定和多边协定。

1. 双边税收协定是指两个国家为了协调相互间的税收关系和处理双边税务问题，通过谈判缔结的书面协议或条约。双边税收协定是当今国际税收协定的主要形式，缔约的国家既包括发达国家，也包括发展中国家。目前，各国签订的各种双边协定的数目已达 2 200 多个。迄今为止，我国对外签订的避免重复征税协定也都是双边税收协定。

2. 多边税收协定是指参与签订的缔约国为两个以上国家的税收协定，它是在双边税收协定的基础上发展起来的。很典型的例子如 1972 年北欧五国丹麦、芬兰、瑞典、挪威和冰岛所签订了税务行政协助的有关公约，其后，又完成了多边税收协定的起草工作，即 1989 年 9 月丹麦、法罗群岛、芬兰、冰岛、挪威和瑞典等国家和地区缔结的以避免对所得和财产重复征税为主要内容的北欧税收公约（The Convention between the Nordic Counties for the Avoidance of Double Taxation with Respect to Taxes on Income and Capital）。该公约虽已历经数次修改，但至今仍具有较强的生命力。由于世界各国经济政策、经济发展水平以及税收制度的不同，协调起来较为困难，目前多边税收协定还不多。但从国际经济发展的角度看，随着全球区域合作和贸易合作的进一步发展，多边税收协定的使用范围将会逐渐扩大。

（二）综合税收协定和单项税收协定

按应用范围划分，税收协定可分为综合税收协定和单项税收协定。

1. 综合税收协定。综合税收协定也称为"一般税收协定"，是指两个或两个以上国家签订的广泛处理相互间各种税收关系的协议或者条约，且通常特指关于对所得和财产避免重复征税和防止偷漏税的协定。综合税收协定以包括自然人、法人在内的居民纳税人和包括所得税、财产税等若干直接税种在内的限定税种以及税收行政协作为调整和规范对象，其重要任务是在认同缔约国双方都拥有征税权的基础上，合理的限制所得来源地和财产所在地国家实施税收管辖权的范围。

2. 单项税收协定。单项税收协定也称为"特定税收协定"，是指两个或两个以上的国家签订的处理相互间某一特定税收关系或特定税种问题的协议或条约。单项税收协定涉及的范围很广，种类很多，但其中大量的是国际空运、海运、陆运收入的税收互免协定，如我国同美国签订的《关于互免海运、空运企业运输收入税收的协定》。1947 年美国、英国、法国等 23 个国家签订的《关税和贸易总协定》，和 1977 年欧洲共同体的英国、法国、意大利等国签订的《增值税协定》就定价调整的国家间税收关系而言,也属于单项税收协定的范畴。

单项税收协定不涉及对国家税收关系的全面性协调,往往限于一种税的相互削减,因此其条款少,签约的形式也较为灵活。签约双方既可以就某项税收问题达成单项税收协定,也可以在已经形成的《海运协定》《航运协定》《贸易协定》中列入税收条款,或在综合税收协定中专列条款。单项税收协定可以采用正式的协定形式,也可以采取政府间的换文形式。

单项税收协定主要包括以下几个方面:

(1)关税方面的协定。这类协定与国际贸易问题有关,属于由国家间贸易问题引起的双边或多边关税及贸易协定,如著名的《关税和贸易总协定》、早期的《荷比卢关税同盟》《安第斯条约》等。

(2)海运、空运企业收入方面的协定。这类协定仅涉及有关国家间单就海运企业收入、空运企业收入相互避免重复征税的问题,一般为互免海运、空运企业收入的税款,涉及的税种可以是所得税,也可以是流转税,如中英两国在1981年3月10日签订的关于对空运企业收入相互避免重复征税的协定即属于这种协定。

(3)除所得税外其他税方面的协定。这类协定一般缔结于某一国际组织内部的成员国之间。如欧洲经济共同体为促进相互间商品的自由流通而于1977年签订的增值税协定,就增值税的税基、税率等问题达成协议,保证各国的商品能在相同的税收负担下进行流通。1982年,经济合作与发展组织提出了《关于避免遗产及赠予税重复征税协定范本》,共有6章,明确了协定适用的范围、术语、缔约国各方征税权利的分配、消除重复征税的方法、特别条款和最终条款。开辟了避免国际重复征税的又一个新的领域。

(4)其他方面的协定。这类协定一般是指包含在某些协议中个别涉及税收问题的条款,如《维也纳领事关系公约》《维也纳外交关系公约》等,其中某些条款规定了应当给予外交官员的财政特权,主要是税收豁免待遇。

三、国际税收协定的产生和发展

(一)国际税收协定的意义及其必要性

虽然一国的税收管辖权是通过各国的涉外税法做出法律规范的,但由于世界各国的税收制度千差万别,而且国家间的经济利益错综复杂,尽管避免国际重复征税和防止国际逃避税可以由一国单方面采取措施来进行,但这种单边措施有很大的局限性,有些问题必须由有关国家和地区通过签订对双方都有约束力的税收协定加以解决,因而,就有必要通过国际税收协定协调和约束各国的税收管辖权。国际税收协定的必要性主要表现在以下几个方面:

1. 一国的涉外税法不能约束别国的税收管辖权。行使税收管辖权是一国的主权，他国无权干涉。在国与国之间的税收管辖权发生冲突时，相关国家只有依据有关国际惯例，通过协商谈判达成协议的方式解决，而不能强制别国接受。例如，当前有许多发展中国家为了吸引外资，纷纷采取了减免税的优惠政策，并希望资本输出国能给予税收饶让。但这种要求只能单方面反映出发展中国家的一种意愿，而不能强制资本输出国接受。

2. 更好的解决国际重复征税问题。在解决国际重复征税问题时，纳税人的居住国和所得来源国之间征税权的矛盾非常突出，因为要避免国际重复征税，来源国征了税居住国就不能重复征税，或者来源国多征了税居住国就要少征收税。这种征税权的矛盾涉及各方的税收利益，在解决国际重复征税问题时绝不能忽视各国的税收利益。实践中，居住国和来源国都可能强调自己的税收利益，维护自己的征税权，而所得来源国对跨国所得有优先征税的自然优势，居住国在来源国优先征的情况下虽可以采取免税法和抵免法等措施来免除重复征税，但这些措施都是以放弃本国的税收利益为代价的。所以，国际重复征税问题靠某一国单方面采取措施和牺牲某一国的利益来解决，其基础很不牢固，而必须由居住国和来源国通过协商，双方都放弃一定的征税权，从而共同做出一定的牺牲才能完成。这种解决国际重复征税问题的方法可以较好地兼顾居住国和来源国的税收利益，也最容易被双方所接受。当然这就要求两国达成一定的税收协定，通过这种具有法律效力的书面文件对双方的征税权加以约束。

3. 防止国际避税与逃税需要加强国际合作。在当今税收国际化的历史条件下，避税和逃税也出现了跨国现象。当跨国纳税人发生国际避税和逃税行为时，虽然防止国际避税和国际逃税可以由一国单方面采取一些措施来进行，但是由于纳税人的偷漏税行为已不限于一国主权所能管辖的范围，纳税人的许多偷漏税行为是借助境外机构来进行的，且一个主权国家对另一个主权国家并不拥有要求对方提供有关偷漏税的税收情报的权力，更不允许随意派人进入他国境内进行税务检查，因此，由一国单方面采取措施解决国际偷漏税问题难度确实很大。由于国际偷漏税并不局限于某个国家，对各国的税收都可能带来损害，所以国与国之间只有达成一定的税收协定，并在协定中规定相互交换税收情报的义务，防治国际避税和逃税的国际协作才有一定的法律保障和现实依据。

国际税收协定在约束和协调各国税收管辖权方面具有不可替代的重要作用，它是经济全球化和税收国际化发展的必然产物，在国际经济生活中是必不可少的。

（二）国际税收协定的产生和发展

根据有关资料的记载，世界上最早的国际双边税收协定是1843年比利时与法国签订的,该协定主要为了解决两国间在税务问题上的相互合作和情报交换问题。两年之后,比利时又与荷兰签订了内容相似的税收协定。奥匈帝国和普鲁士王国于1899年6月缔结了世界上第一个防止重复征税的协定,提出不动产所得、抵押贷款利息所得、常驻代表机构所得以及个人劳务所得,可以由收入来源国征税,其他类型所得由居住国征税。1921年国际联盟根据1920年布鲁塞尔国际财政会议的要求,委托荷兰的布鲁英斯、意大利的艾因诺第、美国的塞利格曼和英国的斯坦普四名税务专家着手研究国际重复征税问题。1923年4月3日他们发表了首个报告,报告的第一部分分析了重复征税对资本国际流动的影响,第二部分分析了国家的税收管辖权,提出应依据个人能力课征所得税,但只能课征一次,国家之间可按照经济利益原则划分征税权。这些专家认为确定纳税义务的主要因素有两个:一是财富从哪里取得;二是财富所有者的居住地。同时,他们还提出了避免国际重复征税可供选择的四种方法:一是居民所在国对其居民在外国缴纳的税收予以减除;二是收入来源国免征非居民来源于境内收入的税收;三是税收在居民所在国和收入来源国之间进行分配;四是对某些专项收入可明确由居民所在国或由收入来源国独占征税权。

不过,直到第二次世界大战结束以前,国际投资活动并没有在世界范围内真正得到迅速发展,所以第二次世界大战以前国与国之间缔结国际税收协定的现象并不十分普遍。只是从第二次世界大战结束以后,国际税收协定才开始快速发展。各国垄断资本争夺世界市场、原材料产地和投资场所的斗争愈演愈烈,新独立的第三世界国家也逐渐成为国际政治和经济生活中的一股重要抗衡力量。在这种情况下,由税收管辖权交错重叠所导致的国家间税收权益的矛盾也愈来愈复杂,它已经不能由各个国家通过国内税法单方面解决,而需要谋求国际税收协定加以调整。第二次世界大战结束后,新缔结的国际税收协定发展很快。以美国为例,美国在第二次世界大战结束以前只与瑞典、加拿大和英国缔结了国际税收协定。第二次世界大战结束以后,美国在20世纪40年代后期先后与南非、荷兰和丹麦签订了国际税收协定。50年代又与瑞士、澳大利亚、德国、希腊、爱尔兰、意大利、荷属安第列斯、新西兰和巴基斯坦签订了国际税收协定。在60年代和70年代,美国又先后与法国、卢森堡、比利时、芬兰、冰岛、日本、挪威、波兰、罗马尼亚等11个国家签订了国际税收协定。其他发达国家基本上也同美国一样,在第二次世界大战结束后的二三十年内经历了一个缔结国际税收协定的高峰期。

早期的国际税收协定并无一定之规,缔约双方一般要根据本国的税制情况和可接受的征税原则相互进行协商,然后将双方达成一致的内容写进协定。由于并无一定的范本可循,所以早期的国际税收协定从具体内容上看相互之间都存在着较大的差距。

为了规范国际税收协定的内容,简化国际税收协定的签订过程,一些国家和国际性组织很早就开始研究和制定国际税收协定的范本。在 1923～1927 年期间,国际联盟委托专家工作组起草了四部双边税收协定范本,即《关于避免对所得与财产征税的有关直接税的重复征税的协定范本》、《关于避免对遗产税实行重复征税的协定范本》、《关于在税务方面进行行政管理协助的双边协定》和《关于在征税方面进行司法协助的双边协定》。国际联盟曾将这四部双边税收协定范本及其解释送交成员国和一些非成员国征求意见,接着,27 个国家政府的专家于 1928 年在日内瓦举行会议,研究草拟了以消除国际重复课税和防止国际偷漏税为主要内容的国际税收协定初稿,国际税收中"常设机构"的概念也是在这次会议上提出的。

1928 年的双边税收协定范本虽然在理论上赋予了来源国相当大的征税权,但在 20 世纪 30 年代世界经济大危机之前,私人资本的国际流动格局却限制了来源国的这一征税权。那时,资本输出国的大部分外国投资基本上都是以有价证券投资的形式进行的,按照 1928 年四部双边税收协定范本的规定,对有价证券投资的所得应由纳税人及投资者的正常居住国来征税。因此,由收入来源国征税的外国直接投资所得是很少的。

1933 年 6 月,国际联盟财政委员会讨论草拟了一部《关于国家间为了税收的目的划分营业所得的协定草案》,并于 1935 年 6 月进行了修订。虽然这一草案从未得到正式通过,但由于它涉及国际税收的许多重要问题,所以这部协定草案在历史上具有重要的意义。

1935 年的协定草案主要围绕对纳税人在几个国家从事经营的所得如何进行划分而制定了统一的适用规则。首先,该协定草案对经营所得规定了明确的定义。经营所得是指除了股息、利息等专项来源所得以外的其他各种所得。草案继而又规定,通过常设机构所取得的经营所得视为独立企业,与在相同或类似条件下经营的其他独立法人同样看待,允许有关缔约国的税务当局按照独立核算的原则来确定常设机构的应税所得。为完成这一目的,该协定草案授权缔约国的税务当局,可以根据需要按市场调整企业常设机构的财务账目,并按照独立企业之间实行的正常交易原则重新规定企业的账面价值。如果常设机构不能提供准确或详细的会计记录以反映其真实的经营行为,或者提供的账目与常设机构所在国的商业贸易的惯例不相符合,则税务当局可以比照在本国境内经营的同类企业的赢利水平,根据该常设机构的营业周转额按一定比例计算其营业所得。如果上述判定方式都不适合,税务当局可以按照该常设机构以前从事过的类似活动取得的总收入来判定其经营所得,具体做法是以资产额、劳动工时或其他适当因素的比较作为基础,计算出总收入的一定系数来判定其经营所得。

1940年和1943年,国际联盟财政委员会先后两次在墨西哥举行区域性会议,拉丁美洲国家、加拿大和美国的代表出席了会议。后一次会议通过了对所得防止重复征税的双边协定及其议定书范本。这份被称作"墨西哥文本"的税收协定范本的突出特点是强调了收入来源地国家的优先征税权,这个观点与1928年政府专家大会上资本输入国的代表对解决重复征税的观点是一致的。1946年3月,财政委员会在伦敦召开第十次会议,复议了墨西哥双边税收协定范本,重新起草了税收协定的《关于避免对所得和财产重复征税的协定范本》(又称"伦敦文本")。其内容结构虽然基本保持了"墨西哥文本"的框架,但由于出席伦敦和墨西哥两个会议的成员大不相同,且对经营所得以及股息、利息、特许权使用费收入强调居民所在国具有优先的征税权,所以两个范本在某些条款的实质内容和措辞上差别很大,甚至完全对立。相比较而言,1943年墨西哥范本对拉美发展中国家的税收权益有所照顾,而1946年伦敦范本对发达的资本输出国更为有利,且"伦敦文本"为以后出台并流行于世的《OECD范本》定下了基调。因此,当联合国接替国际联盟在国际税收方面的工作时,国际联盟财政委员会曾表示,有必要由经济发达国家和不发达国家的税务官员和专家组成一个小组,共同审议和研究墨西哥和伦敦会议的成果。

第二次世界大战以后,起先是由欧洲经济合作组织草拟了国际税收协定范本,此后,经济合作与发展组织的财政事务委员会继续了这项研究工作。该委员会于1963年提出了税收协定草稿,随后又发表了《关于对所得和财产避免重复征税协定范本》。1963~1977年这一段时间,经合组织成员国之间签订了179个全面性的双边税收协定。在实践的基础上,1977年经合组织修改并正式通过了上述的税收协定范本,即经合组织《关于对所得和财产避免重复征税的协定范本》(简称《OECD范本》)。此外,经合组织1966年公布了《关于遗产税协定范本(草稿)》,1982年又补充了有关赠予税的内容。

联合国于1979年制定了具有相当影响的《关于发达国家与发展中国家间避免重复征税的协定范本》(简称《联合国范本》)。发展中国家之间及发展中国家与发达国家之间签订的税收协定主要依照《联合国范本》。据联合国统计,除关税外,截至1983年,国际上的各种税收协定已有1 316个,约一半是发达国家之间签订的,发展中国家之间签订的只占少数。

随着地区性经济集团的萌芽和发展,继双边税收协定后又产生了多边税收协定。多边税收协定是在双边税收协定的基础上发展起来的,由于涉及的国家较多、范围较广,协调起来比较困难,因而目前缔结的多边协定还不多,主要有1971年签订的印第安集团内避免重复征税的协定,1972年北欧五国签订的北欧税收公约,1975年欧共体与非洲、加勒比地区和太平洋地区发展中国家签订的洛美协定等。

综上所述,国际税收协定自 1843 年出现以来,经历了 1928 年双边税收协定范本、1935 年的协定草案、1943 年墨西哥文本、1946 年伦敦文本、1977 年 OECD 范本和 1979 年联合国范本这样的演变过程,同时也经历了一个从单项到综合、从双边到多边、从随机到模式化的发展过程。

第二节　国际税收协定的法律地位与作用

一、国际税收协定的法律地位

国际税收协定是建立在缔约国国内税法的基础之上的。也就是说,先有国内税法,然后才有国际税收协定(一个没有所得税的国家没有必要与他国签订税收协定,例如巴哈马、百慕大群岛等纯国际避税地区一般都没有税收协定)。然而,国际税收协定与国内税法在具体内容上并不完全一致,二者有时会出现一些矛盾之处。例如,按照我国个人所得税法的规定,外国人在我国境内连续或者累计居住超过 90 日,其来源于中国的所得就应向中国纳税;而中日协定有关条款规定,只有当日本居民在一个日历年内连续或累计在我国居住超过 183 天,才可以征税。再如,对建筑工地等常设机构,我国涉外税法中没有规定时间期限,而协定规定了 6 个月以上才构成常设机构。

从目前大多数国家的规定来看,当国际税收协定与国内税法不一致时,国际税收协定处于优先执行的地位。也就是说,国际税收协定在一定的情况下可以超越国内税法,理由是,国际税收协定是经过缔约国双方政府谈判后达成的,并经过了各自国家的立法程序才开始生效,因此它对于缔约国政府应当具有法律上的约束力,不能因为它与国内税法有矛盾就不执行协定的条款。例如,法国《税收法典》第 209B 条款是所谓的受控外国子公司条款,规定法国母公司应从受控外国子公司分得的利润无论是否汇回,都要在当年计入法国母公司的应税所得,向法国政府纳税。在受控外国公司没有分配利润的情况下,这种做法实际上等于法国政府对外国公司的利润课税。但根据法国与瑞士签订的税收协定第 7 条第 1 款的规定,瑞士居民公司的利润不得在法国纳税。这样,法国的国内税法就与国际税收协定有了冲突。2002 年 6 月法国最高法院做出了一项裁定:当《税收法典》第 209B 条与税收协定冲突时,税务部门必须按税收协定的要求办理。为了使 209B 条能够得以实施,法国税务机关在与美国、西班牙、日本等国修订税收协定时都加进了实施第 209B 条的内容。

在这个问题上,我国与大多数国家持有相同的观点。例如,我国新颁布的《企业所得税法》第 58 条规定了协定效力优先原则,显然我国是主张税收协定应优先于国内税法的国家。

另外，目前其他许多国家也主张国际税收协定不能干预缔约国制定、补充和修改国内税法，更不能限制国内税法做出比税收协定更加优惠的规定，如果国内税法的规定比税收协定更为优惠，则一般应遵照执行国内税法。例如，我国对外签订的国际税收协定中规定的对专有技术使用费征收的预提税一般实行10%的限制税率，但我国在原《外商投资企业和外国企业所得税法》中规定，对于在农业、科研、能源、交通运输以及在开发中药技术领域等方面提供专有技术所取得的使用费，如果提供的技术先进或条件优惠，可以免征预提税。也就是说，我国对于这些先进技术取得的使用费，国内税法规定的税收待遇比对外签订的税收待遇还要优惠，在这种情况下，税收部门应按照国内税法对外商提供先进技术取得的使用费免征预提税，而不去执行税收协定规定的10%的预提税。

需要指出的是，国际税收协定在少数国家并不具有优先于国内税法的地位，美国就是一个例子。美国财政收入法典第7852(d)节中指出，国际税收协定中的条款与国内税法中的条款任何一个都不具有优先地位。根据美国的法律，国际税收协定与国内税法都是最高法，具有同等的效力，如果税收协定与国内税法冲突，则按照"后法优先于前法"的惯例办理。这样，当美国后颁布的税法与以前缔结的国际税收协定相冲突时，按"后法优先于前法"的原则执行就会违反国际税收协定，而税收协定属于国际法的范畴，除非协定国同意中止或部分中止与美国签订的税收协定，否则美国无权单方面免除其协定义务。美国财政收入法典第894(a)节也承认，法典条款的使用应当考虑到美国签订的任何税收协定的义务，所以，在实践中美国也必须履行国际税收协定中的义务。可见，在税收协定与国内税法的地位问题上，美国的法律有自相矛盾之处。

二、国际税收协定的作用

国际税收协定是各个主权国家之间协调国际税收权益分配关系的重要方式，它对于推动国际经济交往和各国经济的发展有着积极的作用。

从国际经济的角度看，国际税收协定是在国际社会确立合理的国际税收权益分配秩序、促进国际资源合理流动的一种有效手段。在各国税收管辖权并行的国际税收领域，有关国家相互尊重主权，在平等协商的基础上缔结的税收协定，通过明确缔约国各方在约束各自的税收管辖权、相互协调国际税务关系方面的责任和义务，达到维护各方国际税收权益和其他经济利益的目的。国际税收协定的基本任务在于消除国际重复课税现象及不合理的避税与漏税现象，这就从税收方面保证了国际资金、技术和劳务的合理流动，使得国际资源能够得到更为合理的配置。显然，这在总体上有利于世界经济的发展。

从各国经济的角度看，国际税收协定能够在对等的基础上保证缔约国国际税收权益和有关经济政策的贯彻。具体来说,这体现在两个方面。

第一,通过国际税收协定的缔结,各缔约国能够在规范对方缔约国地域管辖权的基础上,保证对本国纳税人有效地行使居民管辖权,同时也能更为有效地保证本国免除国际重复课税措施的实施。在国际税收实践中,一国政府虽然可以采取单边方式在本国税法中规定对居民(或公民)纳税人免除国际重复课税的措施,但是由于各国行使税收管辖权在范围和程度上的差异以及各国税制上的差异,特别是关于所得来源地和财产所在地确定标准上的差异,国际重复课税现象往往难以消除。只有在对国际税收协定的缔约国各方的地域管辖权加以规范的基础上,才能有效地保证各方的境外税收利益和免除国际重复课税措施的彻底性。此外,通过国际税收协定的缔结,缔约国可对本国国民避免在有关国家受到税收歧视提供本国政府的保护和法律保障。

第二,通过国际税收协定的缔结,各缔约国能够在行使地域管辖权课税的前提下,使本国的有关经济政策得到更为有效的贯彻。在有关缔约国承担对其居民纳税人给予境外所得或财产税收豁免或抵免义务的情况下,缔约国一方对缔约国另一方居民来源于本国境内的所得或位于本国境内的财产课税后,所征税收在纳税人的居住国可获抵免,或者同项所得或财产在居住国可获税收豁免,这样就能保证本国所需要的资金和技术的流入不致因国际重复课税而受到阻碍。特别是在协定包含有饶让抵免条款的情况下,更能够保证缔约国向非居民纳税人提供的减免税优惠使其能真正受益,而不至于使本国的税收收入白白流失。正因如此,世界各国都将缔结国际税收协定,特别是缔结综合性国际税收协定作为发展对外经济交往和本国经济的一个重要环节。目前,对外签订国际税收协定较多的国家主要为发达国家。近年来,一些发展中国家和地区在发展外向型经济的同时,也积极与有关外国缔结国际税收协定,这方面工作开展较快的主要有新加坡、泰国、马来西亚、韩国、印度等亚洲国家。我国自20世纪八九十年代以来,这方面的进展也很迅速,目前已与80多个国家签订了双边税收协定。

三、国际税收协定与缔约国税法的关系

国际税收协定是调整国与国之间税收关系的一种法律规范,是国际公法的重要组成部分。它与缔约国的税法既存在一定联系,但又有所区别。

(一)国际税收协定与缔约国税法的异同

1. 国际税收协定与缔约国税法的共同点。二者的共同点主要有以下几方面:

(1)都是国家意志的体现。国家税法体现着国家意志,这一点自不待言。

相似地，国际税收协定是缔约国政府经谈判、协商后的产物，它的签订取决于缔约各方的国家意志，它的法律效力也决定于缔约国的国家意志，并以此构成法律效力的依据。

（2）调整的对象相同。任何法律形式都是调整特定社会关系的行为规范。一国的税法是调整该国政府同其纳税人之间税收征纳关系的法律规范，其中，国际税收法律制度则是调整该国政府同其纳税人之间国际税收征纳关系的法律规范；国际税收协定是调整国与国之间税收关系的法律规范。因此，缔约国税法与国际税收协定在调整对象上具有一致性。

2. 国际税收协定与缔约国税法的不同点。国际税收协定作为国际公法，与作为国内法的缔约国税法（其中，国际税收法律制度属国际私法）又是两个不同的法学范畴，其不同点在于：

（1）所形成的税收法律关系的主体不同。各国执法所形成的税收法律关系的主体，包括作为纳税义务主体的个人和公司，也包括作为课税权力主体的国家及其代表机构。而国际税收协定所形成的法律关系的主体一般只包括国家及其代表机构，对于协定中规定的责任和义务，应当而且只能由缔约国政府承担。

（2）渊源不同。各国的税法源于各国立法机关的立法，它是立法机关依据本国的政治经济状况以及各项政策的要求所制定的税收法律制度，它既取决于本国的政治经济条件和需要，也受本国政治、文化和传统习惯的制约。国际税收协定则源于国际性规范和国际惯例，任何一方缔约国不能将本国税法的有关规范强加于缔约另一方，并以此作为制定协定的基础。

（3）强制性不同。国际税收协定和各国的税法作为法律形式都具有强制性，但两者强制力的程度和强制的方法则有所区别。各国的税法是由国家通过军队、警察、监狱、法庭等暴力工具来保证其实施的。而国际税收协定则主要依靠缔约国立法机关和政府的自我约束，以及在国际关系中所承担的政治、道义上的责任后果来保证其实施。显然，后者的强制程度弱于前者。此外，在缔约国一方违反协定的情况下，缔约国另一方可以单独或联合其他国家一起来维护自己的权益，可按照公认的国际惯例采取某种相应的制止办法，如抗议、警告、要求赔偿、中止或断绝外交关系与经贸关系、停止或撤销一切援助、抽回本国资金和技术等。这显然也是一种强制力，但这些强制方法的采取和执行都是不确定的。

（二）国际税收协定的特点

通过对国际税收协定与缔约国税法的比较表明，国际税收协定与缔约国税法既有内在联系，但又是相对独立的税收法律体系。从两者关系的角度来看，国际税收协定具有以下特点：

1. 国际税收协定的缔结与执行须以缔约国税法为基础。从各国签订的协定来看，都是对缔约国各方税法所规定的相应税种做出某种规定的协定或条约。国际税收协定适用的税种，在课征范围、课征方法上均要依据缔约国的税收法律或是在缔约国税法规定的基础上做出特别规定。例如，对于非居民经营所得的课税，国际税收协定通常只是作了如何认定常设机构以及如何确定常设机构所得等项规定，但对常设机构所得的计算、成本费用的扣除、适用的税率以及纳税申报、纳税期限、违章处罚等，仍要依据各缔约国税法中的有关规定来处理。因此，缔约国税法既是国际税收协定的基础，也是国际税收协定得以执行的保证。

2. 国际税收协定的有关规定可以超越缔约国税法。国际税收协定的缔结与执行要以缔约国税法为基础，但这并不是说国际税收协定的各项规定必须与缔约国税法的有关规定完全一致。恰恰相反，国际税收协定作为独立的法律体系，其具体规定可以超越缔约国税法的规定。例如，缔约国税法中原无对居民纳税人境外所得单方面给予税收抵免或豁免的规定，而在协定中承担了这一义务就是对缔约国税法的超越。其他诸如对居民认定标准的限制、对所得来源地或财产所在地确定标准的限制、对非居民境内投资所得的预提税税率的限制等，都是对缔约国税法的超越。

3. 国际税收协定不构成对缔约国税法的限制。缔约国对于所签订的国际税收协定必须承担义务和法律责任，但这并不构成对缔约国制定或修改本国税法的限制。缔约国各方不论是在协定签订期间或执行期内，都保有制定和修改本国税法的充分权利。例如，政府在协定缔结后，仍可以依据本国的情况和需要开征新的税种，也可修订本国税法，将原未列为应税所得的所得项目规定为应税所得，或是调高或调低相应税种的税率。任何其他缔约国不能以签有税收协定为由而干涉或阻碍另一缔约国开征新税、减税或加税。

第三节　国际税收协定的基本内容

目前各国之间缔结的避免重复征税协定，在结构安排和条款顺序上基本一致，大都参照《OECD范本》和《联合国范本》。经合组织和联合国的两个税收协定范本，都按不同对象将协定内容分为七章，依次为协定的范围、定义、对所得的征税、对财产的征税、避免重复征税的方法、特别规定和最后规定（指关于协定的生效和终止的规定），只是在第六章中《OECD范本》较《联合国范本》多出了"区域的扩大"一条（第28条）。从这两个税收协定范本来看，其主要内容可以分为四个方面。

第一,税收协定所适用的范围及有关规定。

第二,运用冲突规范,对发生在缔约国双方的各类所得划分税收管辖权,以避免对纳税人的同一所得重复征税。

第三,对可能发生的重复征税,确定消除重复征税的方法。

第四,某些特别规定,如保证税收上的无差别待遇(要避免因纳税人的国籍和居住地的不同而在税收上受到歧视)、互相交换税收情报、是否实施税收饶让等。

下面从单项国际税收协定和综合性国际税收协定两个方面,来分别介绍国际税收协定的主要内容。

一、单项国际税收协定

目前,国际上签订的有关所得及财产课税问题的单项国际税收协定,主要是关于对从事国际运输业务的海运企业和空运企业免除国际重复课税的税收协定。国际运输是世界各国进行政治、经济交往和文化交流的桥梁,避免对国际运输企业有关所得及财产的重复课税,对于国际经济关系和政治关系的发展显然有着重要的意义。

单项国际税收协定可以是缔约国之间就有关税收问题签订的单独的税收协定,也可以作为特定条款包括在缔约国签订的海运协定、航空运输协定或通商航海条约之中。

关于对国际海运企业和空运企业避免国际重复课税的税收协定的主要内容,包括以下两个方面。

(一)明确缔约国各方所属企业及经营业务的概念

关于对国际运输企业避免国际重复征税的税收协定通常按照一定标准(主要是实际管理机构或注册地),明确规定缔约国各方所属的国际海运企业或空运企业的概念,同时,对海运企业或空运企业适用于协定的经营业务的概念及其范围加以明确。

在各国签订的这类税收协定中,对于海运企业或空运企业经营业务的范围一般规定为,船舶或飞机的所有者或租用者经营的客运、货运和邮政运输业务以及运输票证销售业务。在一些国家签订的协定中还包括国际海运或空运企业经营或附带经营的船舶或飞机以及其他有关设备(如集装箱等)的出租业务。

(二)明确非居住国一方免予征税的范围

关于对国际运输企业避免国际重复征税的国际税收协定的主要目的是为避免对国际运输收入的重复课税,但不仅限于所得税。这类税收协定关于避免国际重复课税的原则是,对于国际运输企业的业务收入应仅由其所属国(即居住国)行使税收管辖权课税,作为非居住国的一方应对有关业务收入免征所得税。在大部分这类协定中还规定非居住国一方应对有关业务收入免征诸如营业税、吨位税等流转税。

在一些国家之间签订的这类协定中,免除国际重复课税的范围还扩大到了财产税,非居住国一方对缔约国另一方所属企业在本国境内的与经营业务有关的财产免征综合财产税或个别财产税。此外,一些国家签订的这类税收协定还规定非居住国一方免税的范围,除包括公司所得税、流转税以及财产税外,也包括对缔约国另一方所属企业派驻本国的工作人员所取得的薪金、工资及其他劳务报酬课征的个人所得税。例如,我国与英国签订的《关于航空运输企业避免重复课税的协定》中就有这一规定。

在这类税收协定的最后,还要就协定的生效日期及终止方式做出明确规定。

二、综合性国际税收协定

目前,国际上签订的综合性国际税收协定主要是关于所得税课征问题的,而在某些国家之间缔结的这类协定还包括财产税课征问题。

综合性国际税收协定主要为解决三方面的问题:一是如何避免或消除国际重复课税;二是如何避免和消除国际税收歧视;三是如何防止国际避税和偷漏税。综合性国际税收协定一般包括以下6个方面。

(一)明确协定适用的范围

综合性国际税收协定的适用范围是从两个方面分别加以规定的,一是协定适用的纳税人的范围,二是协定适用的税种范围。

关于这类协定适用的纳税人范围,一般均规定为缔约国一方的居民或同时为缔约国各方居民的人。协定中所说的"人",包括自然人以及依据缔约国税法规定、除自然人之外的法人和没有法人地位的所有直接税纳税实体。这是因为,国际税收协定所要解决的主要是因缔约国税收管辖权之间的冲突所引起的国际重复课税问题,只有在缔约国一方负有无限纳税义务的人才能享受协定所规定的免除国际重复课税的待遇。

关于适用的税种范围,在这类税收协定中通常分别列出缔约国各方有关税种的名称。如果协定仅涉及所得税课征问题,应分别列出缔约国各方的所得税税种名称,在有关缔约国协商同意的基础上,所得税税种可包括各种名称各异、虽对收入全额征收但属所得税性质的税种,除中央(或联邦)所得税种外,也可包括地方所得税种。如果协定包括财产税课征问题,同样应分别列出缔约国各方的财产税种。有关国家签订的协定涉及的财产税有综合财产税、个别财产税及转移财产税。缔约国各方对于列入协定的本国税种的征税应遵循协定中有关限制性条款的规定(主要是对缔约国另一方居民于本国境内所得或财产的课税),并对列入协定的缔约国另一方的税种承担协定里规定的给予本国居民纳税人境外所得或财产以税收豁免或税收抵免的义务。对于未列入协定的税种,一般来说,缔约国各方对协定的有关规定不承担义务。

由于一个国家的税收制度和现行税种不会一成不变,考虑到协定签订后有关缔约国可能会出现税种变动,为保证协定适用税种范围的准确性和连续性,大多数综合性国际税收协定列有专门条款,明确该协定也适用于缔约国在协定签订后增加或替代所列税种的相同或类似税种,并规定缔约国的主管当局应将各自税法所做的实质变动通知对方缔约国。

(二) 协定基本用语的定义

在综合性国际税收协定中有一些适用于协定条款的具有特定含义或起着重要作用的用语。为有利于对协定的正确理解和执行,需要缔约国各方商定并明确其定义,作为协定内容的一个组成部分。

综合性国际税收协定中的用语有两类:一类是与协定适用范围有关的基本用语和与协定大部分条款有关的基本用语,如国民、居民、常设机构等;一类是只涉及特定条款的专门用语,如股息、利息、特许权使用费等。对于第一类用语,在协定中通常以特别条款做出定义;对于第二类用语,则在特定条款中附带做出定义。

在双边税收协定中,以特别条款做出定义的基本用语主要有:缔约国各方的地理概念、人、公司、国民、居民、常设机构、国际运输、主管当局以及"缔约国一方企业"和"缔约国另一方企业"等。

1. 关于缔约国各方的地理概念。国际税收协定一般依据属地原则将其规定为缔约国能够有效行使其税收法律的所有领土、领水和领空,以及根据国际法拥有管辖权和有效行使其税收法律的所有领海以外区域,包括海底和底土。在一些发达国家对外签订的税收协定中,这一地理概念扩大到海外领地或国际托管地。

2. 关于"国民"的用语。国际税收协定一般规定将其视为具有缔约国国籍的个人和按照缔约国法律组建的法人以及在缔约国税收上视同法人的非法人经济实体。

3. 关于"居民"的概念。国际税收协定通常首先明确以何种标准确定个人和公司为缔约国各方的居民纳税人;其次,对于依上述标准同时是缔约国双方居民的人,则规定由缔约国双方主管当局经协商后确定其仅为缔约国一方的居民或列出判定其应属于缔约国哪一方居民的若干确定标准顺序。按照国际惯例，对于同时为缔约国双方居民的人，如经缔约国双方主管当局协商后仍不能确定其仅为一方的居民，该人就不能作为缔约国任何一方的居民享受协定所给予的税收优惠。此外，如果缔约国一方的居民，因缔约国另一方与第三国之间的税收协定而同时成为第三国的居民时，也不能再作为缔约国一方的居民享受协定所给予的任何税收优惠待遇。

4. 关于"常设机构"的用语。国际税收协定中使用"常设机构"用语的目的是为了规范非居住国对经营所得（营业利润）的课税。各国签订的协定中除对常设机构的概念明确为是指"一个企业进行全部或部分经营活动的固定营业场所"外，一般还以列举的方式明确常设机构范围以及不属于常设机构的范围，包括明确对建筑工地、建筑工程认定为常设机构的时间限制，以及缔约国一方企业通过代理人在缔约国另一方从事经营活动可认定为常设机构的限制条件。经合组织和联合国范本对常设机构的定义都强调：①常设机构是一个固定场所，是一种在另一国的看得见的客观存在；②外国纳税人对该固定场所有权长期使用；③该固定场所要服务于外国纳税人的经营活动，而不是从属于其经营活动。

（三）明确缔约国作为非居住国行使地域管辖权课税的范围及限制条件

大多数综合性国际税收协定关于非居住国行使地域管辖权课税的范围和限制性条件是参照《OECD范本》或《联合国范本》，结合缔约国的具体情况，按照所得类型和财产类型分条款规定的。

在不同国家签订的税收协定中所做的具体规定往往会有所不同。例如，列举的构成常设机构的经营形式的范围不同，是否贯彻"引力原则"也有不同，对于非居民劳务所得课税的时间限制也有不同（一些国家签订的协定中规定为3个月，也有的则延长至1年）。除此之外，在不同国家之间签订的税收协定中，关于对国际海运和空运所得究竟应由居住国还是由非居住国课税的处理办法也不相同：一般发达国家之间签订的协定大多规定这类所得只能由国际海运或空运企业实际管理机构所在国，即席位国行使课税权，而在发展中国家与发达国家之间签订的协定中往往规定非居住国对来源于本国境内的这类所得仍可行使地域管辖权课税。另外，对于转让公司股票的资本利得，在发达国家之间签订的协定中通常规定非居住国不得行使地域管辖权课税；在发展中国家与发达国家之间签订的一些协定中则规定，在股票转让公司的财产主要是由位于非居住国的不动产构成的条件下，以及在转让股票占到非居住国居民公司股权的一定比例的情况下，也可由非居住国对该项资本利得课税。

综合性国际税收协定中,对缔约国地域管辖权的限制性规定仅适用于对对方缔约国居民的课税。缔约国一方对非缔约国的居民来源于本国境内的所得或境内财产仍要按照本国税法的规定课税,但非缔约国居民也可从有关国家签订的协定所做的限制性规定中获得一种间接优惠:一个缔约国对缔约国另一方的企业设在本国的常设机构支付利息、特许权使用费、租金等(在常设机构为总机构时还可包括股息),本应按照本国税法的规定征收预提税,但由于缔约,对该常设机构则按照较低的协定税率征税或免征预提税,这样,作为这类所得收取人的非缔约国居民实际上就享受了这种税收优惠。

(四)明确居住国实行的免除国际重复征税的方法

综合性国际税收协定采用的居住国对已由非居住国一方行使地域管辖权课税的所得或财产免除国际重复课税的方法有两种,即免税法和抵免法。依据缔约国的协议,缔约国各方可联系本国税制的有关规定采用其中一种方法,也可区别所得或财产类型同时采用两种方法。如果缔约国采用的是累进免税法或普通抵免法,则需要在有关条款中加以说明。此外,如经协议,缔约国双方或其中一方同意给予饶让抵免,也应在协定中加以明确。

双边国际税收协定中规定的由居住国实行的免除国际重复课税的方法,仅适用于缔约国居民来源于或位于缔约国另一方的应税所得或应税财产,缔约国居民来源于或位于非缔约国的所得或财产则不能享受这一优惠。

(五)明确相互给予对方国民以无差别待遇

避免税收歧视,给予税收无差别待遇,是处理国际税收关系的一项重要原则。在综合性国际税收协定中,一般均包括无差别待遇条款,规定缔约国应相互给予对方缔约国的国民以与本国国民相同的税收待遇,保证不加税收歧视,这包括不能对缔约国另一方的居民(不论在本国作为居民纳税人还是作为非居民纳税人)征收特别的税收、制定高税率,或采用特别的征收办法等。但这一规定并不要求一个缔约国因社会政治、经济政策方面的原因而向本国国民提供的税收优待和减免税优惠(如对低收入者的免征额规定、抚养儿童扣除等)也必须给予缔约国另一方的国民。如果缔约国可相互提供这类优惠,需要以特别条款加以明确。

(六)明确进行国际税务合作的方法和要求

在大部分综合性国际税收协定中,一般都包含有加强国际税收征管方面的合作、相互交换税务情报以防止纳税人偷漏税和不合理避税的条款。这类条款一般包括以下内容:①规定相互交换税收情报的内容,如纳税人的业务范围、银行往来项目、利润分配、市场价格及利率等情况；②明确交换税收情报的方法和相互提供进行税务调查方面的帮助；③关于对税务情报的保密措施，例如，要求缔约国对收到的税务情报应按照本国国内法律规定的保密措施进行处理，要求情报的使用限于对有关纳税人课税时的查定、征收和裁定；④对税务情报交换的限制，如规定缔约国不能要求另一缔约国提供为其法律所禁止或通过正常行政渠道不能取得的情报，不能要求提供泄露纳税人生产经营和技术秘密的资料等。

除以上内容外，综合性国际税收协定对于国际税收方面的一些其他问题，如对国际连属企业的认定及其所得的调整问题、对缔约国外交人员的课税问题、对缔约国税务主管当局相互协商的程序问题，一般也均作出相应的规定。在协定最后，对协定的生效期限、生效方式以及协定有效期限和中止方式以特别条款作出规定。

三、国际税收协定的适用范围

国际税收协定所要协调的范围也就是协定适用的范围，主要包括两个方面：一是协定适用于哪些纳税人（包括自然人和法人）；二是协定适用于哪些税种。

（一）适用的纳税人

早期的国际税收协定，一般适用于缔约国双方的公民，是以国籍原则来确定协定的适用范围，并不涉及其住所或居所在国内或是国外。随着经济生活的日益国际化，特别是第二次世界大战以后跨国投资和国际人员流动的急速增加，完全按公民身份来行使全面性的税收管辖权，就越来越脱离现实，于是，税收协定逐渐放弃了国籍原则，而以永久住所为原则来行使全面的税收管辖权。在经合组织和联合国的两个范本中，都把协定包括的纳税人（包括自然人、公司、社团以及基金会等）限制在缔约国一方或同时成为缔约国双方的居民。近期签订的避免重复征税协定一般都要在第一条开宗明义地规定："本协定适用于缔约国一方或者同时为双方居民的人。"即协定在适用于人的范围方面，限于是缔约国居民的人，除了纳税无差别待遇、税收情报交换和政府职员等个别条款以外，不是缔约国居民的人不能享受协定的待遇。只有是缔约国居民的人，才有权利要求本国为其在对方国家取得的所得谋求避免和消除重复征税。不是缔约国一方或双方居民的人，在缔约双方国家之间，不存在居住地税收管辖权和所得来源地税收管辖权的重叠，因而不存在在缔约国之间重复征税的问题。从这个意义上说，协定适用于缔约国居民的人，应该是在缔约国负有居民纳税义务的人。要确定一个人是否是缔约国一方的居民，只能依据该国法律，而不能依据缔约国另一方或其他国家的法律来确定。但是,签订避免重复征税协定是要在双方国家执行的,作为协定的适用人——居民,其身份的确定,就不能不涉及缔约双方的国家权益和在双方国家享受协定待遇的问题。因此,要解决好协定适用于人的范围,就必须在尊重主权和不干涉内政的原则下,做出缔约国双方都能接受的协调规定。

对同时为双方居民的自然人,有两种可供选择的解决方式:一种是按照《联合国范本》和《OECD 范本》的规定,在协定中列出判断规则,来确定其居民身份。判断顺序依次排列为:①是否具有永久性住所;②哪一国与其个人的经济关系更密切,即看其重要利益中心在哪国;③是否有习惯性居所;④是哪个国家的国民。如按上述顺序还不能确定该纳税人的居民身份,则由缔约国双方主管当局协商解决。另一种是直接由缔约国双方税务当局协商来确定该人为本协定中哪一方居民,不采用上述顺序判定法。

每个国家确定为其居民的标准是不尽相同的。对于法人(即公司、企业)为居民的标准,有些国家以其社会住所,即首脑机构(包括总机构、主要事务所等)的所在地为准,有些国家以管理机构所在地为准,所谓管理机构,是指控制和管理的权力中心机构,还有的国家以登记注册地为准。对同时为缔约国双方法人居民的情况,有以下几种确定其居民身份的方式:①将其视为其总机构所在缔约国的居民;②承认上述总机构标准,但同时指出总机构即实际管理机构;③以企业经营的实际管理机构为标准,但如果企业经营的实际管理机构与总机构不设在同一缔约国,两国应协商确定其为哪国的居民;④同时列出总机构标准和实际管理机构标准,但不明确指定最终应采用哪种标准;⑤直接协商确定。中国是以总机构所在地为准,总机构既是首脑机构、决策中心,又是控制管理中心,总机构与管理机构是统一的。对于自然人(即个人)为居民的标准,一般是以住所或居所确定其居民身份。所谓"住所",一般指配偶或家庭所在地,具有永久性;所谓"居所",一般指短期停留而临时居住并达到一定期限的处所。各国规定的居住期限不同,有的国家规定为居住满 1 年;有的国家规定为居住满 183 天;有的国家还要结合考虑有无长期居留的意愿。中国税法规定,在中国境内居住满 1 年的个人为居民,不满 1 年的为非居民。

(二)适用的税种

避免重复征税协定适用于哪些税种,是明确协定适用范围的另一个重要方面,需要由缔约国双方结合各自国家的税制情况加以商定。总的原则是把那些基于同一征税客体,由于国家间税收管辖权重叠而存在重复征税的税种列入协定的税种范围。国际上的通常做法是限于所得税等直接税的税种,因为只有这种税才会存在对同一征税客体重复征税和同一纳税主体的重复纳税的问题。

一般都不把间接税列入避免重复征税协定的适用税种,因为以流转额或销售额为征税对象的销售税、周转税或营业税、增值税等,不论是起点征税或是终点征税以及多环节征税,其征税客体不是同一的,纳税人也并不一定是税收的真正负担者,无法确定和消除重复征税问题。在经合组织和联合国的两个税收协定范本中,均规定协定仅适用于对所得和财产征收的各种直接税。中国在对外已签订的避免重复征税协定中,列入协定的适用税种主要是所得税。如中日税收协定中,中国方面包括有:个人所得税、中外合资经营企业所得税、外国企业所得税及两个企业所得税附加的地方所得税。日本方面列有:所得税、法人税和居民税(相当于我国的地方所得税)。

四、国际税收协定的征税客体

国际税收协定中涉及的所得主要有四种形态,即经营所得(亦称营业利润)、投资所得、劳务所得和财产所得。从税收法律的角度来看,这些所得都是征税客体。当某一客体涉及两个国家时,究竟应由谁来行使征税权力,就需要运用冲突规范在两个国家之间合理划分税收管辖权。税收协定范本中对各类所得都划分了征税权,规定了不同的征税原则。

(一)营业利润

对于从事工农业、商业、服务业等一般行业的企业的营业利润,两个协定范本都规定,缔约国一方企业的利润应仅在该缔约国征税,但该企业通过设在缔约国另一方常设机构在该国进行营业的除外。协定范本中所运用的冲突规范遵循的是居住国征税的原则。缔约国一方企业为该国的居民公司,对于该企业通过营业活动取得的利润,规定只能由该企业的居住国行使居民管辖权征税,这与居民公司在其所在国负有无限纳税义务的要求相一致。但是,如果缔约国一方的居民公司在缔约国另一方设有常设机构,并通过该常设机构进行营业,同时取得了利润,则缔约国另一方国家就有权对该项利润征税。对通过常设机构取得的这类所得,实行另外的冲突规范,即实行收入来源国优先征税原则。

两个协定范本中都规定,对常设机构的利润除了实行上述的冲突规范——"非此即彼"的原则规范以外,还实行如下两条征税原则:一是利润归属原则,即非居住国(指协定中的缔约国另一方——常设机构所在国)政府只能对归属于这个常设机构本身的营业利润征税,对于不归属于常设机构的利润,则应仅由该企业的居住国征税;二是独立企业原则,尽管常设机构不具有独立的法人地位,与总机构同属于一个经济实体,但实行独立企业原则就需要将常设机构视同独立企业,独立计算盈亏。这两条征税原则可以概括为一句话:来源国只能对归属于常设机构的利润按独立企业原则征税。

两个协定范本对确定常设机构的利润还规定了两个具体办法：一是采用实际所得方式，即在确定常设机构的营业利润时，允许扣除一定比例的费用，包括与取得利润有关的费用支出，如常设机构支付给总机构的行政管理费用等。但是，常设机构支付给总机构的特许权使用费、佣金和利息不准列支。二是采用比例分配方式来确定常设机构的利润，即按照一定的比例把跨国公司的总利润分配给常设机构。两个协定范本还指出，无论采用何种方式，除非有充分的理由需要变动，每年应采用相同的方法确定属于常设机构的利润。

两个协定范本还对特殊行业的营业利润——国际运输利润的征税权作了单独的规定。从事国际航空、航海运输的飞机、船舶经常来往于各个国家之间，由于这种国际运输的利润来源地比较难确定，所以协定范本规定对船运、空运等国际运输利润一般由运输企业实际管理机构所在的缔约国征税，即承认国际运输企业的居住国对国际运输利润独占征税权。

此外，两个协定范本对关联企业的营业利润征税问题也作了规定，如果两个企业之间的商业或财务关系不同于独立企业之间的关系，即两个企业存在关联关系时，由于这种关联关系而造成一个企业没有取得的利润，可以计入该企业的利润内，并据以征税。

（二）投资所得

投资所得包括股息、利息、特许权使用费。《OECD范本》和《联合国范本》对这三类投资所得的征税权进行了如下划分：

1. 两个协定范本对投资所得征税的总原则是税收分享原则，即缔约国双方都有征税权，可以在居住国征税，也可以在收入来源国征税，跨国纳税人的居住国承认所得来源国拥有优先征税权，所得来源国根据税收协定适当降低对投资所得征收的预提税税率，以保证居住国能够分享一部分所得税税源（《OECD范本》对特许权使用费的规定除外）。例如，中日税收协定中规定，收入来源国对投资所得进行征税时，在收款人即为受益人的情况下，预提税的税率不能超过10%。

2. 两个协定范本还规定，适用于来源国预提税的投资所得，是指居住国企业在来源国没有设立常设机构或固定基地而取得的所得，或虽然有常设机构或固定基地，但这些所得与之没有实际联系。如果居住国企业获得的投资所得与常设机构或固定基地有实际联系，则来源国应将这些投资所得并入该常设机构的营业利润或固定基地的劳务所得中征收公司所得税或个人所得税，不再征收预提税。当缔约国一方（例如中方）根据协定的规定，将投资所得并入常设机构的营业利润中对其征收公司所得税以后，如果常设机构将这笔利润汇回位于缔约国另一方（例如日方）的总机构，总机构再据以分配股息时，缔约国这一方（例如中方)作为该项投资所得的来源国,也不得征收预提税。

(三) 其他个人劳务报酬

1. 董事的报酬所得。董事,特别是跨国公司的董事,因其本身就是股东,虽然也领取薪金报酬,但不同于一般受雇的职员。他们一般处于公司的上层,有的只是负责公司的监督工作,工作流动性大,不一定长时间停留在公司所在地,因此,要确定他们的服务提供地并非易事。他们的薪金待遇通常比较高,收入来源国也不会轻易地放弃征税权。为此,两个税收协定范本都规定:"缔约国一方居民,作为缔约国另一方居民公司董事会成员取得的董事费和其他类似款项,可以在另一方征税。"这里有两层含义:一层含义是收入来源国拥有征税权,另一层含义是把公司所在国认定为收入来源国。我国对外签订的避免重复征税协定大都包含了与两个协定范本一致的有关"董事费"的条款。

2. 艺术家(表演家)和运动员所得。一般来说,缔约国一方居民作为戏剧、电影、舞蹈、音乐、广播或电视表演艺术家或者各种体育运动员,在缔约国另一方从事个人的艺术和表演活动,一般停留时间都比较短,也不一定设有固定基地,但收入却相当高。就他们的活动状况看,难以按独立个人劳务的固定基地标准或183天标准来确定收入来源国的征税权。为此,两个协定范本都单列有艺术家(表演家)和运动员条款,对征税权做出如下规范:"缔约国一方居民,作为表演家,如戏剧、电影、广播或电视艺术家,或音乐家,或者作为运动员,在缔约国另一方从事其个人活动取得的所得,可以在另一国征税。"不仅如此,为了避免对表演家和运动员的国外活动征税可能发生的实际困难,防止避税,如果其报酬不是支付给本人,而是支付给所谓的电影公司、演出公司等,演出活动的所在国也有权对这笔所得征税。至于对两国政府同意的文化交流活动,可以制定特别的条款,对其所得非居住国应予以免税,以促进国家之间的文化交流活动。《OECD范本(1992)》曾将英文本第17条中的"运动员"一词由"sportsmen"代替了"athletes",并在注释中阐述了艺术家和运动员的定义。该定义除了包括具有表演性质活动的人,还包括除了摄影师、制片人、舞蹈家及其技术人员以外的人。对于艺术家和运动员以特许权使用费、赞助费、广告费等形式接受的除实际出场费以外的所得,如其直接与出场费有关,那么,这些额外的所得可适用第17条。此外,源于艺术家和运动员的活动所得如归属于另一个人,即使这个人是与艺术家或运动员无关的独立第三者,也属于第17条的范围。

3. 退休金和政府职员所得。目前,世界各国的社会保险制度不一致,个人退休金的支付方法大致有以下几类情况:支付给政府服务人员的退休金,一般来自于政府的预算资金;支付给企业、事业和其他社会团体包括政府机关附属的企业、事业单位在内的工作人员的退休金，则一般多来自这些企、事业单位的资金，在某些国家，也有根据其社会保险制度或公共福利计划而由政府专项基金支付的。

鉴于退休金的资金来源不同，两个协定范本对跨国退休金所得征税的规范也有所不同。其中，对跨国政府人员退休金所得征税，除了退休者属于支付退休金的政府所在国以外的国家居民和国民，可以由其居住国独占行使居民管辖权以外，其余一律由支付退休金的政府所在国征税。而在一个跨国的政府退休人员是政府所在国的非居民的条件下，只要他并不同时又是自己居住国的国民，那么，其退休金所得依然应该被认定是来源于支付退休金的政府所在国，由作为非居住国的这个政府所在国征税。

至于对跨国企业、事业和其他社会团体工作人员的退休金所得，考虑到此项所得一般是来自这些企事业单位的资金，因此，范本规定，应该一律由退休者本人所在的居住国独占行使居民管辖权征税，其中还包括由遗孀和孤儿领取的退休金和其他类似的款项（如因以前受雇而支付的年金）。但是，如果此项退休金所得是根据一国的社会保险制度或公共福利计划由政府的专用基金支付，而不是由企事业单位支付，那么，应该一律由支付退休金的政府所在国征税。在这种情况下，纳税人居住国即便不实行对境外所得给予税收抵免的制度，也应给予免税。我国同美国、新加坡、法国、马来西亚、比利时、丹麦等国家的税收协定也采用了这种方法。

关于跨国政府人员所获取的退休金以外的所得，即跨国政府服务所得，鉴于此项所得完全是来自政府所在国的行政经费支出，也就是说，认定政府所在国为这类所得的来源国是符合客观实际的。因此，国际惯例只允许有下述这种特殊例外，即对于在政府所在国以外的国家为该政府提供服务的人员所取得的报酬所得，并且这个服务人员又是他提供服务所在国家的居民和国民，或者不是仅仅由于提供该项服务以致停留时间较长而成为其服务所在国居民的。例如，一个乙国的居民和国民（或者虽非乙国国民，但他从来就是乙国的居民，而并非仅仅因提供服务而成为乙国居民），在乙国为甲国政府驻乙国的大使馆提供服务所获得的所得，可以由其提供服务所在的居住国或国籍国独占行使居民（公民）管辖权征税。除此以外，应该一律由支付服务所得的政府所在国征税。

4. 留学生和学徒所得。为了有利于培养人才，并照顾到留学生和出国培训学徒、实习生的收入以及生活的实际困难，两个协定范本都提出，学生或企业学徒，或在直接前往缔约国一方前曾是缔约国另一方居民，仅由于接受教育或培训的目的停留在缔约国一方，其为维持生活、接受教育或培训收到的来源于该国以外的款项，该国不应征税。这里要注意的是，这一规范并没有对来源于学习或培训地的收入给予免税的照顾。不过，从我国对外签订的税收协定看，实际免税的不仅限于境外所得。比如同日本的协定,不分收入来源,一律确定为其为了维持生活、接受教育或培训的目的收到的款项或所得,缔约国一方应予以免税。中法、中比、中加协定等也依此办理。此外,我国同英、美、芬兰等国签订的协定还规定了定额免税或限定条件免税的方法。比如,中英协定规定以下三项予以免税:第一,为了维持生活、接受教育或培训的目的从国外取得的款项;第二,为了维持生活、接受教育或培训的目的,从政府、慈善、科学、文化或教育机构取得的奖学金、赠款、补助金和奖金;第三,在缔约国从事个人劳务所得,在任何征税年度不超过1 000英镑或等值的人民币。同美国、芬兰、瑞典等国的协定分别规定了不同的限额,而且扣除各国税法规定的生计费用。中丹税收协定没有规定免税限额,只规定任何征税年度不超过为维持生活所必需的数额,但免税期限不能超过5年。中挪税收协定规定:为了维持生活、接受教育或培训的目的从国外取得的款项,以及为了维持生活、接受教育或培训的目的,从政府、慈善、科学、文化或教育机构取得的奖学金、赠款、补助金和奖金等,以上两项免税。此外,协定还规定学生、企业学徒或实习生由于受雇取得的报酬,在其接受教育或培训期间应与其所停留国家的居民享受同样的免税、扣除或减税待遇,其用意在于使国内外学生享有同等的待遇。

5. 教师和研究人员的所得。在两个协定范本中,对教师和研究人员的所得,都没有提出要给予特殊的待遇。

但是,为了有利于国家间科学技术和文化的交流,我国在对外签订税收协定时,一直坚持要在协定中专列条款,对缔约国一方居民个人到缔约国另一方的大学、学院或其他公认的教育机构或科研机构从事教学、讲学或研究取得的报酬,该缔约国另一方应给予定期的免税待遇。到1986年5月,在我国已同13个国家签订的协定中,除同加拿大的协定没有列入对教师和研究人员的免税条文以外,其余都明确给予3年为限期的免税待遇,但具体规定有以下几点不同:

(1)时间限制不同。同日本、英国、原联邦德国、芬兰、马来西亚五个国家的协定,限于停留期不超过3年的免税;同美国、法国、比利时、挪威四个国家的协定,定为累计停留期不超过3年的免税;同新加坡的协定明确给予3年免税,即停留期超过3年的,只从超过3年之日起计算征税。同英国的协定明确,"从其第一次到达该国之日起不超过3年"的含义是免税的条件,而不是免税期。如果其停留期超过3年,即应从第一年起征税,而且此项待遇每人只给一次。

(2)免税的范围不同。同日本、新加坡的协定,限于在院校和公认的教育机构从事教学、讲学和研究取得的报酬免税;同英国、法国等10个国家的协定,除了院校和公认的教育机构以外,还明确包括科研机构。

(3)限定的条件不同。同原联邦德国、马来西亚、挪威、丹麦、新加坡、瑞典6个国家的协定,都限于所从事的研究应当是服务于公共利益,如果主要是为了某个人或某些人的私利从事研究,对其取得的所得不给予免税待遇;同日本、英国、比利时、美国、法国和芬兰六个国家的协定,都未列出上述限制;此外,同挪威的协定还规定,对从事教学、讲学或研究取得的报酬给予免税,要仅以对方国家对该项报酬征税为限,也就是不能双方都免税。

(四) 财产所得和其他所得

国际税收协定中提到的财产所得,主要指不动产所得以及转让或出售财产取得的利润。

不动产所得通常有两种形式:一种是直接使用不动产的所得,如自己或请人开办农场、林场以及个人从事生产的所得;另一种是以出租的形式供他人使用不动产取得的所得,如出租土地、房屋的租金。

财产收益一般包括转让不动产和动产(如飞机、债券、股票等)取得的收益,对这类财产收益各国一般征收资本利得税。

关于对不动产所得和转让不动产所得的征税权,两个协定范本规定以不动产的坐落地为所得的来源地,由不动产坐落地所在国行使征税权。对转让设在缔约国另一方的常设机构或个人从事独立劳务的固定基地的动产(如股票、债券)所取得的收益,应以常设机构或固定基地所在地为所得的来源地,由该机构场所的所在国征税。这些规定体现了收入来源国优先征税原则,但对转让从事国际运输的飞机、船舶等动产取得的收益,应由转让者为其居民的所在国独占征税权。

关于对以转让股权的形式转让公司财产而取得的收益如何征税,《OECD范本》未明确规定,《联合国范本》则提出可以分两种情况处理:第一,如果该公司的财产主要由不动产组成,可以根据对不动产转让所得的征税原则,由不动产所在国征税,而不论该公司是否设在不动产所在国;第二,转让其他股权所取得的收益,如果该项股权达到公司股权总额的一定比例,可以由出让股票的公司为其居民的缔约国征税,上述比例,由双方商定。我国在对外谈签协定时,主要采用了如下三种做法:①完全采用上述分两种情况处理的方式,并把转让股权占公司股权的比例定为25%,如中美、中法、中比、中挪、中新、中瑞(瑞典)等税收协定即采用这一做法;②只对转让不动产公司的股票做明确规定,对转让其他公司的股票则未做明确规定,如中加、中马、中芬等税收协定;③对以股票形式转让公司财产未做明确规定,如中日、中英、中德等税收协定。

关于对财产的课税,两个协定范本都有所规定。在我国对外签订的税收协定中,只有同德国、挪威两个国家的协定中列入了对财产征税的条款,并且采用了《OECD范本》的条文。《联合国范本》所列出的参考条文与《OECD范本》的条文基本上都需缔约国双方商定。我国在与德国、挪威签订的税收协定中,对财产的征税原则规定为,位于对方国家的不动产、常设机构和固定基地的动产,可以在对方国家征税。此外,包括从事国际运输的船舶、飞机等动产,应当仅由拥有者为其居民的国家征税。

对营业所得、投资所得、劳务所得和财产所得之外的其他所得,征税权原则上规定如下:在居住国取得的所得,由居住国征税;在非居住国取得的所得,则由非居住国行使征税权;如果是通过设在非居住国的常设机构或固定基地取得的所得,由非居住国征税。

第四节 国际税收协定范本

现行的两个最重要的国际税收协定范本——《OECD 范本》和《联合国范本》,是国际组织为指导有关国家之间签订双边综合性税收协定的一种示范性文本。本节将介绍这两个范本的产生过程及其主要结构和内容。

一、范本的产生和发展

国际税收协定产生初期,签订税收协定的国家比较少。然而,随着世界经济全球化的进程不断加快,越来越多的国家加入到签订国际税收协定的行列。因此,迫切需要制定出国与国之间签订税收协定时可供参照和遵循的国际标准,国际税收协定范本就是在这种国际环境下产生的。国际税收协定范本的主要作用在于为各国签订税收协定提供一个规范性样本,为解决协定谈判过程中遇到的技术性难题提供有效的帮助。税收协定范本具有两个特征:一是规范化,可供签订国际税收协定时参照;二是内容弹性化,能适应各国的实际情况,可由谈判国家协商调整。

第一次世界大战后,随着西方各国经济的发展和资本输出规模的扩大,国际税收中的矛盾日益突出,通过双边税收协定来处理国际税收权益分配关系的要求也日趋强烈。在这种背景下,国际联盟起草了1928年的四个双边税收协定范本,以及后来1943年的墨西哥文本和1946年的伦敦文本。上述范本为其后两个范本的产生奠定了基础。

第二次世界大战结束后,由于科学技术的突飞猛进,西方世界的经济得到了迅速发展,跨国公司遍及全球。发达国家之间和发达国家与发展中国家之间的经济联系比以往任何时期都更为密切,这就使得国际税收中的一系列矛盾更为突出。在这种形势下,制定一个能够较为普遍地指导各国签订国际税收协定的范本不但存在着迫切的必要性,也有了可能性。

在20世纪50年代初,欧洲经济合作组织(EEC)开始着手拟定国际税收协定范本的工作,后来改为由包括美国、加拿大、日本、澳大利亚等国在内的24个成员国组成的经济合作与发展组织（OECD）所属的财政委员会来具体进行这项工作。经过1956～1963年的多年努力，该委员会拟定并发表了《关于对所得和财产避免重复课税的协定规范和准则（草案）》。随着国际政治经济形势的变化，经合组织从1968年起开始修订该范本草案，1977年经合组织正式发表了修订后的《关于对所得和财产避免重复征税的协定范本》，简称《OECD范本》。

《OECD范本》的产生对国际税收协定的签订起了极大的推动作用。据经合组织财政委员会所做的一项统计，从1963年范本草案发表至1979年1月，大约签订了400多个以1963年范本草案和1977年范本为基础的双边税收协定或条约，其中180个是经合组织成员国之间签订的，200个左右是经合组织成员国与发展中国家之间签订的，25个是经合组织成员国与东欧国家之间签订的。这一统计还不包括经合组织成员国之外的其他国家之间以该范本为基础签订的税收协定或条约。

但是，《OECD范本》是用于指导经合组织成员国之间以及经合组织成员国与其他国家之间签订国际税收协定的示范性文本，其制定原则和条款主要是以经合组织成员国的税收要求和经济利益为依据。经合组织成员国均为经济发达国家，他们的税收利益和其他经济利益基本上是相近的，但将这一范本用于指导发展中国家之间以及发展中国家与发达国家之间签订税收协定是不适宜的。许多发展中国家认为，这个范本只对发达国家有利，主要用于双方都是资本输出国同时又是资本输入国的发达国家之间签订税收协定，不是发展中国家与发达国家之间签订税收协定的样板。

随着发展中国家在联合国中数量的增加和地位的提高，1961年联合国经社理事会成立了一个关于发达国家与发展中国家之间税收谈判的专家小组。该专家小组由18个国家的代表组成，包括美国、英国、法国、原联邦德国、日本、挪威、荷兰等发达国家和巴西、阿根廷、智利、印度、巴基斯坦、斯里兰卡、菲律宾、以色列、加纳、突尼斯、土耳其等发展中国家的代表。此外，该小组还有其他国家派出的观察员。小组的任务是探索一条关于发达国家与发展中国家缔结税收协定的便利途径，制定适用于这类税收协定的指导原则，使之既符合发达国家的利益，也符合发展中国家的经济利益。

该专家小组自1968年正式开始工作后，共举行了8次会议，每次会议都提出了报告。在第五次会议后，该小组起草了一个《发达国家与发展中国家之间关于税收条约的指导原则》，它以《OECD范本》为研究的出发点，根据小组的研究得出了自己的结论。该原则着重强调了地域管辖权的优先原则。1977年，联合国专家小组根据新的情况进一步修订了这个指导原则，并制定了一个附有注释的税收协定范本草案，即《关于发达国家与发展中国家间避免重复征税的协定范本（草案）》。这个范本草案在一定程度上反映了发展中国家的要求，受到了发展中国家的欢迎和尊重。1979年12月10日至21日,联合国专家小组在日内瓦举行了第八次会议。会议重新审查了联合国税收协定范本草案,并通过了范本的最后文本,1980年正式发表。

两个范本在发展趋势上表现出趋同的特点。联合国范本自1980年公布后未作修改;而OECD范本在1997年11月公布了新的修订本,新的修订本文字表述更为准确、规范,有的条款作了修改,修改的结果是对收入来源地国家更为有利。

二、范本的结构和内容

《OECD范本》和《联合国范本》这两个国际性的税收协定范本是世界各国处理相互税收关系的实践总结,它们的产生标志着国际税收关系的调整进入了成熟的阶段。由于《联合国范本》是参照《OECD范本》拟就的,这两个范本在结构上基本相同,都分为协定序言、协定条款和结束语三部分。序言和结束语要求按照缔约国的宪法程序起草,协定条款部分包括七章共29条(《联合国范本》)或30条(《OECD范本》)。

两个范本的基本内容包括:

第一章,协定范围,包括第1条和第2条,明确协定适用的人的范围和税种的范围。

第二章,定义,包括第3~5条,对协定涉及的概念,如人、公司、主管当局、国民、居民、常设机构等做出明确定义。

第三章,对所得的课税,包括第6~21条,明确缔约国对各类所得的课税办法及行使地域管辖权课税的条件。

第四章,对财产的课税,包括第22条,明确缔约国对财产课税的办法。

第五章,消除国际重复课税的方法,包括第23条A和第23条B,规定了缔约国可选择的减免方法、抵免方法及税收饶让抵免。

第六章,特别规定。在《联合国范本》中,包括第24~27条,分别规定了无差别待遇、相互协商程序、情报交换及可给予外交代表和领事官员的财政特权。在《OECD范本》中,除上述三条外,另有第28条,规定了在一定条件下协定实施区域的扩大。

第七章,最后规定。在《联合国范本》中,包括第28~29条,在《OECD范本》中,包括第29~30条,规定了批准文件的互换与协定生效的期限,以及协定的终止方式。

(一)征税权的划分与协定的适用范围

两个范本在指导思想上都承认优先考虑收入来源管辖权原则,即从源课税原则,由纳税人的居住国采取免税或抵免的方法来避免国际重复征税。但两个范本也存在重要区别:《联合国范本》比较强调收入来源地征税原则,分别反映发达国家和发展中国家的利益;《OECD范本》较多地要求限制收入来源地原则。两个范本对协定的适用范围的规定基本一致,主要包括纳税人的适用范围规定和税种的适用范围规定。

(二) 常设机构的约定

两个范本都对常设机构的含义作了约定。常设机构是指企业进行全部或部分营业活动的固定场所,包括三个要点:第一,有一个营业场所,即企业设施,如房屋、场地或机器设备等;第二,这个场所必须是固定的,即建立了一个确定的地点,并有一定的永久性;第三,企业通过该场所进行营业活动,通常由公司人员在固定场所所在国依靠企业(人员)进行经济活动。明确常设机构含义的目的,是为了确定缔约国一方对另一方企业利润的征税权。常设机构范围确定得宽窄,直接关系居住国与收入来源国之间税收分配的多寡:《OECD范本》倾向于把常设机构的范围划得窄些,以利于发达国家征税;《联合国范本》倾向于把常设机构的范围划得宽些,以利于发展中国家。

(三) 预提税的税率限定

对股息、利息、特许权使用费等投资所得征收预提税的通常做法,是限定收入来源国的税率,使缔约国双方都能征到税,排除任何一方的税收独占权。税率的限定幅度,两个范本有明显的区别。《OECD范本》的税率限定很低,这样收入来源国征收的预提税就较少,居住国给予抵免后,还可以征收到较多的税收。《联合国范本》没有沿用这一规定,预提税限定税率要由缔约国双方谈判确定。

具体如股息的征税问题,《OECD范本》和《联合国范本》都主张对股息可以由支付股息公司的所在国和股息收款人所在国分享征税权,但两个范本的具体规定不同;对于利息的征税问题,《OECD范本》和《联合国范本》都主张由利息的来源国和利息收款人的居住国共享征税权,并且在收款人是利息受益所有人的情况下,由来源国按较低的税率征收;关于特许权使用费的征税问题,两个协定范本分歧较大,《OECD范本》实行居住国独占征税权的原则,而《联合国范本》则采取了税收分享的原则。

(四) 税收无差别待遇

《OECD范本》和《联合国范本》都主张平等互利的原则,缔约国一方应保障另一方国民享受到与本国国民相同的税收待遇。其具体内容为:

1. 国籍无差别,即不能因为纳税人的国籍不同,而在相同或类似情况下,给予的税收待遇不同。

2. 常设机构无差别,即设在本国的对方国的常设机构,其税收负担不应重于本国类似企业。

3. 支付扣除无差别,即在计算企业利润时,企业支付的利息、特许权使用费或其他支付款项,如果承认可以作为费用扣除,则不能因支付对象是本国居民或对方国居民,而在处理上差别对待。

4. 资本无差别,即缔约国一方企业的资本,无论全部或部分、直接或间接为缔约国另一方居民所拥有或控制,该企业的税收负担或有关条件,不应与缔约国一方的同类企业不同或更重。

(五) 避免国际偷税、逃税

避免国际偷税、逃税是国际税收协定的主要内容之一,两个范本对这方面所采取的措施主要有:

1. 情报交换。它又分日常情报交换和专门情报交换。日常的情报交换,是缔约国定期交换有关跨国纳税人的收入和经济往来资料。通过这种情报交换,缔约国各方可以了解跨国纳税人在收入和经济往来方面的变化,以正确地核定应税所得。专门的情报交换,是由缔约一方提出需要调查核实的内容,由另一方帮助核实。对税收情报交换的规定,两个范本稍有不同。《联合国范本》在情报交换的内容上比《OECD范本》增加了几条内容。

2. 预约定价。为了防止和限制国际避税,缔约国各方必须密切配合,并在协定中确定各方都同意的预约定价方法,以避免纳税人以价格的方式转移利润、逃避纳税。

三、《联合国范本》与《OECD范本》的比较

《联合国范本》是指导发达国家与发展中国家之间签订税收协定的示范性文本,有关条款的内容既考虑了发展中国家的利益,也考虑了发达国家的利益。总的来说两个范本的内容大部分还是保持一致的,但为了维护发展中国家的税收利益,《联合国范本》趋向于强调地域管辖权,这一精神主要体现在联合国专家小组制定的指导原则中。两个范本的基本不同点在于:《联合国范本》强调收入来源管辖权原则;《OECD范本》虽然在某些特殊例子中承认收入来源管辖权原则,但强调的是居住管辖权原则,比较符合发达国家利益。同时,《联合国范本》与《OECD范本》某些条款的内容并不完全一致。

《联合国范本》与《OECD范本》相比,在内容上的不同之处主要表现在以下5个方面。

(一) 扩大了常设机构的范围及"引力原则"的范围

关于对常设机构的营业利润如何征税,《联合国范本》主张采用"引力原则"。《联合国范本》在第5条第3款中,对建筑工地、建筑安装工程及与此有关的监督活动可认定为常设机构的时间限制从12个月缩短为6个月,对企业通过雇员或其他人员为上述目的提供劳务的所得课税的时间限制也缩短为6个月;在该条第5款中,将根据缔约国一方企业代理人的活动认定为常设机构的范围扩大到经常在另一国保存货物或商品的库存,并规定当代理人的活动全部或几乎全部代表企业时,也应认定为设有常设机构。在第7条第1款中,明确规定了常设机构的利润应包括虽不通过常设机构,但进行与常设机构相同或类似的销售货物等经营活动所取得的利润;在该条第3款中,明确规定常设机构以特许权使用费、利息(金融企业除外)、劳务费、佣金等形式向总公司支付的金额不得从应税利润中扣除。一些发达国家不接受这一原则,《OECD范本》回避了这一问题,规定常设机构的应税利润应仅以归属该常设机构的利润为限。

(二) 对从事国际船舶运输的所得制定可供选择的条款

在《联合国范本》第8条第1款(供选择)中,规定这类所得应仅在企业实际管理机构所在国或船舶母港所在国征税;在第8条第2款(供选择)中则规定,如果经常在缔约国另一方从事业务,由此产生的船运活动所得可由该国征税,税率可由缔约国双方谈判确定。

(三) 对股息、利息、特许权使用费做出有利于地域管辖权的规定

《联合国范本》第10条规定,股息可以在收入国征税,也可以在支付国征税,支付国征税税率可由缔约国双方谈判确定(而不是像《OECD范本》那样规定税率为15%),第11条对利息也做出了相同的规定,第12条规定特许权使用费可在收入国也可在支付国征税(《OECD范本》规定仅由收入国征税),支付国课征的税率可由双方谈判确定。

(四) 对转让公司股票的收益做出有利于地域管辖权的规定

《联合国范本》第13条第4款规定,转让一个公司的股票取得的收益,如果该公司的财产主要直接或间接地由位于缔约国一方的不动产组成,可以由该国征税;该条第5款规定,转让除上述之外的其他股票收益,如果这部分股票相当于参与缔约国一方居民公司股权的一定比例,可由该国征税,占股比例可由双方谈判确定。在《OECD范本》中,对上述收益规定为应仅由转让者为其居民的

缔约国征税。

(五) 对个人劳务所得做出有利于地域管辖权的规定

《联合国范本》第 14 条规定对非居民独立劳务所得课税的界限是固定基地所得,还规定当停留时间达到或超过 183 天以及当这类所得是由一国居民或常设机构及固定基地支付时,也可由非居住国征税。

由上可见,《联合国范本》较之《OECD 范本》更有利于地域管辖权,从而更有利于发展中国家。在国际税收协定的缔结过程中,尽管发展中国家是否能够真正扩大本国的税收权益,还取决于一系列政治经济条件及谈判过程,但《联合国范本》的存在却无疑提高了发展中国家在国际税收协定谈判中的地位。因此,自这一范本问世以来,受到了发展中国家的普遍欢迎。

《OECD 范本》和《联合国范本》的制定对于国际税收及其理论研究的发展、对于国际税收关系的协调起了较为重要的作用。它们不但促进了国际税收协定的缔结,并使之规范化,同时对那些尚无国际税收协定或条约的国家之间发生的国际税收问题或矛盾,也提供了一整套可供借鉴和参考的处理或解决办法。此外,这两个范本的制定过程集中了许多国际税收专家的研究成果,对于国际税收理论的形成和发展做出了很大的贡献。制定范本的有关组织机构,如经合组织财政委员会第一组和联合国专家小组(后改为专家委员会)本身也为国际社会提供了一个就国际税收问题交换意见和交流经验的场所,这对国际税收的正常和合理发展是极为有益的。

第五节　中国对外税收协定

一、我国对外缔结税收协定的进展情况

中国同外国缔结税收协定的工作,是自 1978 年实行对外开放政策以后才开始的。1978 年以前,中国与其他国家一般只是通过税收换文或在某些经济活动的协定中写上税收条款,以达到对某项特定经济活动的收入或所得实行税收互免的目的。1978 年以后,我国对外缔结双边税收协定的工作从签订单项税收协定开始。最早签订的单项税收协定是 1979 年 1 月 23 日在巴黎签订的《中华人民共和国政府和法兰西共和国政府关于互免航空运输企业税捐的协定》。为了适应对外开放、引进外资和技术及满足对外发展经济合作的需要,从 1981 年起,中国开始对外进行缔结综合税收协定的谈判工作。最早签订的综合税收协定是 1983 年 9 月 6 日在北京签订的《中华人民共和国政府和日本国政府关于对所得避免重复征税和防止偷漏税的协定》。

近年来，我国将一些 BEPS 成果纳入了新签署的税收协定，比如，2015 年与智利签署的税收协定采纳了 BEPS 第 6 项和第 7 项行动计划中的多项成果建议。在新协定的签订和老协定的修订过程中，首先会考虑纳入 BEPS 最低标准的条款；然后，再根据双方经济合作、文化交流等方面的特点以及双方谈判的情况，有选择性地纳入一些其他条款。结合《OECD 范本》和《联合国范本》的修订情况，也计划更新我国协定工作文本。

另外，我国与许多国家修订或者新签署了税收协定。比如，我国与法国、英国、俄罗斯、德国、罗马尼亚等签署了全面修订的税收协定；与爱沙尼亚、巴基斯坦、印度尼西亚、马来西亚等进行了部分协定条款的修订。新修订的协定进一步降低了来源国对股息、利息、特许权使用费征税的限制税率；在部分协定的股息、利息、特许权使用费中加入了反协定滥用的目的测试。

二、我国对外签订税收协定的基本原则

我国对外签订税收协定的基本原则是：既要有利于维护国家主权和经济利益，又要有利于吸收外资、引进技术，有利于本国企业走向世界。在此基础上，我国目前对外签订的综合性双边税收协定中，一般坚持下列四项具体原则。

第一，坚持平等互利的原则，即协定中所有条款规定都要体现对等，对缔约国双方具有同等约束力。

第二，坚持所得来源国优先征税的原则，即从我国对外交往多处于资本输入国的地位出发，坚持和维护所得来源地的优先课税权，在合理合法的基础上充分保障我国的税收权益。

第三，遵从国际税收惯例的原则。我国对外谈签税收协定，参考了国际上通行的范本，起草的税收协定文本更多地吸取了《联合国范本》中的规定，兼顾了双方的税收利益。

第四，坚持税收饶让的原则，即坚持对方国家对我国的减免税优惠要视同已征税额给予抵免，以便使我国的税收优惠措施切实有效。

三、我国对外税收协定的主要内容

（一）协定的条文结构和工作文本

中国对外签订的税收协定的条文结构，基本上以中国对外缔结避免重复征税协定的工作文本为基础，这一工作文本的全称是《中华人民共和国政府和××国政府关于对所得避免重复征税和防止偷漏税的协定》，它是结合《联合国范本》和《OECD 范本》的优点，并对两个范本略加调整和补充而形成的。

中国的工作文本比较倾向于能够较多照顾来源国征税权益的《联合国范

本》，同时认为《OECD 范本》也有相当高的参考价值，因此对两个范本各有取舍。如我们没有采纳《联合国范本》在对营业利润的征税方面提出的引力原则，因为考虑到这一原则虽有防止避税的意义，但我国幅员广大，不易实施。我们对《OECD 范本》有的条文过于限制地域管辖权的行使持保留态度，特别是对该范本做出对特许权使用费仅由受益人为其居民的国家征税的规定不予采纳，而是坚持来源地国家应当拥有征税权。

我国的工作文本还增加了两个范本都没有涉及的一些内容，包括：

1. 对利息的征税。我国的工作文本增列一条，明确对缔约国政府、地方当局及中央银行或完全为政府所有的金融机构取得的利息，或者缔约国居民取得的利息，其债权是由缔约国政府、地方当局及中央银行或者完全为其政府所拥有的金融机构间接提供资金所取得的，免于征税。

2. 对个人劳务所得的征税。我国的工作文本增列一条，明确对缔约国一方居民到缔约国另一方的大学、学院、学校或其他公认的教育机构或科研机构，从事教学、讲学或研究取得的报酬，该缔约国另一方应给予定期的免税待遇，其目的在于促进国家间的科学文化交流和引进智力资本、培养人才。

（二）协定的适用范围

我国对外签订的国际税收协定的适用范围也主要从两个方面进行限定，即适用的人的范围和适用的税种的范围。协定适用的人的范围一般限于缔约国的居民，除了税收无差别待遇、情报交换及政府职员所得等个别条款外，缔约国的非居民不能享受税收协定待遇。对居民的认定则遵从缔约国的法律规定，自然人居民身份的认定，主要采用住所和居所标准；法人居民身份的认定，中国以总机构所在地为准，对方如果据其国内法的规定以实际管理机构所在地或者注册地为准，我国也同意列入协定。

对于自然人的双重居民身份问题，我国在税收协定中采取了两种解决办法：一是由双方国家协商解决，如中日、中法、中比等协定；二是按照税收协定范本所规定的标准来判定纳税人的居民身份，如中英、中意、中丹等协定。对于法人的双重居民身份，则采用了三种办法：一是以"总机构所在地"为准，如中日、中德、中比等协定；二是同一法人在缔约国一方设有总机构而在缔约国另一方设有实际管理机构的，由缔约国双方协商确定，如中英、中马、中丹等协定；三是直接规定由缔约国双方协商确定，如中加、中新等协定。在中美、中澳协定中，则特别规定此类纳税人不得作为任何一方的居民享受协定待遇。

协定适用的税种范围主要是所得税。由于财产税制还没有全面实行，故在税收协定中不列财产税，但也不排除在对方国家开征财产税并对其居民境外财产征税的情况下，将财产税列为适用税种。协定适用的具体的税种名称则主要采用了直接列举和先概括后列举两种方法。

(三)对各类所得征税的规定

1. 对营业利润的征税。我国对外签订的税收协定均规定缔约国对非居民纳税人营业利润的征税权应以纳税人在该国设有常设机构为依据。在税收协定中,一般参照税收协定范本的规定,将"常设机构"定义为企业进行全部或部分营业活动的固定场所,并对属于常设机构的项目和不属于常设机构的项目分别进行列举。

(1)属于常设机构的项目。税收协定列明的属于常设机构的项目有九种,分别是：

第一,管理场所。

第二,分支机构。

第三,办事处。

第四,工厂。

第五,作业场所。

第六,矿场、油井和气井、采石场或者其他开采自然资源的场所。对这种类型的常设机构有的协定附加有作业期限的规定,时限从1个月到6个月不等。

第七,建筑工地、建筑、装配或安装工程和与工程项目有关的监督管理活动。此种类型的常设机构协定一般规定持续时间须达6个月以上,也有规定的时限更长的。持续时间的具体计算方法为合同实施之日起,至作业全部结束交付使用之日止。一个企业在我国一个工地或同一个工程连续承包两个以上的作业项目,应从第一个项目作业开始至最后完成的作业项目结束计算连续日期,不以每个工程作业项目分别计算。项目如果因故中途停顿,应持续计算连续日期。另外,外方企业把承包工程的一部分转包给其他企业,若分包商实施合同的日期在前,应自分包商开始实施之日起至全部工程作业结束交付使用之日止计算持续时间。

第八,外国企业通过其雇员或其他人员为工程项目提供劳务或咨询,具体一般指在任何12个月中连续或累计超过6个月为一个项目或相关项目提供劳务或咨询,关于这一期限在与有的国家签订的税收协定中也有不同的规定。

第九,缔约国一方企业在缔约国另一方通过非独立代理人进行的符合限定条件的营业活动。这里的限定条件有两个:一是代理人有权以其所代理企业的名义签订合同,并已经常使用这种权力,所谓"有权签订合同",是指有权经常代表所代理企业参与合同谈判,商定合同的条文,而并不要求一定是合同的最后签署人;二是代理人在缔约国另一方全部或几乎全部代表该企业,或者为该企业控制或被控制的其他企业经常接受订单。

（2）不属于常设机构的项目。税收协定列明的不属于常设机构的项目有下列三个。

第一，从事准备性或辅助性活动的场所。对"准备性"或"辅助性"的判断应把握以下三点：①其服务对象只能是本企业；②其服务不应直接起营利作用，例如某场所既为本企业采购货物又为本企业交付货物，或者某场所从事的活动与所属企业的经营活动相同，则其事实上为本企业的营利发挥着重要作用，那种专为本企业销售的机器设备提供保养和维修服务的场所，也应视为直接起营利作用；③其职责只限于事务性的服务，而不包括监督管理职能。

第二，独立代理人。但该独立代理人的活动，不应全部或几乎全部代表其所代理的企业。

第三，作为独立法人实体的子公司。但子公司如果有权以其母公司的名义签订合同，并且经常使用这种权力，则该子公司应视为其母公司的常设机构。

对于缔约国非居民纳税人营业利润的征税范围，我国在税收协定中应用归属原则，即规定仅以归属于常设机构的营业利润为课税对象。

在常设机构利润的具体计算方面，强调正常交易原则，要求常设机构应作为一个独立企业正确地计算盈亏，允许扣除其在经营中发生的各项费用。但对于常设机构和总机构之间发生的利息、特许权使用费、劳务费等则坚持"收入不计入"和"费用不列支"的原则。常设机构可以按其营业额或利润额占总机构的总营业额或利润额的比重分摊总机构的管理费用，不应仅仅由于常设机构为总机构或其他办事处采购货物，就将总机构或其他办事处的利润归属于常设机构，相应地，常设机构为此发生的费用也不应在其利润中扣除。

对于国际运输企业所得征税权的规定，在我国对外签订的税收协定中有以下几种情况：在税收协定中没有规定国际运输的条款，如中法、中美协定等，因为我国同这些国家已有互免空运和海运企业税收的协定或换文；由企业实际管理机构所在国拥有征税权，如中英、中丹协定等；由企业的居住国拥有征税权，如中日、中加税收协定等；由企业总机构所在国拥有征税权，如中比、中挪税收协定等；由企业总机构或实际管理机构所在国拥有征税权，如中芬税收协定等。

2. 对投资所得的征税。在对股息、利息和特许权使用费等投资所得征税方面，我国基本采纳了《联合国范本》的有关规定，坚持缔约国双方国家都不谋求独占税收收益，而是按照平等互利的原则进行适当的税收分享。具体做法是承认来源地国家拥有优先征税权，并由来源国按降低的限制税率征税。但我国同每一个国家签订的税收协定确定限制税率的情况不同，在大多数税收协定中规定限制税率应分别不超过股息、利息、特许权使用费总额的10%，也有的税收协定对股息、利息和特许权使用费规定不同的限制税率。另外，我国对股息收入享受限制税率一般未对纳税人占股权的比例做出明确规定。在特许权使用费课税方面,我国在应用限制税率的基础上,对税基又打了折扣,比如,对使用或有权使用工业、商业、科学设备而支付的特许权使用费,在同有关国家签订的税收协定中分别规定按支付总额的60%和70%课征预提税,这些调整通常在协定的议定书中加以明确。

3. 对财产所得的征税。对不动产的持有和转让收益,我国对外税收协定均参照两个协定范本做出规定,即应由不动产所在国行使征税权。对于不动产的定义解释,原则上遵从财产所在缔约国的法律规定。对资本利得征税权划分的规定还有:转让常设机构某营业财产或从事个人独立劳务的固定基地附属的财产,应由常设机构或固定基地的所在国征税;转让从事国际运输的船舶、飞机及其附属的动产的收益,应由转让者的居住国征税。

关于以转让股票形式转让公司财产取得收益的征税权,我国的对外税收协定采取了三种处理办法:①比照《联合国范本》的规定,将重要股权规定为控股不少于25%;②只明确转让不动产公司的股票,对转让其他公司的股票未予明确;③对以股票形式转让公司财产未予明确。

4. 对个人劳务所得的征税。在对个人劳务所得征税权的认定上,我国也基本采用了《联合国范本》的有关规定。

对于从事独立劳动取得的所得,我国一般规定原则上可以仅由该个人的居住国征税,但如有下列两种情况之一,可以在来源国征税:设有经常使用的固定基地;在有关历年中停留连续或累计超过183天。在同有的国家签订的税收协定中,还规定如果符合"限额标准",即取得的收入超过了一定的限额,来源国亦可以征税。

对个人取得的非独立劳务所得,一般规定应由受雇活动所在国征税,但对同时具备以下三个条件的可以例外处理,允许个人的居住国单独征税:①该居民在有关年度中在缔约国另一方停留连续或累计不超过183天,中途离境天数准予扣除;②其报酬不是由缔约国另一方居民的雇主支付或代表该雇主支付的;③该报酬不由雇主设在该缔约国另一方的常设机构或固定基地所负担。但在"183天标准"方面,我国同英国的税收协定规定停留时间按会计年度计算。

对于其他个人劳务所得的相关规定,我国一般都是参照两个协定范本做出的。特别值得一提的是,在我国对外签订的税收协定中,对学生、学徒和教师、研究人员的所得均规定了较为优惠的待遇。比如,对学生、学徒所得,我国对外税收协定规定的免税范围一般不像协定范本规定的那样只限于境外所得,而是也包括在非居住国境内获取的全部或部分所得,只不过有的国家是限定金额或限定条件给予免税;对于教师、研究人员的所得,我国坚持单列条款规定对缔约国一方居民到缔约国另一方的院校或科研机构从事教学、科研所取得的报酬,停留国应给予定期的免税待遇,免税期一般为3年,具体计算略有差别,也有的国家要附加一定的限制条件。

(四) 消除重复征税的方法

在消除重复征税方面,我国对外签订的税收协定中一般由双方分别决定具体方式。我方采取税收抵免方式,并对拥有支付股息公司股份不少于10%的股东,给予间接抵免。对方国家有的采用免税法,如法国、比利时、荷兰、德国、挪威、瑞士、波兰、保加利亚、西班牙、匈牙利、奥地利等国规定对其居民在中国取得的营业利润(有的还包括拥有的财产),按照税收协定可以在中国征税的,该国就不再征税;有的国家采取抵免法,如日本、英国、马来西亚、美国、丹麦、芬兰、加拿大、新西兰、巴基斯坦、新加坡、澳大利亚、科威特、泰国、南斯拉夫、巴西、罗马尼亚、蒙古、意大利等国。其中有的国家允许间接抵免,如美国、日本,美国规定的限制条件为纳税人拥有中国居民公司有选举权的股份不少于10%,日本的条件为纳税人拥有支付股息公司有选举权的股票或者该公司发生的总股份不少于25%。

采用抵免法消除重复征税的国家,除了美国、巴西、罗马尼亚、蒙古等少数国家以外,一般都在与我国签订的税收协定中给予税收饶让抵免的待遇,具体可分为两种情况。

1. 对我国税法规定的企业所得税和地方所得税的减税、免税和再投资退税,视同已经缴纳的税收,给予抵免。但具体的饶让抵免范围有一定的差异,与日本、英国、马来西亚、丹麦、芬兰等国的税收协定中,抵免限于税法和实施细则规定的减免税和再投资退税;在与加拿大、新西兰、巴基斯坦、新加坡、澳大利亚、科威特等国的税收协定中,抵免限于退税和再投资退税;与意大利、泰国、南斯拉夫等国的税收协定中,不列减免税的法律、行政法规条文,只原则规定按照法律和法规得到的减税、免税和退税,可以视同已全额征税并予以抵免。

2. 对股息、利息和特许权使用费等投资所得按定率给予税收抵免。具体实施办法是:缔约国一方居民从缔约国另一方取得的投资所得,不论该缔约国另一方按照国内法规给予减免税,还是按照税收协定规定的限制税率征税,该缔约国一方在对其居民征税时,视同已全额缴税,给予抵免。但我国同每一个国家商定的具体抵免比例不同。例如,同日本的协定规定为合营企业支付的股息按10%、其他股息按20%、利息按10%、特许权使用费按20%给予抵免;同丹麦的协定规定为股息和利息按10%、特许权使用费按20%给予税收抵免。

在中国对外签订的税收协定中,有关减免税视为已全额征税给予税收抵免的规定,大多数为缔约国对方承担的义务。但也有些税收协定,如与意大利、泰国、南斯拉夫、马来西亚等国签订的税收协定,由双方各自承诺对其居民从对方国家得到减免税视同已征税并给予抵免。

案例应用

德国一家股份公司 M 2010 年 2 月与我国一家电力公司签订了一项合同,由德国 M 公司帮助在我国建设一座发电站,价值 1 亿欧元。根据合同,德方应向我国公司提供以下技术帮助:

(1) 电站工程的设计、维修和保养(2 000 万欧元);

(2) 设施的操作技术(300 万欧元);

(3) 附属设施的制造技术(400 万欧元);

(4) 附属设施的制造图纸(4 000 万欧元);

(5) 接受中国工作人员在德国培训(300 万欧元);

(6) 派人到中国对电站的制造和安装进行监督,德方技术人员在中国停留 6 个月以上(3 000 万欧元)。

试问:如何确定常设机构并对其征税?

分析:根据中德协定第 5 条第 3 款,即常设机构包括建筑工地、建筑、装配或安装工程或者与其有关的监督管理活动,但这种工地、工程或活动以连续为期 6 个月以上为限。德国 M 公司派人到中国对电站的制造、安装进行监督,时间超过 6 个月,因而这种监督活动已构成德国 M 公司在我国的常设机构,我国对 M 公司 3 000 万欧元的监督活动收入应征收所得税(允许扣除必要的费用)。另外,M 公司向我国电力公司提供的第(1),(4),(5)项技术帮助,根据中德税收协定备忘录第 1 条(b)款中的规定,即缔约国一方居民在该缔约国进行的与其缔约国另一方设立的常设机构有关的计划制订、设计、建设或研究活动以及工程规划服务所取得的所得不应归入该常设机构,我国不对其收入(共计 6 300 万欧元)征税。M 公司向我国电力公司提供的第(2),(3)两项技术所取得的 700 万欧元的特许权使用费也不应归入其在我国设立的常设机构,但我国要对这两笔特许权使用费征收 10% 的预提税。

思考与练习

1. 《OECD 范本》和《联合国范本》有哪些主要区别?
2. 国际税收协定的演变过程对我们有何启示?

3. 依据税收协定范本的规定,应怎样理解税收无差别待遇?
4. 我国对外谈签税收协定一般要坚持哪些基本原则?
5. 国际税收协定和国内税法的关系是什么?
6. 我国对外签订的税收协定一般对税收饶让抵免如何作出规定?

第十一章 国际税收协调

International Tax Harmonization

国际税收问题伴随着国际经济活动的发展而产生，就要求国与国之间进行一定的国际税收协调。

20世纪90年代以来，随着经济全球化进程的加快，国际税收协调出现了一些新的趋势：增值税和消费税的国际协调成为商品课税中国际协调的核心内容；国际社会会进一步加强对所得税的国际协调；区域性的国际协调前景将更加广阔；加强税收征管方面的国际合作将成为各国的共同目标。

学习要点

With the development of international economic activity, some problems about international taxation have emerged, which were required to harmonize between counties.

Since 1990's, with the expediting of economic globalization process, the interntional tax harmonization appears new prospect:the international harmonization of value added tax and excise duties is becoming the core of the harmonization of commodity taxes; the international community will enhance the harmonization of income taxes further; the regional harmonization has more wide developing space; to enhance international cooperation on taxes levy and management will become the common target of all countries.

第一节　国际税收协调概述

一、国际税收协调的含义

征税是一国的主权，一个主权国家有权决定对什么征税，对什么不征税，也有权决定征多征少。也就是说，在征税问题上，一国具备完全的自主性。然而，税收又是国际经济交往和发展的一种障碍：商品课税可以影响国际贸易，所得和财产课税可以影响国际投资及国际技术转让等。在一个开放的世界中，国与国之间在经济上相互依赖、相互依存，因此，从这个意义上讲，各国实际上并不能随意制定税收制度和行使自己的征税权，在许多问题上还必须考虑本国和其他国家之间的经济关系，这要求国与国之间在税收制度和税收政策等方面进行一定的协调。

国际税收协调是指一些国家或地区为了建立共同市场或经济集团，消除税收上对商品、资金、技术、劳务、人员自由流动的障碍，采取措施使集团内不同国家和地区的税收政策、税收制度（包括税种、税率）互相接近或统一，以减轻彼此之间的冲突和摩擦，同时加强税收征管方面的国际合作，如进行税收信息交换、跨国税收联合稽查等。国际税收协调实际上就是相关国家采取共同措施，通过在互惠互利基础上达成的平等协商来共同处理国际的税收问题。此处的国际税收协调是一种国与国之间的合作性协调关系，即有关国家通过谈判就各自的税基、税率、征税规则等达成协议，并根据协议的内容确定对对方国家的商品或纳税人进行征税的制度和办法。例如，国与国之间签订的避免重复征税协定体现的就是这种合作性税收协调关系。

此外，在上述定义的基础上，还存在另外一种对国际税收协调更宽泛的理解，那就是认为国际税收协调除了包括这种合作性协调关系之外，还应包括非合作性协调关系，即一个国家在其他国家竞争压力的驱使下，在其他国家税收制度既定不变的情况下单方面调整自己的税收制度，使本国的税收制度尽量与他国保持一致，形成一种税收的国际协调。由于这种非合作性的国际税收协调是在市场竞争的基础上形成的，所以实质上是税收的国际竞争。例如，20世纪80年代中期，西方国家为了防止资本外流和税收外流（即跨国公司通过转让定价手段将应在一国实现的利润转移到税率低的他国去实现，从而给前者造成所得税流失），纷纷降低本国的公司所得税税率，公司所得税税率平均由50%降低到目前的30%~35%，这种大规模的降税浪潮实质上是西方国家之间非合作性税收协调关系的一种具体体现。另外，发展中国家为了吸引外资而开展的税收优惠竞争也是这种非合作性税收协调关系的一种体现。

二、国际税收协调的必要性

国际税收协调的前提,就是以国家主权为根据的税收管辖权。尽管二战后各种国际组织层出不穷,经济利益集团不断分化组合,但是,作为独立国家的基本主权实体仍然继续存在,各个独立国家不会轻易放弃自己的税收管辖权。当出现国与国之间的税收矛盾时,最好的解决办法只能是相互协商与合作。

(一)国际税收协调有利于各国经济共同发展

经济全球化已经成为一种趋势,但是由于各国经济的发展经常处于不平衡状态,发达国家与发展中国家的差距正在扩大,特别是当发达国家技术进步的速度超过发展中国家吸收技术的速度时,这种差距会更大。所幸的是,发达国家认识到发达国家的未来发展有赖于发展中国家的发展,发展中国家也认识到他们的未来发展依赖于能否有效地参与世界经济合作。因此,基于相同的愿望,发达国家与发展中国家共同成为税收国际协调的积极参与者。

(二)国际税收协调是国际经济交流的需要

国际经济交流由早期的商品流动、资本流动,发展到服务、劳务流动,涉及了经济生活的方方面面。由此,国际经济交流要求避免相关国家的重复征税,要求相关国家税制互相衔接,要求公平税负、无税收歧视等。这样,国际税收协调应运而生。

(三)国际税收协调可避免税收的不良作用

各国的税制差异对国际经济活动会产生多种不良影响:①较高的关税壁垒和重复征税的风险阻挠有益的国际贸易和国际投资活动,这是国际经济活动的巨大障碍;②各国的各种增税或减免税措施,引导跨国企业以非经济方式进行国际贸易和国际投资,发生资源配置的扭曲;③跨国经营企业为了适应和遵守各国不同的税制,需要增加相应的财务管理工作,增加跨国经营管理费用,不利于国际资本的流动;④一国竞争性的税收政策对相关国家造成危害,其他国家采取的相应税收措施会演变成无休止的争斗,最终影响国际经济的繁荣。20世纪90年代以来,有害的税收竞争(Harmful Tax Competition)越来越引起OECD组织的重视,2000年,OECD曾召集部长级会议,专题研讨此类问题。

基于以上几点基本理由,税收国际协调日益显现出必要性。

三、国际税收协调的内容

国际税收协调的内容涉及税收管辖权、税收制度、税收政策和税务合作等。

(一) 税收管辖权

税收管辖权是每一个主权国家专属的税收征管权力,当税收管辖权交叉、冲突时,就需要各方通过国际税收协调来解决矛盾。

(二) 税收制度

各国经济发展所处的阶段、水平不同,就会存在税收制度的差别。税收制度的差别不利于国际经贸关系的正常发展,因此有必要通过国际税收协调优化税收制度。

(三) 税收政策

由于各国税收政策的影响可以导致经济资源的人为流动,因而需要通过国际税收协调,促使世界各国在重大问题上采取一致的税收政策。

(四) 税务合作

随着国际经济关系的深化,货物、资金、人员和信息的流动非常频繁,使各国税务当局通过税收情报交换、税务高级人员的交流和加强跨国税收管理的合作等方法,努力堵塞漏洞,减少税收流失。

四、国际税收协调的范围

国际税收协调是处理国家之间税收利益关系的重要手段,在推动国际经济交流与合作中发挥了重要的作用。税收一般分为三大体制,即对所得的课税、对商品的课税和对财产的课税。一个主权国家采取何种税收体系,不是凭主观愿望所能决定的,而是受一定社会经济条件所制约的。从历史上考虑,人类税收制度的发展经历了一个曲折的过程,国际税收的形成与之密切相关。

国际税收协调的范围就是根据特定的历史条件、社会经济条件和税收的分类三个主要方面确定的。因此国际税收协调的范围就包括对所得课税的协调、对商品课税的协调和对财产课税的协调。

五、国际税收协调的主要形式

随着国际经济交往和各国涉外税收的发展,各国政府之间在不断开展国际税收领域的协调活动,逐渐形成了一系列划分国际税收权益和处理国际税务关系的准则和惯例。

在所得税和财产税方面的国际税收协调,主要是通过谈判签订双边或多边的国际税收协定来进行的。1872年,英国与瑞士签订了世界上第一个关于避免对遗产两国重负征收继承税的税收协定,这是国与国之间协调财产课税制度的开端。此后,财产课税的国际协调与所得课税的国际协调一同成为国际社会避免重复征税的重要任务。20世纪70年代《OECD范本》和《联合国范本》的产生标志着国际税收关系的协调活动进入了规范化的阶段。在此之后,国家之间缔结税收协定的活动十分活跃,国际税收协定已成为调节国家间税收关系的重要工具。

在商品税方面,1947年由美国、英国、法国等23国签订的关税和贸易总协定,是关税国际协调的典型范例。在乌拉圭回合谈判之后,这一协定的缔约方已增加到117个。以这一协定为基础,世界贸易组织于1995年1月1日正式成立。另外,一些区域性的经济组织和国家集团,如欧盟及其前身欧洲经济共同体,在关税和非关税商品课税国际协调方面不断努力,也取得了显著进展。

前面几章,我们主要分析了所得税和财产税方面所引致的国际重复征税、国际避税与逃税等国际税收问题,通过达成调节所得税和财产税方面的国际税收关系的各类双边和多边的国际税收协定,形成了一定的国际税收分配关系,从而协调国与国之间的这类税收问题。商品税方面的国际税收分配关系与所得税和财产税方面的国际税收分配关系具有不同特点,本章将转向商品课税领域,重点讨论跨国商品课税中反映出来的国际税收问题以及在商品课税领域进行的国际税收协调。

第二节 国际税收征管协作

一、税收征管的概念

税收征管即税收征收管理,是税务机关按照税收法律、行政法规的规定,对纳税人履行的纳税义务进行的组织管理、监督检查以及对其应纳税款征收入库的税务活动。

税收征收管理包括管理、征收、检查三个环节。①管理。税务机关为了搞好税款征收,对纳税人进行经常的管理工作,如税法宣传、建立各项征管制度、经济税源调查研究、组织群众协税护税等。②征收。它是指执行税法、依法办事、依率征收。③检查。它是指税务机关检查、核实纳税单位和个人有无违反税收政策法规的行为。管理是征收和检查的前提条件,检查是实现征收的关键,征收是管理和检查的归宿和终结。这三个环节各有不同的作用范围,但又互相联系,共同构成一个有机的整体。税收征收管理的主体是税务机关,征收管理的对象是纳税单位和个人。进行税收管理、征收和检查,是国家行使政治权力的一个重要方面。税收征收管理的依据是税收法律和行政法规,征纳双方的征纳活动都必须以法律、法规为准绳。税务机关特别是省以下的基层税务机关,经常的、大量的工作是征收管理,做好税收征收管理工作,对于贯彻税收政策、全面实现税收职能具有重要意义。

税收征管的目标是实现潜在税收与实际税收之间差距最小。征收管理,通过贯彻落实税收制度,加强对纳税户的管理,维护纳税人的合法权益,打击各种涉税犯罪,使税收的各种职能作用更加充分地发挥出来。

二、税收管辖和税收征管的合作

随着国民经济的持续快速增长,区域经济发展不平衡进一步加剧,在这一背景下,因区域横向税收转移问题大量存在,进一步加剧了税收在区域之间分配的不平衡。从本质上讲,税收分配属于国民收入再分配范畴,对市场经济条件下的初次分配具有调节作用。这种调节不仅包括对不同纳税能力纳税人之调节,还应包括对不同区域税收利益者之调节。坚持税收与税源相一致原则,可以解决因税收收入归属不合理而引发的区域税收转移问题,从而逐步缩小区域税收收入的差距。

税收管辖权是指一个区域政府拥有的对于税收征收和管理的基本权力,其基本含义是:区域政府行使区域管辖权,行使区域税收征收管理权是其中应有之义。在现实生活中,区域税收管辖权已成为区域政府行使区域行政管理权不可或缺的重要组成部分,管辖权之标的是税收来源。

共有税收征收管理权是指两个或两个以上区域政府,对跨区经营纳税人各自享有税收征收管理权。没有各区域政府对其管辖范围内的跨区经营纳税人进行税收征收管理,也就不可能产生区域政府之间的横向税收分配。

在坚持税收管辖的基本原则的基础上,明确各税收来源的归属问题,将有利于政府税收的征管,避免国际重复性征税问题,因为税收管辖的不明确是造成国际重复性征税的根本原因。在没有重复性征税问题存在的情况下,政府的税收征管问题要容易许多,并且减少了依法纳税人的损失,促进了社会的稳定和国与国之间的贸易往来。

欧洲委员会和经济合作与发展组织(经合组织)于1988年1月25日在法国斯特拉斯堡共同制定了《多边税收征管互助公约》。该公约向两组织成员开放,于1995年4月1日生效。

2008年爆发席卷全球的金融危机之后,国际社会高度重视税收征管协作。2009年4月,二十国集团伦敦峰会呼吁采取行动,打击国际逃避税。2010年5月,经合组织与欧洲委员会按照税收情报交换的国际标准,通过议定书形式对《多边税收征管互助公约》进行了修订。修订后的公约向全球所有国家开放,2011年6月1日开始生效。中国政府2013年8月27日正式签署《多边税收征管互助公约》,它日益成为开展国际税收征管协作的新标准。

第三节 国际商品税的协调

国际税收问题与国际经济环境是密切相关的,就商品课税而言,其国际税收问题的核心是通过国与国之间商品课税制度的协调来促进国际贸易的发展。在商品课税中,关税是国际贸易最主要的障碍,因而自然也就成为商品课税国际协调的主要对象。商品课税国际协调的历史首先是从关税的国际协调活动开始的,而且在很长的历史时期内,关税一直是商品课税国际协调的唯一领域。直到第二次世界大战以后,国内商品税的国际协调活动才开始出现,目前尚处于完善阶段。

这两类跨国商品课税具有不同的特点,进行国际协调的侧重点和具体方式也有所不同。

一、关税的国际协调

(一)关税制度的世界性国际协调

世界性国际税收协调是指由世界各国普遍参与的非区域性课税制度的协调。目前在这类协调中,关税制度的协调是一项主要内容。由于在世界范围内协调各国关税制度的目的在于促进世界贸易,而关税制度中的税率和完税价格的确定方法都会影响国际的商品交易,因此关税的世界性协调实际上涉及关税税率和完税价格的确定方法两个方面。特别是关税税率体现着一国的关税政策,它的高低直接影响国际贸易的规模,所以,关税税率的协调是世界性关税制度协调的核心问题。

1. 关税税率的世界性协调。关税税率协调的主要内容是关税税率减让。目前,世界性的关税减让有两大类:一是世界贸易组织成员在《世界贸易组织协议》的框架内进行的多边互惠减让,《世界贸易组织协议》的前身为《关贸总协定》;二是发达国家根据普惠制的原则单方面给予发展中国家的特别关税减让。这两类关税减让都不是在区域性国家集团的基础上进行的,因而属于世界性关税税率协调的范畴。

关贸总协定是国际上最早的,也是目前最主要的一个普遍调整国与国之间关税和贸易关系的法律规范。从关税的内容来看,关贸总协定规定了缔约国关税减让谈判的规则和程序,它实质上是协调缔约国关税税率的国际税收协定。

在互惠互利基础上大幅度地削减关税,是关贸总协定的基本宗旨。缔约方之间的关税减让,是通过关税谈判达成的,关贸总协定为关税谈判规定了一系列的原则、规则和程序。自关贸总协定签订以来,缔约各方共进行了8轮谈判,在这8轮谈判中,关税减让始终占有重要地位。

互惠是关贸总协定的一个基本原则。根据这个原则,关税减让应当是在互惠互利基础上的相互减让。最初,互惠原则适用于所有缔约国之间的关税减让。但是,发展中国家历史上长期受殖民主义者的统治,经济发展水平低,经济和技术基础十分薄弱,产品在国际市场上的竞争能力差,民族工业亟待发展,因此,互惠原则对于发展中国家来说是不利的。由于在以往的关税相互减让中发展中国家没有得到多少利益,所以关贸总协定素有"富人俱乐部"之称。在发展中国家的强烈要求下,关贸总协定缔约各方全体于1964年11月26日通过了题为"贸易和发展"的第四部分,将其纳入关贸总协定。第四部分对互惠原则作了有利于发展中国家的修改,它规定:"发达的缔约各方对它们在贸易谈判中对发展中的缔约各方的贸易所承诺的减少或撤除关税和其他壁垒的义务,不能希望得到互惠"。所谓"不能希望得到互惠",是指发达的缔约方"不应当期望发展中的缔约方在贸易谈判过程中做出与它们各自的发展、财政和贸易方面的需要相抵触的贡献"。根据第四部分所规定的非互惠原则,发展中成员方与发达成员方之间的关税减让并不一定是对等的相互减让。这一原则在1964～1967年进行的关税谈判("肯尼迪回合")中就已开始使用。当然,非互惠原则也并不限制发展中成员方做出有利于自己经济发展的关税减让,在1973～1979年的关税谈判("东京回合")中,就有20多个发展中成员方进行了关税减让。

非歧视原则是关贸总协定框架内关税减让的另一个重要原则,它是通过实施最惠国待遇条款来实现的。最惠国待遇条款是关贸总协定的基石,它要求"一缔约方对来自或运往其他缔约方的产品所给予的利益、优待、特权或豁免,应当立即无条件地给予来自或运往所有其他缔约方的相同产品"。根据最惠国待遇条款,一缔约方通过双边谈判给予另一缔约方的某种关税减让,也自动地、无条件地适用于其他缔约方。这样,任何一项双边关税减让都将转化为多边关税减让(关贸总协定中也对最惠国待遇条款的适用范围作了某些例外的规定)。换句话说,所有缔约方都能从某一缔约方做出的关税减让中得到利益。

关贸总协定对多边谈判的规程也做出了要求。它指出,关税是进行国际贸易的严重阻碍,通过谈判大幅度降低关税,特别是那些严重阻碍进口的高关税,对于发展国际贸易是非常重要的,因此,"缔约方全体可以随时举行这种关税谈判"。关贸总协定还规定,关税减让谈判既可以有选择地针对逐项商品进行,也可以在有关各方同意的情况下,就多种商品统一的关税减让幅度进行协商;各方做出的关税减让,都应体现在"减让表"中,作为关贸总协定的一部分;减让后的税率一经确定,就不得随意修改。

为了向发展中成员方的制成品和半制成品提供优惠的关税待遇,普惠制税率要低于最惠国税率,而且这种关税优惠只适用于从发展中成员方进口的产品,从发达成员方进口的产品不能享受。显然,普惠制和最惠国待遇条款是相悖的。为了保证普惠制的实施,使其不与关贸总协定相冲突,1979年11月"东京回合"结束时,缔约方全体通过了所谓的"授权条款",允许"缔约各方可以撇开《关贸总协定》第1条各款的规定,给予发展中成员方差别和更加优惠的待遇,而不将这种待遇给予其他缔约方"。"授权条款"给普惠制在关贸总协定的框架内确定了一个合法地位,同时也为发达成员方与发展中成员方之间的关税协调提供了一个法律规范。

1995年1月1日世界贸易组织诞生,《世界贸易组织协议》正式生效,并取代了原来的《关贸总协定》,成为协调世界贸易组织成员方关税和贸易政策的法律文件。

2. 完税价格审定方法的国际协调。关税分从量税和从价税两种。从价税的计征依据为进口商品的价格,应纳关税等于完税价格与适用税率的乘积。在税率一定的情况下,变动完税价格会直接影响商品应缴纳的关税,所以,关税完税价格的审定方法,也是影响进出口贸易的一个重要因素。如果国际社会只对关税税率进行协调,而对完税价格的审定方法不做统一的规定,一些国家还是可以通过人为提高进口商品完税价格的办法来限制商品进口。这个问题在关贸总协定签约时就已引起了缔约各方的重视。关贸总协定明确规定,缔约方不得通过改变完税价格的审定方法来减损其所做出的关税减让的价值。同时,它还规定了审定完税价格的一般原则,即应以进口商品或相同商品的实际价格,而不得以国内产品的价格或者以武断的或虚构的价格作为计征关税的依据。所谓"实际价格",是指购货时的成交价格。根据关贸总协定的要求,这一成交价格必须是"在进口国立法所确定的某一时间和地点,在充分竞争条件下的一般交易中,出售或推销某种商品或同类商品的价格"。

1950年12月,部分欧洲国家在比利时首都布鲁塞尔签署公约,决定成立海关合作理事会,其主要目的是统一和协调各国的关税征收制度和征收办法,促进各国之间的海关事务合作。目前,海关合作理事会的成员国已由最初的十几个发展到近百个。我国1983年加入了该组织,成为第95个成员国。与《关于成立海关合作理事会公约》同时签署的还有《海关税则商品分类目录公约》和《海关商品估价公约》。

《海关商品估价公约》是协调成员国关税完税价格审定办法的国际性公约,它规定的完税价格审定方法与关贸总协定略有不同。它要求成员国以进口商品的正常价格而非实际价格作为确定完税价格的依据,也就是说,进口商品的完税价格不能完全以其发票上的价格为确定依据,而应以在买卖双方相互独立的采购地市场上任何买方都可买到该种商品所需支付的价格为依据。这样,在同一条件下，不同进口商进口同样的商品，就应该按相同的正常价格来确定完税价格。用正常价格作为审定完税价格的依据，其目的是防止进口商假报发票价格从中逃税。另外，海关商品估价公约还规定，进口商品的完税价格应以到岸价格来确定。

为了进一步统一关税完税价格的审定办法，在"东京回合"的贸易谈判中，关贸总协定缔约国全体通过了《海关估价协定》（又称《新估价法规》）。该协定在上述两种估价方法的基础上确定了一种折中的估价方法，即海关在审定进口商品的完税价格时，应以合同价格或发票价格（二者又称为成交价格）为依据，同时可对合同或发票价格进行必要的调整。至于完税价格以到岸价格还是以离岸价格为依据，则允许缔约国根据本国立法确定。这种完税价格的审定办法，欧共体国家和美国从1980年7月1日起开始采用，其他一些发达国家也已从1981年1月1日起采用。按规定，成为缔约方的发展中国家可延至1986年起采用。我国1992年4月1日起实施的《进出口关税条例》规定，进口货物以海关审定的成交价格为基础的到岸价格作为完税价格。

（二）区域国际经济一体化中的关税协调

区域经济一体化中的关税协调有两种类型：一是只协调成员国之间的关税，不涉及成员国对集团以外的关税，其具体做法是，彻底拆除成员国之间的关税壁垒，规定成员国之间进行贸易免征关税；允许成员国对非成员国的商品实行本国各自的关税税则。二是同时协调成员国的对内和对外关税，其做法是，对内取消成员国之间的关税；对成员国以外的第三国规定共同的关税税则，实行共同的对外关税税率。实施上述两种关税协调的经济一体化组织分别被称为自由贸易区和关税同盟。

欧洲联盟（简称欧盟）是由欧洲经济共同体（简称欧共体）发展而来的。欧共体自20世纪50年代成立以来，经过不断扩大，欧盟至今已有25个成员国。此外，欧盟还与50多个国家与领地建立了联系国制度，把它的某些约束扩大到了其他地区。为了建立统一大市场，欧盟各国之间在商品税的国际协调方面一直走在世界前列，之前欧共体的关税协调是区域经济一体化中关税协调的比较成功的例子，在这方面提供了比较成功的经验。

1958年1月生效的欧共体《罗马条约》的内容包括：成立六国关税同盟（当时的六个成员国为法国、原联邦德国、意大利、荷兰、卢森堡、比利时），逐步降低并最终取消共同体内部关税，逐步废除进口数量限制，逐步建立统一的对外关税税率和贸易政策，实现共同体内部商品、人员、劳务和资本的自由流动，协调各成员国的税收立法等。可见，欧共体的关税协调是采取关税同盟的形式，包括对内关税协调和对外关税协调两个部分。

1. 对内关税协调。在欧共体建立初期,六个成员国的政治经济发展很不平衡,对外关税政策也很不一致。其中,德、荷、比、卢实行的是低关税政策,因此对于取消内部关税壁垒持积极态度,而法、意实行的是高关税政策。法国当时的平均关税要比原联邦德国高出40%~60%,取消欧共体的内部关税会影响法国的财权利益,而意大利的国内工业基础比法国又要差许多,也是一个一直以高关税保护国内市场的国家。为此,《罗马条约》规定,内部关税的完全取消在1958年1月1日起的12年内,分3个阶段进行,每个阶段为4年。但是,在实现取消内部关税的过程中,出于排挤美国商品对欧共体倾销以及加强在关贸总协定中同美国谈判的地位的需要,也由于共同体成员国的内部贸易和出口贸易在关税协调后的快速增长以及法国和意大利在关税协调中的实际受益,欧共体加快了废止内部关税的协调进程,从1958年1月1日《罗马条约》生效之日起至1968年7月1日只用了10年半的时间,欧共体就建成了完全取消成员国之间关税的关税同盟,在欧共体内部避免了对一种国际流通商品要同时征收关税和国内商品税的国际重复征税。

1972年以后陆续加入欧共体的英国、爱尔兰、丹麦等新的成员国,同早期的六个成员国之间内部进口关税和出口关税的废止,则是根据它们当时所达成的协议分别进行的。

内部关税的废止使来自欧共体成员国的进口商品同来自欧共体以外国家的同类进口商品相比,具有明显的排他优势,从而欧共体内部贸易得到促进,成员国的总体对外竞争能力也得到加强。其直接效果表现在:1958~1969年11年时间内,欧共体内部各成员国之间的进出口贸易额年平均增长率为16.5%,与欧共体各国的进出口贸易额年平均增长率11.5%相比,其增速超过43.5%,从而使欧共体各成员国之间进出口贸易额占其进出口贸易总额的比重,从原来的30%迅速提高到48%以上。

2. 对外关税协调。欧共体对外关税协调的目标,是确立成员国对外部第三方国家进出口的共同关税率,并将这个关税率削减到一般水平以下,以促进欧共体对外贸易的发展。

共同关税的制定,是对外关税协调的关键环节。因为各成员国的经济发展水平参差不齐,所以需要关税保护的程度高低不一。共同对外关税率的水平如果过高,以前关税率较低、经济比较发达的国家就会失去许多从第三国进口廉价产品而得到的利益;而共同对外关税率的水平如果过低,成员内部工业受到保护的程度就会下降,不利于原先关税税率较高的国家。

欧共体确定共同对外关税率的具体做法是:以共同体内四大关税区(前联邦德国、法国、意大利及荷比卢关税同盟)1957年1月1日的实际关税率为基础,按算术平均法求得共同对外关税税率。由于前联邦德国和荷比卢两大关税区的关税税率较低,其进口额占共同体总进口额的比重又较大,采用算术平均法比以进口额为权数的加权平均法,更能照顾法国和意大利这两个高关税国家的利益,有助于关税同盟的顺利形成。为了有助于发展欧共体的对外贸易,以换取其他国家的贸易互惠,罗马条约还在附件中规定了各类产品共同关税率的最高限,如果按算术平均法计算得到的关税率高于最高限,则应以最高限税率为共同关税率。

欧共体对外共同关税率的实施亦采取分步到位的办法,于1968年7月1日全部完成。由于在关贸总协定的"狄龙回合"和"肯尼迪回合"谈判中,欧共体与其他国家达成了互减关税的协议,实际的共同关税率比原先预定的水平又有所降低,共同关税的平均水平只有10.7%,比美国当时17.6%的平均关税水平要低39%,更有利于欧共体对外贸易的发展。

共同关税率的实施,使欧共体初步形成一个用统一的关税壁垒保护起来的大市场,有力地促进了成员国对外贸易的发展。据统计,从共同关税率开始分阶段逐步实施起到1969年,欧共体对外出口总计增长了2.77倍,而同期其他西欧国家和美国的对外出口分别仅增长了1.64倍和1.39倍。

二、国内商品税的国际协调

(一)国内商品税征税原则的协调

一个国家课征国内商品税,可以选择两种征税原则:一是产地原则,是指一国政府对产自本国的所有商品课税,而不论这些商品是在本国消费还是在国外消费;二是消费地原则,又称目的地原则,是指一国政府对在本国消费的所有商品课税,而不论这些商品产自本国还是从国外进口。这样,当一出口国实行产地原则,而另一进口国实行消费地原则时,同一批商品就会既负担出口国征收的国内商品税,又负担进口国的国内商品税,由于出口商品要负担两国的税收,它在进口国的国内市场上就不能与进口国本国生产的同类产品进行公平竞争,不利于国际贸易的发展。所以,为了避免对商品的国际重复征税,各国应实行相同的商品课税原则。

然而,究竟应选择产地原则还是消费地原则,应该从税收协调的效率原则和公平原则两方面进行考察,特别是从世界范围内的资源有效配置和国家间公平这两方面来考察。

其一,从世界效率的角度来看,假设两国统一实行消费地原则,即不管是国外产品还是国内同类产品,只要在本国消费就征收同样的税收,而对出口商品退还国内商品税,这样两国的产品则分别都可以在对方的市场上与对方的同类产品进行公平竞争。即使两国对同类商品的税率有差异,也不会影响商品跨国流动,原有的国家间分工和一国商品的比较优势将继续保持,从而不会扭曲世界资源的有效配置。而如果假设两国统一实行产地原则,即只对产自于本国的所有商品课税,那么一国的出口产品和进口国产品就会面临着不同的税收负担(假设两国的税率不同),从这个角度来看,产地原则税收协调导致了国内商品的不公平竞争,最终会影响国家间的国际贸易分工格局,从而不利于世界资源的有效配置。

其二,从国家间公平的角度看。根据国际上公认的国家间税收公平的原则,一国只应对本国的消费者课税,而不应对外国的消费者课税,即一国不应把税收负担转嫁给外国消费者,实行税负输出政策。按照这一要求,各国课征国内商品税显然应当统一实行消费地原则。如果按照产地原则课税,则税款会加到出口商品价格中去由外国消费者负担,尤其是各国的税率高低不一,一国课征较高的国内商品税而最终由他国消费者负担是不符合国家间公平课税原则的。一国税收由他国消费者负担之所以不公平,是因为税收最终要用于政府的支出,而一国政府支出只是使本国消费者受益,外国消费者并未从中受益。从这个意义上说,采取消费地原则有利于国家间的税收公平。

从效率和公平相结合的角度来看,国际税收协调的消费地原则比产地原则要有优势,故而当前世界上大多数国家已接受了把统一实行消费地原则作为商品税课税原则协调的目标。消费地原则也被关贸总协定、世界贸易组织和其他一些国际协定所采纳。以关贸总协定为例,关贸总协定中的许多条款都鼓励各国通过出口退税,同时对进口产品课征国内商品税的办法实行消费地原则。所谓出口退税,是指产品在出口前已在制造或其他环节负担了出口国的税收,为了贯彻出口国不征税而由进口国征税的消费地原则,应在产品出口时将产品负担的税收予以退还。《关贸总协定》第3条第1款就规定,进口国可以对进口产品征收国内税,但不能用此办法对国内生产提供保护。对于出口退税,关贸总协定也给予认可,其第6条第4款规定,一缔约方的产品输入到另一缔约方,进口国不得因产品在出口国已经退税便对它征收反倾销税或反补贴税。另外,关于第16条的补充规定也指出,退还与所缴数量相等的国内税,不能视为出口补贴。根据《关贸总协定》等有关的国际协定,目前世界各国的国内商品课税制度中有关国际贸易商品部分基本上都实行消费地原则。

(二) 国内商品税税率的协调

国内商品税一般对国产商品和进口商品同等对待,其跨国经济的影响并不像关税那样表现得非常突出,但不同国家国内商品税率的差异也会对国际贸易和国际税收利益的分配产生不利影响,在实行关税同盟和采用同一征税原则的国家之间这种影响表现得更为突出。

在经济一体化程度较高的国家之间,关税壁垒等商品自由流动的障碍较少,这时国内商品税率的协调是相当重要的。通过尽可能地统一有关国家的国内商品税率并使这一税率保持在适当的水平,可以减少由于消费者争相到低税国消费以及低税国产品大量向高税国出口而造成对国际贸易的扭曲性影响和对高税国经济利益的损害,同时,也能有效地避免有关国家通过对不同商品实行差别的国内商品税率来达到与关税壁垒相似的保护国内市场的目的,使国际贸易较少受到税收因素的影响。但是,由于国家间国内商品税税率的差异很大,税率的高低又与有关国家的财政经济利益息息相关,这方面的国际税收协调在实践中可谓举步维艰,目前尚未取得理想的效果。

在商品税的国际协调方面,关贸总协定起着特殊的作用。它的主要任务是举行多边谈判,协商解决缔约国在贸易与关税方面的矛盾与冲突。在关贸总协定的努力下,世界各国的关税水平大幅度下降,这对国际贸易的发展起到了良好的促进作用。关贸总协定也包含了部分协调国内商品税课税原则的条款。

许多区域性的国际经济组织也在商品税的国际协调方面发挥着重要作用,其中欧盟的做法最为典型。欧盟成员国不仅实现了内部的关税减让,形成了对外的关税同盟,还成功地统一了国内商品税的税种和征收方式,目前已致力于商品税税率的协调。

第四节 数字经济及 BEPS 背景下的国际税收问题与协调

一、数字经济及 BEPS 背景下国际税收问题

20 世纪 90 年代末,"数字经济"概念由美国政府首先提出,该概念不是凭空产生的,而是信息和通信技术爆炸所带来的转型过程的产物。数字经济是指一个基于信息化的经济系统,在这个系统中,数字技术(包括各种电子商务、在线支付服务、各类应用软件商店、在线广告、云端计算、参与式网络平台和极速贸易等)被广泛使用,给整个经济环境和经济活动带来了根本性的变化。同时,数字经济也是一个信息和商务活动都逐步向数字化过渡的全新的社会政治和经济系统。

随着数字经济、互联网等新经济形态的飞速发展,跨国企业内部的全球范围价值链整合带来的一系列税收问题,同样以更为广泛的形式存在于跨国企业的价值链上。国际化公司设计的税收构架往往庞大而复杂,仅管理其中某一个节点单位的主管税务机关无法了解该公司全球税务构架全貌,当然就无法对该节点单位在其全球构架中承担的责任和应获的利益做出整体评估。同时,一些重要的重组和交易行为根本不会在构架末端单位的财务、税务或工商等披露信

息中体现,这就大大增加了基层税务机关搜集和掌握相关涉税信息的难度。近年来,越来越多的国际大型科技跨国公司被爆出其运用数字经济下新型避税工具,通过一系列税收筹划,将大量资金转移到无税或低税的国家或地区,从而规避其应该缴纳的税款,如谷歌和脸谱,其所有业务几乎都以数据的收集、存储和出售的方式在线进行,但从这类活动中取得的绝大部分所得都由高税收管辖地转移到了避税地,即使这些数据是从高税收管辖地获得。

以法国为例,谷歌、脸谱、亚马逊等互联网大型跨国公司,其在法国几乎所有的业务都是以收集大量用户个人信息,并把这些信息卖给广告商的方式在线进行的,然而,让谷歌等其他跨国互联网公司缴纳更多所得税,难度十分大。例如,2011年,谷歌法国分公司表示其在法国境内营业收入总金额为1.929亿欧元,净利润为830万欧元,其中已交税650万欧元。但专家指出,2011年谷歌法国分公司营业收入的绝大部分来自广告,这项收入就近乎14亿欧元,是其所公布数目的7倍多;脸谱法国子公司2012年正式营业额是760万欧元,支付了19.1133万欧元的盈利税,与脸谱在法国的业务规模相比,这个金额看来实在少得可怜。据法国媒体估计,实际上2012年脸谱法国网站的营业额起码有3亿欧元,有3 000万欧元的税前盈利。由于国际利润转移,使得法国对来自于法国境内的巨额营业收入无法有效征税,因此法国不得不另寻其他途径减少避税给国家税收带来的损失。

如今,电子商务涉及的增值税征收、BEPS下的新型避税问题已经引起了国际税收领域的特别关注。

二、数字经济及BEPS行动计划背景下国际税收问题协调

税基侵蚀和利润转移行动计划是2013年以来20国集团(G20)和经合组织(OECD)大力推动的一项旨在变革国际税收规则、防止企业在全球范围内逃避纳税义务的重要项目。我国为应对日趋复杂的国际反避税形势,也积极参与该项目。

(一)关于税基侵蚀和利润转移

税基侵蚀和利润转移(BEPS)是指跨国企业利用各国税制差异和征管漏洞,包括避税地和低税管辖区税制,最大限度规避居民国和来源国税收,造成在全球范围内的零税负或低税负,侵蚀各国税基的行为。BEPS问题主要涉及企业所得税,在间接税方面,由于国际协调的缺失、数字经济的冲击而带来的管理困境和税收流失问题也逐渐显现。对于从事跨境交易的企业而言,滥用跨境免税重组规定、借助金融工具隐匿收入性质、转移无形资产法律所有权至低税地、设计复杂交易套取税收协定优惠、向低税地设立的受控外国公司转移利润等,

都是企业规避纳税的常见手法,也是税基侵蚀的典型方式。

2012年,路透社报道了美国星巴克公司在英国逃避税的案例。该公司在英国14年来的营业额达到14亿英镑,但累计缴纳企业所得税仅为860万英镑。其避税手段包括:向爱尔兰、瑞士、荷兰等低税地或有税收优惠规定的管辖区支付高额专利与版权费;利用公司的生产链,将利润分配给其他位于低税率管辖区的分公司等。美国财政部的经济学家们甚至估计,由于使用了复杂的避税手段,苹果公司仅2011年在美国就少交了24亿美元的税款,造成了美国税收的巨大流失。

(二) BEPS 行动计划的由来

当前,税基侵蚀和利润转移问题引起国际社会高度关注,表现为各国收入的严重流失,危及国家税收主权和经济可持续发展,其根源在于现行国际税收规则严重滞后于经济全球化和商业模式发展。有害税收竞争(以避税地和优惠税制等为特征)和各国税制差异为税基侵蚀提供了土壤;愈演愈烈的恶意税收筹划则在很大程度上放大了税基侵蚀的破坏性。以规避或减少在全球范围纳税为目的的利润转移,是税基侵蚀的主要形式,数字经济和信息技术的迅猛发展使利润转移更为隐蔽和便捷,也进一步侵蚀着发达国家和发展中国家的税基。

始于2008年的金融危机给OECD成员及其他国家带来了严重的财政困难,欧美发达国家决心行动起来,并基于维护税收主权的共同利益和政治意愿,联合了包括中国在内的新兴市场经济和发展中大国,成功使这个旨在变革跨境交易基本税收规则和打击逃避税的BEPS项目获得G20领导人的一致支持,并在OECD的强力推动下不断推进,其主导制定的行动计划包含15项具体行动。

自20世纪20年代以来,随着跨境交易的不断发展,各国不断制定并完善本国税法,以确保有效行使税收管辖权,同时通过签署税收协定防止跨境交易所得被双重征税;在税收协定中通过约束居民国和来源地税收管辖权合理分配税收管辖权,促进国际经济合作与交流。这些国际和国内法规则在很长时期支持和保障了各国财政和全球经济的增长。

然而,这些规则体系,尽管也经过修改完善,在跨境交易规模迅速增长、商业模式日新月异的环境下,已经漏洞百出,甚至形同虚设,难以阻挡一些跨国企业在全球逃避纳税肆虐之势。主要原因在于:①国家间的税制差异导致同样性质的所得或费用在不同国家获得不同的税收待遇,企业通过操控这些所得或费用的流向就可能获得在任何地方都不征税的结果;②避税地、低税地或优惠税制的存在使得转移利润获得少交或不交税的好处成为可能,并在筹划中介的推动下最终得以实现;③税收协定包含的限制或优惠税收条款使其从避免双重征税的初衷逐渐沦落为规避税收管辖的工具;④跨境重组、金融工具渗透下交易的复杂性、无形资产对价值创造的重要性、信息技术推动下交易的便利性和移动性使税务局一步步远离真相,体会征管的无力感。

作为财税领域最为权威的政策研究机构和发达国家协调和实施税收规则强有力的实体,OECD近几十年来一直致力于推动税收协定和转让定价规则的制定,防止有害税收竞争,在更大范围内通过情报交换和行政合作促进税收遵从。但由于涉及面广、涉及问题复杂,以传统方式打击跨境逃避税的国际合作努力无功而返。在此背景下,美国财长助理Manal Corwin首先提出有关税基侵蚀和利润转移的概念,并逐步得到国际社会的广泛关注。

2012年6月,在G20财长和央行行长会议上,各国一致同意通过国际合作应对BEPS问题,并委托OECD开展研究。此后,OECD在2013年1月和6月先后发布了《BEPS报告》和《BEPS行动计划》,并在G20圣彼得堡峰会得到各国领导人背书。2013年9月,OECD牵头成立了G20/OECD/BEPS项目,以BEPS指导小组为统一决策和管理机构,下设数字经济、协定、转让定价、有害税收竞争、恶意税收筹划、数据统计分析等6个工作组。该项目参与方除OECD成员外,还包括G20非OECD成员8国,所有参与者享有同等发言权,其中中国等15国被选为BEPS指导小组成员。根据该项目时间安排,15个计划中的5项(混合错配、无形资产、协定滥用、同期资料和数字经济)将于2014年9月前完成,8项(受控外国公司、风险和资本、其他高风险交易、防止规避构成常设机构避税、利息扣除、数据统计分析、强制披露制度、争端解决机制)将于2015年底前完成,其余2项(有害税收竞争、多边工具)将在2015年后完成。

(三) BEPS计划的主要内容

BEPS计划是应对税基侵蚀和利润转移的一揽子方案,主要针对企业所得税政策、管理和税收协定等方面,各项措施以解决双重或多重不征税问题为目标,15项计划之间相互联系、互为补充,每个计划的实施时间表有所不同,计划的成果也有差异。15项计划可以分为五类:

1. 数字经济。为应对数字经济带来的对现行税收规则的挑战,应基于数字经济下商业模式的特点审查现行税收协定规则、转让定价规则等方面存在的问题,并根据识别的问题提出政策建议和解决方案。该项计划的成果将以报告的形式呈现。

2. 协调各国企业所得税税制。针对利用同一实体、所得或交易在不同国家税收待遇不同,以及滥用协定进行的税收筹划,提出协定范本和国内法修改建议;在强化受控外国公司税收规则,防止利润转移境外避税方面提出政策建议;在制止利用利息支出和金融工具交易避税方面提出政策建议;在OECD发起的有害税收竞争论坛工作的基础上,审议包括非 OECD 成员国在内的各国优惠税制,提出解决有害税收竞争问题的建议。

3. 重构现行税收协定和转让定价国际规则,以更好适应各国税制和全球价值链变化带来的影响。如通过修订协定防止滥用常设机构条款规避在来源地的纳税义务;通过制定规则遏制集团内部和关联企业间通过无形资产转移、风险转移和资本分配而转移利润逃避征税行为。

4. 提高税收管理和遵从各层面的透明度,增强可预见性和确定性,具体包括:要求纳税人如实披露税收筹划行为;税务机关应减轻纳税人提交同期资料的负担;提高协定执行中相互协商解决争端的效率和确定性;建立收集和分析 BEPS 数据的方法。

5. BEPS 行动计划的迅速实施。开发一个政策工具,以便更快速地落实其他行动计划中提出的政策建议,可能的方法包括提出的一个涉及协定条款内容的修订并在达成共识基础上签署多边协议,以自动替换和实施现有双边和多边协定条款等有关内容。

（四）BEPS 行动计划对国际的影响

根据 BEPS 项目的既定目标,BEPS 行动计划包含一揽子税收协定和国内法修订建议、反避税规则与措施、国内税制审查和多项提高管理确定性和可预测性的措施,标志着跨境交易税收规则的重大调整。目前虽尚未完全确定最终方案如何提交 G20,另外,各项建议的法律地位和执行效果尚待观察与确定。但可以预见,通过 OECD 对 BEPS 项目技术层面的集中制定,且受到 G20 领导人强力支持的最终措施将对 G20 国家、OECD 成员国以及其他国家和地区产生很强的政治压力和行政影响力。其国际影响将至少包括以下几个方面:

第一,重建与经济全球化和现代商业模式相适应的企业所得税税制,这将大大缓解跨国公司利用低税地和税收协定分离经济活动发生地和纳税地以规避税收的现状,在很大程度上减少跨境交易税收流失行为,从而促进正常的商业投资和竞争,减少税收对经济发展的扭曲,促进全球经济恢复活力和发展中国家的经济增长。

第二,重建全球税收利益分配规则,促进和恢复居民国和来源国的征税。通过积极参与各项行动计划、提高规则制定话语权,新兴发展中国家（如印度、中国、巴西等）将有机会在税收利益重新分配中受益。

第三,增加国家财政收入,经济发展快、经济活力强的国家将在一定程度上恢复对流失所得的征税。

第四,无税地或低税地可能被迫放弃其优惠税制,采取与其他国家协调一致的税制和管理,并由此削弱其作为低税地的吸引力和竞争力,有利于正常税制国家税源回流和税基维护。

第五,以此为起点,有可能带来不同国家之间更加紧密的税收征管合作,通过情报交换与征税互助等国际合作加大对国际逃避税的打击力度。

第六,进一步压缩国际税收筹划的空间和能力,降低各国税收征收成本和企业遵从成本,营造公平的纳税环境。

(五) BEPS 行动计划对中国的影响

BEPS 项目虽然由欧美发达国家发起和推动,但是对于我国的国际税收管理至少带来了以下几个方面的积极影响:

1. 为我国的国际税收管理提供了有益的参考和借鉴。在各国领导人的高度重视之下,BEPS 项目各参与方为该项目的推进提供了最高端的技术支持。15 个行动计划以先进管理理念和智慧为引导,系统梳理和整合了经济全球化时代国际税收管理的重点和难点,具体计划涵盖经济分析(如"数据统计与分析"行动计划)、新商业模式对传统国际规则的挑战(如"数字经济"行动计划)、以全新分析理念和方法分配税收利益(如"转让定价结果与价值贡献相一致"的项目)等不同的角度和重要税收领域,其中每一项都代表了当今世界在相关领域的最前沿的研究成果,对我国借鉴先进理念完善国际税收领域立法、风险识别与分析、管理手段的优化等均大有裨益。

2. 为我国在国际税源竞争中争取更大的权益提供了机遇。作为处于经济转型期的国家,我国的经济发展既具有发展中国家的特征,又部分具有发达国家的特点。长期以来,跨国公司习惯于将中国子公司定位为功能单一的合约加工、合约销售或合约研发公司,仅在全球价值链中给予中国子公司微薄的利润回报。近年来,伴随着中国专业技术人员水平的不断提升和中国由世界工厂向世界市场的转变,中国公司在跨国公司全球布局中承担的功能已越来越丰富,中国公司在全球价值链中做出的贡献也越来越大。自 2008 年以来,我国在国际会议和对外谈判中,反复强调应充分考虑中国特有的经济特点对跨国公司价值链的贡献,但并不为所有国家接受。这次 BEPS 行动计划中提出的从价值贡献角度对跨国公司利润进行分配的理念和方法,为我国在今后的反避税调查和对外磋商中,充分强调"特殊地域优势、应用性无形资产、中国研发和营销团队的贡献"等契合我国经济特点的利润分配因素,从而在国际税源争夺中争取最大的税收利益提供了难得的机遇。

3. 为加强跨境税源管理提供了信息支持。税企双方的信息不对称,是所有国家在进行跨境税源管理中共同面临和急待解决的问题。为了配合其他相关项目的顺利推进,BEPS 第 13 个行动计划要求跨国公司向税务机关全面提供全球和各子公司两个层次的相关信息资料。这些信息资料中,既包括跨国公司整体运营情况等宏观信息,也包括跨国公司各个子公司在各国的纳税情况等微观信息。如果该行动计划能够顺利实施,将有效解决我国在跨境税源管理中遇到的信息瓶颈难题:一方面,我国税务机关可以打破属地管理的限制,全面了解中国子公司在跨国公司全球产业链中的功能和贡献,更为客观地分析和判断中国子公司的利润水平;另一方面,伴随着越来越多的"走出去"企业,国际通行的信息披露制度可以使我国税务机关及时了解和掌握我国居民企业的境外投资和所得情况,保证境外税源的及时回流。

4. 有利于促进我国在国际规则制定方面的参与、锻炼和人才队伍培养,提升我国在税收领域国际组织中的话语权和影响力。

5. 在中国跨境投资规模日益壮大、世界贸易大国地位得到加强的背景下,我国的税基将得到拓展,带来企业所得税和其他税种收入的增加。

6. BEPS 计划的实施将有利于提高税收遵从的确定性和可预测性,营造国际范围内的公平纳税环境,有利于促进我国对外投资的发展。

同时应该看到,BEPS 行动计划对中国而言存在一些潜在的风险,其最终实施给我国可能带来不利:一是美欧等国在税收国际规则制定方面的强势地位和多年来参与相关课题的深度研究与合作形成了明显的先发优势,相对而言我国参与时间短、经验不足、人才缺乏。这些有可能导致我们对相关问题认识不足,话语权有限,其最终成果是否以及在多大程度上利于我国尚待观察。二是 BEPS 最终成果将由 G20 峰会确认和通过,因而对我国有一定程度的约束作用。三是在强化国际合作和协调的背景下,我国香港地区的优惠税制和税收合作能力将承受越来越大的压力。

(六) 中国政府与 BEPS 多边公约

2017 年 6 月 8 日,中国政府在法国巴黎签署《实施税收协定相关措施以防止税基侵蚀和利润转移(BEPS)的多边公约》(下称《公约》)。此次包括中国在内的 67 个国家和地区成为《公约》首批签署方。

《公约》旨在将国际税改 BEPS 项目的成果应用于全球 3 000 多个税收协定中。《公约》将在为具体税收协定政策提供灵活性的同时,执行最低标准防止协定滥用,并改进争议解决机制。另外,《公约》也将使各国政府可以通过 BEPS 项目所制定的其他税收协定措施来完善本国的税收协定。多边公约文本的起草过程非常艰难,因为其既要保证 BEPS 有关税收协定的成果建议得以纳入,同时又要充分考虑各国对 BEPS 成果建议的不同立场、现行协定的不同规定、国内对多边公约批准生效的程序性要求,相当于 100 多个国家同时对 2 000 多个双边税收协定开展谈判。经过一年多的谈判,多边公约文本于 2016 年 11 月正式通过,并开放给所有国家和辖区签署,包括前期未参与多边公约谈判的国家和辖区。各国可以选择将哪些现有税收协定纳入多边公约修订的范围。对于非最低标准的条款，各国可以选择是否采纳。对于部分最低标准条款，多边公约也提供了灵活的采纳方式。一般来说，仅在税收协定缔约双方选择一致的情况下，相应协定条款才被多边公约修改。另外，各国在第一次提交正式立场以后，仍然可以对立场做出一定范围内的调整，对于第一次未采纳的条款可以在后续选择采纳，但第一次已经采纳的条款则不能撤回。

《公约》是第一个在全球范围内就跨境所得税收政策进行多边协调的法律文件，有利于促进主要经济体之间协调一致，开展务实高效合作，构建公平和现代化的国际税收体系，促进世界经济包容性增长。同时，它的签署也标志着二十国集团（G20）国际税收改革项目 BEPS 所有行动计划完成。BEPS 行动计划中与税收协定相关的共有 5 项，这些措施无法通过各国单边修订国内法的方式落实，而是需要将其纳入双边税收协定，对于已经签署的税收协定，则需要进行修订。为尽快落实 BEPS 行动计划成果，避免逐个修订双边税收协定，BEPS 第 15 项行动计划提出制定一个多边协议来修订现有的几千个双边税收协定，这也就是上述《公约》。全球国家或地区间的税收协定超过 3 000 多份，一份《公约》要保证实施税收协定相关的 BEPS 行动计划措施的及时且一致，挑战极大。

此次《公约》共设七章三十九条，纳入了消除混合错配安排的影响、防止协定优惠的不当授予等 BEPS 行动计划成果等。考虑到执行与税收协定相关的 BEPS 行动计划应对措施需适应不同税收政策，此次《公约》一大关键特点就是灵活性、可选择性强。比如，缔约方可自行选择《公约》将适用于其哪些税收协定，将特定税收协定排除在《公约》拟涵盖的税收协定清单之外。缔约方可在不同选项中，选择其拟采取的有关应对协定滥用和改进争议解决的方式，以满足 BEPS 最低标准。其实，《公约》并不是替代现行双边税收协定，《公约》文本只是对如何修订现行协定的某一条款进行说明，各国通过在签署和批准时提交保留事项来明确该国是否接受某项修订。《公约》的签署是过去短短不到四年内中国对外签署的第三个多边税收合作法律工具，连同中国对外签署的 102 个双边税收协定、10 个情报交换协议以及十余个双边税收合作备忘录，共同构成中国国际税收合作的法律框架，可望有力促进中国参与双边多边国际经济合作，并为经济全球化的健康和可持续发展提供强有力的法律支撑。

案例应用

1. IBM 公司在澳大利亚的公开案件。IBM 在澳大利亚的子公司（IBM 澳大利亚）于 1987 年与其美国母公司（IBM 美国）签订了《软件使用权许可协议》，许可 IBM 澳大利亚使用 IBM 美国的软件设计并完成销售。相应的，IBM 澳大利亚会以其收入的 40% 作为对 IBM 美国的回报。在许可协议生效后，IBM 澳大利亚一直以特许权使用费的形式向 IBM 美国进行支付，并代扣代缴了预提所得税。然而，自 1997 年起，IBM 澳大利亚选择将绝大部分收入视为 IBM 美国的营业利润而非特许权使用费，并不再代扣代缴预提所得税。就此，澳大利亚税务机关（ATO）做出了不同的认定，要求其仍按照特许权使用费进行处理，并因此补缴相关税款总计约 5 500 万澳元。2009 年 7 月，IBM 澳大利亚向法庭提起申诉，但法庭最终驳回了 IBM 澳大利亚的请求，同时根据两国双边税收协定的相关规定，即发生于缔约国一方并由缔约国另一方居民企业受益所有的特许权使用费，应仅在缔约国另一方征税，裁决其应该按照澳大利亚税务机关的要求补缴相关税款。在本案中，企业方面认为其作为经销商，所开展的商业行为是建立在其与母公司所签订的《软件分销协议》之上的，而非《软件使用权许可协议》。因此，其母公司的绝大部分收入应该被视为营业利润而非特许权使用费所得。相反，税务机关则认为，企业在其商业活动中利用了母公司的知识产权，并以此为基础进行了价值创造活动，而非单纯的分销行为。因此，其与母公司所签署的分销协议并不是一个独立于知识产权协议的单独协议，因而有理由将其母公司的收入视为特许权使用费，并就其在相关年度支付的特许权使用费在澳大利亚缴纳预提所得税。

上述裁决显示了数字经济下对于所得性质认定的一个新趋势，即与数字化服务相关的收入在某些情况下很可能被判定按照特许权使用费进行征税。显而易见，本案对在澳大利亚境内设有子公司的其他信息技术公司的收入定性有深远影响。在这样的大背景下，更多的企业不得不寻找证据对收入进行重新评估和再分类，以期降低被认定为特许权使用费收入的风险。当然，这也要求纳税人完整披露其整个商业过程以支持其观点。

2. 2014 年，因被多征税款，杰瑞能源险些损失百万利润的案例为"走出去"的企业敲响警钟。为拓展国际市场，杰瑞能源服务有限公司在哈萨克斯坦投资注册子公司，由于不十分了解《中哈税收协定》的税收优惠政策，子公司被哈萨克斯坦税务机关按照该国税法多征税款 150 万元。幸运的是，国家税务总局启动中哈双边协商程序，最终退回多征税款。类似杰瑞能源这样的案例绝非少数，这只不过是我国诸多"走出去"企业遭遇税收拦路虎的案例之一。事实上，据商务部统计，我国每年"走出去"企业因遭遇税收歧视、税收争议等问题所造成的损失高达数百亿元，60% 左右的"走出去"企业都面临着国际税收不透明的困境。据国家税务总局税务司统计数据显示，2014 年我国各级税务机关共受理享受税收协定备案 4 694 件，审批类税收协定待遇申请 4 933 件，减免税款共计 138.81 亿元。在"一带一路"倡议及国际税收发展呈现透明度的背景下，将逐渐避免我国海外投资企业遭遇税收歧视、税收争议的困境,如截至2015年10月,我国已与53个"一带一路"沿线国家签署税收协定,利用多边税收协定、税收征管公约、金融账户信息监控等,实现国际税收信息共享,提高税收透明度。

从以上案例也可以看出国际税收的重要性,跨国企业应当主动学习相关国家税收法律法规,同时我国政府应同外国签订相关税收协定,为我国海外投资企业保驾护航。

思考与练习

1. 什么是普惠制?它是如何产生的?
2. 国内商品税的课征为什么应实行消费地原则?
3. 简述《实施税收协定相关措施以防止税基侵蚀和利润转移(BEPS)的多边公约》的实施意义。
4. 简述 BEPS 行动计划的影响及我国的应对。

附录一 MODEL CONVENTION WITH RESPECT TO TAXES ON INCOME AND ON CAPITAL(Condensed Version)

Chapter I
SCOPE OF THE CONVENTION

ARTICLE 1
PERSONS COVERED

This Convention shall apply to persons who are residents of one or both of the Contracting States.

ARTICLE 2
TAXES COVERED

1. This Convention shall apply to taxes on income and on capital imposed on behalf of a Contracting State or of its political subdivisions or local authorities, irrespective of the manner in which they are levied.

2. There shall be regarded as taxes on income and on capital all taxes imposed on total income, on total capital, or on elements of income or of capital, including taxes on gains from the alienation of movable or immovable property, taxes on the total amounts of wages or salaries paid by enterprises, as well as taxes on capital appreciation.

3. The existing taxes to which the Convention shall apply are in particular:
   a) (in State A): ....
   b) (in State B): ....

4. The Convention shall apply also to any identical or substantially similar taxes that are imposed after the date of signature of the Convention in addition to, or in place of, the existing taxes. The competent authorities of the Contracting States shall

notify each other of any significant changes that have been made in their taxation laws.

Chapter II
DEFINITIONS

ARTICLE 3
GENERAL DEFINITIONS

1. For the purposes of this Convention, unless the context otherwise requires:

a) the term "person" includes an individual, a company and any other body of persons;

b) the term "company" means any body corporate or any entity that is treated as a body corporate for tax purposes;

c) the term "enterprise" applies to the carrying on of any business;

d) the terms "enterprise of a Contracting State" and "enterprise of the other Contracting State" mean respectively an enterprise carried on by a resident of a Contracting State and an enterprise carried on by a resident of the other Contracting State;

e) the term "international traffic" means any transport by a ship or aircraft operated by an enterprise that has its place of effective management in a Contracting State, except when the ship or aircraft is operated solely between places in the other Contracting State;

f) the term "competent authority" means:
   (i) (in State A): ....
   (ii) (in State B): ....

g) the term "national", in relation to a Contracting State, means:
   (i) any individual possessing the nationality or citizenship of that Contracting State; and
   (ii) any legal person, partnership or association deriving its status as such from the laws in force in that Contracting State;

h) the term "business" includes the performance of professional services and of other activities of an independent character.

2. As regards the application of the Convention at any time by a Contracting State, any term not defined therein shall, unless the context otherwise requires, have the meaning that it has at that time under the law of that State for the purposes of the

taxes to which the Convention applies, any meaning under the applicable tax laws of that State prevailing over a meaning given to the term under other laws of that State.

ARTICLE 4
RESIDENT

1. For the purposes of this Convention, the term "resident of a Contracting State" means any person who, under the laws of that State, is liable to tax therein by reason of his domicile, residence, place of management or any other criterion of a similar nature, and also includes that State and any political subdivision or local authority thereof. This term, however, does not include any person who is liable to tax in that State in respect only of income from sources in that State or capital situated therein.

2. Where by reason of the provisions of paragraph 1 an individual is a resident of both Contracting States, then his status shall be determined as follows:

a) he shall be deemed to be a resident only of the State in which he has a permanent home available to him; if he has a permanent home available to him in both States, he shall be deemed to be a resident only of the State with which his personal and economic relations are closer (centre of vital interests);

b) if the State in which he has his centre of vital interests cannot be determined, or if he has not a permanent home available to him in either State, he shall be deemed to be a resident only of the State in which he has an habitual abode;

c) if he has an habitual abode in both States or in neither of them, he shall be deemed to be a resident only of the State of which he is a national;

d) if he is a national of both States or of neither of them, the competent authorities of the Contracting States shall settle the question by mutual agreement.

3. Where by reason of the provisions of paragraph 1 a person other than an individual is a resident of both Contracting States, then it shall be deemed to be a resident only of the State in which its place of effective management is situated.

ARTICLE 5
PERMANENT ESTABLISHMENT

1. For the purposes of this Convention, the term "permanent establishment" means a fixed place of business through which the business of an enterprise is wholly or partly carried on.

2. The term "permanent establishment" includes especially:

a) a place of management;

b) a branch;

c) an office;

d) a factory;

e) a workshop, and

f) a mine, an oil or gas well, a quarry or any other place of extraction of natural resources.

3. A building site or construction or installation project constitutes a permanent establishment only if it lasts more than twelve months.

4. Notwithstanding the preceding provisions of this Article, the term "permanent establishment" shall be deemed not to include:

a) the use of facilities solely for the purpose of storage, display or delivery of goods or merchandise belonging to the enterprise;

b) the maintenance of a stock of goods or merchandise belonging to the enterprise solely for the purpose of storage, display or delivery;

c) the maintenance of a stock of goods or merchandise belonging to the enterprise solely for the purpose of processing by another enterprise;

d) the maintenance of a fixed place of business solely for the purpose of purchasing goods or merchandise or of collecting information, for the enterprise;

e) the maintenance of a fixed place of business solely for the purpose of carrying on, for the enterprise, any other activity of a preparatory or auxiliary character;

f) the maintenance of a fixed place of business solely for any combination of activities mentioned in subparagraphs a) to e), provided that the overall activity of the fixed place of business resulting from this combination is of a preparatory or auxiliary character.

5. Notwithstanding the provisions of paragraphs 1 and 2, where a person—other than an agent of an independent status to whom paragraph 6 applies—is acting on behalf of an enterprise and has, and habitually exercises, in a Contracting State an authority to conclude contracts in the name of the enterprise, that enterprise shall be deemed to have a permanent establishment in that State in respect of any activities which that person undertakes for the enterprise, unless the activities of such person are limited to those mentioned in paragraph 4 which, if exercised through a fixed place of business, would not make this fixed place of business a permanent establishment under the provisions of that paragraph.

6. An enterprise shall not be deemed to have a permanent establishment in a Contracting State merely because it carries on business in that State through a broker, general commission agent or any other agent of an independent status, provided that such persons are acting in the ordinary course of their business.

7. The fact that a company which is a resident of a Contracting State controls or is controlled by a company which is a resident of the other Contracting State, or which carries on business in that other State (whether through a permanent establishment or otherwise), shall not of itself constitute either company a permanent establishment of the other.

Chapter III
TAXATION OF INCOME
ARTICLE 6
INCOME FROM IMMOVABLE PROPERTY

1. Income derived by a resident of a Contracting State from immovable property (including income from agriculture or forestry) situated in the other Contracting State may be taxed in that other State.

2. The term "immovable property" shall have the meaning which it has under the law of the Contracting State in which the property in question is situated. The term shall in any case include property accessory to immovable property, livestock and equipment used in agriculture and forestry, rights to which the provisions of general law respecting landed property apply, usufruct of immovable property and rights to variable or fixed payments as consideration for the working of, or the right to work, mineral deposits, sources and other natural resources; ships, boats and aircraft shall not be regarded as immovable property.

3. The provisions of paragraph 1 shall apply to income derived from the direct use, letting, or use in any other form of immovable property.

4. The provisions of paragraphs 1 and 3 shall also apply to the income from immovable property of an enterprise.

ARTICLE 7
BUSINESS PROFITS

1. Profits of an enterprise of a Contracting State shall be taxable only in that

State unless the enterprise carries on business in the other Contracting State through a permanent establishment situated therein. If the enterprise carries on business as aforesaid, the profits that are attributable to the permanent establishment in accordance with the provisions of paragraph 2 may be taxed in that other State.

2. For the purposes of this Article and Article [23 A] [23 B], the profits that are attributable in each Contracting State to the permanent establishment referred to in paragraph 1 are the profits it might be expected to make, in particular in its dealings with other parts of the enterprise, if it were a separate and independent enterprise engaged in the same or similar activities under the same or similar conditions, taking into account the functions performed, assets used and risks assumed by the enterprise through the permanent establishment and through the other parts of the enterprise.

3. Where, in accordance with paragraph 2, a Contracting State adjusts the profits that are attributable to a permanent establishment of an enterprise of one of the Contracting States and taxes accordingly profits of the enterprise that have been charged to tax in the other State, the other State shall, to the extent necessary to eliminate double taxation on these profits, make an appropriate adjustment to the amount of the tax charged on those profits. In determining such adjustment, the competent authorities of the Contracting States shall if necessary consult each other.

4. Where profits include items of income which are dealt with separately in other Articles of this Convention, then the provisions of those Articles shall not be affected by the provisions of this Article.

ARTICLE 8
SHIPPING, INLAND WATERWAYS TRANSPORT AND AIR TRANSPORT

1. Profits from the operation of ships or aircraft in international traffic shall be taxable only in the Contracting State in which the place of effective management of the enterprise is situated.

2. Profits from the operation of boats engaged in inland waterways transport shall be taxable only in the Contracting State in which the place of effective management of the enterprise is situated.

3. If the place of effective management of a shipping enterprise or of an inland waterways transport enterprise is aboard a ship or boat, then it shall be deemed to be

situated in the Contracting State in which the home harbour of the ship or boat is situated, or, if there is no such home harbour, in the Contracting State of which the operator of the ship or boat is a resident.

4. The provisions of paragraph 1 shall also apply to profits from the participation in a pool, a joint business or an international operating agency.

ARTICLE 9
ASSOCIATED ENTERPRISES

1. Where

a) an enterprise of a Contracting State participates directly or indirectly in the management, control or capital of an enterprise of the other Contracting State, or

b) the same persons participate directly or indirectly in the management, control or capital of an enterprise of a Contracting State and an enterprise of the other Contracting State,

and in either case conditions are made or imposed between the two enterprises in their commercial or financial relations which differ from those which would be made between independent enterprises, then any profits which would, but for those conditions, have accrued to one of the enterprises, but, by reason of those conditions, have not so accrued, may be included in the profits of that enterprise and taxed accordingly.

2. Where a Contracting State includes in the profits of an enterprise of that State—and taxes accordingly—profits on which an enterprise of the other Contracting State has been charged to tax in that other State and the profits so included are profits which would have accrued to the enterprise of the firstmentioned State if the conditions made between the two enterprises had been those which would have been made between independent enterprises, then that other State shall make an appropriate adjustment to the amount of the tax charged therein on those profits. In determining such adjustment, due regard shall be had to the other provisions of this Convention and the competent authorities of the Contracting States shall if necessary consult each other.

ARTICLE 10
DIVIDENDS

1. Dividends paid by a company which is a resident of a Contracting State to a resident of the other Contracting State may be taxed in that other State.

2. However, dividends paid by a company which is a resident of a Contracting State may also be taxed in that State according to the laws of that State, but if the beneficial owner of the dividends is a resident of the other Contracting State, the tax so charged shall not exceed:

a) 5 per cent of the gross amount of the dividends if the beneficial owner is a company (other than a partnership) which holds directly at least 25 per cent of the capital of the company paying the dividends;

b) 15 per cent of the gross amount of the dividends in all other cases.

The competent authorities of the Contracting States shall by mutual agreement settle the mode of application of these limitations. This paragraph shall not affect the taxation of the company in respect of the profits out of which the dividends are paid.

3. The term "dividends" as used in this Article means income from shares, "jouissance" shares or "jouissance" rights, mining shares, founders' shares or other rights, not being debt-claims, participating in profits, as well as income from other corporate rights which is subjected to the same taxation treatment as income from shares by the laws of the State of which the company making the distribution is a resident.

4. The provisions of paragraphs 1 and 2 shall not apply if the beneficial owner of the dividends, being a resident of a Contracting State, carries on business in the other Contracting State of which the company paying the dividends is a resident through a permanent establishment situated therein and the holding in respect of which the dividends are paid is effectively connected with such permanent establishment. In such case the provisions of Article 7 shall apply.

5. Where a company which is a resident of a Contracting State derives profits or income from the other Contracting State, that other State may not impose any tax on the dividends paid by the company, except insofar as such dividends are paid to a resident of that other State or insofar as the holding in respect of which the dividends are paid is effectively connected with a permanent establishment situated in that other State, nor subject the company's undistributed profits to a tax on the company's undistributed profits, even if the dividends paid or the undistributed profits consist wholly or partly of profits or income arising in such other State.

ARTICLE 11
INTEREST

1. Interest arising in a Contracting State and paid to a resident of the other

Contracting State may be taxed in that other State.

2. However, interest arising in a Contracting State may also be taxed in that State according to the laws of that State, but if the beneficial owner of the interest is a resident of the other Contracting State, the tax so charged shall not exceed 10 per cent of the gross amount of the interest. The competent authorities of the Contracting States shall by mutual agreement settle the mode of application of this limitation.

3. The term "interest" as used in this Article means income from debt-claims of every kind, whether or not secured by mortgage and whether or not carrying a right to participate in the debtor's profits, and in particular, income from government securities and income from bonds or debentures, including premiums and prizes attaching to such securities, bonds or debentures. Penalty charges for late payment shall not be regarded as interest for the purpose of this Article.

4. The provisions of paragraphs 1 and 2 shall not apply if the beneficial owner of the interest, being a resident of a Contracting State, carries on business in the other Contracting State in which the interest arises through a permanent establishment situated therein and the debt-claim in respect of which the interest is paid is effectively connected with such permanent establishment. In such case the provisions of Article 7 shall apply.

5. Interest shall be deemed to arise in a Contracting State when the payer is a resident of that State. Where, however, the person paying the interest, whether he is a resident of a Contracting State or not, has in a Contracting State a permanent establishment in connection with which the indebtedness on which the interest is paid was incurred, and such interest is borne by such permanent establishment, then such interest shall be deemed to arise in the State in which the permanent establishment is situated.

6. Where, by reason of a special relationship between the payer and the beneficial owner or between both of them and some other person, the amount of the interest, having regard to the debt-claim for which it is paid, exceeds the amount which would have been agreed upon by the payer and the beneficial owner in the absence of such relationship, the provisions of this Article shall apply only to the last-mentioned amount. In such case, the excess part of the payments shall remain taxable according to the laws of each Contracting State, due regard being had to the other provisions of this Convention.

ARTICLE 12
ROYALTIES

1. Royalties arising in a Contracting State and beneficially owned by a resident of the other Contracting State shall be taxable only in that other State.

2. The term "royalties" as used in this Article means payments of any kind received as a consideration for the use of, or the right to use, any copyright of literary, artistic or scientific work including cinematograph films, any patent, trade mark, design or model, plan, secret formula or process, or for information concerning industrial, commercial or scientific experience.

3. The provisions of paragraph 1 shall not apply if the beneficial owner of the royalties, being a resident of a Contracting State, carries on business in the other Contracting State in which the royalties arise through a permanent establishment situated therein and the right or property in respect of which the royalties are paid is effectively connected with such permanent establishment. In such case the provisions of Article 7 shall apply.

4. Where, by reason of a special relationship between the payer and the beneficial owner or between both of them and some other person, the amount of the royalties, having regard to the use, right or information for which they are paid, exceeds the amount which would have been agreed upon by the payer and the beneficial owner in the absence of such relationship, the provisions of this Article shall apply only to the last-mentioned amount. In such case, the excess part of the payments shall remain taxable according to the laws of each Contracting State, due regard being had to the other provisions of this Convention.

ARTICLE 13
CAPITAL GAINS

1. Gains derived by a resident of a Contracting State from the alienation of immovable property referred to in Article 6 and situated in the other Contracting State may be taxed in that other State.

2. Gains from the alienation of movable property forming part of the business property of a permanent establishment which an enterprise of a Contracting State has in the other Contracting State, including such gains from the alienation of such a permanent establishment (alone or with the whole enterprise), may be taxed in that

other State.

3. Gains from the alienation of ships or aircraft operated in international traffic, boats engaged in inland waterways transport or movable property pertaining to the operation of such ships, aircraft or boats, shall be taxable only in the Contracting State in which the place of effective management of the enterprise is situated.

4. Gains derived by a resident of a Contracting State from the alienation of shares deriving more than 50 per cent of their value directly or indirectly from immovable property situated in the other Contracting State may be taxed in that other State.

5. Gains from the alienation of any property, other than that referred to in paragraphs 1,2,3 and 4, shall be taxable only in the Contracting State of which the alienator is a resident.

ARTICLE 14
INDEPENDENT PERSONAL SERVICES
(Deleted)

ARTICLE 15
INCOME FROM EMPLOYMENT

1. Subject to the provisions of Articles 16,18 and 19, salaries, wages and other similar remuneration derived by a resident of a Contracting State in respect of an employment shall be taxable only in that State unless the employment is exercised in the other Contracting State. If the employment is so exercised, such remuneration as is derived therefrom may be taxed in that other State.

2. Notwithstanding the provisions of paragraph 1, remuneration derived by a resident of a Contracting State in respect of an employment exercised in the other Contracting State shall be taxable only in the first-mentioned State if:

 a) the recipient is present in the other State for a period or periods not exceeding in the aggregate 183 days in any twelve month period commencing or ending in the fiscal year concerned, and

 b) the remuneration is paid by, or on behalf of, an employer who is not a resident of the other State, and

 c) the remuneration is not borne by a permanent establishment which the employer has in the other State.

3. Notwithstanding the preceding provisions of this Article, remuneration derived

in respect of an employment exercised aboard a ship or aircraft operated in international traffic, or aboard a boat engaged in inland waterways transport, may be taxed in the Contracting State in which the place of effective management of the enterprise is situated.

ARTICLE 16
DIRECTORS' FEES

Directors' fees and other similar payments derived by a resident of a Contracting State in his capacity as a member of the board of directors of a company which is a resident of the other Contracting State may be taxed in that other State.

ARTICLE 17
ENTERTAINERS AND SPORTSPERSONS

1. Notwithstanding the provisions of Article 15, income derived by a resident of a Contracting State as an entertainer, such as a theatre, motion picture, radio or television artiste, or a musician, or as a sportsperson, from that resident's personal activities as such exercised in the other Contracting State, may be taxed in that other State.

2. Where income in respect of personal activities exercised by an entertainer or a sportsperson acting as such accrues not to the entertainer or sportsperson but to another person, that income may, notwithstanding the provisions of Article 15, be taxed in the Contracting State in which the activities of the entertainer or sportsperson are exercised.

ARTICLE 18
PENSIONS

Subject to the provisions of paragraph 2 of Article 19, pensions and other similar remuneration paid to a resident of a Contracting State in consideration of past employment shall be taxable only in that State.

ARTICLE 19
GOVERNMENT SERVICE

1. a) Salaries, wages and other similar remuneration paid by a Contracting State

or a political subdivision or a local authority thereof to an individual in respect of services rendered to that State or subdivision or authority shall be taxable only in that State.

b) However, such salaries, wages and other similar remuneration shall be taxable only in the other Contracting State if the services are rendered in that State and the individual is a resident of that State who:

(i) is a national of that State; or

(ii) did not become a resident of that State solely for the purpose of rendering the services.

2. a) Notwithstanding the provisions of paragraph 1, pensions and other similar remuneration paid by, or out of funds created by, a Contracting State or a political subdivision or a local authority thereof to an individual in respect of services rendered to that State or subdivision or authority shall be taxable only in that State.

b) However, such pensions and other similar remuneration shall be taxable only in the other Contracting State if the individual is a resident of, and a national of, that State.

3. The provisions of Articles 15, 16, 17, and 18 shall apply to salaries, wages, pensions, and other similar remuneration in respect of services rendered in connection with a business carried on by a Contracting State or a political subdivision or a local authority thereof.

ARTICLE 20
STUDENTS

Payments which a student or business apprentice who is or was immediately before visiting a Contracting State a resident of the other Contracting State and who is present in the first-mentioned State solely for the purpose of his education or training receives for the purpose of his maintenance, education or training shall not be taxed in that State, provided that such payments arise from sources outside that State.

ARTICLE 21
OTHER INCOME

1. Items of income of a resident of a Contracting State, wherever arising, not dealt with in the foregoing Articles of this Convention shall be taxable only in that

State.

2. The provisions of paragraph 1 shall not apply to income, other than income from immovable property as defined in paragraph 2 of Article 6, if the recipient of such income, being a resident of a Contracting State, carries on business in the other Contracting State through a permanent establishment situated therein and the right or property in respect of which the income is paid is effectively connected with such permanent establishment. In such case the provisions of Article 7 shall apply.

Chapter IV
TAXATION OF CAPITAL

ARTICLE 22
CAPITAL

1. Capital represented by immovable property referred to in Article 6, owned by a resident of a Contracting State and situated in the other Contracting State, may be taxed in that other State.

2. Capital represented by movable property forming part of the business property of a permanent establishment which an enterprise of a Contracting State has in the other Contracting State may be taxed in that other State.

3. Capital represented by ships and aircraft operated in international traffic and by boats engaged in inland waterways transport, and by movable property pertaining to the operation of such ships, aircraft and boats, shall be taxable only in the Contracting State in which the place of effective management of the enterprise is situated.

4. All other elements of capital of a resident of a Contracting State shall be taxable only in that State.

Chapter V
METHODS FOR ELIMINATION OF DOUBLE TAXATION

ARTICLE 23 A
EXEMPTION METHOD

1. Where a resident of a Contracting State derives income or owns capital which, in accordance with the provisions of this Convention, may be taxed in the other

Contracting State, the first-mentioned State shall, subject to the provisions of paragraphs 2 and 3, exempt such income or capital from tax.

2. Where a resident of a Contracting State derives items of income which, in accordance with the provisions of Articles 10 and 11, may be taxed in the other Contracting State, the first-mentioned State shall allow as a deduction from the tax on the income of that resident an amount equal to the tax paid in that other State. Such deduction shall not, however, exceed that part of the tax, as computed before the deduction is given, which is attributable to such items of income derived from that other State.

3. Where in accordance with any provision of the Convention income derived or capital owned by a resident of a Contracting State is exempt from tax in that State, such State may nevertheless, in calculating the amount of tax on the remaining income or capital of such resident, take into account the exempted income or capital.

4. The provisions of paragraph 1 shall not apply to income derived or capital owned by a resident of a Contracting State where the other Contracting State applies the provisions of this Convention to exempt such income or capital from tax or applies the provisions of paragraph 2 of Article 10 or 11 to such income.

ARTICLE 23 B
CREDIT METHOD

1. Where a resident of a Contracting State derives income or owns capital which, in accordance with the provisions of this Convention, may be taxed in the other Contracting State, the first-mentioned State shall allow:

a) as a deduction from the tax on the income of that resident, an amount equal to the income tax paid in that other State;

b) as a deduction from the tax on the capital of that resident, an amount equal to the capital tax paid in that other State.

Such deduction in either case shall not, however, exceed that part of the income tax or capital tax, as computed before the deduction is given, which is attributable, as the case may be, to the income or the capital which may be taxed in that other State.

2. Where in accordance with any provision of the Convention income derived or capital owned by a resident of a Contracting State is exempt from tax in that State, such State may nevertheless, in calculating the amount of tax on the remaining income or capital of such resident, take into account the exempted income or capital.

Chapter VI
SPECIAL PROVISIONS

ARTICLE 24
NON-DISCRIMINATION

1. Nationals of a Contracting State shall not be subjected in the other Contracting State to any taxation or any requirement connected therewith, which is other or more burdensome than the taxation and connected requirements to which nationals of that other State in the same circumstances, in particular with respect to residence, are or may be subjected. This provision shall, notwithstanding the provisions of Article 1, also apply to persons who are not residents of one or both of the Contracting States.

2. Stateless persons who are residents of a Contracting State shall not be subjected in either Contracting State to any taxation or any requirement connected therewith, which is other or more burdensome than the taxation and connected requirements to which nationals of the State concerned in the same circumstances, in particular with respect to residence, are or may be subjected.

3. The taxation on a permanent establishment which an enterprise of a Contracting State has in the other Contracting State shall not be less favourably levied in that other State than the taxation levied on enterprises of that other State carrying on the same activities. This provision shall not be construed as obliging a Contracting State to grant to residents of the other Contracting State any personal allowances, reliefs and reductions for taxation purposes on account of civil status or family responsibilities which it grants to its own residents.

4. Except where the provisions of paragraph 1 of Article 9, paragraph 6 of Article 11, or paragraph 4 of Article 12, apply, interest, royalties and other disbursements paid by an enterprise of a Contracting State to a resident of the other Contracting State shall, for the purpose of determining the taxable profits of such enterprise, be deductible under the same conditions as if they had been paid to a resident of the first-mentioned State. Similarly, any debts of an enterprise of a Contracting State to a resident of the other Contracting State shall, for the purpose of determining the taxable capital of such enterprise, be deductible under the same conditions as if they had been contracted to a resident of the first-mentioned State.

5. Enterprises of a Contracting State, the capital of which is wholly or partly owned or controlled, directly or indirectly, by one or more residents of the other

Contracting State, shall not be subjected in the first-mentioned State to any taxation or any requirement connected therewith which is other or more burdensome than the taxation and connected requirements to which other similar enterprises of the firstmentioned State are or may be subjected.

6. The provisions of this Article shall, notwithstanding the provisions of Article 2, apply to taxes of every kind and description.

ARTICLE 25
MUTUAL AGREEMENT PROCEDURE

1. Where a person considers that the actions of one or both of the Contracting States result or will result for him in taxation not in accordance with the provisions of this Convention, he may, irrespective of the remedies provided by the domestic law of those States, present his case to the competent authority of the Contracting State of which he is a resident or, if his case comes under paragraph 1 of Article 24, to that of the Contracting State of which he is a national. The case must be presented within three years from the first notification of the action resulting in taxation not in accordance with the provisions of the Convention.

2. The competent authority shall endeavour, if the objection appears to it to be justified and if it is not itself able to arrive at a satisfactory solution, to resolve the case by mutual agreement with the competent authority of the other Contracting State, with a view to the avoidance of taxation which is not in accordance with the Convention. Any agreement reached shall be implemented notwithstanding any time limits in the domestic law of the Contracting States.

3. The competent authorities of the Contracting States shall endeavour to resolve by mutual agreement any difficulties or doubts arising as to the interpretation or application of the Convention. They may also consult together for the elimination of double taxation in cases not provided for in the Convention.

4. The competent authorities of the Contracting States may communicate with each other directly, including through a joint commission consisting of themselves or their representatives, for the purpose of reaching an agreement in the sense of the preceding paragraphs.

5. Where,

   a) under paragraph 1, a person has presented a case to the competent authority of a Contracting State on the basis that the actions of one or both of the

Contracting States have resulted for that person in taxation not in accordance with the provisions of this Convention, and

b) the competent authorities are unable to reach an agreement to resolve that case pursuant to paragraph 2 within two years from the presentation of the case to the competent authority of the other Contracting State,

any unresolved issues arising from the case shall be submitted to arbitration if the person so requests. These unresolved issues shall not, however, be submitted to arbitration if a decision on these issues has already been rendered by a court or administrative tribunal of either State. Unless a person directly affected by the case does not accept the mutual agreement that implements the arbitration decision, that decision shall be binding on both Contracting States and shall be implemented notwithstanding any time limits in the domestic laws of these States. The competent authorities of the Contracting States shall by mutual agreement settle the mode of application of this paragraph. ①

ARTICLE 26
EXCHANGE OF INFORMATION

1. The competent authorities of the Contracting States shall exchange such information as is foreseeably relevant for carrying out the provisions of this Convention or to the administration or enforcement of the domestic laws concerning taxes of every kind and description imposed on behalf of the Contracting States, or of their political subdivisions or local authorities, insofar as the taxation thereunder is not contrary to the Convention. The exchange of information is not restricted by Articles 1 and 2.

2. Any information received under paragraph 1 by a Contracting State shall be treated as secret in the same manner as information obtained under the domestic laws of that State and shall be disclosed only to persons or authorities (including courts

---

① In some States, national law, policy or administrative considerations may not allow or justify the type of dispute resolution envisaged under this paragraph. In addition, some States may only wish to include this paragraph in treaties with certain States. For these reasons, the paragraph should only be included in the Convention where each State concludes that it would be appropriate to do so based on the factors described in paragraph 65 of the Commentary on the paragraph. As mentioned in paragraph 74 of that Commentary, however, other States may be able to agree to remove from the paragraph the condition that issues may not be submitted to arbitration if a decision on these issues has already been rendered by one of their courts or administrative tribunals.

and administrative bodies) concerned with the assessment or collection of, the enforcement or prosecution in respect of, the determination of appeals in relation to the taxes referred to in paragraph 1, or the oversight of the above. Such persons or authorities shall use the information only for such purposes. They may disclose the information in public court proceedings or in judicial decisions. Notwithstanding the foregoing, information received by a Contracting State may be used for other purposes when such information may be used for such other purposes under the laws of both States and the competent authority of the supplying State authorises such use.

3. In no case shall the provisions of paragraphs 1 and 2 be construed so as to impose on a Contracting State the obligation:

a) to carry out administrative measures at variance with the laws and administrative practice of that or of the other Contracting State;

b) to supply information which is not obtainable under the laws or in the normal course of the administration of that or of the other Contracting State;

c) to supply information which would disclose any trade, business, industrial, commercial or professional secret or trade process, or information the disclosure of which would be contrary to public policy (ordre public).

4. If information is requested by a Contracting State in accordance with this Article, the other Contracting State shall use its information gathering measures to obtain the requested information, even though that other State may not need such information for its own tax purposes. The obligation contained in the preceding sentence is subject to the limitations of paragraph 3 but in no case shall such limitations be construed to permit a Contracting State to decline to supply information solely because it has no domestic interest in such information.

5. In no case shall the provisions of paragraph 3 be construed to permit a Contracting State to decline to supply information solely because the information is held by a bank, other financial institution, nominee or person acting in an agency or a fiduciary capacity or because it relates to ownership interests in a person.

ARTICLE 27
ASSISTANCE IN THE COLLECTION OF TAXES1

1. The Contracting States shall lend assistance to each other in the collection of revenue claims. This assistance is not restricted by Articles 1 and 2. The competent authorities of the Contracting States may by mutual agreement settle the mode of

application of this Article.

2. The term "revenue claim" as used in this Article means an amount owed in respect of taxes of every kind and description imposed on behalf of the Contracting States, or of their political subdivisions or local authorities, insofar as the taxation thereunder is not contrary to this Convention or any other instrument to which the Contracting States are parties, as well as interest, administrative penalties and costs of collection or conservancy related to such amount.

3. When a revenue claim of a Contracting State is enforceable under the laws of that State and is owed by a person who, at that time, cannot, under the laws of that State, prevent its collection, that revenue claim shall, at the request of the competent authority of that State, be accepted for purposes of collection by the competent authority of the other Contracting State. That revenue claim shall be collected by that other State in accordance with the provisions of its laws applicable to the enforcement and collection of its own taxes as if the revenue claim were a revenue claim of that other State.

4. When a revenue claim of a Contracting State is a claim in respect of which that State may, under its law, take measures of conservancy with a view to ensure its collection, that revenue claim shall, at the request of the competent authority of that State, be accepted for purposes of taking measures of conservancy by the competent authority of the other Contracting State. That other State shall take measures of conservancy in respect of that revenue claim in accordance with the provisions of its laws as if the revenue claim were a revenue claim of that other State even if, at the time when such measures are applied, the revenue claim is not enforceable in the firstmentioned State or is owed by a person who has a right to prevent its collection.

5. Notwithstanding the provisions of paragraphs 3 and 4, a revenue claim accepted by a Contracting State for purposes of paragraph 3 or 4 shall not, in that State, be subject to the time limits or accorded any priority applicable to a revenue claim under the laws of that State by reason of its nature as such. In addition, a revenue claim[①] accepted by a Contracting State for the purposes of paragraph 3 or 4

---

① In some countries, national law, policy or administrative considerations may not allow or justify the type of assistance envisaged under this Article or may require that this type of assistance be restricted, e. g. to countries that have similar tax systems or tax administrations or as to the taxes covered. For that reason, the Article should only be included in the Convention where each State concludes that, based on the factors described in paragraph 1 of the Commentary on the Article, they can agree to provide assistance in the collection of taxes levied by the other State.

shall not, in that State, have any priority applicable to that revenue claim under the laws of the other Contracting State.

6. Proceedings with respect to the existence, validity or the amount of a revenue claim of a Contracting State shall not be brought before the courts or administrative bodies of the other Contracting State.

7. Where, at any time after a request has been made by a Contracting State under paragraph 3 or 4 and before the other Contracting State has collected and remitted the relevant revenue claim to the first-mentioned State, the relevant revenue claim ceases to be

a) in the case of a request under paragraph 3, a revenue claim of the firstmentioned State that is enforceable under the laws of that State and is owed by a person who, at that time, cannot, under the laws of that State, prevent its collection, or

b) in the case of a request under paragraph 4, a revenue claim of the firstmentioned State in respect of which that State may, under its laws, take measures of conservancy with a view to ensure its collection

the competent authority of the first-mentioned State shall promptly notify the competent authority of the other State of that fact and, at the option of the other State, the first-mentioned State shall either suspend or withdraw its request.

8. In no case shall the provisions of this Article be construed so as to impose on a Contracting State the obligation:

a) to carry out administrative measures at variance with the laws and administrative practice of that or of the other Contracting State;

b) to carry out measures which would be contrary to public policy (ordre public);

c) to provide assistance if the other Contracting State has not pursued all reasonable measures of collection or conservancy, as the case may be, available under its laws or administrative practice;

d) to provide assistance in those cases where the administrative burden for that State is clearly disproportionate to the benefit to be derived by the other Contracting State.

ARTICLE 28
MEMBERS OF DIPLOMATIC MISSIONS AND CONSULAR POSTS

Nothing in this Convention shall affect the fiscal privileges of members of diplomatic missions or consular posts under the general rules of international law or under the provisions of special agreements.

ARTICLE 29
TERRITORIAL EXTENSION①

1. This Convention may be extended, either in its entirety or with any necessary modifications [to any part of the territory of (State A) or of (State B) which is specifically excluded from the application of the Convention or], to any State or territory for whose international relations (State A) or (State B) is responsible, which imposes taxes substantially similar in character to those to which the Convention applies. Any such extension shall take effect from such date and subject to such modifications and conditions, including conditions as to termination, as may be specified and agreed between the Contracting States in notes to be exchanged through diplomatic channels or in any other manner in accordance with their constitutional procedures.

2. Unless otherwise agreed by both Contracting States, the termination of the Convention by one of them under Article 30 shall also terminate, in the manner provided for in that Article, the application of the Convention [to any part of the territory of (State A) or of (State B) or] to any State or territory to which it has been extended under this Article.

Chapter VII
FINAL PROVISIONS

ARTICLE 30
ENTRY INTO FORCE

1. This Convention shall be ratified and the instruments of ratification shall be exchanged at...as soon as possible.

2. The Convention shall enter into force upon the exchange of instruments of ratification and its provisions shall have effect:

---

① The words between brackets are of relevance when, by special provision, a part of the territory of a Contracting State is excluded from the application of the Convention.

a) (in State A): ....
b) (in State B): ....

ARTICLE 31
TERMINATION

This Convention shall remain in force until terminated by a Contracting State. Either Contracting State may terminate the Convention, through diplomatic channels, by giving notice of termination at least six months before the end of any calendar year after the year …… In such event, the Convention shall cease to have effect:

a) (in State A): ....
b) (in State B): ....

附录二 国际税收相关词汇中英文对照表

abuse of tax convention	税收协定滥用
alienation of property	财产转让
allowances	税收减免
anti-avoidance measures	反避税措施
associated enterprises	关联企业
base company	基地公司
bilateral tax convention	双边税收协定
bit tax	比特税
border tax adjustments	边境税收调整
bounded area	保税区
branches	分公司
breach of treaties	违约
business profits	营业利润
captive insurance company	内部保险公司
channel approach	渠道法
conduct company	导管公司
cooperation of tax	税务合作
corporate income tax	公司所得税
Customs Cooperation Council(CCC)	海关合作理事会
Customs Union	关税同盟
destination principle	消费地原则
direct conduct companies	直接导管公司
double taxation	重复征税
duty paying value	完税价格
economic double taxation	经济性重复征税
electronic commerce	电子商务
European Community	欧洲经济共同体
European Union(UN)	欧洲联盟

evasion	逃税
excise duties	消费税
exclusion approach	排除法
exemption	免税
exit taxes	出境税
export rebates	出口退税
finance company	金融公司
free port	自由港
Free Trade Area(FTA)	自由贸易区
free zone	自由区
full accumulation	充分累积制度
General Agreement on Tariffs and Trade(GATT)	关贸总协定
Generalized System of Preference(GSP)	普惠制
graduation clause	毕业条款
harmful tax competition	有害税收竞争
holding company	控股公司
international double taxation	国际重复征税
international tax avoidance	国际避税
international tax competition	国际税收竞争
international tax convention	国际税收协定
international tax evasion	国际逃税
international tax harmonization	国际税收协调
international tax heavens	国际避税地
international tax integration	国际税收一体化
international tax practice	国际税收惯例
international taxation	国际税收
Internet Tax Freedom Act of 1998(ITFA)	《互联网络免税法案》
investment company	投资公司
juridical double taxation	法律性重复征税
limitation on credit	抵免限额
looking-through approach	透视法
method of credit	抵免法
method of direct credit	直接抵免法
method of exemption with progression	累进免税法
method of full exemption	全额免税法

method of indirect credit	间接抵免法
method of tax deduction	扣除法
method of tax exemption	免税法
Most Favored Nation(MFN)	最惠国
multilateral tax convention	多边税收协定
national treatment	国民待遇
non-discrimination	非歧视
off-shore banks	离岸银行
off-shore center	离岸中心
origin principle	产地原则
Pacific Economic Cooperation Council(PECC)	环太平洋经济合作会议
permanent establishment	常设机构
principle of non-discrimination	非歧视原则
regional tax integration	区域性税收一体化
residence rules	居住地原则
service company	服务公司
shipping company	航运公司
source rules	来源地原则
stepping stone conduct companies	脚踏石导管公司
subject to tax approach	征税法
tariff	关税
tariff concession	关税减让
tax administration	税收征管
tax exiles	税收流亡
tax heaven	避税港
tax incentives	税收优惠
tax jurisdiction	税收管辖权
tax planning	税收筹划
tax policy	税收政策
tax sources	税收来源
tax sparing credit	税收饶让抵免
tax-systematic double taxation	税制性重复征税
the General System of Preferences(GSP)	普惠制
the Organization for Economic Cooperation and Development(OECD)	经济合作与发展组织

thin capitalization	资本弱化
trading company	贸易公司
transfer pricing	转让定价
Treaty of Rome	罗马条约
trust	信托
trust contract	信托合同
value added tax	增值税
withholding tax	预提税
World Trade Organization（WTO）	世界贸易组织

参考文献
References

[1] 查尔斯·I.肯森,辛西娅·A.布卢姆.国际税收[M].北京:中信出版社,2003.

[2] 蔡金荣.电子商务与税收[M].北京:中国税务出版社,2000.

[3] 程永昌,李万甫.国际税收学[M].北京:中国税务出版社,2001.

[4] 戴正华,夏仕平.国际税收新编[M].上海:上海交通大学出版社,1999.

[5] 邓力平.经济全球化、WTO与现代税收发展[M].北京:中国税务出版社,2000.

[6] 杜莉.国际税收学[M].上海:上海三联书店,2001.

[7] 方卫平.国际税收学[M].上海:上海财经大学出版社,2003.

[8] 葛惟熹.国际税收学[M].北京:中国财政经济出版社,1999.

[9] 韩霖.国际税收竞争的效应、策略分析:结合我国国情的研究[M].北京:经济科学出版社,2006.

[10] 胡怡建.税收学[M].上海:上海财经大学出版社,1999.

[11] 黄济生,殷德生.国际税收理论与实务[M].上海:华东师范大学出版社,2001.

[12] 黄衍电.国际税收教程[M].北京:中国财政经济出版社,2002.

[13] 靳东升.税收国际化趋势[M].北京:经济科学出版社,2003.

[14] 梁蓓,罗勇翔.国际税收[M].北京:对外经济贸易大学出版社,2003.

[15] 刘隽亭,刘李胜.WTO版纳税、避税与反避税[M].北京:社会科学文献出版社,2002.

[16] 罗宏斌.国际税收学[M].成都:西南财经大学出版社,1996.

[17] 曲顺兰,程燕婷.国际税收学[M].山东:山东人民出版社,2006.

[18] 谭荣华.税务信息化简明教程[M].北京:中国人民大学出版社,2001.

[19] 王铁军,苑新丽.国际税收[M].北京:经济科学出版社,2002.

[20] 徐信艳.国际税收学[M].上海:立信会计出版社,2005.

[21] 杨斌.国际税收[M].上海:复旦大学出版社,2003.

[22] 杨志清.国际税收理论与实践[M].北京:北京出版社,2001.

[23] 朱青.国际税收[M].北京:中国人民大学出版社,2001.

[24] 邵东驰,陈方华.澳大利亚对跨国公司转让定价税务管理给我们的启

示[J].安徽税务,2001(7):17.

[25]陈合.我国外资企业避税的原因、形式及对策[J].经济师,2005(10):51.

[26]陈贺菁.论经济全球化下的避税地问题[J].福建税务,2000(12):6.

[27]陈秀丽.跨国公司的国际避税方式——信托避税[J].涉外税务,2002(10):36.

[28]陈岩.经济全球化条件下跨国公司的国际避税行为[J].生产力研究,2006(12):230.

[29]初鸣.加拿大的反避税措施[J].科技地带,2003(7):39.

[30]楚天鸣.国际避税地利弊分析[J].涉外税务,1997(6):25.

[31]戴海先.日本反避税税制及其启示[J].安徽税务,2002(S1):61.

[32]邓立平.经济全球化下的国际税收竞争研究:理论框架[J].税务研究,2003(1):11.

[33]范信葵.刍议国际避税地对非避税地国家的影响[J].北方经济,2006(7):51.

[34]高树兰.现阶段我国反避税工作面临的挑战与对策[J].经济纵横,2003(2):16.

[35]胡峰.国际避税产生的动因分析[J].郑州经济管理干部学院学报,2002(3):18.

[36]靳东升.税收国际协调的现状及发展趋势[J].经济要参,2003(6).

[37]靳东升.税收国际协调的展望及思考[J].经济社会体制比较(双月刊),2002(65):71.

[38]金合武.税收征管权与收入归属权可以分离[J].中国税务报,2007(1):2.

[39]匡双兴,徐瑞英.浅谈国际税收[J].当代审计,1999(6):44.

[40]李慧.美国的反避税税制[J].山东税务纵横,2003(11):55.

[41]李君,谢凤琴.税收管辖权与国际重复征税刍议[J],吉林财税.1999(31):32.

[42]李爽.国际反避税合作中进行信息交换的障碍及对策[J].涉外税务,2002(6):31.

[43]刘颖.国际避税的主要形式及其防范[J].经济论坛,2005(12):31.

[44]刘耘.刍议跨国公司的国际避税与反避税[J].福建税务,2002(7):6.

[45]牟文华,王复生.资本弱化——国际避税的焦点[J].商业经济,2006(7):54.

[46]聂鸿杰,刘宏.跨国公司利用常设机构进行国际避税的可能性及其形

式[J].福建税务,1998(5):12.

[47]牛峻.德国的反避税措施[J].税收科技,2003(8):42.

[48]荣宏庆,丛春荣.欧盟税收一体化的协调内容及其借鉴[J].当代经济研究,2006(41):43.

[49]荣满传.英国的反避税措施[J].税收科技,2003(9):41.

[50]沈卫中.避税行为的成因、后果及法律评价[J].宁夏党校学报,2002(4):47.

[51]苏宁.简述国际避税的形成原因及方式[J].黑龙江财会,2000(10):8.

[52]孙岚.国际避税的防范[J].理论界,1999(3):41.

[53]王辉.跨国公司国际避税的若干形式及其对策[J].兰州学刊,2003(5):118.

[54]王金红,谢民希.刍议国际避税若干问题[J].生产力研究,2000(5):10.

[55]王进猛,刘永军,沈黎明.资本弱化的国际比较及影响评析.涉外税务,2003(7):41.

[56]王玲.国际避税、转让定价与外汇资金流失[J].中国外汇管理,2001(6):26.

[57]王仙花.西方国家的反避税税制[J].山西财经大学学报,1998(5):44.

[58]王裕康.展望21世纪税收协定[J].中国税务报,2002(1).

[59]王仲礼.不可或缺:征管管辖[J].理论园地,2000(11):13.

[60]翁晓健.国际税收概念刍议[J].涉外税务,1996(11):24.

[61]萧明同.国际税收90年代发展趋势[J].涉外税务,1999(7):29.

[62]萧明同.欧盟税收一体化的功绩、困难及借鉴[J].涉外税务,2005(1):45.

[63]邢成.中国加入WTO后的国际避税与反避税研究[J].现代财经—天津财经学院学报,2000(11):21.

[64]熊铁军.国际避税地的避税方式及反避税措施[J].涉外税务,1994(8):19.

[65]杨斌.防止跨国公司避税之对策的比较研究(下)[J].涉外税务,2003(7):32.

[66]印中华,田明华.国际避税问题及中国应采取的对策[J].世界贸易组织动态与研究,2005(12):8.

[67]苑新丽.国际税收协调的发展趋势[J].财经问题研究,2002(10):67.

[68]张新怿.我国外商投资企业与外国企业的避税探讨[J].北方经贸,2006(5):55.

[69]郑榕.经济全球化背景下的国际税收政策[J].涉外税务,2002(5):23.

[70]郑榕.关于涉外税收和国际税收学科概念内涵和外延的再界定[J].扬州大学税务学院学报,1999(3):33.

[71]中国国际税收研究会理论研究部."区域经济一体化进程中有关税收协调的国际借鉴研究"课题研讨会综述[J].涉外税务,2005(79):80.

[72]朱青.对付国际避税:各国政府各有高招[J].中国税务,2003(11):16.

[73] Barry Bracewell Milnes, Wisselink M A. International Tax Avoidance[M]. Deventer:Kluwer,1978.

[74] Michael Lang. The Application of OECD Model Tax Convention to Partnerships[J]. Kluwer Law International,2000.

[75] Parl R Me Daniel, Hugh J Ault. Introduction to United States International Taxation[M]. Deventer:Kluwer,1981.